編集委員

*山手治之
*香西　茂
林　久茂
安藤仁介
藤田久一
**松井芳郎
田中則夫
薬師寺公夫
坂元茂樹

*　編集代表
**編集幹事

謹んで田畑茂二郎先生の御霊前に捧げます

執筆者一同

# まえがき

この論集は、もともと、田畑茂二郎先生の米寿をお祝いする記念号として企画されたものである。いつしか、国際法の研究者の間に、先生のご長寿を祝って記念論集を出す計画が持ち上がった。この話を耳にされた先生は、「それは光栄だが、たぶん追悼論集になるだろう」といって笑われた。実際、先生の予言通りになってしまったのは、編集に関わった者としてまことに面目ないことである。

もとの企画では、記念論集は田畑先生の国際法学説の体系に沿って編まれた三巻本の刊行であり、執筆予定者も全国の国際法研究者五〇名をこえる野心的なものであった。しかし、残念なことに、この計画は折悪しく国際法学会百周年記念の出版事業と時期が重なったこともあり、進捗に大幅な遅れを生じた。この間、当初から計画に参画された太寿堂鼎、高林秀雄、竹本正幸の三学兄を相次いで失ったことも、大きな痛手だった。出版計画が完成をみぬうちに、田畑先生は平成一三年三月八日、九〇歳のお誕生日を目前にして他界された。記念論集の刊行がご生前に実現しなかったことは、大変残念であり、また責任を痛感した次第である。そこで、関係者が善後策を協議した結果、これまでの記念論集に代わって、新たに追悼論集を刊行することとし、今回は前回より規模を縮小して、執筆者も田畑先生が主催された「国際法研究会」のシニア・メンバーにしぼること、刊行日は先生の三回忌に必ず間に合わせること、などの基本方針が決まった。幸い、関係者のご協力により、三月八日の先生の三回忌までに刊行の運びとなり、編者として、ようやく責任を果たせた思いである。

上下二巻からなるこの追悼論集は、『21世紀国際社会における人権と平和：国際法の新しい発展をめざして』という共通のタイトルの下に、各巻にはそれぞれ、『国際社会の法構造：その歴史と現状』、『現代国際法における人権と平和の保障』という表題がつけられている。この表題は、われわれ後進が先生のご研究の跡をたどり、一歩でもそれに近づければという願望を表したものにほかならない。

田畑先生の国際法学界への偉大なご貢献については、今更いうまでもない。先生の国際法研究の特色を一言でいえば、近代国際法についての歴史的、社会的な見方を重視する態度であったといえよう。その特徴が最もよく現れているのは、戦後間もなく発表された『国家平等観念の転換』（一九四六年）である。この思想史研究で、先生は、グロチュウスを「国際法の父」とみる従来の通説を批判され、近代国際法の形成に直接貢献したのは、むしろ市民的自由を基調とする「国民国家」の自由と独立を強調したヴァッテルであると説かれた。このような問題意識と斬新な方法論によって近代国際法の歴史的性格や社会的基盤に照明をあてられ、国際社会の法構造を分析された先生は、その後も、国家主権や承認論などの基礎理論の分野で国際法学界を啓発され、後進に大きな影響を与えられた。基礎理論のご研究のほか、先生の学問的関心分野は実に多岐にわたるが、あえて分類すれば、人権と平和の二分野に大別されよう。

まず人権の分野では、先生はつとに国際法の下での「個人」の地位について関心を示され、それについて重要な論文を発表されたほか、戦後間もなく『人権と国際法』（一九五二年）等によって人権問題に関心を示された。京都大学をご退官になった後も、国際人権保障の研究にとくに力を注がれ、『国際化時代の人権問題』（一九八八年）を刊行された。さらに平成六年には、平安建都一二〇〇年の記念事業として設立された「世界人権問題研究センター」の所長に就任され、これが先生の最後のお勤めとなった。

平和の分野では、先生は戦後間もなく、平和や安全保障の問題について積極的に発言され、多くの論考を発表された。しかし、この分野での先生の業績として第一に挙げなければならないのは、『世界政府の思想』（一九五〇年）であろう。その内容は、戦後世界に広がった世界政府運動の基礎となっている思想を紹介し、その得失を論じたものである。先生が全面的にこの思想を支持されたものではないが、戦後、国際連合の下での安全保障体制（各国の軍備の保有を前提にした）に向けられた世界政府論者からの批判については、これを高く評価されている。さらに注目されるのは、いわゆる原爆訴訟についての先生のご鑑定である。広島・長崎に対する原爆投下が当時の国際法上の原則に照らして違法であると結論づけた先生の鑑定部分は、ほとんどそのまま東京地裁の判決に採用され、これが国際的にも反響を呼んだのである。

田畑先生の学者としての魅力、および気さくで明るいお人柄に惹かれて、京都を来訪する研究者は多く、毎週土曜の午後に開かれる先生主催の「国際法研究会」は、内外からの著名な国際法学者の参加もあり、他の地方の研究者からは羨まれる存在であった。活発だったのは学問だけではない。研究会のあと繰り出した街の酒席での楽しい語らい、それに先生を中心に企画された各種の共同研究も、いまは懐かしい思い出である。今回、追悼論集へのご寄稿を申し出られた全国の研究者の方もおられたが、前記の編集方針からご希望に沿えなかった。これらの諸先生や、早くから原稿をいただきながら、種々の事情から結局は取り下げていただいた諸先生に対して、改めてお詫びを申し上げたい。先生の学恩に感謝し、執筆者一同とともに本書を先生のご霊前に捧げる次第である。

二〇〇三年　三月

編者を代表して　香西　茂

目次／国際社会の法構造：その歴史と現状

## 第Ⅱ部　国際法における国家と個人　229

# 出典略称一覧

AFDI *Annuaire Français de Droit International*

AJIL *American Journal of International Law*

AVR *Archiv des Völkerrecht*

BYIL *British Yearbook of International Law*

EJIL *European Journal of International Law*

GYIL *German Yearbook of International Law*

ICJ Reports International Court of Justice, *Reports of Judgements, Advisory Opinions and Orders*

ICLQ *International and Comparative Law Quarterly*

ILCYB *Yearbook of the International Law Commission*

ILM *International Legal Materials*

JAIL *Japanese Annual of International Law*

LNOJ League of Nations, *Official Journal*

Mich. J. Int'l L. *Michigan Journal of International Law*

Nord. J. Int'l L. *Nordic Journal of International Law*

PCIJ, Ser. A; B; A/B *Publications of the Permanent Court of International Justice,* Series A; B; A/B

RBDI *Revue Belge de Droit International*

RdC *Recueil des Cours de l'Académie de Droit International*

RGDIP *Revue Générale de Droit International Public*

RIAA United Nations, *Reports of International Arbitral Awards*

UNYB *Yearbook of the United Nations*

# 国際社会の法構造：その歴史と現状

# 第Ⅰ部　国際法学の理論的課題

# 社会科学としての国際法学
## ――日本におけるその形成と展開――

松井　芳郎



## はじめに

周知のように、近代日本の国際法との対面は幕末・開国期にまで遡る。その後、歴代の政府が国際法の知識の移入とその教育・研究に、大きな力を注いだこともよく知られている。一八七七(明治一〇)年に設置された東京大学法学部では当初より「列国交際法」(国際公法および国際私法)が授業科目に含まれ、また、京都帝国大学法科大学にも一八九九(明治三二)年の設置時から国際公法の講座がおかれていた[1]。国際法学会の創立は一八九七(明治三〇)年、その機関誌『国際法雑誌』の創刊は一九〇二(明治三五)年のことである(一九一二年に『国際法外交雑誌』と改名して現在に至る)。これらの事実だけを見るなら、日本における国際法研究は欧米諸国のそれと比べて大きな遅れをとるものではなかったという印象を受けるかも知れない[2]。

しかし、当時における日本の国際法学は「列国並立」という国策に強く規定されたものであり、また、欧米の国際法学を輸入し消化して、その立場から国際問題の解説を行うという性格を脱することはできなかった[3]。日本における国際法研究が輸入法学を超えて学問の一分野として確立するのは、一九三〇年前後のことだったといえる。本稿では、この時期以降ほぼ第二次世界大戦以後の戦後第一世代に属する研究者の業績までを中心として、日本における国際法学の形成と展開を跡づけたい。一では国際法学の方法的な基礎を据えた先駆的な業績を取り上げる。ついで、二では国際法という社会現象の歴史的、社会経済的な基盤を追求した仕事を、三では伝統的国際法から現代国際法への構造転換を検討した作品を扱う。そして四では、国際法、国家および個人の関係を論じた業績を検討する。このように、本稿は国際法という社会現象を客観的な対象として、その成立の基盤、現実的な役割などを追求する社会科学としての国際法学を扱い、実用法学としての解釈論はそれ自体としては検討しない。これはもっぱら紙数の制約によるものであり、国際法学も法学の一分野として、現実の社会に働きかけてこれを変えようとする実践的な役割をも担うことを否定する趣旨ではないことはいうまでもない。

# 一　国際法学の方法を求めて

## 1　実定法の理論の確立

国際法学が日本に移入され始めた一九世紀の後半は伝統的国際法が確立した時期であり、それに伴って国際法学における法実証主義がほぼ勝利をおさめた時期でもあった。したがって日本に輸入された国際法学は初手から法実証主義のそれであり、当時の国際法学者たちはさしたる方法論的な葛藤なしに、それを所与のものとして受け入れた(4)。日本の国際法学における法実証主義が自覚的な方法として確立するのは、第一次世界大戦後のことであり、当時この立場を代表したのは、オーソドックスな意味での法実証主義を確立した立作太郎（一八七四―一九四三年）と、ウィーン学派の純粋法学を導入した横田喜三郎（一八九六―一九九三年）だったといえる。

立の代表作は『平時国際法論』と『戦時国際法論』であるが、ここで立は国際法の存在の基盤を諸国民間の物質上・精神上の「相依的関係（インターデペンデンス）」とこれに基づく「協同的観念」に求め、こうして成立する「国際団体（International Community）」の内部における「一般の国家の共同的容認」が国際法の淵源であるとした(5)。このような法実証主義の立場は立の膨大な著作を基本的に貫いており、立において日本における法実証主義に基づく解釈論としての国際法学は、一応の体系的完成を迎えたといえる(6)。立はまた、連盟の慣行をも踏まえたコンメンタール『国際連盟規約論』で連盟の法的人格、連盟機関の決議の効力等の諸問題を早くも論じており(7)、本書はいわば日本における国際組織法研究の草分けだった。

立はオーソドックスな解釈学者で当時一世を風靡したウィーン学派の純粋法学には関心を示さなかったが、この方法論を日本に移入して活発な研究活動を繰り広げ、当時の学界に大きな影響を与えたのは、立のもとで研究者として育った横田喜三郎だった。横田はその最初の体系書である『国際法』(全二巻)のよく引用される「はしがき」において、自分の立場を第一に純粋法学の立場、第二に国際法団体の立場として特徴づけた[8]が、横田にあってはこの二つの立場は実は一にして不可分のものだった。

ハンス・ケルゼン(Hans Kelsen, 1881-1973)を創始者とする純粋法学は、一切の非実定法的考慮、とくに社会学的考察と倫理的政治的考慮とを排除して実定法の純粋な把握を目指した。横田の理解によれば、法は強制秩序として把握されるがこの強制は事実としての強制ではなく当為としての強制であり、当為としての強制は戦争、復仇などの形で国際法にも存在するから国際法もまた法である。同時に、国際法と国内法とは後者がその妥当性を前者から引き出す国際法優位の一元的関係にあるとされ、こうして国際法はすべての国内法を部分的秩序として包括する「最高にして世界的な法秩序となる」のである[9]。

横田の功績は何よりも、たんに純粋法学の方法を輸入しただけでなく、この方法を具体的に適用して実証的な業績を積み重ね、こうして国際法学における明白な方法論的問題意識と基礎理論への関心とを確立したところにある。この方法が導入した法の規範論理構造の克明な分析の手法は、純粋法学ならずとも法解釈の技法として不可欠のものだったのである。横田はまた、純粋法学が依拠する新カント派の認識論だけでなく広く社会科学の方法論に目を向け、純粋法学の立場から異なる分野の法学者たちと活発な論争を繰り広げることによって、国際法学の視野を大きく広げることにも貢献した。純粋法学への依拠が、「満州事変」において横田が政府の自衛権論を厳しく批判することを可能としたことも、銘記されなければならない[10]。「マス・ヒステリー」とも呼ばれた当時の国民の戦争熱に照らせば、このような批判は驚くべき勇気の表明であった。

しかし横田の国際法学は、純粋法学に依拠する上でいくつかの問題点を含んでいた。たとえば国際法と国内法の関係に関して、ケルゼンと違って横田は与えられた国際法と国内法との法的諸性質を矛盾なく説明する仮説として国際法優位の構成を選択した[11]が、彼自身が後に回顧したように、世界の平和と秩序の確立のためには国家主権を根本的に批判しなければならず、それを徹底的に行ったものとしての国際法上位の理論に引きつけられた[12]というのがこの選択の真の理由だったとすれば、この選択は「純粋法学的な理論をはみ出している」[13]ものといわねばなるまい。さらに、横田にとっては右の関係は国際法と国内法の論理的な関係のはずであり、実定法の上では各国の憲法が国際法の国内的効力に関してさまざまな規定を有していることを、もちろん横田は知っていた。しかし、後に日本国憲法の解釈に当たっては、横田は右の論理的な関係をほとんど無媒介に解釈論に導入する[14]。国際法と国内法の関係をめぐる論争を回顧した田中忠は、学説対立の根拠を妥当性の委任連関の問題と現実の適用における優位の問題の混在に求めた田畑茂二郎の指摘を引きつつ、「論争の歴史的使命は終わったのかも知れない」と述べた[15]。確かに、純粋法学に触発された国際法と国内法の関係に関する論争は、国際法と国内法との、ひいては国際社会と国内社会の構造的連関に関する、理論的認識の深化に大きく貢献した。しかし解釈論のレベルでは、国際法と国内法との論理的関係に関するこの論争の呪縛から自らを解放するために、日本の国際法学は長年にわたる苦闘を強いられるのである[16]。

ところで純粋法学は、実定法から一切の非法的な要素をはぎ取ってその論理構造を徹底的に分析することにより、法のイデオロギー批判の強力な武器となりうるものであり、実際ケルゼン自身はこのことを十分に認識していた[17]。横田もまたこのような可能性を承知していた[18]が、彼の業績にはこの可能性は生かされず、このような方向はその後、横田の弟子である祖川武夫(一九一一—一九九六年)や石本泰雄によって追求される。

さらに、純粋法学の方法を取ることに由来する横田国際法学の問題点は、ある意味ではより深刻だった。アンツィロッティ(Dionisio Anzilotti, 1867-1950)への批判に仮託して祖川が述べたように、「もっぱら実定法と観念されるものを厳格な論理的体系に仕上げることを心がける態度は、一方で、多くの異説異論を一括して自然法的、政治的—道徳的、または立法論的といふ名称のもとに斥けて、それらの歴史的根拠や意味を見逃す結果になってゐる。それはまた他方で、その実定法と観念されるもの自体の歴史性や政治的意味を全く問わないということである」[19]。

純粋法学のこのような現実からの遊離について、ここでは一点だけ、横田「国際組織法の理論」[20]を取り上げよう。彼自身、純粋法学の「研究方法を徹底的に応用した」ものであり、「国際法のもっとも基本的な研究の一つ」[21]と自負するこの論文において、横田は国際法と国内法は本質的内容を共有しているから、高度に発達した後者との比較研究は前者の研究にとって実りが多いという観点から、国家という法団体の組織法としての憲法になぞらえて国際法団体の組織法たる国際組織法を構成しようと試みた。この体系は、先述の横田の初の教科書である『国際法』において、国際法主体(団体員に関する法)—国際立法—国際行政—国際司法(以上、団体組織に関する法)という形で具体化される。

国内法からのこのような類推の問題点は、祖川もいうように「国際社会の特殊構造とそれに基づく国際法現象の特質が歪められることなく正確に把握されるかどうか」にあった[22]。横田自身も後には、右の体系は本質的内容に照らして正しいが、「現象的外形から見ると、少しかけ離れている」という判断から、よりオーソドックスな構成に立ち戻ることによって、この体系の現実からの遊離を認めざるを得なかったのである[23]。この事実が端的に示すように、横田の、というよりはケルゼンの国際法学の最大の問題点の一つは、その完璧なまでの国内法モデル——西欧の自由・民主主義国家を範型とする——にあったといわねばならない[24]。国際法の法的性格、紛争の平和的処理手段などの点で、日本の国際法学界になお根強く残されているケルゼンの影響を乗りこえるためには、この問題点の克服が一つの鍵となると思われるのである。

## 2　歴史的方法の導入

国際法の規範論理構造よりもその歴史的背景を、国内法のアナロジーではなく国際社会の特質をより重視したという意味で、田岡良一（一八九八―一九八五年）の国際法学はいわば横田のそれの対極に位置していたといえる。田岡はその最初の体系書である『国際法学大綱』（上巻）の序文において、法律学の任務は「規範を、之を発生せしめた社会的・政治的事情と関連せしめて理解し、これによって此の規範の有する社会的機能を識り、以って規範適用の限界を確定することである」と指摘するとともに、国家社会と国際社会の差違を無視して「国際法を成るべく国内法に近づけて説かうとする傾」を厳しく批判していたが、この二点は田岡国際法学の最大の特徴だったといえる[25]。

伊藤不二男は、田岡の目的は「国際法の伝統的な定説を正しく理解し、それを正確に伝えること」だったという[26]が、この言葉から田岡の学説がオースドックスな通説に属すると理解するなら、それは誤りだと思われる。田岡の議論の真骨頂はむしろ、ある法規範や学説の成立と発展の歴史を克明に分析することによって、常識化した通説の存立の基盤を改めて問い直し、時にはそれを真っ向から批判するところにあった。たとえば田岡は、戦時国際法における非戦闘員の保護の歴史的背景を追って、この制度をルソー（Jean-Jacques Rousseau, 1812-1867）の思想に基礎づける通説の誤りをえぐり出した[27]。彼はまた、先に見た国際法と国内法の関係に関する論争について、各学説を歴史的展開の中に位置づけてその位相を明らかにするとともに、二元論と国際法上位論とは実定法の解釈においては差違がないことを指摘した[28]。

田岡の歴史研究の典型は、『委任統治の本質』に見ることができる。本書において田岡は、委任統治地域の主権の所在をめぐる諸学説を批判するための唯一の「尺度」をこの制度の成立史に求めた[29]。本書が結論とする受任国主権説は結果的には連盟脱退後の日本の立場を擁護するものだったが、この議論はおそらくは田岡自身の意図をも越えて、植民地再分割の手法としての委任統治制度の歴史的性格をあぶり出すことに成功したのである。

田岡のこのような歴史的研究の方法は、彼が不戦条約とそこにおける自衛権を武力行使違法化の文脈において解釈することを可能にした。ところが、横田喜三郎が「満州事変」を批判したのに対して、田岡は不戦条約が禁止された自助に代わる権利救済の手段を提供しないことへの批判に向ったのである(30)。このような田岡の態度を、時流におもねるものと批判するのはフェアーではない。国際関係における武力行使を禁止しながら、侵害された権利の平和的手段による回復を保障する手続を整備しない国際法の現状への批判は、生涯を通じて彼の確固とした持論だったのである(31)。

こうした田岡の議論は、国家社会とは異なる国際社会の権力構造に対する彼の理解と、それを軽視する純粋法学への彼の批判に由来していた。田岡によれば、法の遵守の強制が公権力によって行われる国家社会に対して、そのような機関を欠く国際社会にあってはそれは権利を侵害された国家による自力救済として行われるほかはない。もちろん田岡は自力救済が法の強制の手段として有する短所を知っており、したがってその行使の前提条件と態様とは法の規律に服さねばならないと説くのであるが、強制管轄権を有する国際裁判とその判決の履行を確保する手続が整備されるまでは、国際社会から自力救済の手段としての戦争をなくすことはできないと彼はいう(32)。田岡がその体系書において一般国際法上の自衛権について説明しなかったのも、このような国際社会では国内法でいう自衛(正当防衛)権は自力救済に埋没して独自の場所をもたないと考えたからであった(33)。

このような主張については、国際紛争の平和的解決手続が整備されていない国際社会の現状への批判としては十分にうなずくことができる。しかし、田岡が不戦条約や国連憲章第二条四項について、それらは理論上不可能なことを内容とする契約か政治的な申し合わせに過ぎず「法の世界に於いては存在しないものである」と説く[34]とき、彼の議論は武力行使禁止原則に関する国際社会の認識から、あまりに遠く隔たるものだった。しかも、こうした主張は国際社会における権力政治の現状のシニカルな肯定へとつながる危険性をも含んでいた。しかし田岡は、この現状を肯定したわけではない。彼は、国際社会は戦争違法化のために理論上必要な法的組織を具えておず、「平和を世界にもたらすために諸国民に要求されるのは、この制度を建設するための努力である」ことを力説するよう、国際法学者に求めていた[35]。第二次大戦後のいわゆる講和論争に際して、国民に正しい政治教育を行うのは国際法学者の責務であるという立場から、田岡が永世中立のために積極的な論陣を張った[36]のは、この目的のための彼自身の実践への参加であっただろうか。

## 二　国際法の社会的基盤を求めて

### 1　思想史から社会経済史へ

日本の国際法学は、横田による国際法の規範論理構造の精密な分析の手法と、田岡によるその社会的・歴史的基盤の分析の方法とによって、社会科学としての基礎を据えられた。そして、このような基礎の上に現代国際法学を確立したのは、第二次世界大戦後を主な活躍の舞台とした田畑茂二郎（一九一一―二〇〇一年）、祖川武夫、石本泰雄などだった。

これらの学者はアプローチは異なるものの、純粋法学をどのように乗り越えるのかを共通の課題として出発した。

たとえば田畑は、「ぼくらにいちばん影響力が大きかったのは純粋法学」だったと回顧し、この方法による国際法秩序の緻密な論理分析や法の論理と政治や倫理との峻別を高く評価しながらも、与えられた現象の論理構造の分析だけでとどまると「いったいそれが歴史的にどういう位置づけを与えられるのか、またそれが現実にどういう機能をもつのかという点がまったく捨象されていく」点に割り切れないものを感じ、「純粋法学をいかに乗り越えるかということが一つの課題だった」という[37]。こうして田畑は、国際法の歴史研究へと向かう。日本における国際法研究の歴史的方法は前述のように田岡良一によって開拓されたが、田岡の歴史的方法は政治史と外交史を中心としたのに対して、田畑はその歴史研究を国家平等観念の思想史的研究から始めた。この研究は第二次世界大戦中の極度に緊迫した状況のもとで始められ、その成果の一部はすでに発表されていたが、『国家平等観念の転換』として公刊されたのは戦後のことである[38]。

本書において田畑は、国家平等観念はそれまでいわれてきたようにグロティウス(Hugo Grotius, 1583-1645)にではなくプーフェンドルフ(Samuel Pufendorf, 1632-1694)に起源を有するものであることを明らかにし、プーフェンドルフにおいて合理主義的原子論的な自然的自由の考え方を基礎にして形成された国家平等観念は、国際社会の一般的利益との矛盾を含むものであると指摘して、そこに国家平等観念の「転換」の必然性を見た。田畑はさらに、『国家主権と国際法』において、国家主権を基礎とする近代国際法思想がヴァッテル(Emer de Vattel, 1714-1767)において明確に体系化されることを指摘し、こうして中世的普遍主義の尾を引く過渡期の思想家としてのグロティウスから市民的自由の思想家であるヴァッテルを経て確立する近代国際法思想の姿を明らかにした[39]。

祖川武夫は田畑の思想史研究を高く評価しながらも、「近代国際法における国家平等原則は単に抽象的・絶対的平等ではなくて、特定の歴史的社会的内容をもつものとして(その思想的形態は歴史的には近代国際社会の社会的基礎からメタモルフオシスを加へられつつ支へられて）展開してきてゐるのでは」ないかとの問題提起を行った[40]。田畑はこのことを承知しており、国家が国際社会において「その社会に固有な歴史的社会的なさまざまの制約」を受けていることを指摘していた[41]が、『国家平等観念の転換』ではそれ自体としては展開されなかった国際法の社会経済的基礎の研究は、「外交的保護の機能変化」において行われる[42]。この論文で田畑は、外交的保護の制度における「個人要求の国家要求への没入」の基礎を、私的復仇が外交的保護に移行する絶対主義の時期に支配的だった重商主義の政策――そこでは国家は対外的には一つの経済的単位であり個々の商人はその構成分子であるとみなされた――に求めた。

この論文は、後に田畑自身が認めたように、外交的保護の国家的性格がその基礎とされた重商主義時代が過ぎ去ってもなお存続したことを説明する点において問題を残していた。また、ここで田畑が提示した外交的保護を国家の権利から職能へという方向を、その後の実定法はたどらなかった。しかしこれらの個々の問題点を越えて、この論文が指し示した国際法の制度やイデオロギーに対する経済的基礎の影響の解明という視角はきわめて新鮮であり、次の世代の国際法学者に大きな影響を与えることになるのである[43]。

こうして、一九五〇年代には国際法の歴史的研究、とくにその社会経済的基礎の研究は、日本の学界において明確な潮流をなすに至る。たとえば高林秀雄（一九二七―一九九七年）は、海洋国と沿岸国との利益の相剋の中に領海制度形成の契機を見いだし、その歴史的基礎と現実的役割とを明らかにした[44]。また太寿堂鼎（一九二六―一九九六年）は、ヨーロッパ諸国による非ヨーロッパ地域支配の正当化とヨーロッパ諸国間における植民地分割競争の規律という二重の視角から、ヨーロッパにおける資本主義発展との関連において、先占の法制度とそのイデオロギーの史的展開を跡づけ[45]、香西茂は国家機能の変容に伴う私有財産尊重原則の制約に基礎づけて、収用に関する国際法規則を分析した[46]。さらに、竹本正幸（一九三一―二〇〇〇年）は、ハーグ陸戦規則に具現される私有財産尊重の原則はフランス革命が表象する近代市民社会の理念によって決定づけられたものであることを明らかにした[47]。他方寺沢一は、血讐を自助の手段と捉えて国際法を原始法と性格づけるケルゼンを批判する視点を血讐に関する詳細な法制史的研究に求め、さらに、田畑「外交的保護の機能変化」をも踏まえて、復仇制度の中に慣習国際法の成立における力の要素をえぐり出そうとした[48]。

石本泰雄『中立制度の史的研究』もまた、「国際法体系における戦争の地位づけは、国際法秩序の構造にたいして決定的な意義をもっている」[49]という問題意識を掲げる点で、ケルゼンに触発され、ケルゼンを越えようと意図するものだった。そして石本はこのことを、国際法の制度とイデオロギーに対する経済的基礎の規定性を徹底して追求することによって行おうとした。石本によれば、中立制度成立の条件は産業ブルジョアジーの勃興によってもたらされ、一八五六年のパリ宣言において確立する中立商業の自由は、自由貿易による世界商業の安定が頂点に立つことによって可能とされた。こうして形成された中立制度は、世界経済が帝国主義の段階に入るとともに動揺過程を迎える。全面戦争においては世界政策を遂行する大国はもはや「中立」ではあり得ず、侵略戦争の理論はそのような段階に照応するイデオロギーであった。しかし他方では、侵略戦争の理論＝中立の否定は、「戦争違法化の系論として全人類的希求の表現」でもある。こうして石本は、この実定法現象を特定の国の経済的利己主義にではなく、平和を希求する全人類的利益の掌中に確保することを実践的課題として提起するのである[50]。

ところで、国際法の社会経済的基礎の分析については、マルクス主義の方法論を無視することはできない。日本においては両大戦間においてすでに、コローヴィン(Е. А. Коровин, 1892-1964)の『過渡期国際法』とパシュカーニス(Е. Б. Пашуканис, 1891-1938)の『国際法概論』の翻訳が刊行され[51]、これらは安井郁(一九〇七―一九八〇年)などによって詳しく紹介されていた[52]。安井は、純粋法学に代表される自由主義国際法思想を批判するものとして、早くからソビエト国際法学に関心を示しその紹介に努力していたが、彼はナチ・ドイツの国際法思想をも自由主義国際法思想への批判としてマルクス主義国際法思想と等置する点では問題を残しており、また、彼自身マルクス主義国際法思想の機能として注目した「国際法の社会的・経済的基礎の分析」[53]には立ち入らなかった。このようなマルクス主義の方法は、そのように自称されることはなかったが、田畑、祖川、石本らの業績によりよく生かされていたということができる。

## 2　国際社会の構造把握

国際法を国内法からのアナロジーにおいて説明しようとする純粋法学の立場は、前述のように田岡良一によってすでに批判されていたが、このような批判はその後も引き継がれ発展させられる。田畑は先に言及した諸論文、とくに『国家主権と国際法』の中で、ヴァッテルにおいて確立する国家主権の考えは個別国家の立場に即したインディヴィデュアリスティックなものであり、したがって主権国家を主体とする近代国際法は原子論的な性格を有するものであることを指摘していたが、このような把握は、すでに田畑の戦前の業績でも示唆されていた。田畑はその処女論文である「国際裁判における政治的紛争の除外について」において、国際社会は主権国家を「個体」とする「国家対国家の同意状態」にあるものとしてテンニース（Ferdinand Tönnies, 1855-1936）のいう「利益社会」にあたるものと把握するとともに、モーゲンソー（Hans J. Morgenthau, 1904-1980）にならって国際対立を「緊迫関係」（モーゲンソーの用語ではtensions）と「紛争」（同じくdifférends）として重層的に捉え、前者との結び付きの度合いにしたがって「動的なる紛争」と「静的なる紛争」とを区別して、法の維持を志向する後者のみが裁判に付される紛争となると指摘した[54]。

他方、祖川武夫は「国際調停の性格について」において、田畑と同じくモーゲンソーに依拠して法律的紛争と政治的紛争の区別の問題を論じた。この論文で祖川は、前者を現行法を適用して既存の法状態を確保する静的紛争、後者を法の変更を求める動的紛争として特徴づけ、個人間の紛争としては前者だけを認めて後者は公的な政治運動に投入する国内社会に対して、このような公私の分化を認めない国際社会では動的な紛争も当事者間の紛争の形態をとるが、国際社会では諸国家間の不均等発展の結果、既存の法的状態と現在の諸国家の勢力の発展との間に矛盾が生じ、この矛盾の解決をめぐって基本的な国際的対立・緊張関係が伏在するのであって、このような対立・緊張関係との結びつきによって特別の意味づけを与えられたものが政治的紛争であると説いた[55]。

したがって祖川によれば、このような政治的紛争には国の将来の発展の全体的可能性がかかっているから、その解決は政治的責任をおうものによって政治的決断として行われるほかはなく、国際裁判や国際調停の処理能力を超えるものである。ここに祖川は、第一次世界大戦後膨大な関連条約の集積を生みながら実際にはほとんど機能しなかった調停の矛盾を見たのである。このような政治的紛争の構造把握はまた、国際紛争の平和的解決手段の体系を国内法のアナロジーにおいて単線的に捉える通説的な見方にかえて、一方では審査―調停―仲裁裁判―司法的解決という紛争の静的解決の、他方では国際機構による動的な紛争処理の、二つの系列からなる複合的な体系として捉える見方につながった[56]。

ところで、国際社会の構造についていえば、右の研究者と同様に国際法の歴史研究から出発しながら、独自の機能主義的な国際社会の認識に到達したのは山本草二であった。山本は「国際行政法の存立基盤」において、国際行政法の理論が要請される基礎を、産業と科学技術の発展がそれまでの国民国家と国際社会の原理的な一致を不可能とするとともに、金本位制に基づく古典的経済自由主義の自動調節作用が鈍化したことに求めた。こうして、国民国家と国民経済の排他的な閉鎖性が打破され、近代国家の領域的要素は地域的＝専門的な性格を獲得して国際社会は組織化に向かうのである[57]。このような機能主義的な国際社会像は、後年の『国際法』においてさらに明確に表現される。そこでは、国際法存立の社会的基盤である国際社会は、すべての国家を包摂して自然に存在する単一の世界社会ではなく、「各国がそれぞれ共通の利害関係・目的・専門事項ごとに結集して、意図的・人為的につくり出した複数の国際共同関係」を意味するものとされた[58]。

右の山本論文を詳細に分析した奥脇直也は、国際行政法の概念を機能性の原理によって個別法分野に解体することは山本の議論の「最大の強み」であるとともに「最大の問題」でもあると指摘したが、この評言は山本国際法全体に妥当するように思われる[59]。機能的に個別化された法分野において、その法分野独自の目的、論理および手続を析出することは、山本がしばしば国内法分野の研究者や実務家とも連携しながら、精緻な解釈論を展開することを可能とした。生きて働く実用法学としての国際法学は、山本において初めて明確な基礎を据えられたともいえる。しかし他方では、山本は「それら機能別の国際共同体がいかにして国際社会の基本構造の変革に繋がりうるかという問題」は回避した[60]。解釈論における輝かしい成果にもかかわらず、山本国際法学の社会科学としての可能性はなお汲み尽くされてはいないように思われるのである。

## 三　国際法の構造転換を求めて

### 1　国際社会の構造変化と現代国際法

日本の国際法学界では、われわれの目の前に展開する国際法を現代国際法として捉え、第一次世界大戦の頃までの国際社会に妥当していた国際法を伝統的国際法――論者により近代国際法、古典的国際法などの言葉が用いられる――として、これらの間に構造変化を認める見解が広く共有されている。しかしもちろん、変化のメルクマールを何に求め転換の時点をいつとするかについては、必ずしも見解の一致があるわけではない。変化のメルクマールについていえば、大きく分けてそれを国際法の妥当基盤である国際社会の構造変化に求める見解と、戦争の違法化に伴う国際法の規範論理構造の転換に求める見解とがあるように思われる。前者の立場に立つ現代国際法論の代表的な論者は田畑茂二郎であって、田畑は後者の立場に立つ石本泰雄の捉え方に言及しながら、「ぼくはむしろ国際社会という国際法の基盤となっている社会構造の変化を重視したいと思う」と述べていた[61]。

田畑がこのような視角を初めて明確に提起したのは、「アジア・アフリカ新興諸国と国際法」においてであったが、彼はすでに第二次世界大戦直後の業績において、こうした視角に通じる指摘を行っていたことが注目される。たとえば田畑は『国家主権と国際法』において、ヴァッテルが国家主権を強調したのは絶対主義国家の干渉から人民主権に基づく国民国家の形成を擁護するための抗議概念としてであり、同様の意味で今日においても主権は小国の大国への抵抗の武器として積極的な意味を持ちうると指摘していた[62]。また、『国際法における承認の理論』においては、田畑ははやくも承認の理論が「最近著しい進展を見せている植民地独立運動の成果に対する国際法的なqualificationにきわめて重要な影響を及ぼす」ことを見抜いていた[63]。

さて、田畑は「アジア・アフリカ新興諸国と国際法」において、近代国際法は資本主義体制を基調とするヨーロッパの近代国家を類型とした同質的な国際社会において誕生したものであって、第一次世界大戦後の社会主義国家の登場と第二次世界大戦後のアジア・アフリカ諸国の独立とによる国際社会の構造変化に伴って挑戦を受けるようになったと指摘した[64]。田畑のこのような認識は一九六六年に第二版が刊行された『国際法』において国際法史の叙述の一環に組み入れられ[65]、また、一九七一年以降『法学セミナー』誌に連載される「現代国際法の諸問題」では、広範な諸問題がこの視角から分析される[66]。

このような現代国際法論は、おもに田畑門下のいわゆる国際法の京都学派に属する研究者の手によって積極的に展開された。たとえば太寿堂鼎は、先に紹介した「国際法上の先占について」に示された近代国際法の歴史的性格の認識を前提に、「近代国際法の内的革新」として武力行使の違法化、国際組織の登場および個人の国際法主体性の承認を挙げるとともに、「近代国際法への外的挑戦」としてソビエトおよびアジア・アフリカ諸国のそれを分析し、これらを踏まえて現代国際法の発展の方向を、主権原則を維持しつつ国際協力を阻害する要因をそれから除去することに求めた。彼はまた、アジア・アフリカ諸国の国際司法裁判所への批判を裁判所の構成とその裁判基準への批判に見いだし、日本における国際裁判研究に新局面を切り開いた[67]。

他方、日本における自決権の研究は、山手治之によって口火を切られた。山手は、社会主義諸国の登場とアジア・アフリカ諸国の独立という事実を踏まえて、民族解放闘争の実践と初期の国連の慣行から自決権の成立を説いたのであるが、彼の論文のもととなった民科法律部会での学会報告が一九五六年のことだったことを思えば、その先見性には改めて驚かされる[68]。また高林秀雄は、伝統的海洋法の歴史的性格の認識の上に第一次および第二次海洋法会議におけるアジア・アフリカ諸国の主張を位置づけ、これら諸国の主張が「領海制度の本筋を通るまっとうな要求」だったと評価した。高林は、これら二度の海洋法会議が新生国の意向を確かめるためには早すぎたと指摘したが、この指摘は第三次海洋法会議の必然性を予見するものであり、第三次海洋法会議の動向をめぐる高林の的確な分析は、このような歴史認識の上に初めて可能となったというべきであろう[69]。

## 2　戦争の違法化と国際法の構造転換

日本における現代国際法論のもう一つの流れは、前述のように戦争の違法化に伴う国際法の規範論理構造の転換を重視する見解であるが、1で見た国際社会の構造変化に注目する立場とこの見解とを相互に矛盾するものと捉えるのは誤りであろう。藤田久一が正しく指摘したように、「両者のアプローチは相互に補完することによって現代国際法の特徴が一層綜合的に把握されうる」と思われるのである[70]。

ところで、日本において戦争違法化を国際法の論理構造との関連で捉えようとした最初の学者は横田喜三郎であった。横田はすでに第二次世界大戦の以前において、戦争の国際犯罪化や戦争違法化に伴う中立制度の変容について語っていた[71]。第二次世界大戦後になって横田は、戦争の違法化、とりわけこの大戦によってもたらされた侵略国への交戦権の否認と戦争責任者の処罰は、従来の国際法における国際紛争の「最後の審判者」としての戦争の地位を否定する「戦争の革命」であり「国際法の革命」であると論じた[72]。しかし横田は戦争違法化に伴う戦争観念の転換には思い及ばなかったし、彼がいう「国際法の革命」の意味もそれ以上に追求されることはなかったのである。

これらを明確な問題意識とした研究は、祖川武夫に始まる。祖川はすでに「国際調停の性格について」で、戦争の違法化は「一つの戦争において双方の交戦者の間に法的に決定的な区別」をつけるもので、原理的には戦争観念そのものを否定するものであると指摘していた[73]。そして祖川は第二次世界大戦後、カール・シュミット(Carl Schmitt, 1888-1985)[74]における『戦争観念の転換』論をみてゆくためのいわば下地」として、ケルゼンとローターパクト(Hersch Lauterpacht, 1897-1960)による戦争観念の理解と第一次世界大戦後の戦争禁止制度の解釈を検討する「カール・シュミットにおける『戦争観念の転換』について(一)」を発表する[75]。ところがシュミット自身を扱うはずの続編はついに公表されず、この論文はわれわれの前に未完のトルソーとして屹立するのである。

それでは祖川は、なぜこの論文の続編を公表しなかったのか？　それを知るためのヒントは、本論文におけるケルゼンとローターパクトの議論の精緻を極める分析と、祖川自身によるシュミット『差別的戦争観念への転換』の簡潔な紹介[76]によってすでに与えられているが、この目的のためにしばらくシュミットの論旨をたどってみよう。

『差別的戦争観念への転換』でシュミットは、従来の国際法が非差別的戦争観念を取りしたがって中立観念を可能としたのに対して、国際連盟規約と不戦条約が導入した差別戦争観は、戦争の当事者双方を「正」と「不正」に区別することにより――「正」と「不正」を同一の法的概念のもとに捉えることはできないから――法的概念としての戦争を否定した、と論じた。したがって、かつてのような中立概念が成立しなくなるだけでなく、「不正」な当事者に対する制裁ないしは法執行としての戦争は「殲滅戦争」に至らざるをえない[77]。第二次世界大戦後の作品である『大地のノモス』でシュミットは、非差別戦争観をヨーロッパという広域(Grosslaum)に根ざしたラウム秩序である「ヨーロッパ公法(jus publicum Europaeum)」と結びつけた。非差別戦争観に基づいてヨーロッパの主権国家間の戦争を「正しい敵」の間の一種の決闘として捉え、そうすることによって戦争を「囲い込み」これを合理化し人道化したことは、ヨーロッパ公法の偉大な功績だったとシュミットはいう。ところが一九世紀末以来、一方では国境を越えて拡がる技術と経済の発展により他方では外部の諸国の参加によって、ヨーロッパ公法はラウムの基礎を失い普遍的な「国際法(International Law)」へと堕落した。国際法はその普遍性・抽象性によって、世界に支配の網の目を拡げる英・米の帝国主義に奉仕するが、世界政策を遂行する帝国主義国はもはや「戦争」を行うことはなく、それが支配する国際連盟を通じて――米国は不在という形の存在によって連盟に影響を与える――、その決定のもとに「犯罪者」に対する「制裁」を行うのであり、「正しい敵」ではない「犯罪者」に対する「制裁」は軍事技術の革新と相まって必然的に殲滅戦争に至る[78]。

このように、現存の国際法に対するシュミットのイデオロギー批判は尖鋭を極め、半世紀を経た現代の国際関係をも見通すものであった(79)。しかしシュミットは、現存の国際秩序を超える新しい秩序を構想することはできなかった。一九四一年の『国際法的広域秩序』において、彼は『差別的戦争観念への転換』で未回答に残した問題について、今や答えを与えることができると主張した(80)。しかしその回答――民族的広域秩序に由来するライヒの概念――は第三帝国とともに崩壊する運命にあり、『大地のノモス』では「ヨーロッパ公法」への郷愁以外には代替案を見いだすことはできないように思われる(81)。

祖川を捉えたのは、いうまでもなくシュミットの現行国際法に対する鋭いイデオロギー批判であった。しかしシュミットと違って祖川は、戦争違法化が「全人類的希求の表現」(石本泰雄)であることを十二分に承知していた(82)。さらに祖川は、シュミットがあのように貶めた国際法の普遍化が、「やがて従属国や植民地民族の解放への展望をひらく」ことも知っていた(83)。この意味では祖川は、シュミットが全的に否定した現行国際法の自由・民主主義的伝統の最善の部分の、承継者でもあった。そうだとすれば、祖川にとってさえシュミットの戦争観念をどこで「転轍」するかは至難の課題だったと思われる(84)。それにしても、このような「全人類的希求」を見据えつつ行われた祖川のイデオロギー批判が、「集団的自衛」のようなたぐいまれな傑作(85)を生みだしたことを知るとき、先の論文が未完に終わったことは返すがえすも無念に思われるのである。

祖川の分析を一歩進めて、戦争違法化に伴う国際法の構造転換をその社会経済的基礎を踏まえた歴史研究を通じて追求したのは石本泰雄だった。石本はすでに、『中立制度の史的研究』においてこの視角を明確に打ち出していたが、「いわゆる『事実上の戦争』について」では、戦争に訴えるという行為を規制しないことによって戦争を状態として把握し、こうして平時国際法と戦時国際法という二元的構成をとった古典的国際法に対して、連盟規約や不戦条約は戦争に訴えることを制限・禁止することによって戦時国際法、とくに中立法の根拠を法理論的には失わせるものであるとる。

指摘した[86]。このような分析の延長線上に立って、石本が集団安全保障の便宜主義的適用の危険を回避して侵略の認定の客観化と侵略への対抗の純粋化を保証することを「現代正戦論にとって最大の課題」として提示するとともに、「戦争違法化の多角的な実効的保障」として軍縮・紛争の平和的解決・集団安全保障を三位一体として強調した連盟期の議論を想起していた[87]ことは、冷戦終結後の国連の「活性化」を見るにつけてもその先見性に驚かされることである。

石本はさらに平時国際法、というよりは戦争違法化によってもたらされた一元的な国際法体系の規範構造の分析に進んで、それが私法原理の移入によって成り立つものであることを明らかにした。すなわち、近代私法において資本制経済の基本的要素である商品生産を成り立たしめている規範関係であるすべての人の法的人格、すべての財貨に対する私的所有権および契約の拘束性が、国際関係に適合する範疇に鋳直されて国家の法的人格、国家の統治権および条約の拘束性となる。こうして、国内法＝資本制経済の法規範によって培養された諸国民の共通の規範意識こそが、国際法を法たらしめる基本的なモメントなのである。また、戦争観念の転換に伴う国際法の二元的構造から一元的構造への転換は、暴力によって構築された法秩序の変革へと向かう。事実上「文明国」に限られていた国家の法人格は人民自決権の確立を媒介としてすべての「国家的実体」の人格となり、国家の統治権は人権の視点に立って制約され、そして条約の拘束性は違法な武力による条約や強行規範に違反する条約の無効によって制約されるようになり、こうして国際法の伝統的構造が転換しつつあるのだ、と石本は説くのである[88]。

このような石本の議論は、祖川武夫を引き継いで自ら進めてきた戦争違法化に伴う国際法の構造転換の分析と、田畑茂二郎らによって展開されてきた国際社会の構造変化による国際法の発展の議論との、藤田久一のいう「綜合」を目指すものだったといえる。もちろん、これによって国際法の転換の全体像が明らかになったわけでもなければ、その社会経済的基礎が解明され尽くしたわけでもない。しかしそうであるだけに一層、石本の議論は今後さらに発展させられるべき豊かな論点を提示するものであることは明らかである。

## 四　国際法における個人の解放を求めて

### 1　「主権の担い手」

国際法における個人の地位の問題は、第一次世界大戦以降国際的に次第に関心を集めるようになっていたが、日本の学界でこの問題をもっとも早く取り上げた研究者の一人は田畑茂二郎であった。田畑は国際法における個人の地位、とりわけ被支配者の立場が国際法にどう反映するかということを主な問題意識として、研究生活を始めたと語っている[89]。

田畑はまず、個人の国際法主体性をめぐる論争の意味の解明を目指し、絶対主義に胚胎して国家だけを国際法主体とした通説に対して、国家との対立において把握された被支配者としての個人の国際法主体性が認められて初めて、国際法における個人の解放について語ることができると指摘した。田畑は、実定法上の個人の国際法主体性を主張する新しい学説にも、国際法において個人の権利義務が規定されることをもって足りるとする立場と、国際裁判における当事者能力が認められることが必要だとする説の二つがあることを指摘し、法の妥当=実効性の立場から後者の見解においてだけ個人の国際法主体性を語ることができると説いた[90]。田畑はまた、外交的保護権を媒介にして個人争訟が国際争訟に転化する場合には、国籍に規定された「要償の国家性」のゆえに、それは個人争訟としての性格を喪失することを明らかにした[91]。さらに田畑は、当事者能力が規定されることにより個人が国際法主体となったとするためには国際法の個人への妥当の証明が必要だという観点から、国際法の国内法への変形の理論の検討にも論を進めていた[92]。

田畑の個人の国際法上の地位に関する研究は、第二次世界大戦後には次のような形で整理される。すなわち、国際裁判所における個人の出訴権の承認は、個人それ自身の立場を国際法的に承認する点で国家と個人の関係についての考え方の根本的な変化を示すものであり、国家の絶対的な地位が崩壊しつつあることを示すものであって、このような国家の地位の変化は外部に対してだけでなく内部に対する関係でも認められなければならない、と[93]。この立場は、田畑の研究がその後この二点を追求する方向に進んだという意味で、その新しい出発点を記すものであったといえる。

『国家主権と国際法』において田畑は、国家主権はそれを担う国家の国内構造いかんによって著しく性格を異にすると指摘し、ヴァッテルにおいては国家の自由・独立は人民主権に基づく国民国家の形成を擁護するために主張され、市民社会の国際性に規定されて国際的な規範意識に開かれていたのに対して、国際法の妥当を否定する絶対主権論が登場するのは近代的な市民社会・国民国家の形成が遅れたドイツにおいてだったと説いた[94]。

第二次世界大戦直後には主権は戦争の原因として厳しい批判を受け、国際的にも日本においてもさまざまな色合いの世界政府論が流行したが、その中にあって、主権を国内構造との関係で論じ、そうすることによって世界政府論の抽象的な主権理解に批判の目を向けたのは、今日では忘れられがちであるが、田畑だけではなかった。たとえば高野雄一は、国内における民主主義・人権の確立と国際社会における民主化・組織化を統一的に捉える立場から、世界国家論を肯定しながらも現代においても国家主義・民族主義に積極的な契機があることを認め、これらを国家・民族の対立に終わらせないためにその内部の主体的な個人の連帯に期待を寄せた[95]。小田滋もまた、主権を基礎とする近代国際法の歴史的発展の研究を基礎にして、個人を法内容に取り込むことによって国家の絶対的な地位を否定し、国際社会の組織化と国内政治構造の民主化を統一的に捉える視角を提示した[96]。

このような視角をその後も一貫して維持したのは、田畑だった。彼は一九七一年の公法学会での報告において、今日においても主権は国家対国家の横の関係では存続の理由をもっているが、それは国家の国内構造、つまり「主権の担い手」と不可分の関係にあると指摘するとともに、現在の国際社会に顕著な国家間の経済的・軍事的な力の大きな格差に照らせば、国家間の自由放任に委ねた場合には主権は名目的形式的なものとなるおそれがあるとして、「国際社会の全体的な立場からの調整」が必要になっていると説いた[97]。このような認識は『国家平等観念の転換』や『国家主権と国際法』から始まる田畑の主権研究の一つの集大成として位置づけることができるが、国家の国内構造に関する彼の理解を明確にするためには、さらにその人権研究をたどる必要がある。

## 2　人権と自決権

第二次世界大戦後における人権の国際的保護の展開は、日本の国際法学界においても人権研究の分厚い研究者層を生み出してきた。この分野の研究は、おもに人権諸条約の解釈やそれらの国内的実施を初めとして実践的な課題に取り組み、宮崎繁樹などを先頭として貴重な成果を上げてきた。他方、田畑の人権研究は実践的な課題を無視するものではないものの、個人の国際法上の地位に関する研究の問題意識を引き継いで、人権の国際的保護の動向の社会的基礎に目を向ける、より社会科学的なものだったと特徴づけられる。

田畑の問題意識は、人権の保護を規定することによって国際法は国家の国内構造に対してどのような影響をもつようになるか、またそのことが国際社会の現段階においてどのような意義をもっているか、という点にあった[98]。この観点から人権の国際的保護の前史を論じた田畑は、近代国際法において人権を一般的に規定する条約が見られなかったのは、その主体である西欧諸国が資本主義経済を基礎とする同質的な国内体制を有していたからで、異質な国内体制を有する近東や東欧の諸国との接触においては西欧諸国は市民的・政治的自由を内容とする人権の保護を強く主張したのだ、と指摘した。これに対して第二次世界大戦後、人権の国際的保護がすべての国家に関する一般的な問題とされた背後には、西欧諸国の内部構造における重要な変化、つまり西欧資本主義の胎内からそれを脅かす全体主義が現れ、平和に対する脅威となったという事情があると田畑はいう[99]。

このような分析を一歩進めて、人権問題の経済的基礎による被規定性をより強調したのは、祖川武夫だった。祖川は、伝統的な「外国人法」は西欧諸国に共通な市民的権利の国内法状況を前提として、商品の国際的流通を保障する権利・権能を国外からの流通当事者にも約束するものだったこと、国際連盟における少数民族保護制度は、資本主義諸国による中東欧諸国の開発強化のための投資環境の条件整備を狙うものだったこと、国連憲章の人権規定の背景にも植民地・従属地域を含めて投資環境整備のための市民的権利の法的拡延を求める合衆国の政策があったこと、などを指摘した[100]。このような祖川の指摘は、なお実証的な検討を要するとはいえ、ブルジョア革命期に人権イデオロギーが担った役割に照らせば、国際法学における人権研究にとっての重要な問題提起だということができる。

さて、人権の国際的保護の動きをその社会的基盤との関係で追求する田畑の人権研究の特徴は、彼がすでに世界人権宣言の起草過程において顕著だった西欧諸国と当時のソビエトの対立の原因を「人権と国家――政治社会――との関係に関する基本的な考え方」の違いに求めるところにも現れていた。この対立に関して田畑は、国家権力の増大が国家的専制への傾向をはらむ点で西欧諸国がソビエトの主張に抱いた危惧に理由を認めながらも、「資本主義の発展と共に、経済力の少数者への集中の傾向が現われ、抽象的な自由が結局そうした少数者の利益のための自由といったものに転化する危険」を指摘して、社会権の重要さを強調していた[101]。このような田畑による社会権の重視は、一九七〇年代になって強調されるようになるすべての人権の不可分の相互依存性の考えを先取りするものであり、この時期以降注目されるようになる発展の権利を初めとする「第三世代の人権」の主張に、彼が適切な目配りを行う[102]ことをも可能にしたというべきであろう。

田畑はまた、個人の国際法上の地位に関する研究の問題意識の上に立って、人権の国際的保護における実施措置の重要性を強調した。人権が国際的に保護されるというためには、条約の中で保護されるべき人権について具体的に規定するだけでなく、さらに「それが侵害せられた場合、被害者たる個人自身の利益のために、個人自身の名において、十分な国際的救済が与えられる」という点が何よりも考慮されねばならないと彼が説いたのは、一九五二年のことだったのである[103]。田畑は他方では、このような実施措置が国家主権と緊張関係にあることをもちろん承知していた。しかし彼はこの点において、ひとえに主権の制限を主張する西側先進国の多くの学者の立場には与しなかった。国内構造において同質性を欠く諸国が併存する国際社会では、国際機構による人権保障であっても、その構成の仕方によっては強い政治性を帯びることになり、かえって特定の国家群による共同干渉といった性格を帯びることになる可能性も否定できない、と彼は警告した[104]。

人権と国家主権の関係に関するこのアポリアへの解答に接近する道は、自決権に求めることができよう。田畑は一九七九年の世界法学会における報告で、自決権は人権享受の前提であるという考えの重要性を認めながらも、ブルジョア革命期の自然権の思想に根元を持つ自決権にとってはそれだけでは十分ではなく、自決権には人権尊重の理念が内在しているのであって、植民地の独立後も人権が否定される状況が残るなら自決権が十分な意味で貫徹されたとはいえないと主張した[105]。さらに田畑は、外国支配からの解放を意味する「外的自決」に対して、人民が自ら希望する政治形態を選ぶ「内的自決」の重要性を強調して、自決権をこの意味で捉えるヘルシンキ宣言（一九七五年）に注目していた[106]。

このように、田畑と彼に続く研究者たちは、自決権によって人権と主権との対立を止揚し、こうして人権と自決権によって裏打ちされた国家主権を強調して、それを通じて一人ひとりの個人が国際法の中に場所を占める方向を追求してきた。この方向は社会科学としての国際法学の方法にとって理論的に重要であるだけではなく、国際社会の民主的な変革という実践的課題にとっても中心的な意義を有すると考えられてきたのである。

しかし一九九〇年代にはいると、一方では東欧社会主義国の崩壊、新国際経済秩序に見られた発展途上国による国際関係民主化の主張の後退などに象徴される国際関係の変動によって、他方ではいわゆるグローバリゼーションの一層の進展に伴う国家主権の変容の結果として、このような立場は改めて再検討を迫られている。たとえば小畑郁は、先のような見方を「主権・自決権アプローチ」と呼び、その歴史的な意義を十分に評価しながらも、それは「それ自体の論理のなかに臨界点を抱えこんでいた」のであって、いまや「人権アプローチ」への転換が求められていると主張した[107]が、現在の国際社会における諸現象を見るにつけても、このような批判には十分にうなずくことができる。

たしかに、人権の国際的保護の事例だけでなく、田畑らがそれに関する研究を始めた頃に比べて、国家以外の行為体に国際法主体性を認める例は目を見張るほどに増大し、したがって国家の地位が相対化されねばならないのは必然的である。しかしここで想起したいのは、田畑がこの問題に関する初期の研究において、国家のみが国際社会の構成員でありしたがって国際法主体であるとする当時の通説は論理的誤謬を犯していると指摘し、国際社会の構成員として法定立の資格を認められるのは国家のみであるが、構成員概念は事実的概念であるのに対して法主体とは法律学的概念であると述べて、個人は限られた事例において国際法主体性を認められるとしても、なお法定立に参加することができる国際社会の構成員ではないと説いていたことである[108]。この田畑の指摘から六〇余年を経た今日でも、国際社会の状況は基本的には変わっていない。国際機構や民間団体（NGO）がさまざまな経路で国際法の定立過程に事実上大きな影響を与えるようになっていることは明らかだが、この経路はどこかで必ず国家意思を経由しなければならないのである。

## 結びに代えて

日本における社会科学としての国際法学は、ケルゼンを吸収し消化し、さらには彼を乗りこえようとする努力に始まった。この努力の核心は、ケルゼンの国内法モデルを否定して、国際社会独自の権力構造とそれに根ざす国際法の特質を解明するところにあったといえる。そして、このような努力に指針を与えたのは、同じようにケルゼン批判から出発したドイツの国際法学者、ハンス・モーゲンソーとカール・シュミットだった。しかしこの二人は、国際法学者としてのインテグリティを全うすることはできなかった。周知のように、ナチ・ドイツに祖国を追われて合衆国に渡ったモーゲンソーは、国際社会における権力政治の分析を国際関係論という新しい学問分野に求めることになった。他方、ナチ・ドイツに迎合したシュミットは、今でも輝きを失わない国際法へのたぐいまれなイデオロギー批判にもかかわらず、国際法学界における影響力を失った。

それでは、この二人に触発されて出発しながら、日本の社会科学としての国際法学は、なぜ彼らとは異なる独自の成功を収めることができたのだろうか。いまこの問いに全面的に答える準備は筆者にはないが、さしあたりの印象を述べるなら次のようなことがいえると思われる。第一に日本の国際法学では、国際法の規範とイデオロギーに対する社会経済的基礎の規定性が、より徹底して追及された。このことは、国際法の規範とイデオロギーが現実の国際社会において果たす役割を、その積極面も消極面も含めて、より具体的かつ立体的に明らかにすることを可能としたといえるであろう。

第二に日本の国際法学は、シュミットらが全面的に否定しようとした自由・民主主義の国際法学から、その最善の構成部分を引き継ぐことを拒否しなかった。平和といい人権といい、自由・民主主義の国際法学が追及してきた諸価値が、帝国主義の利益のためにイデオロギー的役割を果たしてきたし現に果たしつつあることは明らかだとはいえ、他方ではこれらの諸価値が「全人類的希求の表現」（石本）であることも否定できない。われわれの課題は、自由・民主主義の国際法学が追及してきた諸価値のイデオロギー批判に留まることなく、それらをわれわれ自身の手に取り戻す道を考えることでなければならない。

そして第三に日本の国際法学は、小畑のいう「主権・自決権アプローチ」を採ることによって、民主的に表明された国民の意思を通じて国家権力をコントロールし、そうすることによって国際関係と国際法を民主的に変革することを追及した。このような立場はいうまでもなく、議会制民主主義の虚妄を徹底的に批判し主権者の決断を強調したシュミット(109)とは、対極に位置づけられる。このような立場は、とうとうたるグローバリゼーションの流れの中で主権国家の黄昏が声高に語られる現在、改めて注目されさらに発展させられなければならない、社会科学としての国際法学の課題にもつながると思われる。

この課題とは象徴的にいえば、国内における人権および民主主義と国際社会とをつなぐ環を見いだすところにある。

この点についてはかつて石本泰雄が、一般に人権論の系譜において捉えられる自決権について、これを国際社会における民主主義の現れとして描いていた[110]ことが想起される。石本はこの段階では、国家間関係における、あるいは植民地保有国と植民地人民との関係における民主主義を考えていたのであるが、他方では宮崎繁樹が「成立当時における近代国家を代表し、その意思を構成したのは、その被治者の意思ではなく、それをこえた国王の意思であったけれども、現在においては国家意思はその被治者たる個人の意思を代表するものであることも無視はできない。国内法定立(法律制定)に現れる個人の代表意思と、国際法定立(条約締結)に現れる個人の代表意思とを本質的に区別することが可能であろうか」と問うていた[111]ことに注目したい。グローバリゼーションが決して自然現象ではなく、国内においても対外的にも国家によって推進されてきた社会現象であることにかんがみれば、このような課題は理論的にも実践的にも、きわめて重要なものとして浮かび上がるように思われるのである。

＊本稿では敬称はすべて省略し、物故者についてだけ生没年を掲げる。また、本文中の引用では著書・論文の副題は省略した。

(1)　東京大学百年史編集委員会編『東京大学百年史　部局史一』東京大学出版会(一九八六年)、一八―一九頁、京都大学百年史編集委員会編『京都大学百年史　部局史編1』京都大学後援会(一九九七年)、二四三―二四四頁。

(2)　世界初の国際法雑誌である*Revue de droit international et de legislation comparée*が刊行された一八六八年頃には、国際法を哲学や外交あるいは公法・私法とは区別される独自の学問分野とみなす意識はほとんどなかったといわれる(See, Martti Koskenniemi, *The Gentle Civilizer of Nations: The Rise and Fall of International Law 1870-1960*, Cambridge University Press, 2001, p.28)。

(3)　当時の日本における国際法研究については、以下の文献を参照。横田喜三郎「わが国における国際法の研究」(一九四二年)『国際法

論集Ⅰ』有斐閣(一九七六年)、所収、伊藤不二男「国際法」野田良之・碧海純一編『近代日本法思想史』有斐閣(一九七九年)、所収、Jumpei Shinobu, "Vicissitudes of International Law in the Modern History of Japan", *Kokusaiho Gaiko Zassi*, Vol.50, No.2, 1951, Yuichi Takano, "International Law: Development of the Study in Japan", *Japan Science Review: Law and Politics*, No.4, 1953, Hirohiko Otsuka, "Japan's Early Encounter with the Concept of the 'Law of Nations'", *JAIL*, No.13, 1969, Fujio Ito, "One Hundred Years of International Law Studies in Japan", *ibid.*, Onuma Yasuaki, "'Japanese International Law' in the Prewar Period: Perspectives on the Teaching and Research of International Law in Prewar Japan", *ibid.*, No.26, 1986; idem, 'Japanese International Law' in the Postwar Period: Perspectives on the Teaching and Research of International Law in Postwar Japan", *ibid.*, No.33, 1990.

(4)　このような状況については、伊藤、前掲論文、注(3)、四六一―四八二頁、参照。

(5)　立作太郎『平時国際法論』日本評論社(一九三〇年)、八、三三―三六頁。なお、用いられている旧字体は新字体に改めた。以下も同じ。

(6)　このような立の評価については、横田、前掲論文、注(3)、二五四―二五六頁、同「立博士と国際法」『外交時報』第九二五号(一九四三年)、伊藤、前掲論文、注(3)、四八二―四八五頁、Takano, *op.cit.*, supra, note(3), pp.4-5, Ito, *op.cit.*, supra, note(3), pp.27-28, 参照。なお、伊藤はここで立の独創性を強調しながらも、彼へのオッペンハイム(L. F. L. Oppenheim, 1858-1919)、ホール(W. E. Hall, 1835-1904)、ホランド(T. E. Holland, 1835-1926)などの影響を指摘している。

(7)　立作太郎『国際連盟規約論』国際連盟協会(一九三二年)。

(8)　横田喜三郎『国際法』上巻、有斐閣(一九三三年)。引用は改訂版(一九三八年)、一―二頁。

(9)　横田『純粋法学論集Ⅰ』有斐閣(一九七六年)、『国際法の法的性質』岩波書店(一九四四年)、および『国際法の基礎理論』有斐閣(一九四九年)、所収の諸論文を参照。引用部分は最後の著書の一〇二頁。なお、この時期における国際法と国内法の関係に関する論争については、祖川武夫・松田竹男「戦間期における国際法学」『法律時報』第五〇巻一三号(一九七八年)、五一―五三頁、参照。

(10)　横田「満州事変と国際法」『国際法外交雑誌』第三一巻四号(一九三二年)。なおこの点については、田畑茂二郎「わが国際法学の発展に尽くされた二人の先達」(講演)『国際法外交雑誌』第九六巻四・五号(一九九七年)、参照。

(11)　横田「国際法と国内法」、前掲『国際法の基礎理論』、注(9)、一一三頁以下。周知のようにケルゼンにとっては、国際法優位と国内法優位の一元論は認識論上の仮設であって、その選択は世界観の問題であった。See, e.g., Hans Kelsen, *Das Problem der Souveränität und die Theorie des Völkerrechts: Beitrag zu einer reinen Rechtslehre*, 2. Auflage, 1928 (reprint, 1960, Scientia Aalen), S.314-317; idem, *Reine Rechtslehre*, 2.Auflage, 1960, Verlag Franz Deuticke Wien, S.343-345; English translation by Max Knight, *Pure Theory of Law*, University of California Press, 1967, pp.344-347.

（12）横田「ケルゼンとわたくし」鵜飼信成・長尾龍一編『ハンス・ケルゼン』東京大学出版会（一九七四年）、一九〇頁。

（13）恒藤武二「横田喜三郎論――その法イデオロギー」『法律時報』第三三巻一号（一九六一年）、九頁。

（14）横田「国際法と憲法」、前掲『国際法の基礎理論』、注（9）、所収。長尾龍一もおそらくはいささかの皮肉を込めて、「ケルゼニアンの横田喜三郎氏が日本国憲法の解釈において条約優位説を唱えたとしても、それはケルゼンとは何の関係もない」という（長尾龍一『ケルゼン研究Ⅰ』信山社（一九九九年）、四二七頁）。

（15）田中忠「国際法と国内法の関係をめぐる諸学説とその理論的基盤」広部和也・田中忠編・山本草二先生還暦記念『国際法と国内法――国際公益の展開――』勁草書房（一九九一年）、三二、四九頁。なお、田畑からの引用は、『国際法Ⅰ（新版）』（法律学全集55）有斐閣（一九七三年）、一五〇―一七六頁。

（16）山本草二「国際法の国内的妥当性をめぐる論理と法制度化――日本の国際法学の対応過程――」『国際法外交雑誌』第九六巻四・五号（一九九七年）、参照。この過程は高野雄一『憲法と条約』東京大学出版会（一九六〇年）、を経て、山本草二の「等位理論」（たとえば、『国際法（新版）』有斐閣（一九九四年）、八一頁以下）によって新しい段階に入ることになる。

（17）Kelsen, *Reine Rechtslehre*, supra, note（11）, S.107-113; English translation, pp.101-107. なお、ケルゼンによるイデオロギー批判の代表作としては、Hans Kelsen, *Aufsätze zur Ideologiekritik*, Hermann Luchterhand, 1964, 長尾龍一訳『神と国家――イデオロギー批判論文集』有斐閣（一九七一年）。同書のトーピッチュ（Ernst Topitsch）による「緒言」、および碧海純一「イデオロギー批判者としてのケルゼン」、鵜飼・長尾編『前掲書』注（12）、所収、参照。

（18）たとえば、横田「純粋法学の一般理論」（一九三二年）、「純粋法学の哲学的基礎」（一九三二年）、「純粋法学の実際的機能」（一九三三年）、以上、前掲『純粋法学論集Ⅰ』、注（9）、所収、などを参照。

（19）祖川武夫「一又正雄訳『アンチロッチ・国際法の基礎理論』」（紹介）『国際法外交雑誌』第四一巻八号（一九四二年）、九九―一〇〇頁。

(20) 横田「国際組織法の理論」(一九二九年)、前掲『国際法の基礎理論』、注(9)、所収。

(21) 横田「ケルゼンとわたくし」、前掲、注(12)、一九二―一九三頁。

(22) 祖川・松田、前掲論文、注(9)、五四頁。

(23) 横田「ケルゼンとわたくし」、前掲、注(12)、一九四頁。このような横田のその後の体系書は、『国際法学』(上巻)、有斐閣(一九五五年)、および『国際法Ⅱ』(法律学全集56)、有斐閣(一九五八年)。

(24) See, e.g., Hedley Bull, "Hans Kelsen and International Law", in, Richard Tur and William Twining, eds., *Essays on Kelsen*, Clarendon Press, 1986; Danilo Zolo, "Hans Kelsen: International Peace through International Law", *EJIL*, Vol.9, 1998.

(25) 田岡良一『国際法学大綱』(上巻)巌松堂(一九三四年)。引用は増補改訂版(一九四三年)、一―四頁。田畑茂二郎は、田岡の学問をこの二点において特徴づけるとともに、これを「歴史的実証主義」と呼んでいる。田畑、前掲講演、注(10)、一〇―一六頁。

(26) 伊藤、前掲論文、注(3)、四九二―四九四頁。もっとも、この言葉自体は、田岡『前掲書』注(25)、の初版の「序」(一頁)から取られたものである。

(27) 田岡「非戦闘員の戦争法上の地位」(一九三五年)『戦争法の基本問題』岩波書店(一九四四年)、所収。

(28) 田岡「国際法上位論と二元論との関係」『法学』第八巻一二号(一九三九年)。山本草二はこの田岡の説に、「争点を再び特定し実定法上の制度として論調を転換させる契機を示したもの」として注目している(山本、前掲論文、注(16)、二六頁)。

(29) 田岡『委任統治の本質』有斐閣(一九四一年)、一―六頁。

(30) 田岡「不戦条約の意義」『法学』第一巻二号(一九三二年)、「疑ふべき不戦条約の実効」『外交時報』第六五四号(一九三二年)。もっとも田岡は、『国際法上の自衛権』勁草書房(一九六四年)、補訂版(一九八一年)、一七九―一八五頁では、日本の行動が不戦条約における自衛権によっては正当化できないものだったことを明言する。

(31) たとえば、田岡『同上書』二九三頁以下、『国際法Ⅲ(新版)』(法律学全集57)有斐閣(一九七三年)、一三二頁以下。

(32) 田岡『国際法学大綱』(下巻)巌松堂(一九三九年)、一一五―一二七頁。この観点から田岡が、結論が法的拘束力を有する仲裁裁判と司法的解決を紛争解決手段として重視したのは当然のことであるが、しかし彼がこのことを、法律学の立場から世界平和への道を考えようとすれば、国家間紛争を裁判によって解決する制度を樹立するより外にはなく、「国内の社会生活から類推して考えれば、これは当然のことであり、自明の理である」と説明するとき(『前掲書』注(31)、一頁)、そこには国際法における国内法アナロジーを厳しく退ける彼の基本的立場との矛盾を指摘しないわけにはいかない。

(33) 田岡『国際法上の自衛権』、前掲、注(30)、一―二九頁、Ryoichi Taoka, *The Right of Self-Defence in International Law*, Institut of Legal Study, Osaka University of Ecinomics and Law, 1978, pp.1-14.

(34) 田岡「選択条項の過去と現在――大戦後の平和主義と国際法学の任務――」『法学論叢』第六三巻六号(一九五八年)、三六―三七頁。

(35) 同上、五七頁。

(36) たとえば、田岡『永世中立と日本の安全保障』有斐閣(一九五〇年)。

(37) 田畑茂二郎『国際社会の新しい流れの中で――一国際法学徒の軌跡』東信堂(一九八八年)、二七―二八頁。

(38) 田畑『国家平等観念の転換』秋田屋(一九四六年)(本書はその第六―八章を全面的に書き改めて『国家平等思想の史的系譜』有信堂高文社(一九六〇年)として再版)。なお、本書に結実する戦時中の作品は「近代国際法に於ける国家平等の原則について」『法学論叢』第五〇巻三号、四号(一九四四年)、「グロチュースと国家平等」同、第五〇巻五・六号(一九四四年)、および『国家平等理論の転換』日本外政協会(一九四四年)、であるが、最後の著書で田畑は「国際法秩序の多元的構成」『法学論叢』第四七巻三号(一九四二年)、第四八巻二号、六号(一九四三年)、をも踏まえて、近代国際法は統一的な秩序ではなくその抽象的形式的な性格のゆえに法的価値・理念を異にしたさまざまな法秩序の存在を可能とする多元的な構成を有するものとし、この理解を基礎として、当時の日本が追及しつつあった大東亜共栄圏においては共栄圏理念を基準とした相対的平等が行われるべきものと論じた。これらの論文を分析した祖川は、「そこにすべてを押し流す巨大な地滑りのような戦争の圧力を」見た(祖川・松田、前掲論文、注(9)、六五―六六頁)のであるが、田畑のみならず日本の国際法学者の第二次世界大戦および大東亜共栄圏へのアプローチについては、別途の検討が必要である。この点については、政治思想史家によるものであるが、酒井哲哉「戦後外交論の形成」北岡伸一・御厨貴編『戦争・復興・発展――昭和政治史における権力と構想――』東京大学出版会(二〇〇〇年)、所収、を参照。

(39) 田畑『国家主権と国際法』日本評論社(一九五〇年)。このほか、「近代国際法思想の成立」『思想』第二七七号(一九四七年)、「近代国際法思想の成立」尾高朝雄・峯村光郎・加藤新平編『法哲学講座』第三巻、有斐閣(一九五六年)、など。なお、田畑によるヴァッテル研究は長年にわたってその後継者を持たなかったが、近年では十全の成功を収めたかどうかは別にして、田畑を批判的に乗りこえようとする中堅・若手の研究者による注目するべきヴァッテル研究が登場している。柳原正治『ヴォルフの国際法理論』有斐閣(一九九八年)、第三章、西平等「ヴァッテルの国際法秩序構想における意思概念の意義」『社会科学研究』第五三巻四号(二〇〇二年)、参照。

(40) 祖川武夫「田畑茂二郎『国家平等観念の転換』」(紹介)『国際法外交雑誌』第四六巻三号(一九四七年)、五六—五七頁。傍点は原文。

(41) 田畑『国家平等観念の転換』、前掲、注(38)、一五〇頁。後に田畑は、思想史から社会経済史へと進むことの重要性を指摘する(『前掲書』注(37)、七三—七四頁)。

(42) 田畑「外交的保護の機能変化」『法学論叢』第五二巻四号(一九四六年)、第五三巻一・二号(一九四七年)。

(43) 田畑『前掲書』注(37)、五四頁、および同所における太寿堂鼎の指摘、参照。なお、同書、七三—七四頁で田畑は、近代国際法の成立を取引の安全および予測可能性の観念と結びつけたのはニーマイヤー(Gerhard Niemeyer, *Law without Force: The Function of Politics in International Law*, Princeton University Press, 1941)の影響によるものだったと述べている。

(44) 高林秀雄『領海制度の研究』有信堂高文社(一九六八年)、に収録の諸論文。

(45) 太寿堂鼎「国際法上の先占について——その歴史的研究——」『法学論叢』第六一巻二号(一九五五年)、『領土帰属の国際法』東信堂(一九九八年)、所収。

(46) 香西茂「外人財産の収用と国際法」『法学論叢』第六一巻三号(一九五五年)。

(47) 竹本正幸「陸戦における私有財産尊重の原則——その形成過程について——」『法学論叢』第六三巻五号(一九五七年)、『国際人道法の再確認と発展』東信堂(一九九六年)、所収。

(48) 寺沢一「血讐論」『法学協会雑誌』第七〇巻一号(一九五二年)、二号(一九五三年)、「復仇制度の成立——慣習法成立の契機を探る手がかりとして——」『国家学会雑誌』第七六巻五・六号(一九六二年)、一一・一二号(一九六三年)。

(49) 石本泰雄『中立制度の史的研究』有斐閣(一九五八年)、八頁。

(50) 同上、二二六—二二八頁。

(51) アー・イー・コローヴィン、米村正一訳『過渡期国際法』(一九二四年)改造社、一九三三年、イェー・ベー・パシュカーニス、山之内一郎訳『ソヴェート国際法概論』（一九三五年）改造社、一九三七年。

(52)　安井郁「マルクス主義国際法学の序論――コローヴィンの『過渡期国際法論』の検討――」（一九三三年）、「ソヴィエト国際法理論の展開――パシュカーニスの『ソヴィエト国際法概論』の検討――」（一九三七年）、以上、『国際法学と弁証法』法政大学出版局（一九七〇年）、所収。安井はその後もトゥンキン（Г. И Тункин, 1906-1993）の『イデオロギー闘争と国際法』（岩淵節夫訳、法律文化社、一九六九年）、『国際法理論』（岩淵節夫訳、法政大学出版局、一九七三年）の監修などの形でソヴィエト国際法学の紹介に努めた。

(53)　安井『欧州広域国際法の基礎理念』有斐閣（一九四二年）、「序」。引用部分は、同、六―七頁。なお、安井については、竹中佳彦「国際法学者の〝戦後構想〟――「大東亜国際法」から〝国連信仰〟へ――」『国際政治』第一〇九号（一九九五年）、参照。

(54)　田畑茂二郎「国際裁判における政治的紛争の除外について――その現実的意味の考察――」『法学論叢』第三三巻五号（一九三五年）。おもに依拠されたモーゲンソーの著作は下記の祖川と同じく、Hans Morgenthau, *La notion du "politique" et la theorie des différends internationaux*, Recueil Sirey, 1933, である。

(55)　祖川武夫「国際調停の性格について」『京城帝国大学法学会論集』第一五冊一号、三・四号（一九四四年）。なお「不均等発展」というマルクス主義の用語は、後に祖川『国際法Ⅳ』法政大学通信教育部（一九五〇年）、において用いられたものである。この個所の要約には、同書、二二一―二三一頁、を参考にした。松田竹男「祖川国際法学の課題と方法」『法の科学』第二六号（一九九七年）、一七二―一七四頁、参照。

(56)　祖川、前掲論文、注(55)、(一)、四九―五一頁、(二)、六三―六五頁、『前掲書』注(55)、二三一―二三二頁。なお、田畑も祖川もモーゲンソーの社会学的・心理学的方法には懐疑的だった（田畑「モルゲントー『規範特に国際法規範の現実性』」（紹介）『法学論叢』第三四巻二号（一九三六年）、祖川、前掲論文、注(55)、(二)、五一頁）。また、初期モーゲンソーの国際法研究と後の国際関係論研究のつながりについては、酒井、前掲論文、注(38)、一一三―一一五頁、Koskenniemi, *op.cit.*, supra note (2), p.436, et seq., を参照。

(57)　山本草二「国際行政法の存立基盤」『国際法外交雑誌』第六七巻五号（一九六九年）。

(58)　山本『前掲書』注(16)、六頁。

(59)　奥脇直也「『国際公益』概念の理論的検討――国際交通法の類比の妥当と限界――」、広部・田中編『前掲書』注(15)、一八八頁。なお、山本の国際法学の特徴については、田中忠「はしがき」、同上書、参照。

(60) 同上、一八九頁。
(61) 田畑『前掲書』注(37)、一六五―一六六頁。
(62) 田畑『前掲書』注(39)、二七―三三、八四―八六頁。
(63) 田畑『国際法における承認の理論』日本評論社(一九五五年)、六頁。
(64) 田畑「アジア・アフリカ新興諸国と国際法」『思想』第四九六号(一九六五年)。
(65) 田畑『国際法(第二版)』(岩波現代叢書)岩波書店(一九六六年)、第一章第三節。
(66) これらの論文の大部分は、後に田畑『現代国際法の課題』東信堂(一九九一年)、に収録される。
(67) 太寿堂鼎「国際法の新展開」小林直樹編『現代法の展開』(岩波講座現代法1)岩波書店(一九六五年)、「現代国際法と義務的裁判」『思想』第四九六号(一九六五年)。
(68) 山手治之「植民地体制の崩壊と国際法――民族自決権を中心として――」『立命館法学』第三四号(一九六〇年)。なお、山手「植民地独立と現代国際法」高野雄一編『現代法と国際社会』(岩波講座現代法12)岩波書店(一九六五年)、参照。
(69) 高林秀雄「海洋に関する現代国際法の動向」『思想』第四九八号(一九六五年)。第三次海洋法会議をめぐる高林の論文は、『海洋開発の国際法』有信堂高文社(一九七七年)、および『国連海洋法条約の成果と課題』東信堂(一九九六年)、に収録されている。
(70) 藤田久一「国際法学の歩みと展望」『法の科学』第五号(一九七七年)、八二頁。
(71) たとえば、横田喜三郎「国際犯罪としての戦争」(一九三一年)、「国際不法行為としての戦争」(一九三二年)、「戦争の防止」(一九三四年)、以上、横田『国際法論集Ⅱ』有斐閣(一九七八年)、所収、「非交戦状態の法理」『法学協会雑誌』第六〇巻二号、三号(一九四二年)など。この点については、祖川・松田、前掲論文、注(9)、六一頁、参照。
(72) 横田喜三郎『戦争犯罪論』有斐閣(一九四七年)。引用部分は二―四頁。
(73) 祖川、前掲論文(二)、注(55)、五四頁。
(74) 近年における公法学や政治思想史の分野におけるめざましいシュミット再評価にもかかわらず、日本でも欧米諸国でもシュミットの国際法学に再検討のメスを入れる仕事はまだほとんど行われていないように思われる。この点については、Koskenniemi, *op.cit.*, supra, note (2), p.415, et seq.; Anthony Carty, "Carl Schmitt's Critique of Liberal International Legal Order Between 1933 and 1945", *Leiden Journal of*

*International Law*, Vol.14, 2001, p.25, et seq., および、政治思想史家の筆になるものであるが、竹島博之『カール・シュミットの政治——「近代」への反逆』風行社(二〇〇二年)、第四章、参照。

(75) 祖川武夫「カール・シュミットにおける『戦争観念の転換』について(一)——Carl Schmitt, Der Nomos der Erde im Völkerrecht des Jus Publicum Europaeum, 1950——」『法学』第一七巻二号(一九五三年)。引用部分は、同、一〇一頁。

(76) 同上、七四—七五頁、祖川、前掲論文(一)、注(55)、五四頁。

(77) Carl Schmitt, *Die Wendung zum diskriminierenden Kriegsbegriff*(1938), Duncker & Humblot, 1988, esp., S.37-53.

(78) Carl Schmitt, *Der Nomos der Erde im Völkerrecht des Jus Publicum Europaeum*, Greven Verlag, 1950, S.89-96, 112-121, 232-255, 285-299, 新田邦夫訳『大地のノモス——ヨーロッパ公法という国際法における(上・下)』福村出版(一九七六年)、(上)一三三—一四三、一六八—一八三頁、(下)三六六—四〇二、四四九—四七一頁。Carl Schmitt, "Völkerechtliche Formen des modernen Imperialismus"(1932), *Position und Begriffe im Kampf mit Weimar-Genf-Versailles 1923-1939*(1940), Duncker & Humblot, 1988, 長尾龍一訳『現代帝国主義論』福村出版(一九七二年)、所収、をも参照。また、シュミットのアメリカ帝国主義論については、G. L. Ulmen, "American Imperialism and International Law: Carl Schmitt on the US in World Politics", *Telos*, No.72, 1987, を参照。なお、シュミットの「戦争観念の転換」論については、柳原正治「いわゆる「無差別戦争観」と戦争の違法化——カール・シュミットの学説を手がかりとして——」『世界法年報』第二〇号(二〇〇一年)、六—一〇頁、が簡潔な要約を与えている。

(79) たとえばシュミットは、一九六三年の『パルチザンの理論』では、核兵器という超在来型の兵器の出現は超在来的の人間、つまり絶対的に無価値な犯罪的・非人間的な人間を想定することを不可避とし、この論理は絶滅的な帰結を展開すると述べた。Carl Schmitt, *Theorie des Partisanen: Zwischenbemerkung zum Brgriff des Politischen*, Duncker & Humblot, 1963, S.94-96, 新田邦夫訳『パルチザンの理論』福村出版(一九七二年)、一七七—一七九頁。

(80) Carl Schmitt, *Völrerechtliche Grossraumordnung mit Interventionsverbot für raumfremde Mächte*(1941), Duncker & Humblot, 1991, S.62-63, 岡田泉訳「域外列強の干渉禁止を伴う国際法的広域秩序」、カール・シュミット/カール・シュルテス、服部平治・宮本盛太郎・岡田泉・初宿正典訳『ナチスとシュミット』木鐸社(一九七六年)、一三〇—一三一頁。本書については、安井『前掲書』注(53)、を参照。

(81) もっとも、シュミットは最晩年の作品「法的世界革命」においても、広域概念に固執していたように見受けられる。Carl Schmitt, “Die legale Weltrevolution: Politischer Mehrwert als Prämie auf juristische Legalität”, *Der Sraat*, Nr.3, 1978, translated by G. L. Ulmen, “The Legal World Revolution”, *Telos*, No.72, 1987.

(82) たとえば、祖川の安保体制批判の諸論文を参照。「日米安全保障条約体制の特質」『法律時報』別冊「日本の国際的地位」(一九五七年二月)、「新安保条約の検討」『法律時報』第三二巻四号(一九六〇年)、「安保条約の法的構造」『法律時報』第四一巻九号(一九六九年)。

(83) 祖川・松田、前掲論文、注(9)、六六頁。

(84) 松田、前掲論文、注(55)、一八〇頁、注(26)、参照。

(85) 祖川武夫「集団的自衛――いわゆるUS formulaの論理的構造と現実的機能――」、祖川編『国際政治思想と対外意識』創文社(一九七七年)、所収。

(86) 石本泰雄「いわゆる『事実上の戦争』について」、横田先生還暦祝賀『現代国際法の課題』有斐閣(一九五八年)、所収、後に、石本『国際法の構造転換』有信堂高文社(一九九八年)、に収録。石本は別の場所では、中立法規と違って「人間」の利益を保護する交戦法規は戦争違法化のもとでも存続することを指摘しており(「交戦権と戦時国際法――政府答弁の検討――」『上智法学論集』第二九巻二・三号(一九八六年)、『国際法の構造転換』所収、同書一一二―一一三頁)、同様の指摘は宮崎繁樹『戦争と人権』学陽書房(一九七六年)、第二章、でも行われている。

(87) 石本「戦争と現代国際法」高野編『前掲書』注(68)、一〇七―一〇八頁。

(88) 石本「国際法の構造転換」横田先生鳩寿祝賀『国際関係法の課題』有斐閣(一九八八年)、所収、後に、石本『前掲書』注(86)に収録。なお、「個人の法意識こそが国際法を法として妥当せしめる根拠」であることは、宮崎繁樹『国際法における国家と個人』未来社(一九六三年)、二三頁、においても指摘されていた。

(89) 田畑『前掲書』注(37)、三四―四二頁。

(90) 田畑「個人の国際法主体性に関する論争について」『法学論叢』第三五巻四号、第三六巻二号(一九三六、一九三七年)。田畑はこの観点から、当時の少数民族保護制度のもとにおける少数民族の国際法主体性を否定した(「所謂少数民族の国際法主体性に就て」『法

学論叢』第三八巻三、四、六号(一九三八年))。
(91) 田畑「個人争訟と国際争訟」『法学論叢』第三六巻六号、第三七巻四号(一九三七年)。
(92) 田畑「国際法受範者としての国家と個人」『国際法外交雑誌』第三八巻四―七号(一九三九年)。
(93) 田畑「国際法における国家と個人の関係の変化について――特に個人の国際裁判所への出訴権を中心として――」『国際法外交雑誌』第四六巻二号(一九四七年)。この時期に変形理論について再論した田畑が、それは絶対主義的な国家体制に適合するものであるとともに、国内関係を国際法的な関係から遮断して閉鎖的に考えるものであったことを指摘した(「国際法の国内法への『変形』理論批判」恒藤博士還暦記念『法理学及国際法論集』有斐閣(一九四九年)、所収)ことも注目される。
(94) 田畑『前掲書』注(39)、とくに二七―三一、三八―三九頁。田畑はこのような視角から、世界政府論の主権理解を批判した(『世界政府の思想』岩波新書、一九五〇年)。
(95) 高野雄一「国際社会、国際法秩序の過去、現在及び未来」『法学志林』第四七巻一号(一九四九年)、「世界国家論、二〇世紀の国際社会、国際法の課題をめぐって」同上、第四七巻二・三・四号(一九五〇年)。なお、高野の主権論については、「主権と現代国際法」、高野編『前掲書』注(68)、所収を参照。
(96) 小田滋「最近における国際法学説の理論構造に関する一考察」『国家学会雑誌』第六四巻一号(一九五〇年)、「伝統的国際法理論の本質――国際法における国家主権概念について――」『法学』第一四巻四号(一九五〇年)。
(97) 田畑茂二郎「国際社会における国家主権」『公法研究』第三三号(一九七一年)。
(98) 田畑『人権と国際法』日本評論社(一九五二年)、九頁。
(99) 同上、三〇―三一、七二頁。
(100) 祖川武夫「人権の国際的保障と国際法の構造転換」昭和六一年度科学研究費補助金研究成果報告書『国際法の構造転換』(一九八七年)、所収。田畑は祖川によるこのような指摘を、「一般の理解とはかなり異なった、意表をついた主張であるが、興味のある問題提起ということができる」と評している(「故国際法学会名誉会員祖川武夫君を悼んで」『国際法外交雑誌』第九五巻四号(一九九六年)、一〇六頁)。
(101) 田畑『世界人権宣言』(アテネ文庫)弘文堂(一九五一年)、五二―五三頁。傍点は原文。

(102)　田畑『国際化時代の人権問題』岩波書店(一九八八年)、二八七頁以下。
(103)　田畑『前掲書』注(98)、二六―二七頁。
(104)　同上、七八―七九、一三〇―一三四頁。
(105)　田畑「人権と民族自決権」、前掲『現代国際法の課題』、注(66)、所収。
(106)　田畑「国連憲章からヘルシンキ宣言へ――人民自決の原則をめぐって――」『瓜生』(京都芸術短期大学)第五号(一九八三年)。以上につき、田畑『前掲書』注(102)、三三一頁以下、参照。
(107)　小畑郁「民主主義の法理論における主権・自決権と人権」『法の科学』第二六号(一九九七年)。
(108)　田畑「個人の国際法主体性に関する論争について(二)」、前掲、注(90)、一〇一―一一八頁。
(109)　この点については、とりわけ以下を参照。Carl Schmitt, *Die geistesgeschichtliche Lage des heutigen Parlamentarisumus*(1923), Duncker & Humblot, 1961, 稲葉素之訳『現代議会主義の精神史的地位』みすず書房(一九七二年)、idem, *Politische Theologie: Viel Kapitel zum Lehre der Souveranitat*(1922), Duncker & Humblot, 1934, 田中浩・原田武雄訳『政治神学』未来社(一九七一年)。
(110)　石本泰雄「国際社会における民主主義」『競争的共存と民主主義』(岩波講座現代12)岩波書店、一九六四年、所収。
(111)　宮崎『前掲書』注(88)、六頁。

# 国際法の法源論の新展開

藤田　久一





## 一　はしがき――法源論の問題性

### 1　法源論の意義

国際法の法源の問題は、さまざまの観点から論じられる。なかでも、法源の種類、慣習国際法の成立要件、さらに、国家の一方行為や国連総会決議の法的性質をめぐり多くの議論がなされてきた。他方、こうした議論の前提となるべき法源そのもののもつ意義ないし法源の一般理論を本格的に論じたものは意外に少ない。意思実証主義の支配する国際法学では、これは敬遠されてきたともいえる。そのためか、法源をめぐる議論は、きわめて活性化していると同時に混沌とした状況にある。

法源論の主たる意義は、結局、国際法のなかでも一般国際法がどのようにして生成するかを問うことにあると思われる。いいかえれば、法源論は、国際法の生成方法とその認定にかかわるものであり、その行き着くところは「国際法とはなにか」「その法的拘束力の根拠は何に求められるか」という基本問題に及ぶ。この問題は、国際法秩序や国際法の機能へのアプローチにつながっている。

では、国際法の法源論は、国内法の場合とは異なり、なぜ国際法の概念や国際法秩序といった基本問題の考究に至らざるをえないのか。それは、国際法の生成される歴史的・社会的条件が国内法の場合とは大きく異なることに由来する。近代国家権力に支えられた秩序のもとで生成・適用・展開する国内法とは異なり、国際法は、統一した権力構造――立法権、立法機関および立法手続――を欠く国際社会において生成・適用・修正・廃止されるという「宿命」のもとにある。いいかえると、主権国家の併存する国際社会においてどのように法・規範秩序を形成し維持していくかという問題、つまり主権と国際秩序の相関関係に常に遭遇するからである。ここに法源論の問題の核心がある。しかし、それに対する答えは、問題の定式化ほど簡単ではなく、単一でもない。法源論が混迷する所以である。

このように、統一的権力構造の欠けるところに「奇跡」とも映る国際法の存在を証明するための法源の議論は、一七―八世紀の「国際法学の英雄」時代以来現代に至るまで各時代に「耐えざる新鮮さ」をもって研究者を魅了し続けてきた。要するに、法源の問題は国際法のすべての重要な論争の十字路にある。国際法研究のすべての道は、法源から出発し、かつ、最終的にそこに導くともいえる。

## 2　国際社会の構造変化と法源論

ところで、国家主権と国際法秩序の相関関係は、不変の固定的なものではなく、つねに変動してきた。そのため、国際法源の問題、その基礎にある国際法の性質・機能の問題は、田畑茂二郎教授がつとに指摘されてきたように(1)、国際法の歴史的発展の中で見ていくことにより、はじめてその意義ないし本質が理解できるものであろう。国際法の歴史的発展をかなり長いタイム・スパンでみていくと、基盤となる国際社会の構造変化に対応した伝統的国際法から現代国際法のへの展開のもとで、国際法の性質や機能も変化を受けてきた(2)。

二度の世界大戦を境にして、国際社会と国際法は大きな変動を経験した。それ以前の国際法は戦争の自由と力による他国領域の取得を中心とする西欧キリスト教文明国のためのヨーロッパ中心法であり、それ以後、戦争違法化のはじまる戦間期の国際連盟時代を経て、とくに第二次世界大戦と国連憲章の成立以来の国連システムのもとで、非植民地化をもたらし、人権の国際的保障、人民の自決権といった国際法の新しい方向が出現してきた。このような状況の変化、それを支える国際社会の構造変化の中で、その必要に応えるため、国際法の生成における同意からコンセンサスへの展開、慣習法の成立要件の見直し、ユース・コゲーンス、国際犯罪、普遍的義務の理論の登場などとともに、法典化条約や国連総会決議による一般国際法の生成の企てなど法源論の再検討が促される。

他方、これと対照的に、国際法の変化の背後にある不変的、永続的なもの、歴史貫通的な国際法のアイデンティティーを求める見解もある。それによれば、一六四八年ウェストファリア講和以来の国際法、国家主権が継続していることは、国際法の機能の永続性を証明している。国際法の任務は、一七世紀以来今日まで実質的に不変のままであるとみる。そこから、国際法の二つの主要な機能、すなわち、共存と協力とそれらに先行しその前提となる第三の機能、すなわち領域的機能――つまり、主権と領域の不可分――のもとで、国際法は、「国際社会の調整システム」(アンジロッチ(Anzilotti))とみなされる[3]。したがって、最近登場してきた国際社会の一般利益といった議論は、共存、協力、領域の三機能をこえるものである。このように国際法の性質や機能の不変性を強調する見解は、一九世紀以来の実証主義から引き出される伝統的法源論を支えているように思われる。

この見解とは正反対に、国際社会の組織化に伴う問題も注目される。力により特徴づけられたウェストファリア・モデルが、一般的政治的国際機構とくに国連の設立とその発達により変化したかどうか。すなわち、力に訴えることの正当性を基本的には拒否し、国際社会の一般利益を体現する国連モデル(または、国連法)によってとって代わられたかどうか[4]。国際社会のこのような組織化ないし構造変化は、法源論に新しいアプローチを求めることになろう。

このように国際社会と国際法の展開の歴史をみるならば、現代の法源をめぐる議論は、主権国家の性質変化と現代国際社会の性格との関係の展開、国際秩序の捉え方の変化、国際社会の一般利益ないし国際公益の存否についての議論と結びついている。したがって、現代法源論の前提となる議論は、変動する国家主権と国際社会との関係をふまえた国際法の性格・機能の議論であり、それに基づく法源論の中心的関心は、従来の法源をめぐるさまざまの議論の混迷からいかに脱却して再構成しうるか[5]、あるいは、あえてアビサーブ(Abi-Saab)の刺激的な言葉を借りれば、ビッグバンによる新しい国際法生成理論をどのように打ち立てうるかにある[6]。なお、本稿では、この大問題の前提的考察として、いくつかの論点を選択的に拾い上げ整理するに止めたい。

## 二　法源論の混迷

### 1　法源の意味

従来から法源をめぐる議論には、曖昧さや混乱がみられ、法源論の核心的問題に対する適切な答えが引き出されていない。それはまず法源という用語の意味、便宜的に国内法から借用した定義や分類にもみられる。

国際法の「法源」は、曖昧な法的用語の一つであり、それには隠喩的表現を用いて異なった対立さえする意味が与えられてきた(7)。たとえばセル(Scelle)は、一九三五年ジェニー(Gény)記念論文集中の法源に関する論文の冒頭で次のようにいう。「泉(sources)。この隠喩はかなりよく選び抜かれたものである。泉は、水源(origine)ではない、それはその外部に現れたものである。……その主な要素は利用しうることである。しかし、泉は、その存在が争われないもの、ときには知られない地下水槽を想定する。なぜなら、それなしに泉は存在しないから。法源についても同様である。……法源は、法の根源(origine)ではない。それは、その明るみに出された証拠であり、直接に利用できかつ社会的に有効な部分であり、人為的表現である」(8)。セルは、少なくとも理論的には、泉としての法源とその基礎の源すなわち根源を区別していたが、泉と法規範の存在の証拠を混同していたとも思われる。また、『オッペンハイム国際法』(第八版、一九五五年)は、泉概念の両義性を言葉の類推から引き出している。すなわち、流れ出る泉は、水が地下から湧き出る点として定義されることから、泉と原因(cause)を区別し、泉は水の存在の原因ではないと説明する(9)。そこでは、泉と原因の混同に注意し、一般に泉の用語の意味を遡ることによって、この誤りは避けられるという。つまり、規則の生命または法的存在は、泉の上流に(しかし同じく下流にも)ある要因により条件づけられる。しかし、この泉は、その規則の生命周期において目にみえる印であり、または、その規則が外面化しかつ見えるようになる点である。このように、法源の定義そのものの代わりに類推が用いられることが、法源の意味の曖昧さの一つの理由であるともいえよう。

ブリッグス(Briggs)は、すでに一九三八年の著書で、「法源」の用語の混乱を次のように整理している。すなわち、(i)国際法の基礎、すなわち国際法の義務の基礎、(ii)原因、すなわち国際法の発達に影響を与える要因。これはときには、国際法の「実質法源」とされる。(iii)その証拠。これはときには実体規則が表現される「資料証拠」に限定される[10]。そのうえ、彼は明確化のために、形式的な意味で、すなわち「国際法がつくられる方法または手続」を示すものとして、「法源」の用語の使用を擁護した。実際には、法源というとき、形式法源の意味で使われることが多い。

## 2　形式法源と実質法源

「法源」概念の曖昧さのもう一つの理由は、実質法源と形式法源の区別にあると見られる。両者各々の概念やその相互関係についての見方はさまざまである。たとえば、セルは前記論文において、実質法源は泉ではなく、深い法的水槽であり、それがいくつかの外部的泉すなわち慣習、法律(loi)(および、彼によれば、判例)を生み出すという。また、前述の『オッペンハイム国際法』の泉と原因の区別は、おおよそ形式法源と実質法源の区別に該当するともとれる。実質法源と形式法源は、内容的にそして機能的に区別される。

実質法源は、規則の内容の根源(origine)つまり規範的命題を指している。規範形成のインスピレーションがどこから引き出されるのかを探る問題である。それは、たとえばローマ法などの歴史的法体系または他の現代法体系からの借用、思想や新しい社会価値、承認された社会的必要、あるいは、極端な場合には、独裁者の意思といったものでありうる。しかし、かなりよくあげられるのは、「社会的必要」という曖昧かつ経験的な根拠である。「社会的必要」は、そこからある規則が採掘される社会的鉱脈の山を調べるための手間取る労をとらず、規範の内容を説明するためのものであるともいわれる[11]。

このような内容の不正確さに加えて、実質法源は法の手前のものであり、その探究は(法)社会学的アプローチに委ねられることが多い。そのためか、実質法源の構成問題と法の基礎すなわち拘束力の根拠の問題が単純に混同されることがある[12]。

また、実質法源の中に法形成の根源にある実質的構成要素を見ようとする見解もある。たとえば、『オッペンハイム国際法』第九版で[13]、ジェニングス(Jennings)とワット(Watt)は、実質法源を法規則の実質的内容の出自を意味するとし、「たとえば、特定規則の形式法源は、慣習たりうる。その実質法源は、ずっと以前に締結された二国間条約に、または、ある国家の一方宣言に見出される。」という。ここでは、二国間条約または一方行為といった法律行為が国際慣習の根源にある慣行(practice)の要素の全部または一部を構成するとみなされている。

他方、形式法源の問題は[14]、法規則(規範)がいかなる仕方で形成されるかの問題である。つまり、形式法源は、規則の生成または確立の技術的方法を指すといわれる。それは、ある思想、価値、社会的必要といった主観的要求が客観的規範的なかつ運用可能な法命題へと変容する機能である。いいかえれば、思想、価値、社会的必要を法規則に翻訳するための「自動的翻訳機械」は存在しない。かかる思想、価値、社会的必要は、形式法源たる法的変容の通路またはメカニズムを通過しなければならない、ということである。

このように方法または手続として形式法源をみる見解が支配的である。それは、予め定められまたは制度化された手続、または、観察可能で客観的に確認しうる諸段階ないし継続的行為から構成される動的メカニズムである。これは、実質法源の土台の規範的命題を運びかつ法世界への通路を見えるように示すものである。

ところが、形式法源のもう一つの観念は、方法または手続のそれではなく、規則が求められる「場」[15]のそれである。そして、この「場」は、国際司法裁判所規程第三八条の中に見出される。

「場」としての形式法源の概念は、規則が先行していること、少なくとも、規則がいかにして存在するようになったかが不明なこと、および、規則が見出される権威づけられた場の意味で、規則がその出自によってのみ識別されうることを内含している。

さらに、形式法源は、「慣習」によるともされる。「慣習」の方法は、予め制度化されたダイナミックな過程が問題となる法産出の形式手続でもなく、その産出の「場」でもない。その起源が不明または不確かで、かつ、その生成過程が定義上把握しえないものであり、その基準は、実質要素と心理要素の二要素の結合であるとされる。

これらの三つの基準がこれまで伝統的国際法の支配した一九世紀以来一般にあげられてきたが、形式法源は、それらに限定されねばならないものではないであろう。国際社会の構造変化のもとで、何らかの別の基準が形式法源としてあげられることを妨げるものはないといえよう。

いずれにしても、形式法源は、両義的ないしは多目的な観念として使われており、法を識別するための単純なかつ客観的基準を提供してはいない[16]。

ここで上述のような実質法源と形式法源の(内容ではなく)区別機能についてみれば、実質法源/形式法源のパラダイムにより、実質法源から形式法源への移行ないし転換のダイナミズムの機能が問題になる。一九世紀後半のドイツ公法学の影響の強い古典的意思実証主義の見方によれば、慣習の二構成要素は慣習法生成過程として与えられ、実質法源ではなくて形式法源の枠に入る。他方、慣習の実質法源は、法的分析に不適切と判断されるすべてのものを並べた物置の役割を果たしている。意思実証主義者にとって、実質法源の問題は、いわばメタ問題または超法的問題として敬遠された。他方、デュギー（Duguit）やセルから現代のイェール学派に至る客観主義または社会学的実証主義の見解は、逆に、規範分析の中でさえ、規則の内容を説明する歴史的、経済的および社会的条件を捨象できないと考える。とはいえ、形式法源は、実質法源、いいかえれば、社会的必要や道義的要請などのメタ圧力に由来する実質的規則を媒介するものであり、実質法源と規則（規範）との必然的な通路を構成する。いずれにしても、いかにして法が形成されるか、その機能や効果はいかなるものかを問う前に、なぜ法が存在するかを問うことはできない。いいかえれば、実質法源の問題より形式法源の問題にまず取り組まねばならないのである。

## 三　法源の分類

### 1　国際司法裁判所規程第三八条をめぐって

形式法源についてみると、法規範へのいくつかの接近方法に直面して、それらの分類（さらには序列）の問題が提起される。歴史的に、自然法の後退に伴って登場してきた実定法の形式法源として、条約と慣習法が一般に認められてきた[(17)]。

国際司法裁判所（ＩＣＪ）規程第三八条による法源（正しくは裁判基準）の列挙は、一九二〇年の常設国際司法裁判所（ＰＣＩＪ）規程第三八条以来のかなりの年月を経てきたものであり、多くの批評や批判を受けつつも、今日一定の権威をもつ唯一の「場」になっている。いずれにしても、第三八条は、法源の問題性を検討するための出発点として有益な機能を果たすものである。それは、裁判所が適用すべき基準として、（ａ）国際条約、（ｂ）国際慣習、（ｃ）文明国が認めた法の一般原則、(d)(法則決定の補助手段として)裁判上の判決および学説を列挙しているのであり、そこには法源への明示の言及はない。

第三八条の列挙が、現代の形式法源の分類ないし列挙として適切かどうかについては、さまざまの議論がある。一方で、法の一般原則が形式法源かどうかについては議論が絶えず、他方で、たとえば、列挙されていない一方行為や国際機構の決議、さらに衡平も形式法源(あるいは義務源)たりうるという議論もある。

形式法源の分類ないし順序は、各法源の間に序列がある場合には、きわめて重要となろう。ところが、第三八条の列挙する条約、慣習法、法の一般原則の間に、序列ないし適用優先の関係は定められていない。いいかえると、異なった形式法源――たとえば条約と慣習法――に由来する規範は、共存しうるのである。にもかかわらず、形式法源の問題に関心が集中するのは、それぞれの法源の間の(国際規範性の)量的および質的配分から、現代の国際法システムの診断ができると考えられるからであろう。

ところで、第三八条の列挙は、すべての形式法源を示しているのか、あるいは、そこに言及されていない形式法源も存在しうることを認めているのか、という問題がある。つまり、その列挙は網羅的か例示的か。これに対する答えは、その列挙が創設的なものか宣言的なものかにより、異なりうる。つまり、第三八条の列挙をＩＣＪ規程当事国に適用される(国際)法を決定する単なる条約規定と考えるなら、そこに列挙されたもの(補助法源を含む)に対する拘束力を提供することになる。この場合、これらの法源を「創設する」ものであり、したがって、その列挙は網羅的と考えられよう。

しかし、むしろ、第三八条の大きな意義は、それが一般国際法を反映したもの、つまり、法源についての国際法を宣言したものとして、一般に見られていることである。

条約、慣習法、法の一般原則という列挙は、初めて定式化された「法の一般原則」を除いて、一九二〇年の常設国際司法裁判所（ＰＣＩＪ）規程起草時においては、法源に関する国際法の忠実な反映であったともいえよう。しかし、以後国際社会において他の形式法源が出現し、一般国際法上認められるようになるなら、それ（ら）が第三八条に列挙されていないことが新法源とみなされることに対する障害になるとは必ずしもいえない。いいかえれば、第三八条の列挙は例示的なものにすぎず、一般国際法の他の法源の存在または出現を妨げるものではない。

第三八条についても別の論点は、フィッツモーリス（Fitzmaurice）の指摘するように[18]、第三八条の列挙が法源という言葉に言及しないだけでなく、（客観）法の法源と（主観）義務源――彼によれば、第一法源としての条約がこれに属する――を区別していない点にある。たしかに一九二〇年のＰＣＩＪ規程の起草時に支配的な国際法理論（意思実証主義）では、すべては主観法（権利）であり、かつ、究極的に国家意思に帰着すると考えられていた。また、客観法と主観法という二分法は、裁判所に付託される紛争が（主観的）権利義務についてのものである限り、かなり作為的とも考えられる。しかし、この権利義務は、それを基礎づける一般規則によってのみ、法的に存在しかつ請求されることができる。この二分法は、法源論の問題性へのアプローチ、とくに法律行為と法律事実の区別（後述）に影響を及ぼしうるものである。

## 2　国際法源の一般理論――国内法源理論からの借用

国際法源の一般理論は、基本的に国内法の生成方式の理論を参照しあるいは借用して構築されてきた[19]。この借用は、国際法源理論の一般的構造を深く特徴づけたといえる。そのため、国際法源の分類や構図を国内法のそれと、その近似性を超えて直接対応させる結果になった。

近代国家の国内法では、法源ないし法の存在形式は、成文法と不文法に大別され、成文法は憲法、(各種)法律のほか、政令、条例、規則などからなり、各種法源の間には、法律は政・省令に優先し、成文法は慣習法に優先するなど効力上一定の秩序ないし序列がある。そこでは「書かれた法」つまり成文法が支配的位置を占める(コモン・ロー諸国でも次第にそうなっている)。法律の一般的優位は、立法府および行政府といった機関により行使される国家の規範的特権と結びついている[20]。他方、(国内)慣習法は、公権力(国家)にとり疑わしい法源にとどまり、補助的な役割しか果たさない。

これを国内面から国際面に移行させると、(国際)条約が法律に該当し、国際慣習が国内慣習に該当する。成文法(制定法)として、国内法律と国際条約の並行性は、それらの形式的成立手続(立法手続ないし条約締結手続)などからほぼ認められてきた。法律も条約もどちらも、ハート(Hart)のいう二次規則――行為を命ずる一次規則の形成方法を決定するもの――に属する[21]。

条約の成立手続は、国内制定法と共通した利点として、その効力発生および受範者(当事国)に適用され対抗可能となる時点が明らかになることなどがあげられる。しかし、条約は、制定法と同じような支配的位置を国際法システムにおいて占めているわけではない。制定法が国民一般に適用されるのに対して、条約がすべての国(または国際法主体)に当然適用される、つまり一般国際法になるわけではない。国際法の法源において、制定法に真に対応するするものはないのである。そのため、後述のように、条約による一般国際法の生成のための(法典化)理論や国際立法の理論が模索されるようになるのである[22]。

また、国際慣習については、人々の間に生成する国内慣習の場合と異なり、それを生成させるほぼ排他的ともいえる主体は国家である。そして、国際法システムにおける慣習の役割は国内慣習のように補助的なものであるどころか、基本的なものである。一般国際法規則は、一般に慣習法の地位をもつと見られる。その意味で、国際法システムにおける慣習法の重要性は、制定法の国内法システムにおける支配性に似ている。そのため、慣習法の二要素理論の中に、国内法律の制定方法との類似性を認めようとする理論が考えられてきた。つまり、国際慣習を成立させるものといわれてきた二要素すなわち事実要素(同一実行の反復)とそれにつづく心理的要素(opinio juris の表明)という時間的繋がりは、ジェニーの国内慣習法の二要素の古典的な理論ですでに展開されていた国内立法シェーマから着想を得た一種の手続とみなされうる[23]。この手続の中で、諸国の集合体による、ある行動に結びついた法意識の表明は、法律(案)の議会ないし立法者による討議や採択の面を比喩的に再現するものであろう。とくに近年、国際慣習の再生(ルネサンス)現象さえ現れている。この現象は、後述するように、外交会議や国際機構の場における、議会の討議にも似た「議会外交」とその成果(法典化条約や決議)により示されてきたともいえるであろう。

他方、「スフィンクスの謎」といわれる慣習生成の難点は、どの時点から新慣習が効力を有するようになり、法主体に対して有効となるかが正確には明らかにならない点である。これは国内慣習であれ国際慣習であれ、共通している。しかし、法規範の生成時点を明らかにすることこそ、形式法源の典型的な利点であり、議会での採択や公布により効力を発生する制定法、そして、署名または批准ないし加入により効力を発生する国際条約が形式法源とみなされる所以である。すでにコペルマナス(Kopelmanas)は、「ある社会規則が法規則となる時点をはっきり示すことのできない慣習手続――なお、P・M・デュピュイ(Dupuy)は、「手続(procédure)」は誤りで、「過程(processus)」であるとする――は、形式法源の機能を部分的にしか果たしえない。なぜなら、形式法源の本質的機能は、法規則と他の社会規則の間の――裁判官にとっての――区別基準に役立つことにあるから。」[24]と述べている。de lege ferenda からlex lataへの慣習的移行は、事実、謎のままである。そのため、その規範生成の「形式化した技術的手続」が存在しない慣習は、国際法の法源ではないとするバルベリス(Barberis)の見解も傾聴に値する[25]。たしかに、法規範としての成立時点を明らかにするかかる技術的手続(過程)こそ形式法源性を意味するとすれば、それが示されない以上、慣習は手続法源とはいえないであろう。もっとも、P・M・デュピュイによれば、証拠法源の意味で、なお形式法源であるとみなされる[26]。

なお、慣習法を含む不文法を、かかる手続的過程から生まれるものではなく、法秩序の中に自生的に生じる「自生法(droit spontané)」とみるアゴー(Ago)の理論がより現実に対応しているとして注目される。しかし、特定された生成方法が存在しない以上、慣習規範の存在をいかにして識別するかという問題が生じる。アゴーは、経験的方法を用い、その規範が当該社会において効果性(effectivité)を有するか否かを検証せねばならないという[27]。しかし、「自生法」理論からも、慣習法化の時点を明らかにすることは必ずしも容易ではないであろう。

いずれにしても、形式法源としての慣習の難点を示す、慣習的移行(時点)のこの謎に直面して、古典的実証主義者の形式手続への憧憬から、二つのやり方でその解明が試みられてきた。一つは、慣習の二構成要素の相互浸透ないし一体化、さらには単一要素でよいとする理論であり、二つは、「一貫した反対国」理論である。

## 四　慣習法の再生(ルネサンス)か「新しい波」か

### 1　二要素理論の再検討——問い直される錬金術

上述のような慣習的移行の謎にもかかわらず、慣習規則は長い間、主にヨーロッパの大国の行為軌道の中で生成され、伝統的国際法システムにおける重要な位置を占めていた。しかし、現代国際法の時代になると、とくに第二次世界大戦後の国際社会において、慣習規則の生成は、容易ではなくなった。ド・ヴィシェ（De Visscher）は、一九七〇年の著書で現代国際関係における「慣習国際法の相対的凋落」を指摘し、その原因の一つに、多数の新独立国の登場をあげた[28]。

しかし、その後、慣習法は活性化し、新たな成長を始めたとも見られている。これと平行して、慣習法の生成は、従来、安定性と強化を伴った緩慢な過程とみられていたものが、今日では、加速される傾向にある。それに伴って、国際法の一定の永続性の化身ともみられていた慣習が、今日変化の原動力にさえなっている。

これは、慣習法の成立要件の緩和ないし再検討を迫ることになる。そこでは、実質法源に由来する事実を法に変える慣習の謎すなわち錬金術が問い直されるのである[29]。

この錬金術の魔法を覗き見るために、慣習法という「縮減されたモデル」をめぐって、その法的拘束力の根拠とその生成方法という争いの絶えない二つの問題に再び遭遇せざるをえない。前者の問題が向けられるのは、法源としての慣習ではなく、規則としての慣習である。ここで問題とされるのは、規範生成過程ではなく、その過程の生み出した規範である。そして、拘束力の根拠の問題は、古典的（または規範）実証主義からは、より上位の慣習規則――これは、慣習の方法に、義務的規則を生み出す過程の性格を与える――により慣習が義務づけられると答えるしかないのである。これは、根本規範の問題であり、それ以上解きえないものである[30]。

ここで、重要なのは、むしろ後者の問題、すなわち慣習の生成方法である。これに対して、古典的実証主義理論は、既述のような客観的および主観的な二要素――慣行と**opinio juris**――理論という微妙かつ複雑な答えを与えてきた。ここで、慣習法生成の要素としての慣行は、ニュートンの法則のような、普遍的かつ一致した実行を必ずしも要求しているのではない。一度慣行に違反する行為が行われても、慣行の存在を疑うには十分ではない、のである[31]。判例は、「一般的」「恒常的」「恒常的かつ一致した」慣行などの表現を与え、さらに精製して、慣行の要請に量的側面から、十分な数の国家、十分な数の(一致した)行為などをあげてきた。さらに、判例は、量的よりも質的側面に注目し、北海大陸棚事件判決のよく引用される定式によれば、「特別利害関係国を含む諸国家の慣行が頻繁でありかつ実行上一致している」ことが求められた[32]。

さらに、慣習規則が生成しうるためには、裸の事実である一般的な慣行だけでは十分ではなく、opinio jurisが必要とされる。opinio jurisという主観的要素の必要性は、ロチュース号事件で提起され、庇護事件および北海大陸棚事件で確認されてきた[33]。その機能は、新規則を生み出しうるものとそうでないものを区別して、国家の行為の性質を明らかにすることにある。さらに、ニカラグァ事件で述べられたように、opinio jurisこそがある行動を現行規則としてあるいは新規則創造の萌芽として分析することを可能にするのである[34]。opinio jurisの役割は、サールウェイ(Thirlway)によれば、「累積する慣行の不純な塊を拘束力ある法規則に錬金する賢者の石」のそれである[35]。

ところで、慣行とopinio jurisというこれら二要素は、伝統的な考え方では、同じ平面にあるのではない。まず、慣行から出発し、これが基礎的要素となる。しかし、すべての慣行が慣習を生み出すのではなく、opinio jurisこそが縮減の役割を果たし、法的義務の意識(感情)の対象となる慣行のみに慣習の生成力を限定する。慣行もopinio jurisも孤立した別々のままでは十分ではなく、それらの結合こそが慣習規則を出現させる。

## 2　慣習の「新しい波」への道――単一要素理論

しかし、これら二要素を求める上述のような伝統的慣習理論は、近年批判されてきた。二要素の一方は他方と瓜ふたつではないか、慣行はopinio jurisの証拠ではないか、という疑問である。

国家の実行が、(たとえば国連総会での)宣言、投票、立場表明などにより示されるとすれば、慣行とopinio jurisの区別は消滅する。つまり、行為はopinio jurisの表明であり、opinio jurisは行為の基礎であることになる。このような二要素の相互浸透から、二要素の一方が他方を吸収するとして、いずれか一要素のみを維持しようとする単一要素理論が現れた。すでに実質要素のみで足りるとする見解は、ケルゼン(Kelsen)やグッゲンハイム(Guggenheim)の理論[36]により提示されていたが、主観要素(opinio juris)のみで慣習法の成立を認めるビンチェン(Bin Cheng)のいわゆる「インスタント慣習」の定式[37]は、際立ったものである。さらに、ICJ判例の詳細な分析と読み込みを行ったハゲンマッシェル(Haggenmacher)は、実質要素も主観要素も現実には「いかなる独自性」ももたず、統一的実行に解きほぐしえないように混合され、この実行が唯一の複合的要素を構成するとみなした[38]。このような伝統理論批判のアプローチが古典的慣習法理論の全否定にまで導くことになり、慣習的方法の内容にも深い変化をもたらすに至る。

最近のICJ判例において、慣行はopinio jurisを確認するためにのみ要請されるようになってきた[39]。主観要素のための実質要素の消滅は、ニカラグァ事件で一般化したといえよう[40]。

その結果、慣習は急激な変容を受けつつある。まず、時間的要素が慣習の中心ではなくなった。慣習的法源に統合されていた時間的要素は、今日――一九六九年北海大陸棚事件以来――完全になくなったわけではないが、いわば格下げされた。他方、この変容は、opinio jurisの証拠としての(国家の)宣言や立場表明の時をその慣習規則生成の時点と見なしうる利点をもつ。この時点の明確化は、慣習法を(証拠法源のみならず)手続法源とみなすことを可能にしよう。

こうして、慣習過程における(諸国の)意思の役割は転倒された。安定性と強化に基づく伝統的慣習に代わって、国際秩序の変化の梃子としての刷新的慣習が現れる。これをどう評価すべきか。R・J・デュピュイ(Dupuy)によれば、永続性の要素としての「節度ある慣習」から、抗議と修正の道具としての「粗野な慣習」へと移行しているとみられる[41]アビ・サーブによれば、(慣習過程の不均質(混合)性に基づく)伝統的慣習こそ野性の花であり「粗野な慣習」であるのに対して、(国連システムの枠内でつくられる)新慣習は温室植物あるいは人工真珠であり「節度ある慣習」であるとみられる[42]。

同時に、慣習は、「自生法」の性格をもたなくなり、アゴーのいう「課せられた(posé)法」[43]――すなわち手段をもつ若干のものによって課せられた法――に接近する。結局、このような慣習は、それは(国連の機関による)準立法的機能を果たすことになろう。

こうして、従来の慣習と「ヌーベルバーグ慣習」の間には、名称を除いて、ほとんど共通性は存在しないともいえる。この「新しい波」は、一般国際法の速やかな生成をもたらす慣習法ルネサンスの一つの方法を示しているのか、新法源を生み出そうとするものか。この点については、最後に検討したい。

## 3　一般国際法の法源(の問題性)――「一貫した反対国」理論の意義

法源論が取り扱う重要な問題の一つは、一般国際法をどのようにして生成しうるかである。アゴーが不文法(慣習法)についていうように、自生的なまたは無意識的な方法でしか、一般国際法は生み出されえないのか、あるいは、条約によっても生み出されうるのか。この問題は、とくに最近、「一貫した反対国」理論や慣習法と条約の関係(融合理論)をめぐって議論されている。そこでは、まず、「一般国際法」の観念を明らかにしておかなければならない。

ここでいう「一般」とは、規範命題の抽象化の意味における事項的理由(ratione materiae)による一般性ではなく、規範の非人称的性格、つまり、この規範の考える状況にあるすべての法主体へのその適用可能性という意味での、人的理由(ratione personae)に基づく一般性を指している。この非人称的な意味において、「一般性」は、法「規則」の本質的属性である。

ICJの判例からみると、裁判所は一般国際法の規則(同じく、国際法の規則または一般原則と呼ぶもの)を援用する場合、その法源によって識別するのではなく、その規則自身を自明の仕方で取り扱う。そこからも、一般国際法の法源に関する疑問が生ずる。まず、形式法源のうち、一般国際法を生み出しうるものは何か。慣習だけか——その場合も「一貫した反対国」理論はそれを妨げるか——条約によっても可能か。もしそれが肯定されるなら、ついで、一般国際法は二つの法源によって同時に具現されうるかどうか。これらの問題は、法源の種類ないし要素と「一般」国際法の性質の関係を問うものである。

慣習規則は、その規範性が広がるにつれ、一般規則となりうる。実際、国際判例は、今日、慣習国際法と一般国際法を区別せずに言及している[44]。もっとも、慣習規則は、一般的性格のopinio jurisを伴った一般的慣行から生成されるから、「一般性」は、つねに慣習の不確かさを示す。しかし、子細にみれば、「慣習」から「一般」へのこの語義変化は、価値の転換へと導くことになる。

一般性は、従来慣習規則の生成過程について要求されてきたが、現在では、この過程から引き出される規則の性質についていわれる。また、一般性という要請は、かつては、全会一致または普遍性の要請と比較するためであったが、今日では、全くその逆である。すなわち、一般規則は、前述のように、すべての国に課せられるものであることを意味する。この一般性の語義のもとで、慣習規則はすべての国に区別なく適用され、したがって、普遍的規則と同義のものとなる[45]。

容易にかつ速やかに生成されるヌーベルバーグ慣習規則は、ますます一般的な仕方で課せられ、普遍的になる。しかし、慣習規則の一般規則（さらに普遍規則）へのこの変容は、あまり誇張されてはならない。たしかに、伝統的に、慣習規則は、各国がその慣行とopinio jurisにより個別的に参加せずとも生成されたが、一度生成された慣習規則は、国家がそれに個別的な明示の同意を与えなくとも、その国家に課せられてきた。国家は、一度生成された規則に個別に参加または同意しなかったことを楯にとって、その慣習規則の自国への適用を否定することはできないとされてきた。慣習規則の新国家への拘束性の議論はここに関係する。

しかし、他方で、国家は、慣習規則が生成途上にあるときに反対し、以後一貫して反対し続けるならば、他の諸国の慣行とopinio jurisにより生成された新慣習規則から免れることは、従来から、とくに意思主義の立場からみて、原理的に否定されていたわけではない[46]。この法理論は、今日「一貫した反対国（persistent objector）」理論と呼ばれ、米国リステイトメント（一九九八年）とともに法政策にも組み込まれている[47]。最近この「一貫した反対国」理論がよく主張されるのは、上述のようなヌーベルバーグ慣習法およびその機能変化と結びついている。「一貫した反対国」としてある法規則を逃れることを認めうるか否かは、国際法システムの最も深部に触れる国際法の制度的進歩の議論となる。慣習過程について各国に拒否の権利を認めることは、新しい慣習規範の生成を妨げ、国際法システムの普遍性を危険に晒すことになる。逆に、規範的分裂をもたらすかかる個別的権利を拒否することは、意思主義によれば、最大数のまたは一般的意思の名のもとで一ないし若干の意思を拒否することになり、これは国際社会の分権的性質および国際法の機能にもそぐわなくなる。これは、多数派と少数派をどう調整するかという解決困難な問題となる[48]。

いずれにしても、「一貫した反対国」は新慣習規則の生成を妨げるものではなく、その規則が「一貫した反対国」に対抗しえないという効果のみをもつ。つまり、「一貫した反対国」は、法の進歩を妨げず、新規則は多数派を規律するが、多数派はそれに反対する少数派にそれを課さない。その意味で、この理論は、意思主義のために砦をつくりながら、法規則の客観主義的優位つまり一般国際法化を擁護することにもなる。

なお、この理論は、反対国へのその規則の対抗不可能性を示しているとみれば、慣習規範の分裂が生じ、その一般規則化ないし普遍化を不完全なものにすることになろう。しかし、同じ事項を規律する異なった内容の規範の共存を許すことが、分権的国際システムの特徴の一つでもある。つまり、留保が多数国間条約に相当するように、「一貫した反対国」の法理は慣習規則に相当するともみられよう。もっとも、「一貫した反対国」理論は、基本的人権、国家主権、武力行使禁止、国際法の基本原則(pacta sunt servanda の原則など)のような、「一貫した反対国」にも当然対抗可能な慣習(一般)規則の存在を否定していない[49]。結局、この理論は、基本的な慣習法規則の一般国際法化を裏から証明しているともいえよう。

## 4　条約と慣習法との融合理論——法典化の意義

諸国家間の明示の合意としての条約は、慣習法と並んで、形式法源の一つとしてあげられてきた(もっとも、フィッツモーリスによれば、条約は、形式法源ではなく、義務源である。)。ＩＣＪ規程第三八条でも、条約は筆頭にあげられている。条約の要件は、条約の定義の観点からは今日でもなお問題を残しているものの[50]、その成立手続および効力発生の時点が明確であるためか、形式法源の観点からは慣習法のそれと比べれば、あまり俎上に登らない。

では、条約も一般国際法を生み出す法源たりうるか。慣習法の一般規則の生成またはその存在を確認するために必要とみなされる諸国の数——前述のように、すべての国ではなく、一般的な慣行ないし特別利害関係国を含む諸国家の慣行を構成する量と質——と同じほど多数の国によって受け入れられた条約によっては、一般規則を生み出しえないとする理由はないとも考えられる[51]。かかる条約は、一般化されたopinio jurisを生み出すに至る。しかし、慣習により生ずるものと条約により生ずるものの二タイプの法的義務意識(opinio juris)があるわけではない。問題は、一般国際法は慣習と条約という二つの法源によって同時に具現されうるかどうかである。

条約と慣習法は完全に分離されたものではなく、たとえば「法典化」は、条約規則と慣習法規則の二重性格をもつと見られる。デ・アレチャガ(De Arechaga)の、有名な三効果理論の定式によると、法典化には、①既存の慣習規則の宣言的効果、②生成しつつある慣習規則の結晶的効果、③条約規定から引き出された慣行とopinio jurisによる慣習規則の生成効果、が認められる[52]。これら三効果の区別は、実行上は必ずしも明確ではなく、形式的には、条約上の規定が同時に慣習規則の「成文化された」表現とみなされうる。

この理論の帰結として、ある慣習規則であって、まだ起草中のまたは未発効の条約テキストに表明されたもの、あるいは、失効した条約テキストに表明されていたものも、拘束力を有することになろう。たとえば条約法条約(および国連海洋法条約)の多くの規定は、条約発効前でも、また、発効後も、その非締約国に対してさえ、その適用が認められてきた。

その論法は、ＩＣＪの一九八六年ニカラグァ事件判決で、とくに武力行使禁止原則との関係で提起されたといえる。この事件で、裁判所は、条約(国連憲章)が慣習法を包含しかつそれにとって代わったという見解[53]を退けて、この問題(武力行使禁止)の慣習法が「条約と並行して存在し」続けるとし、その時点から、その「区別された」適用と「固有の存在」を保持するとした[54]。その理由として、条約と慣習法の二規範の内容は同一ではなく、むしろ補完的なことがあげられる。憲章の規則はいくつかの重要な点で、第五一条の自衛を定めた「固有の権利」のように、たとえば均衡性の要件について、慣習法に依拠している。また、二規則の規範的内容が同一であるとしても、慣習規則は必ずしも適用の自立性を失わない。なぜなら、慣習規則は、運用停止や終了しうる条約の生命周期とは異なった周期を有しているからである。また、それらの解釈および適用の方式は異なっている[55]。裁判所は、一九六九年北海大陸棚判決[56]を、条約と慣習法に同一の規則の存在を認めたものとして援用した[57]。

では、一般国際法上、一方は慣習により、他方は条約により、同一の二規範が存在しうるといえるかどうか。たとえば、慣習の一般規則と生き写しの国連憲章規定が存在しうるか。裁判所は、一九六九年北海大陸棚判決がこの仮定を認めたことを確認し、「憲章に述べられたかなりの規則は、いまや憲章とは独立の地位を獲得した」[58]とした。しかし、この立場は、慣習のみが一般国際法の地位を主張しうるという前提に基づいていると思われる。

もしこの前提を受け入れるならば、これら二規則の完全な同一性はありえない。なぜなら、少なくともそれらの人的(ratione personae)適用範囲は異なるからである。つまり、両者が同じ事項的(ratione materiae)規範内容をもっているとしても、条約規則(国連憲章)は、すべての国(法主体)に適用されるのではないからである。しかし、この場合でさえ、一般法(規則)と全く同じ内容をもつ特別法(規則)がありうるか、それらは本当に区別される二規範か、または、それらの外に存在する同じ規範の異なった表現なのか、といった疑問は生じうる。

とにかく、条約(あるいは国連の一定の規範的決議)が一般国際法を表明し、またはその土台となりうることを認めるならば、両タイプの規範の人的(ratione personae)適用範囲の上の相違は消滅する。しかし、次に、規範の単一性と法源の複数性をいかにして調和させうるかという難問が待ち構えている。

ニカラグァ事件判決の上述のような論理からは、慣習的方法が条約的方法にとって代わったともみられよう。すでに北海大陸棚事件やテヘラン事件でも、裁判所は、当事国を拘束する「条約からだけ」ではなく、「条約がその具体的表現にすぎない」慣習規則からも引き出される義務について言及している[59]。そこから、一定事項を規律する、慣習法と条約という二法源の二重の(一般)規則があるとき、条約規則を確認するものが慣習規則であるというより、条約法こそが「慣習規則の特別の表現」であるとみなされる[60]。

ヴェイユ(Weil)は、ここに価値の転倒が示されているとみる[61]。つまり、条約法の間隙を埋めるのが慣習(規則)なのではなく、その逆である。そのため条約法は、「慣習法の背景について」解釈する「特別法」にすぎないことになる。この特別法は、一般国際法を明確化しかつ補充することができる[62]。また、特別法は、「特別法は一般法を破る」ことにより、一般国際法に違反することができる[63]。しかし、条約法は、「自生的」慣習法より権威において劣るものとみなされることになろう。

このような条約と慣習の新関係としての慣習の復活ないし再生に評価を下すのは容易ではない。条約的方法による慣習の再生(ないし発達)は、同時に、国際法の全分野の「法典化」による条約的方法の新しい展開をも生み出しうる。むしろ、この問題は、成文法と不文法[64]の間の関係のもの、前者の明確さと硬直性と後者の柔軟さと不明確さの間の永遠の議論を生み出すことにもなろう。この法典化された成文法――条約法条約や国連海洋法条約のかなりの規定がこれに相当――が今度は、慣習を背景にして解釈されることになる。

なお、最近の傾向から窺えるのは、条約規則が慣習的性質をもつとみなされることにより、条約的方法の特徴が失われていくことである。つまり、形式的には条約規則が慣習的性質をもちあわせるときから、条約規範に固有の特徴は、慣習的方法のためにその自立性を失っていく[65]。こうした慣習による条約の「汚染」の例は、数多い。慣習規範化した条約規範について、その署名、批准、発効の日付はもはや必要ではなくなり、慣習的発展のマグマの中に溶け込んでしまう。そこでは、署名・批准前と後の条約の区別はなくなり、留保や廃棄の可能性もなくなる。また、条約の相対的効果(第三者効力の否定)の原則は、慣習には妥当しない。

ところで、条約規範のこのような特徴が失われるとしても、条約と慣習法の二規範が同じ内容のものであれば、さほど問題はない。しかし、前述のように条約規則のレジームと慣習規則のレジームは、正確にみれば一致していない。たとえば、国連憲章五一条の自衛権と慣習法上の自衛権、国連海洋法条約七六条(二〇〇海里を超える大陸棚の技術的規則)と慣習法上の同様の大陸棚の規則は、必ずしも同じではない。ニカラグァ事件判決でも、武力行使禁止や不干渉の慣習法上の原則、慣習法上の自衛権は、憲章規定と同じ内容のものとはみなされなかった(66)。

結局、条約と慣習法との融合理論の背景にあるものは、すべての国に適用可能な一般国際法の生成は従来の法源としての慣習法だけからも条約だけからも容易ではないことであろう。一般国際法の形成は、条約に慣習法の性格を与えることによってより容易になるとも考えられる。

## 五　むすびにかえて――「新」法源アプローチか法律行為アプローチか

### 1　法律行為アプローチの可能性

以上のように、現代国際社会の要請に適合する国際法規範とくに一般国際法規範の形成のために、慣習および条約という従来の二形式だけでは十分に応ええないことが明らかになってきた。それを克服するために(ＩＣＪ規程第三八条に列挙された「法の一般原則」など他のありうる法源ないし補助法源の利用に加えて)新法源をつくりだすアプローチあるいは国際社会においても国内法システムと同じく、法律行為による規範形成を認める法律行為アプローチが提示されうるであろう。本稿では、むすびにかえて、これらのアプローチのいくつかの側面の可能性と問題点を指摘するに止めたい。

国内法の諸システムでは、規範は法律行為によってつくられる。とくに民法では、法律行為と法律事実が義務の源とみられる。法律行為は、一定の法律効果を生み出すために法主体により意識的になされる行為である。それは、権利および義務をつくりだす意思的「方法」である。法律行為は、憲法行為、立法行為、行政行為、合同行為、単独行為、契約行為などさまざまの基準により分類される。法律事実は、それについての主体の意図の外で、法が法的効果を与える状態、あるいは自然的または社会的出来事または行動である。このように法主体の意思の役割に従った義務の分類であり、法律行為は自立的であり、法律事実は他律的であるとされる。

これを国際法システムに当て嵌めてみると、法律行為とは、法主体(国家)が国際法上効果を生ぜしめる意図をもって行われる行為であり、これは国際法上の義務の主要な源になる[67]。ところが、国際法学では、従来法律行為によるアプローチはほとんどなされてこなかった。むしろ、法律行為ともみられる条約と自生行為ともいえる慣習を混ぜ合わせて、前述のように規範形成過程に関心が向けられてきた。国家の一方行為も、法律行為の視点から[68]より、むしろ法源の視点から取り扱われてきた。その結果、法律行為につきまとう行為の分類や序列といった問題は、ほとんど検討されていない。

それは、次のような理由によると考えられる。まず、法律行為アプローチは、国際法規範形成方法の全体を考慮に入れるものではなく、慣習に適用できない。条約は法律行為として性質づけられうるが、慣習および法の一般原則は「自生」法の法源であり、むしろ法律事実に入るとも見られよう。また、国際法にとって重要なのは、行為ではなく、行為を媒介する規範であると考えられてきた。

また、国内法では重要である形式に、国際法では同じ重要性が与えられてこなかった。たとえば「同意」の表現はいかなる形式要件にも従わず、たとえば **forum prorogatum** のように単純行為によることもできる。国家の一方行為についても、形式ではなく、約束する意思が重要とみなされる（後述の核実験事件参照）。さらに、国内法では、法律行為理論は、制裁メカニズム、とくに司法コントロールや無効といった効果と結びついているが、国際法では必ずしもそうではない。一般行為と個別行為の区別も現実に対応せず、二国間協定（個別規範）を一般規範に従属させるような序列も存在しない。国内法では、法律行為の問題は配分や権限の序列の問題と結びついているが、国際法上この区別はなく、規範の定立者であると同時に受範者でもある国家間に権限は等しく分配され、憲法制定権、立法権、司法権といったものは存在しない。

もっとも、法律行為理論は、国際機構の決定権限や国家の一方行為などを素材にして、理論的には準備段階に入っているともいえる。そして、将来、国際社会の構造が主権国家併存の状態から国際機構が強力な決定権限をもつように変容すれば、国際法律行為理論が混迷著しい法源論にとってかわる可能性もないとはいえないであろう。

最後に、法律行為アプローチと「新」法源アプローチの双方において、最も議論の多い「国家の一方行為」と国際機構の一方行為ともいえる「国際機関の決定権限ないし決議」について簡単に言及しておきたい[69]。

## 2　国家の一方行為

国家の一方行為とみなされるものの法的効果の問題は、複雑である。一方行為には、国内立法や行政行為を含めさまざまの場合が考えられるが、ここでは、国際法上対抗可能な法的効果を生み出すことを意図した国家の一方行為が念頭におかれているのであり、それ以外の行為すなわち国家の政治行為は、対象外である。

国家の形式的一方行為の多くは、条約関係の分野に入るが[70]、一方行為法の分野に入るものもありうる。最も重要なのは、対外関係における国家の一方的約束（宣言）――ロドリゲス‐セデニョ（Rodriguez-Cedeno）の表現によれば「一方的法義務を厳格に引き受ける国家の宣言」[71]——であろう。かかる一方的約束（宣言）が宣言国を拘束する義務源たりうることは、以前から国際判例でも認められてきた。しかし、それが法的効果をもたらす基礎（根拠）については、必ずしも一致しておらず、変化してきたといえる。かつては、一方的約束は、約束（申込）—受諾（代償）の論法から、むしろ条約的性格の一要素（すなわち同意）とみなされることが多かった。一般に（口頭の）一方的宣言が、もしそれがその国の意図であり、かつ、その宣言が国際法に従って定式化されるならば、国家を法的に拘束しうるということは、常設国際司法裁判所（PCIJ）の「東部グリーンランドの法的地位」事件以前の判例では、認められていなかった。この事件判決は、一方的宣言としてよく引用されるイレーン（ノルウェー外相）の口頭宣言について、約束（engagement）があったとし、ノルウェーは法的に拘束されるとした[72]。しかし、一九七四年ICJの核実験事件で、一方的約束（宣言）に、慣習法や条約と並んで、直接義務的性格を認める途が開かれたとも見られている[73]。

学説上は、それ以前から、一方行為に直接法的効果を認める見解が表明されてきた[74]。大抵の学説は、国家の一方行為は法源を構成するものではないと結論づけるが、そのことは、国家が一方行為を通じて国際法を創造しえないことを意味するものではなく、行為の中には、権利、義務、または法律関係を生ぜしめるものもあるが、それらはこの事実から、法源を構成するものではないとされる。国際裁判は、一方行為が国際法源か否かの問題について立場を明らかにせず、前述の核実験事件のように、かかる行為が国際義務源であるとすることに止めてきた。

宣言は、放棄、承認、または約束を含むもので、それは形式の観点からは、疑いもなく一方行為である。もしそれが独立して存在するならば、すなわち、それ自身で効果を生み出しうるならば、一方的でありうる。この場合、ロドリゲス・セデニョのいう「国家の厳格な一方的法律行為」とみることが可能であろう。

国家の厳格に一方的な行為の拘束性の法的基礎については、つぎのようにいえる。まず、条約法条約第二六条のいう誠実の原則、「約束は守らなければならない」の原則は、国際法システムの基礎にあり、一方行為の場合にも適用がある。核実験事件で条約法と一方行為法の間の重要な並行主義が確立された[75]。この場合、義務の源は、この国家の意思に求められる。国際関係におけるより大きな信頼をつくる必要が、一方宣言の拘束性のためのもう一つの正当化となろう。

もっとも、国家の(国際的)一方行為の理論は、なお一致したものはないばかりか、条約行為理論の精度と比べても、はるかに及ばないのは事実である。

結局、国家の一方行為は、その限定された要件のもとで、(慣習法でも条約でもない)新しい義務源として分類しうるとしても、また、とくに将来法律行為の分類に含めうるとしても、少なくとも現在までの実行および理論状況を踏まえてみると、一般国際法を成立させうる新たな形式法源とみなすことは難しいと思われる。かかる法源として、あるいは、法律行為として理論構成が可能ともみられるのは、むしろ、国際機構の決議の方であろう。

### 3　国際機構(とくに国連)の決議

国際法人格または国際法主体としての国際機構の増加とくに国連の活動の結果、その機構の一方行為である内部行為(行政行為、予算、手続など)または加盟国さらにはすべての国に向けられた決議(勧告、決定)を国際法規範生成の観点からどのように見るかが問われてきた。たしかに国際機構は、一面国家の同意の絆(設立条約)で結びついた「国家の道具」ないし隠れ蓑である。他面、機構とくに国連は国際人格を認められ、国際社会を代表し、あるいは国際社会そのものであり、特権的役割を果たす安保理の決議は国連に代表される国際社会の決定とみなされ、それに従わなければ制裁を受ける。そこから、国連の行動(決議を含む)に独自の法定立ないし法律行為の性格を認めようとする見解も現れてきた[76]。

国連という機構の設立文書である国連憲章は、二重の機能を有する。つまり、憲章は、国家間の合意文書であるとともに、実質的には国内憲法のように、加盟国間の権利義務および憲章の規定する諸機関に対する諸国の権利義務を定めている。加盟国は、条約(憲章)の当事国であると同時に、国連という機構の構成メンバーである。他方、憲章は憲法として、その設立した新主体たる機構(国連)自体を拘束する。

国連諸機関の決議は、一般的にいえば、法の定立および法の執行規則の意味における法律行為とみなしうるものである。決議は加盟国の意思の直接的表現ではなく、その内容は加盟国の政治的妥協の結果としても、法的には機構の一方行為である。加盟国は決議の「当事国」ではない。また、決議採択のための機関は、(一般規則をつくるための)明示の立法権はないとしても、必要な権限を備えた国際社会の代表機関であり、その討議は前述のようなヌーベルバーグ慣習を確認または生成する議会討議に類するものである。

そのため、かかる決議は、国際法秩序に属するかどうかが問われてきた。ＩＣＪ規程第三八条に国際機構の決議への言及はないが、国際法の自立的法源とみなしうるかどうか。この問題は、総会の勧告決議の法的効果をめぐる延々と繰り返されてきた論争に結びつく。ここでこの論争に踏み込む余裕はないが、とくに問題とすべきは、すべての加盟国さらにはすべての国に妥当する一般国際法——スクビセスキーの言葉では「一般的・抽象的に定式化された行為規則」——を表明しようとする規範的決議[77]の法的効果ないし法源性についてである。たとえば、国連総会決議二六二五(xxv)付属の「国連憲章にしたがった諸国家間の友好関係と協力に関する国際法の諸原則についての宣言」(いわゆる友好関係宣言)がこれに該当しよう[78]。ただ、注意すべきは、従来かかる決議の法的効果の有無つまりその法的拘束力の根拠に議論が集中し、しかも、かかる根拠を容易に証明できないことから、慣習法の成立要件つまり古典的二要素を満たしているかどうかの観点からのみ議論される傾向があった。しかし、形式法源の観点からみれば、既述のように規範産出の過程ないし形式(の存否)が問題である。規範的決議の拘束力の根拠がどうであれ——憲章、黙示の権限、あるいは「爾後の慣行」であれ——、かかる決議を国際面では規範産出(つまり立法)の独自の形式ないし方法としてみなしうるかどうかが問題なのである[79]。なお、国連憲章七章のもとで採択された安保理決議は、一般的な法定立というより国際の平和と安全に関する具体的な執行決議であり、立法的機能の行使ではないともみられる[80]。しかし、安保理決議が特定の事例を規制する一般規則を含みうるかどうかが問題であり、そのためには、安保理の権限と実行を検討しなければならない。もっとも、一般規則と個別規則の区別は必ずしも明白ではなく、安保理は、具体的事例を取扱いながら、諸々の個別行為を規制する原則を確立したり、新規則をつくりだすこともある[81]。

最後に、国際機構とくに国連の規範的決議は、上述のように慣習法の「新しい波」とみなされてきたが、その成立方法は、単一要素理論に示されるように伝統的慣習法とは全く異なることからも、あえて慣習法のカテゴリーに含めるよりも——これは、形式法源は慣習法と条約に限られるとする「実証主義」的前提に引きずられているものと思われる——、一定の条件のもとで、一般国際法を生み出しうるオリジナルな方法としての新たな形式法源とみなすことは全く不可能とはいえないであろう。さらに、より適切なアプローチとしては、国連憲章を中心とする国連法システムを構成し、(かつ、国連法の実施(実現)の制度および違反に対する一定の制裁制度を備えていることからも)そこに国連諸機関の決議や内部規則などを分類し序列づけることにより、国際社会の一般利益を体現するための「立法権なき立法行為」の意味において、国連システムの法律行為として編成することも可能かも知れない。真の意味の国際立法ではないとしても、現代国際社会の構造変化を背景とする国際法定立の一つの方法として、かかるアプローチが必要な段階に来ていると思われる[82]。

（1）田畑茂二郎『国際法（第二版）』岩波書店（一九六六年）の「原序」参照。

（2）伝統的国際法から現代国際法への展開について、田畑『同上書』注（1）、同『現代国際法の課題』東信堂（一九九一年）、参照。石本泰雄は、古典的国際法から転換期国際法への壮大な転換期——戦争の地位変化を軸とする規範構造の転換——には、あらためて国際法の法源が問題にされ、国際法の拘束力の根源が問い直されることになるであろう、としている（石本泰雄『国際法の構造転換』有信堂高文社（一九九八年）、三一頁）。なお、本論集の松井芳郎論文「日本における現代国際法学の形成と展開」中の「三　国際社会の構造転換を求めて」では、この問題に関する日本の研究状況が分析されている。

（3）たとえばヴェイユの見解参照（Prosper Weil, "Le droit international en quête de son identité," *RdC*, Tome 237（1992-VI）, p.34.）。彼の語法では「国際規範システム」すなわち国際法は、これら三つの目的の道具にすぎない。その際、作成される国際規範の内容が必要に適合しているだけでは十分ではなく、その規範が上記の機能に適合するような技術的性質をもつ必要がある。これが法源論、彼のいう規範的アプローチである。

（4）Richard A. Falk, "The Interplay of Westphalia and Charter Conceptions of International Legal Order," *The Future of the International Legal Order*, Vol.1, Trends and Patterns, Princeton University Press, 1969, pp.32-70.

（5）注目されるその一つの企てとして、村瀬信也「現代国際法における法源論の動揺—国際立法論の前提的考察として—」立教法学二五号（一九八五年）。なお、同『国際立法—国際法の法源論—』東信堂（二〇〇二年）参照。

（6）Georges Abi-Saab, "Les sources du droit international: Essai de déconstruction," *El Derecho Internacional en un Mundo en Transformacion Liber Amicorum en Homenaje al Profesor Eduardo Jiménez de Aréchaga*, II, Montevideo, 1994, p.47.

（7）法源は、その語源 fontes juris（法の泉）の比喩的表現の結果、甚だ多義的な言葉になった。田岡良一「国際法の法源」国際法学会編『国際法講座』第一巻、有斐閣（一九五三年）、三六頁以下参照。

（8）Georges Scelle, "Essai sur les sources formelles du droit international," *Recueil d'études sur les sources du droit en l'honneur de François Gény*, Paris, *EJIL*, 1935, Tome.III, p.400.

（9）Oppenheim's *International Law*, Vol.1, 8th ed., Longman, 1955, p.24, par.15. なお、第九版（Vol.1, 1992, Peace, parts.2 and 4, pp.23-25.）では、この説明は欠けている。

(10)　Herbert Briggs, *The Law of Nations, Cases, Documents, and Notes*, New York, 1938, pp.45-46. その第二版(2nd Ed.,1952,p.44.)も同様である。Sourceの用語の混乱のため、この用語の放棄を提唱するものとして、P.E.Corbett,"The Consent of States and the Sources of the Law of Nations", *BYIL*, Vol.6, 1925, pp.29-30. また、sourceの代わりにevidenceという用語を勧めたものとして、Clive Parry, *The Sources of International Law*, 1965. なお、ダマトは、sourceとevidenceのどちらの用語を用いることにも批判的である。A.D' Amato, *The Concept of Custom in International Law*, Cornell University Press, 1971, pp.264-268.

(11)　Pierre-Marie Dupuy,"Théorie des sources et coutume en droit international contemporain," *El Derecho Internacional, op.cit.*, supra note (6), pp. 54 et s.

(12)　Lazare Kopelmanas,"Essai d'une théorie des sources formelles du droit international," *Revue de Droit International*, 1938/1, pp.101-150 ,partic. pp.109-112.

(13)　*Oppenheim's International Law, op. cit.*, supra note (9), 9th ed.,Vol.1, Peace, parts.2 to 4 ,p.23.

(14)　形式法源の観念について、その名称の外観の背後にある曖昧さについて、すでに戦間期の研究において指摘されていた。コペルマナスによれば、形式法源という表現は二つの意味で、広義では「形式(formelle)」の形容詞は実際には「法的」性質に等しく、狭義では手続次元で理解される。Kopelmanas, *op. cit.*, supra note (12).

(15)　ギリシャ語のトポス(topos)、ラテン語のロキュス(locus)。この観念は、古代ギリシャ哲学とくにアリストテレスのトピカまたはレトリークに遡り、キケロを通じてローマ法に再び取り入れられた。H. Torrione, *L'influence des conventions de codification sur la coutume en droit international public*, Fribourg, 1989, pp.159-163. これは、起源的には論理的性質の「場」、説得する論拠と証拠を汲み取りうる「置き場」である。一九世紀から二〇世紀にかけて常套的定式となった「諸人民の法意識」の場を意味するものとなった。

(16)　ボスは、法源に対する現象(学)的アプローチを行って、法源を単純に「国際法の承認された表明(manifestations)」とみなす(Maarten Bos, "The Recognized Manifestation of International law, A New Theory of 'Sources'", *GYIL*, Vol.20(1978), pp.9-76.)。しかし、このアプローチは、証拠を確認させるだけで、彼のいう「表明」を法の媒介手段として、つまり法源として認めているものの、この承認をもたらす理由または公分母を説明していない。

(17)　「国際法学の黄金時代」に、ヴァッテルの『国際法』(Emer de Vattel, *Le Droit des Gens ou Principes de la Loi naturelle appliqués à la conduite et aux affaires des Nations et des Souverains*, Neuchâtel/Lordres 1758.）は、冒頭から、自然状態にある国際社会における実定法の基礎づけに苦心した。彼は、一方で自然法の妥当を認めつつ、実定法として、その中心に意思国際法、さらに条約、慣習法をあげた。意思国際法の根拠とされる主権国家の推定的同意とは明示または黙示の同意ではなく、自然法から引き出されるものの、ヴォルフのいう「世界国家（Civitas Maxima）」の概念を否定することから、その根拠づけが困難になったのである。意思国際法の概念は、後の学者によって引き継がれず、法源としてもあげられない。柳原正治『ヴォルフの国際法理論』有斐閣（一九八八年）、参照。

（18）Sir Gerald G. Fitzmaurice, "Some Problems regarding the formal Sources of International Law," in *Symbolae Verzijl*, La Haye, 1958, pp.153-176.

（19）Paul Guggenheim, "Contribution à l'histoire des sources du droit des gens," *RdC*, 1958/II, Tome 94, pp.1 et s.

（20）フィッツモーリスによれば、法源と義務源は区別されるべきであり、国内分野では、通常の契約（文書）は法源ではなく義務源にすぎないが、法律をつくるとともにそれに従う義務を宣言する立法行為の中に、法源と義務源の同一性がみられるという。Fitzmaurice, *op. cit.*, supra note (18), pp.154-155.

（21）ハートによれば、あらゆる法システムは、一次規則と二次規則の結合からなり、一次規則は義務を定義しかつつくりだす。つまり、作為または不作為を命ずる。二次規則は、一次規則がつくられ、修正され、または廃止される条件を定義する。つまり、一次規則の形成方法を決定するのであり、権限や管轄権を定義する。法源の理論は、ハートの二次規則を特徴づけるダイナミックな側面、すなわち、規則についての規則、規則の生成方法を規律する規則、システムの規範を生み出すものと結びつく。H.L.A Hart, *The Concept of Law*, Clarendon Law Series, 1961. 矢崎光圀監訳『法の概念』みすず書房（一九八四年）、参照。

（22）村瀬、前掲論文、注（5）。藤田久一「国際立法について」『関西大学法学論集』三六巻三・四・五号参照。

（23）ジェニーは、一八九九年の著作で、国内慣習を形式法源（実定私法の形式）とみなし、はじめて慣行（usage conventionnel）とプフタやサビニーの「民族精神」の理論から引き出されるopinio juris seu necessitatis の両方を取り込んで慣習法の理論構成を行い、慣習を成文法（praeter legem, loi écrite）の欠缺を埋める補完的なものと位置づけた。François Gény, *Méthodes d'interprétation et sources en droit privé positif, Essai critique*, 2e éd., Paris, 1919, tome 1, pp.355-371, paras.119-120. 島田征夫「慣習国際法の形成と法的確信の要件」宮崎繁樹教授還暦記念『二十一世紀の国際法』成文堂（一九八六年）、所収参照。

(24) Kopelmanas, *op.cit.*, supra note (12), p.120.

(25) Julio Barberis, "La coutume est-elle une source de droit international ?" *Le droit international au service de la paix, de la justice et du développement, Mélanges Michel Virally*, Pédone 1991, p.49.

(26) Dupuy, *op.cit.*, supra note (11), p.63.

(27) アゴーによれば、国際法秩序において、条約法が慣習規範により確立された過程によりつくられ、かつ、pacta sunt servanda 規則にその有効性の源を見出すのに対して、慣習法を含む不文法は法により規律される過程によりつくられるのではなく、自生的に生じるのである。そこでは、慣習法は(法)源を有せず、法秩序の中に自生的に現れるのであり、特定の方法によりつくられるのではない。Roberto Ago, "Diritto positivo e diritto internazionale," *Scritti di Diritto internazionale in onore di Tomaso Perassi*,Milano, 1957,Vol.1,p.44.;Ago, "Science juridique et droit international," *RdC*,1956-II, Vol.90, pp.940 et s.

(28) Charles De Visscher, *Les effectivités du droit international public*, Pédone 4ème éd.,1970, pp.174-175.

(29) Serge Sur, "La coutume," *Juris-classeur de droit international*, Paris, Editions techniques, 1989, par.5. ケルゼンなどの方法二元論からは、これに対する解答は、原理的に引き出せないのである。また、ダマトによれば、「いかにして慣習が存在しかつ変化または修正しうるかの問題は、神秘と不合理に包まれている」。A.D'Amato, *op. sit.,* supra note (10), p.4.

(30) Barberis , *op.cit.*, supra note (25), pp.48-49.

(31) Verhoeven, "Le droit, le juge, la violence, les arrêts de Nicaragua c. E.U.,"*RGDIP*, 1987,p.1204.なお、武力行使および他国の国内事項への干渉の禁止の慣習的性質について、ニカラグァ事件(*ICJ Reports 1986*, par. 185, p.98.)参照。

(32) *ICJ Reports 1969*, par.74, p.43. この定式からみると、海上通航に関する慣習規則を生成するためには、主要海洋諸国の慣行がわずかの艦隊しか保有しない諸国のそれより重要視されることになろう。なお、シャクターは、万国国際法学会(Institut)のスクビセスキー委員会が、慣習法の権威は「主要な法体系を含む代表的多数」により採択されるとき強化されるとしている点(*Annuaire de l'Institut de Droit International*, Vol.62, 1987-Part II, p.284)に触れ、「主要な法体系」は、国連の慣例上特別の意味をもつとみる。つまり、それは、冷戦中に、三つの主要グル―プ、すなわち、発達した資本主義、共産主義、および非同盟を指すコ―ド用語であった。国連におけるその特別の機能は、多数派すなわち非同盟途上国が争いある決定の結果を制御しないよう確保することにあった。こうして、政治的力の現実が認められたとしている。Oscar Schachter, "New Customs: Power, *Opinio Juris*, and Contrary Practice," in *Essays in honour of K. Skubiszewski*, pp.536-537.

(33) それぞれ *PCIJ*, *Ser A*, No.10, *ICJ Reports 1950*, p.277, *ICJ Reports 1969*, p.44, par.77. K. Marek, "Le problème des sources du droit international dans l'arrêt sur le plateau continental de la mer du Nord," *RBDI*, Vol.6, 1970, p.55.

(34) そこでは、国際社会が実証してきた多くの武力行使や他国に対する内政干渉が、これらを許す「新規則の承認の表明として」みなされえない。この判決では、他国内の反対者を支持するため諸国によりかなり頻繁に行われてきた干渉は、問題の国家が「新干渉規則または干渉禁止原則に対する新しい例外を主張してその行動を正当化してこなかった」ことから、かかる干渉を許す新規則を生み出しえず、それらは「国際政治の単純な考慮」に支えられてきたとされた(*ICJ Reports 1986*, p.198,par.186, et pp.108-110, par.206-209.)。国際的な場で表明されたopinio jurisは、禁止の慣習法的地位を維持するに充分であるとみなされる(R.Higgins, "General Course of Public International Law," *RdC*, Tome 230(1991-V),pp.9,48.)。しかし、シャクターは、反対の実行がopinio jurisに服従するという考えは、慣習法の基本的前提に挑戦することになり、慣習法の大部分――管轄権、免除、国家責任、外交特権に関する法――については受け入れえないという。もっとも、国際秩序および人間価値にとって強く支持されかつ重要な国家行為の禁止――侵略、ジェノサイド、奴隷化、拷問および系統的人種差別の禁止――については、法的理解は全く異なり、たとえば人道法のように広範な違反にもかかわらず、なお義務的であるとみなされる「一般国際法」の一部となる規範の種類が存在するとみている。Schachter,*op.cit.*, supra note (32) pp.537-540.

(35) H.Thirlway, *International Customary Law and Codification*, Sijthoff, 1972, p.47.

(36) H.Kelsen, *Principles of International law*, New York, 1952, p.307 ; P.Guggenheim, *Traité de droit international public*, 2ème éd.,Tome 1, Genève, 1967, pp.101-107.

(37) Bin Cheng,"United Nations Resolutions on Outer Space: 'Instant' International Customary law ?" *Indian Journal of International Law*, Vol.5, 1965. 長谷川正国「インスタント慣習法理論―ビン・チェン理論の一考察」『日本法学』五九巻二号(一九九三年)。

(38) P.Haggenmacher, "La doctrine des deux éléments du droit coutumier dans la pratique de la Cour internationale," *RGDIP*, 1986, p.114.

(39) たとえばリビア・マルタ大陸棚事件(*ICJ Reports 1985*, p.108, par.1.)。

(40) *ICJ Reports 1986*, pp.97-8, par.183-4. 序列の転倒に限らず、一定の場合、慣行は単純に無視される。境界(ブルキナ・ファッソ対マリ)事件で、南米のuti possidetisは「一般的範囲をもつアフリカにおける適用」を構成する「慣習国際法の原則」と性質づけられた(*ICJ Reports 1986*, p.565, par.21.)。uti possidetisは、アフリカでopinio jurisも慣行もないことは明らかである。

(41) R.J.Depuy, "Coutume sauvage et coutume sage," *La communauté internationale, Mélanges à Charles Rousseau*, Pedone, 1974, pp.75.

(42) Abi-Saab, *op.cit.*, supra note (6) p.61.

(43) Ago, "Science juridique" *op.cit.*, supra note (27).

(44) たとえば北海大陸棚事件(*ICJ Reports 1969*, p.28, par.37)。

(45) ここでも、北海大陸棚事件判決(*ibid.*)は、この転換の起点となった。以後、大陸棚(チュニジア対リビア)事件(*ICJ Reports 1982*, p.38, par.24)、メイン湾事件(*ICJ Reports 1984*, p.293, par.90.)でもこの転換が確認された。

(46) もっとも、いくつかの判例——ＩＣＪの二判決、すなわち一九五〇年庇護事件および一九五一年漁業事件——に言及しつつ、この問題を簡潔に取り扱うだけのものが多かった。なお、詳細な分析として、江藤淳一「慣習国際法の理論と『一貫した反対国』の原則」『国際法外交雑誌』八八巻一号、同「漁業事件における『一貫した反対国』の原則」『東洋法学』三三巻二号。

(47) *Restatement of the Law Third, The Foreign Relations Law of the United States*, American Law Institute Publishing, 1987, vol.II, p.92. 米国は、深海底開発を律する慣習法とみられる規則に反対するために、この理論を擁護している。リステイトメントでは、「諸国が深海底における採掘が一九八二年海洋法条約によって確立された国際制度に従ってのみ許されるという原則を一般に受け入れるとしても、米国は、それに反対し続けてきたので、その原則に拘束されないであろう。」(*Ibid.*, Vol.II, p.43.)

(48) Weil, *op.cit.*, supra note (3), p.194.

(49) たとえば、友好関係宣言の七原則あるいはユース・コゲーンスの原則には、「一貫した反対国」の法理は適用されないといえよう。ただ、形成途上の規則がユース・コゲーンスに属するか否かをいかにして判断するかという問題はあろう。

(50) 条約という用語のアナーキー性は、従来から指摘されていた。マクネアによれば、「条約(treaty)」は、「国際社会がその雑多の取引を行うために備えた唯一のかつ痛ましくも酷使されすぎた道具」である(Arnold D.McNair, "The Function and Different Legal Character of Treaties," *BYIL*, 1930, p.1.)。条約の定義は、一九六九年条約法条約二条一項(ａ)に、この条約上の用語として定められている。

(51) Abi-Saab, *op.cit.*, supra note (6) , p.43.

(52) E.Jiménez de Arechaga, "International Law in the Past Third of a Century," *RdC*, Tome 159 (1978-I) ,pp.14ss.

(53) 米国見解: *ICJ Reports 1986*, pp.92-93, pars. 173-174.

(54) *Ibid.*, pp.94-95, pars.176-177.

(55) *Ibid.*,pp.93-96, pars.175-178.

(56) *ICJ Reports 1969*, p.3.

(57) *ICJ Reports 1986*, p.95, par.177.

(58) *ICJ Reports 1986*, p.97, par.181.

(59) *ICJ Reports 1969*, p.41, par.71;1980,p.31,par.62;1986,p.114,par.220.

(60) 英仏大陸棚境界事件、*RIAA*, Vol.XVIII, p.175, par.70. なお、ニカラグァ事件判決では「ジュネーブ諸条約が若干の点でその発展を構成しかつ他の点では諸条約が表明するにすぎない人道法の一般原則」について言及する。*ICJ Reports* 1986,p.113,par.218.

(61) Weil, *op.cit.*, supra note (3) p.182.

(62) メイン湾事件、*ICJ Reports 1984*, p.291,par.83. 英仏大陸棚事件、*op.cit.*, p.178, par.75. 参照。

(63) ニカラグァ事件、*ICJ Reports 1986*, p.137, par.174.

(64) その点で注意すべきは、慣習法が不文法の唯一の形態ではなく、「判例法」もそうであり、慣習法と同じような長短所を持ち合わせていることである。そのため、法典化は、不文法としての慣習規則のみならず、判例法をも変容させ、成文法化する。

(65) ヴェイユは、これを条約規範を慣習規範の不確実さに従わせるための条約規範の「非条約化(déconventionalisation)」と呼ぶ。Weil, "Vers une normativité relative en droit international ?" *RGDIP*, 1982, pp.41 et s.

(66) 「いくつかの点で」「二つの法源により規制された分野は、正確には重なり合わず、かつ、それらの表明する実体的規則は同一の内容をもたない」(*ICJ Reports 1986*, pp.93-94, pars.175-176.)。一方の当事国により条約の重大な違反があった場合、他方の当事国が条約の終了または運用停止を行う資格は、条約規則の場合にのみ存在する(条約法条約六〇条)。「しかし、問題の二つの規則が慣習国際法においても存在する場合、一方の国がその一つを適用しないことから、他方の国は他の規則を拒むことは正当化されない。」(*ibid.*, p.

95, par.178.)。

(67) Paul Reuter, "Principes de droit international public," *RdC*, Vol.103 (1961-II), p.531.; Eric Suy, *Les actes juridiques unilatéraux en droit international public*. Librarie générale de droit et de juris prudence, 1962, p.16. 国家は、国際法の法源では必ずしもない形式行為を通じて義務を負いうる。形式法源と義務源の区別は、その形式において一方的な行為とその効果において一方的な行為を区別するのに役立つ。すべての形式的一方行為が条約の分野に入るのではない。

(68) アンジロッチは、法律行為の一般的考察を行い、その国際法システムの中で国家の一方行為をはじめて法律行為の枠に取り込んだ。D. Anzilotti, *Cours de Droit Inrternational*, Traduction française, Paris, 1929, pp.333ff.

(69) ほかに、司法行為(ＩＣＪ判決と仲裁裁定)も一方(的法律)行為とみなされることもある。国際裁判所の行為は、その裁判所が法的紛争を解決するために国際法によって権限を付与された国際機関である限りにおいて、法律行為である(Salvioli, "Les Règles générales du droit de la paix," *RdC*, Vol.46 (1933-IV), p.82.)。たしかに形式的には裁判所の一方行為であるともいえるが、当事国の同意に基づいてのみ法的効果を生み出す。つまり、「司法決定は、当事者の共通意思から引き出される解決にとって代わるものにすぎない」(境界事件(ブルギナ・ファッソ対マリ)*ICJ Reports 1986*, p.377, par.46.)とも考えられる。したがって、司法決定の規範効果の法的基礎は、当事者の同意にある。判決が当事者の権利・義務を生み出すとしても、それは司法機関の一方的権限によるのではなく、当事者が司法的解決に訴えることを選択し、その決定に義務的効果を与えることに同意したからであるとみなされよう。ILC, *First Report on Unilateral Acts of States* by Victor Rodriguez-Cedeño, Special Rapporteur, A/CN.4/486, par.38.

(70) たとえば、条約を生み出す手続的一方行為すなわち批准、加入、留保、廃棄などは、形式的には一方行為であるが、条約との結びつきにより、条約規則の一部と考えることができる。なお、山本草二「一方的国内措置の国際法形成機能」(『上智法学論集』三三巻二・三号合併号)にいう「一方的国内措置」は、国内法制上に起源をもち、外国に対する「他律的な規範の設定」という性格のもので、一般にいわれている国際法上の一方行為とはその要件と法的効果を異にするとされている。

(71) R-Cedeño, *op.cit.*, supra note (69), par.57.

(72) *PCIJ, Ser.* A/B, No.53, p.71. この宣言が申込—受諾の脈絡で条約の分野に入るか一方的なものかについて見解は分かれている。P. Guggenheim, *op. cit.*, supra note(69), p.138 や中谷和弘「言葉による一方的行為の国際法上の評価」(２)『国家学会雑誌』一〇六巻三・

四号、九〇—九二頁は前者とみなし、Ch. Rousseau, *Droit International Public*, Tome 1, Siery, Sirey, 1970, p.419 は後者とみる。

（73）裁判所は、仏大統領と国防相によりメディアになされた口頭宣言が、もしそれが国家の意図であり、かつ、これがその行為の解釈によって確認されうるなら、法的義務を生み出す効果をもちうることを認めた。*ICJ Reports 1974*, p.253, paras.43-44.

（74）すでに、第二次世界大戦以前に、Anzilotti, *op. cit.*, supra note (68) , pp.345ff. Garner, "The International Binding Force of Unilateral Oral Declarations," *AJIL*, Vol.27, 1933, pp.493-497. 戦後早い時期に、Guggenheim, "La validitè et la nullitè des actes juridiques internationaux," *RdC*, Vol.74 (1949-I) , pp.191-298. 代表的な研究として、E. Suy, *op. cit.*, suppra note (67) ; Cahier, "Le comportement des Etats comme source de droits et d'obligations," *Recueil d'études de droit international en hommage à Paul Guggenheim*, Genéve, 1968, pp.237-265; Jacqué, *Elèments pour une théorie de l'acte juridique en droit international public*, Librarie générale de droit et de juris prudence, 1972 など。

（75）*ICJ Reports 1974*, par.46.

（76）小森光夫「国際連合における規則作成と一般国際法の形成への影響」『国際法外交雑誌』九四巻五・六合併号。なお、奥脇直也「国連法体系における国際立法の存在基盤—歴史的背景と問題の所在」大沼保昭編『国際法、国際連合と日本』弘文堂（一九八七年）における国連法の概念参照。

（77）万国国際法学会の国連総会決議の法的性質に関する議題の報告者スクビセスキーの報告書によれば、規範的決議という場合の規範性は法的拘束力よりも広い概念であり、法を述べる行為のみならず、行動基準を定式化する行為、法を志向する行為を含む。かかる決議には、現行法規則を述べる法宣言決議、新しい法を結晶させまたは生み出す法生成決議がある。*Annuaire de l'Institut de Droit International*, Vol.61,Tome I, 1985, pp.29-356;Vol.62,Tome II, 1987, pp.65-125,274-288 参照。

（78）ＩＣＪは、ニカラグァ事件で、友好関係宣言を援用している。*ICJ Reports 1986*, pp.99-100 ,para.188.

（79）その際、規範決議の採択方式も問題になる。第二次世界大戦末、国際機構における立法の新テクニックとして、全会一致原則の重要な改善と修正をもたらすコントラクティング・アウトの制度が現れた。この制度のもとで、機構は多数決により法をつくり、それは加盟国の批准を必要としないし、加盟国による廃棄ないし終了もなされえない。ただ、個別の加盟国（機構のメンバー）は、その規則を拒否するか留保する権利をもつ。このような種類の立法を行う機構として、ＩＣＡＯ、ＷＨＯ、ＷＭＯなどがあげられる。国連の決議は、総会も安保理も多数決により決定される。ケルゼンによれば、国連機関の多数決による規範の定立は、独自の(sui generis)

立法の性格をもつ(Kelsen, *op.cit.*, supra note (36). p.366.)。これを安保理についてみると、もし決議が受範国に適用されるなら、それは憲章のもとでつくられた国際法規則とみなされる。

(80) Skubizewski, "A New Source of the Law of Nations: Resolutions of International Organizations," *Recueil d'études de droit international, En hommage à Paul Guggenheim*, 1968, pp.508-520; 内田久司「国際組織の決議の効力」『法学教室』三二号(一九八三年)、参照。後者は、二五条、七章以下の強制措置の決定(第三九、四一、四二条)などは、一般的な法定立というより具体的な執行決議であるとみつつ、平和と安全の維持に関する決議に拘束力をもたせたことは国連の新機軸といってよいとしている。

(81) ケルゼンは、憲章第二条四項の「武力による威嚇または武力行使」と第三九条の「平和に対する脅威、平和の破壊または侵略行為」が異なるものであるとの認識のもとに、後者の存在についての安保理の認定行為(決定)を法創造的な行為として性質づけた。なお、安保理決議八二七(一九九三)によるユーゴ国際裁判所規程の作成は、旧ユーゴの事態に対する憲章第四一条に基づく非軍事的措置とされているが、同時に、一般規則の定立行為ともみなしうるであろう。

(82) その一つの拙い試みとして拙著『国連法』東京大学出版会(一九九八年)、参照。

(一九九八年末脱稿)

※なお、脱稿後、目にとまった興味深い論考として、Gionata P. Buzzini, "La Théorie des sources face au droit international général: Réflexions sur l'émergence du droit objectif dans l'ordre juridique international," *RGDIP*, Tome, 106/2002/3, pp.581-615. がある。

# 近代国際法の法規範性に関する一考察

## ――戦争の位置づけとの関係において――

杉原　高嶺



## はしがき

一九世紀に発展をみた近代国際法は、はたして法と呼ぶにふさわしいものであったかどうか、二〇世紀の中頃にいたって有力な国際法学者によってこの点に重大な疑義が呈せられた。すなわち、戦争に訴えることが相手国の違法行為に対する自助ないし制裁としてのみ許されるというのではなく、原因のいかんを問わず、それが主権的判断の自由として広く認められるのであれば、それは国際法が保護すべき権益に対する侵害を国際法自身が是認することになるので、そのような法が真に法と呼びうるのであろうか、ということである。実は、田畑茂二郎はこの問題に悩んだ学者のひとりであった。

近代以前の古典期国際法においては、グロティウスに代表されるように、戦争を正当なものとそうでないものとに区別する、いわゆる正戦論(*bellum justum*)が支配的な地位を占めていたが、一八世紀の後半より、法実証主義の台頭とともに、戦争の原因や理由を問わずにこれを広く合法視する見解が有力となった。この立場は、わが国では一般に「無差別戦争観」と称され、それが近代国際法の確立した原則であるかのように広く説かれてきた。右に述べた疑義は、こうした発展をふまえて提示されたものである。もっとも、「無差別戦争観」という用語はわが国特有の呼称であって、欧米にはこれに対応する専門的用語は存在しない。この事実が示唆するように、はたしてこの立場が近代国際法の確立した原則であるといい切れるかどうか、そのこと自体が検討を要する一つの重要な論点でもある。少なくとも、当時の学説をみるかぎり、そのような戦争観をもって立場の一致をみていたわけでは決してない。

本稿ではこうした問題意識にもとづいて、近代国際法の法規範性について、主として戦争の位置づけとの関係で当時の国際法観を探求しつつ、序論的な考察を試みるものである。考察の場面は過去の領域に遡るが、その主題は国際法の規範的本質を理解するうえで、今日においてもその重要性を失うものではない。なお、本稿で「近代国際法」という場合、戦争の主権的自由論が有力化する一九世紀の初めから、これを一般的に禁止する不戦条約の締結(一九二八年)までの間の国際法をさすものとする。この時期は、それ以前の正戦論が勢力を弱めたときから、二〇世紀に入って新たな違法戦争観が台頭するまでの狭間期にあたる[1]。

## 一　学説における問題の提起

本稿の問題点を鋭く指摘したのはケルゼン（H. Kelsen）である。彼の一九四二年の著書によれば、国際法を「法」としてとらえるためには、戦争に訴えることが相手国の違法行為に対する制裁としてのみ許されるとの立場がとられなければならないとする。この場合、戦争は相手国による権利侵害に対する反作用として、つまり自国の権利救済の手段（自助）として機能することになる。しかし、これに反して、戦争に訴えることがどのような場合でも一般的に許されるとすれば、国際法は諸国家の権益を保護しないことになり、かくして、「国際法の創り出す事態は、法的状態ではあり得ないことになる」。したがって、「国際法を真の法と考えることができるかどうかは、一にかかって国際法を正戦理論の意味するように解釈できるかどうか」、すなわち一般国際法上、「戦争は原則として禁止され、制裁すなわち違法行為に対する制裁としてのみ許されるものと仮定することが可能かどうかにある」のである。たしかに、戦争の自由を説く論者も、国際法上の復仇（reprisal）等の自助の制度を指摘しつつ、国際法の法的性質を是認しようとする。しかし、相手国の全面的な破壊をもたらす恐れのある戦争が法的に許されるのであれば、国際法がつくる秩序はそれこそ「こそ泥は罰せられるが、強盗は勝手という社会秩序と同じことになる」のである(2)。

同様の問題は、田畑茂二郎によって次のように展開された。彼は、これを「国際法の法的性質」にかかわる問題としてとらえつつ、「物理的強制力」の存在を法の本質とみる立場から、戦争の法的強制力を問題とする。すなわち、第一次世界大戦前までは、戦争の原因のいかんを問わず、すべての戦争を合法視する見解が有力であったが、もしそれが国際法の立場であったならば、戦争はもはや国際法の執行手段（制裁）としてとらえることができなくなるだけでなく、「国際法が一つの秩序として存在していることそのことを認めることも困難となる」とする。つまり、原因のいかんを問わず戦争に訴えることが一般的に合法的であるとすれば、「国際法による規制があっても、それをいつでも破棄することが認められることになり、規制そのものがまったく無意味なものになってしまうからである」(3)。

同じ問題意識はラウターパクト(H. Lauterpacht)によっても抱かれていた。彼によれば、不戦条約の締結以前においては、戦争は権利救済のための自助の手段としてのみならず、国家が現行法に挑戦しこれを変更する手段としても機能してきたのであって、それはあたかも国内法が革命を是認するかのような状況を呈してきたため、当然、「国際法の法的性質の否認」という問題に直面することになるのである(4)。

この問題は他の論者によっても関心が寄せられていたが、これ以上の紹介は不要であろう。右の三者に共通する指摘は、近代国際法において、もし戦争が原因のいかんを問わず合法化されていたならば、国際法が定める権利義務は法的な意味をもちえず、ひいては国際法そのものの法的性質が問われることになる、というのである(これに対する三者の見方はのちに言及することとする)。ここには、検討を要する二つの問題点が内包されている。一つは、近代国際法における戦争の位置づけである。つまり、この時期、今日一般にみられているように、正戦論に代わって戦争が一般的に許容されていたかどうかである。他の一つは、近代国際法の拘束性のとらえ方である。つまり、この時期、国際法が諸国を拘束する理由はどのように理解されていたかということである。本稿は、この時期の学説を尋ねながら、これらの問題に一歩近づこうとする試みであるが、先に述べたように、本問題の序論的な考察にとどまることをお断りしなければならない。

## 二　戦争の位置づけに関する近代の学説

右に提示した国際法の法的性質に関する問題提起は、近代国際法においては、正戦論の破綻とともに戦争が一般的に合法視されるにいたったとの認識の下に論じられたものであるので、まず何より、この前提そのものの妥当性を検討しなければならない。今日の支配的な見方によれば、一九世紀の国際法においては、戦争を一般的に合法視する立場が実定法的地位を占めていたとされるが[5]、しかし、当時の学説を振り返るとき、問題はそれほど単純ではないとみられる。国家主権の発動としての戦争を一般的に合法視する見解（主権的自由説）と、権利救済のための自助の手段としてのみ許されるとする見解（権利救済手段説）とが、たがいにあい半ばしていたのである。以下、この点を当時の文献をたどって検討してみよう。

### 1　主権的自由説

これは、戦争の原因のいかんを問わず、これを国家主権の発動として一般的に合法とする立場である。もっとも、これを子細にみると、その合法論を積極的に説く立場と、やむをえず消極的に容認する立場との違いがみられる。

#### (1)　積極的合法論

まずホイートン（H. Wheaton）が挙げられる。彼によれば、戦争とは「独立主権国家間の武力の闘争」であり、その戦争権は「国家の最高権力」に属するものであって、ひとたび戦争が正規に開始されたときは、「両交戦当事者は相互に戦争に関するすべての権利を享受する。意思国際法あるいは実定国際法は、この点に関し正当戦争と不当戦争（a just and an unjust war）との間の何らの区別も設けていない」のであって、正規に開始された戦争は、「その効果に関して両当事者がともに正当とみなされる。戦争法により一方の交戦国に許されることは、等しく他方にも許される」のである[(6)]。

リヴィエール(A. Rivier)も同様である。彼によれば、これまで目的が正当(légitime)である戦争は正しい(juste)とされてきたが、しかし、戦争の継続によってその目的が変化・拡大することにかんがみれば、「正当な戦争とそうでない戦争の区別は、道義的さらには政治的には大きな意味をもちえても、法的には意味はない」ものであって、実際にも、そうした戦争原因の正否の判断はできないとする。また、防衛戦争と攻撃戦争とを分け、前者のみが許されるとする見解があるが、この区別は戦略的、政治的観点からは重要性をもつが、法的には限られた意味しかなく、ほとんど同盟理論に関係する程度であるとする[(7)]。

こうした一九世紀の見解は、二〇世紀の初頭、オッペンハイム(L. Oppenheim)に引き継がれる。彼は、戦争と国際法の関係を述べたあと、戦争は不当に侵害された権利の自力救済としてのみ許されるとする説があるが、これは戦争が「もっぱら政治的理由」だけによっても行われることを閑却し、戦争原因と戦争の概念とを混同するものであるとする。たしかに、侵害された権利の救済手段として戦争に訴えることがあるが、他方、政治的な理由から意図的にこれに訴えることもあるのであって、いずれの場合でも「同じ戦争法が効力をもつ」とする[(8)]。こうして彼は、戦争を広く容認する立場をとる。

ローレンス(T. J. Lawrence)のこの点の立場はさらに徹底している。彼によれば、「正当・不当戦争」等の区別は、国際法ではなく「道徳の問題」であって、国際法が規律するのは交戦当事者間の権利義務の関係である。たしかに、グロティウス等の初期の学者は正戦論の構築に多大な精力を注ぎ込んでおり、またその重要性も認められるのであるが、しかし、それは「道徳と神学」に属する問題であって、国際法の領域に入るものではない[(9)]。

いま一人、ハーシェイ(A. S. Hershey)の見解をみてみよう。彼によると、戦争は「主権そのものに内在する権利」であって、それは「純粋に政治的動機からか、あるいは自助の手段として」行われるものである。彼は、戦争原因の問題は厳密にいえば国際法の問題ではないと断りつつも、一九世紀から二〇世紀初頭までの戦争をみると、八つの原因に区別されるとする。そのうえで、初期の国際法学者の関心事であった戦争原因の問題は、ローレンスと同様、「それは国際法の領域よりはむしろ国際倫理ないし道徳の領域に属する」ものとする[(10)]。こうして、彼も、戦争事例を顧みつつ、これに対する法的歯止めは存在しないものとみる。

**(2)　消極的容認論**

右の諸論は比較的積極的に戦争の合法性を認めるものであるが、これとは別に、結論は同じくするものの現下の国際社会の構造上、国際法は結局のところ戦争を容認せざるをえなかった、とする消極的容認論がみられる。

その一人はホール(W. E. Hall)である。彼は、概要、次のようにいう。国際法は、司法・行政機関をもたないため、侵害された権利の救済は当該国による力の行使に委ねざるをえず、こうして、戦争をその一手段として認めてきたが、だとすれば、「理論的に」(theoretically)いえば、国際法は、第一に、正当に戦争に訴えうるための原因を定めるべきであり、第二に、法益侵害の被害国には特別の権利を与え、侵害国には特別の制裁を課す仕組みを探るべきである。第一点については、一定の努力が重ねられてきたが、しかし「実際的価値」を有する規則をつくるところまでにはいたらず、第二点については、国際法はそれを試みることさえしなかった。実際、制裁を課すといっても、それを執行する力が伴わなければ無意味である。「かくして、国際法は、戦争原因の正当性とは無関係に、当事国が戦争を選んだときは、それは当事国が設定した一つの関係として、これを受け容れるほかはなかったのであり、そして、その関係の効果を規律することで精一杯だったのである。こうして、両当事国はすべての戦争において同じ法的地位に立ち、また平等の権利を有するとみなされたのである」[(11)]と。ここでは、戦争が一般的に容認されるにいたったのは、国際社会と国際法の発展の現状からやむをえない結果であるとされる。

デービス(G. B. Davis)の見解もそれに近い。彼は、国際社会には自己の権利救済のために訴えうる「上位の権力」が存在しないので、みずからの判断で戦争に訴えるほかはなく、そのさい、国際法は戦争の正当原因を定めていないので、当事国の責任においてこれを決定することになるとする[12]。これに近い見解は、さらにテイラー[13](H. Taylor)やフェンウィック[14](C. G. Fenwick)にもみられる。

## 2　権利救済手段説

以上は戦争の一般的合法性を認める見解であるが、これに対し、戦争が合法であるための要件を限定してとらえる立場が他方にみられる。すなわち、戦争は侵害された権利の自力救済としてのみ許されるとするものである。この立場は、さらに二つに分けてとらえることができる。一つは、基本的に正戦論の理念に立脚しつつ戦争を権利の救済手段として位置づけるものであり、他の一つは、これを明確に国際的な訴権(right of action)の行使として、つまり戦争を国家間の裁判としてとらえる立場である。以下、これらを当時の文献のなかに尋ねてみよう。

### (1)　正戦論的権利救済説

これは正当な原因にもとづく戦争のみが国際法上許されるとの前提に立ちつつ、侵害された権利の救済としての戦争がこれに当たるとするものである。これについては、まずハレック(H. W. Halleck)が挙げられる。彼は、「戦争は正当な原因(just cause)なしに決して行われるべきではない」と題する小節においてヴァッテルの見解を引用したのち、「正当化しうる原因」(justifiable causes)が何であるかを検討する。それは、自国が「侵害を受けたか、あるいは、その脅威があるとき」であって、具体的には、①自己に属するものを確保すること、②自己に加えられた侵害に対する償いをうることによって将来の安全を確保すること、③脅威にさらされた侵害から自己とその財産を守ること、である[15]。ハレックのこの立場は、侵害された権利の救済のみならず、侵害の防禦をも対象としているが、いずれにしても、これを正戦論に立脚する形で説いていることは疑いない。

次にウールジィー(T. D. Woolsey)であるが、彼によれば、戦争は「武力により善を確保し悪を防止するための平時状態の中断である」。それゆえ、その戦争は正義の実現たる「正戦」(*just war*・原文イタリック)のみが許されるのであって、それは「応報的害悪をもって侵害国の精神と行動を立ち直らせること」である。このような戦争は自衛の場合を除いて、他の平和的な解決が不調に終ったときの「最後の手段」としてのみ許されるのであって、したがって、他の方法が残されているときは、こうした暴力的手段による「救済の権利」は発生しないとする[16](この点で彼は、とりわけ事前に国際仲裁裁判に付すことが「望ましい」とする)。こうして、彼においては戦争は国家の権利の防禦と侵害の救済のためにのみ許されるのである。

同様の立場はブルンチュリ(J. C. Bluntschli)にもみられる。彼によれば、「国際法が武力に訴えることを許しているとき戦争は正当(juste)であり、国際法の原則に反するものは不当(injuste)である」。具体的には、正当性が認められるのは、国家の権利の重大な侵害、暴力的略奪、人間の秩序と権利の基礎に対する侵害、があるときである。もっとも、彼は、こうした戦争原因の区別は各当事国が行うほかはないので、その実際上の価値は減じられることになるが、しかし、この区別そのものは単なる「道徳の規則」ではなく、「法の真の原則」(un vrai principe de droit)であるとする[17]。

これに類する見解はクリューバー(J. L. Klüber)にもみられる。国家主権ないし君主権の発動たる戦争は、彼によれば、「自己の権利の防禦のために」行うときにのみ「正当」(juste)とみなされるのであるが、それはすでに被った権利侵害のみならず、「さし迫った侵害」をも対象とするので、よって、「正当な戦争の目的は、被った損害の補償(réparation)

を求めるものか、あるいは、他の方法では達成できないときに、自己の安全を守るものでなければならない」のである。したがって、その侵害行為が自己の責に帰せられるときや自国の利益のためにする戦争は「不当な戦争」(guerre injuste)となるのであって、たとえば征服や戦利品の獲得のための戦争、他国の勢力拡大の阻止やヨーロッパの勢力均衡の維持を口実とする戦争などは誤ったものであるとする(18)。

**(2)　国際的訴権説**

この説は一九世紀後半になって有力化したものであって、戦争は侵害された権利救済のための武力的争訟であるとする。この点でまず注目されるのはフィリモア(R. Phillimore)である。彼によれば、戦争は「国際的訴権」(international right of action)の行使にほかならない。すなわち、「戦争は、事柄の性質上、また共通の上位の法廷が存在しないことから、国家がその権利を主張し、擁護するために依拠せざるをえない国際的訴権の行使である」。それゆえ、戦争はその目的において「侵害の救済、権利の再確認、国家間秩序の回復、将来の国際関係の撹乱に対する安全の保障」を実現するものでなければならない。こうした訴権の行使としての戦争は、彼によれば、長期の慣行、諸国の一般的同意、物ごとの理性、キリスト教原則、また騎士道の精神等から、一定のルールの下に認められてきたものである(19)。

またファーグソン(J. H. Ferguson)も、戦争は「武力が裁判官となり決定を下す国家間の訴訟」であるとする。つまり、相手国の不当な権利侵害に対する防御手段として、訴訟としての戦争が正当化されるとし、そのさいの「正当化される戦争の原因」については、先にウールジィーが述べた見解をそのまま引用している(20)。

同様の見解は、その後、フィオレ(P. Fiore)にみることができる。彼によれば、戦争は、あらゆる平和的手段を尽したのちに認められる「強制的な国際的訴権」(le droit international d'action coercitive)の行使である。法の尊重を命じうる最高権力者のいない国際社会にあっては、これは最後の手段であって、それゆえ、「不当な違反行為がある場合に、自国の権利を防禦するため、その究極で非常な手段に訴える必要性が生じたときにのみ正当化される」ものである[21]。

以上のような訴権論によれば、戦争はいわば国家間の武力による裁判にほかならない。それは武力を判定者とした紛争の決着手段であるが、注意すべきことは、この武力裁判に訴えることができるのは不当に権利の侵害を受けた国であるということである。後年、不戦条約(一九二八年)において、国家の政策の手段としての戦争のほかに、「国際紛争の解決のための戦争」も禁止されたのは、こうした権利救済の訴権としての戦争をも否定したものといえよう。

### 3 法外事態説

本稿では近代国際法における戦争の位置づけをみているので、どちらかといえば少数説であったと思われる、戦争の法外事態説と称しうる見解にも簡潔にふれることとする。この説は、およそ戦争は国際法が設定した制度ではなく、この法の外に存在する事態であって、国際法はそれが発生したときにその効果を規律するにすぎない、とするものである。ウェストレイク(J. Westlake)は、「国際法は戦争を創設したのではなく、それがすでに存在するのを発見したのであって、ただ、国際法は戦争がより人道的に行われるように規律するのである」[22]という。

これをさらに具体的に説いたのはライト(Q. Wright)である。彼によれば、戦争はあたかも洪水や火災または暴動といった法的に制御できない事態と同じ現象であって、原則的に法的規制になじまないものである。「国際法は、戦争を法から完全に離れた起源をもつ一つの事態(an event)とみなしている」のである。たしかに、ひとたび戦争状態に入ると、平時には違法であったものが戦時法の下で合法とされることがあるが、「このことは、しかしながら、戦争状態そのものが合法であることを意味しない」という[23]。要するに、彼においては、「国際法上では戦争は合法的な制度ではなく、一つの不幸な事態である」[24]。(なお、本稿では先の戦争の主権的自由説のなかで紹介したオッペンハイムも、

「戦争は認知される事実(a fact)であって、多くの点で規制されるが、国際法によって設定された(established)ものではない」とも述べている[25]。)

この説(法外事態説)は、言い換えれば、jus in belloは国際法の規律するところであるとしても、jus ad bellumは国際法の枠外にある、ということであろう。しかし、これは歴史的事実に反する、一種の逃避論の観なしとしない。近世における国際法の発展は、正戦論の展開が示すように、まさに戦争の位置づけから始まったといっても過言ではない。それが、その後の国家実行にてらして戦争の法的位置づけが困難になったからといって、問題を回避するかのように[26]法外事態説を展開したところで、歴史的発展との矛盾を露呈するだけのようにみえる。この見解は、主として二〇世紀初頭にいたって台頭したものであって、近代国際法が抱えた致命的難問を象徴するもののようにみえる。

## 三　戦争の法的地位とヴェルサイユ条約

以上の考察から明らかなように、少なくとも当時の学術書を尋ねるかぎり、近代国際法における戦争の位置づけにおける一致した見解はみられない。本稿で取り上げた学説はもとより網羅的なものではないが、二つの立場、すなわち原因のいかんを問わず戦争を合法視する主権的自由説と、違法な権利の侵害に対する救済手段としてのみ許されるとする権利救済手段説とが、はからずも拮抗する状態が確認される。この状況をみるかぎり、戦争の法的位置づけはたしかに難問である。わが国では、前者のとらえ方(一般に「無差別戦争観」と称される)がこの時期の国際法の立場であったと広く説かれているが、問題はそれほど単純ではないようにみえる。

クンツ(J. L. Kunz)は、近代の「国家実行および圧倒的多数の学者」によれば、戦争は「二重の目的」をもっていたという。一つは、権利執行のための自助の一手段であり、他は現行法を一方的に変更するための手段である[27](これは国内の「革命」に類するものとみる)。前者は本稿でいう権利救済手段説であり、後者は主権的自由説にあたる。クンツの主眼は、二つの機能が併存していたということであろうが、しかし、学説上の権利救済手段説の立場はもう一方の主権的自由説を認めるものではないので、したがって、「圧倒的多数の学者」がこうした二重機能を認めていたかどうか、はなはだ疑問である。

他方、ブラウンリー(I. Brownlie)は、一九世紀後半以降、権利救済手段説の立場が国家実行上有力化するにいたるが、それが主権的自由説に取って代わったわけではなく、「二つの立場がいくぶん矛盾した国家実行のなかで併存していた」のであって、その併存状態のなかで、「証拠の示すところでは、戦争に訴えるのは主権的権利であるとする見解が始終優勢(continued dominance)を示していた」という[28]。おそらく、この見解が当時の法的真相にもっとも迫るものではないかと思われる。もしそうだとすると、近代国際法における戦争の地位は、たとえ主権的自由説の立場が優位を占めたとしても、必ずしもこの立場で一義的に確定していたわけではないとみなければならない。

そこで、この点について第一次世界大戦はどのように理解されたか、関係資料を概観することは無意味ではなかろう。その一つは、パリ講和会議の戦争責任検討委員会の報告書であり、他の一つはヴェルサイユ条約の関係規定である。

### 1　戦争責任検討委員会の報告書

この委員会は、一九一九年、パリ講和会議の本会議でドイツ等の戦争責任を検討するために設けられた委員会である。その報告書は、戦争責任の追及について次のように述べている。「侵略戦争の謀議」は公共の良心と歴史が非難するものであるが、「平和の維持のためのハーグの諸制度(国際審査委員会、仲介、および仲裁裁判)が純粋に任意的性格のものであるため、侵略戦争を実定法に直接に反する行為とみなすことも、あるいは、本委員会が検討を委ねられた法廷に訴追しうる行為とみなすこともできない」(29)。また、かりに裁判による責任の追及を行うとすれば、種々の事実上または技術上の困難に逢着することになるので、これを推奨することもできない。よって、戦争責任の追及については、①開戦行為についてその責任者を「裁判所に訴追」すべきではなく、②ルクセンブルク、ベルギーの中立の侵犯については公式に糾弾されるべきであり、③開戦行為と中立侵犯を含めて、講和会議はその実行者に報いるために「特別の機関」を設置するのが正当であり、④国際法の基本原則の重大な侵犯については将来は刑事上の制裁を科すことが望ましい(30)、と。

ここには、実は侵略戦争のとらえ方に関する大いなる戸惑いと矛盾が認められる。第一に、侵略戦争が「実定法(positive law)に直接に反しない」のはハーグの紛争解決手続が任意的だからであるとしている点である。この手続が任意的か義務的かは、もとより侵略戦争の合法・違法とは無関係である。このことが示すように、委員会は当時の実体法を掘り下げて検討したか否か、かなり疑問である。第二に、委員会は、一方において開戦責任者を「裁判所に訴追」(proceedings before a tribunal)すべきではないとしつつ、他方、その者の行為に報いるために「特別の機関」(a special organ)を設けることが正当である、としていることである。委員会は両者の違いを明確にしていない。いうまでもなく、設置される「特別の機関」の性格、手続、効果のいかんによっては、いとも簡単に刑事裁判所の誕生となりうるのである。第三に、侵略戦争が実定法に反しないとしつつ、他方、将来は「刑事上の制裁」(penal sanctions)を科すべきであるとしている点である。これは将来に向けた立法論であるとしても、侵略戦争に対する何らかの現状評価なしに、こうした意見表明はなしえないはずである。

委員会報告書のこうした矛盾ないしは戸惑いは、侵略戦争の実定国際法上のとらえ方の困難さを端的に反映したもののようにみえる(なお、本委員会の委員は、米、英、仏、伊、日の五カ国から各二名、ベルギー、ギリシャ、ポーランド、ルーマニア、セルビアから各一名が任命され、そのなかには国際法学者ないし国際法の精通者がかなりの数を占めていたことを付言しておく)。

## 2　ヴェルサイユ条約の関係規定

第一次世界大戦のとらえ方との関係で次に注目されるのは、ヴェルサイユ条約の規定である。ここでは二つの規定、第二二七条と二三一条の規定をみてみよう。前者は、周知のように、ドイツ皇帝の訴追条項である。これは先の委員会報告書に沿ったものであろう。罪状は「国際道徳と条約の神聖さに反した重大な罪」であって、「特別の法廷」(a special tribunal)によって裁かれるとした(実際にはオランダの引渡拒否により実施されなかった)。この罪状は侵略戦争の法的責任を追及するものではないものの、しかし、その無罪放免は許さないとする連合国側の執心を示したものである。

第二三一条は、「賠償」(reparation)と題された第八部の冒頭規定である。ドイツおよびその同盟国は「その侵略」(the aggression)によって引き起こされたすべての損害について「責任」(responsibility)を負うとする。これは、たんに戦費賠償の規定ではない。「侵略」行為によってもたらされた損害の賠償規定である。ケルゼンは、この規定を解釈して、侵略戦争が国際法上違法とされていた証左であるとする。つまり、侵略が違法であったからこそドイツとその同盟国の賠償義務が定められたのであって、もし戦争が一般的に合法なものであったなら、こうした賠償規定はありえないことであるとする[31]。しかしながら、本条の起草経過からすれば、ドイツの賠償責任は同国がこれを受諾したいわゆるランシング・ノート(一九一八年)に直接の根拠があると解される[32]。つまり、ドイツの同意である。しかし、それはそれとしても、ドイツがなお賠償に同意したということ、および同条(二三一条)が「侵略」の「責任」として賠償義務を規定したこと、は注目されなければならない。本条の直接の契機がドイツの同意にあるとしても、それが不当な戦争に対する責任追及の規定であることには変わりはない。

以上のようにみると、先の委員会の報告書も、またヴェルサイユ条約の関係規定も、ともに複雑な考慮を微妙に勘案したものであることがわかる。それらは、講和会議におけるいくつかの政治的思惑を投影していることは想像にかたくないが、同時に、戦争に関するいずれかの法的立場――主権的自由説、権利救済手段説等――を一元的に貫いたものではないこともたしかである。むしろ、法的にみれば、両説の立場が混在しているといえよう。

## 四　近代国際法の法規範性

以上の考察をふまえて、本題の中身に入ることとしよう。ここでの問題は、冒頭に述べたように、近代国際法が戦争の自由を広く認めたままでそれが法規範性をもちうるか、ということである。まず、この問題の提起者ないし論題の設定者の見解からみてみよう。

### 1　近年の学説の検討

この問題の提起者とみられるケルゼンの見解はやや意表をつくものがある。彼によれば、戦争が違法に対する制裁としてのみ許されると考えるときは国際法は不完全ながらも法規範性を有するとみることが可能であり、他方、戦争の主権的自由が容認されるときは国際法はもはや真の法とはいえないことになるが、解釈上では、二者いずれの立場をとることも可能であって、いずれをとるかは「客観的科学」によっては決められず、「政治的決定」の範疇に属するものである。そして、彼自身は前者すなわち権利救済手段説（彼はこれを「正戦理論」と呼ぶ）を選ぶとする。この立場だけが国際法を法として発展せしめうる唯一の道だからであるという[33]。なお、彼はこのように述べると同時に、「実定国際法」においても正戦の観念がとられているとして、ヴェルサイユ条約、連盟規約、不戦条約および国連憲章に注目する[34]。（彼の見方は必ずしも一貫しているようにはみえない。のちの著作（一九五二年）では先の「政治的決定」論の考え方を提示しておらず、もっぱら右の諸条約に基づいて主権的自由説が否定されていることを説いており、また一九世紀の国際法のとらえ方も明確ではない。）

次に田畑茂二郎であるが、彼は近代国際法においては戦争の主権的自由が積極的に認められていたわけではないとの認識から、国際法の法規範性を肯定的にとらえる。次のようにいう。「正戦論が否定された後のいわゆる無差別戦争観の下においても、多くの学者が主張するように、戦争を自助の手段としてのみ肯定するという考え方そのものは、やはり根底にあったとみるべきであって、ただ、各国家の主権が強く主張され、その主観的な判定がそのまま認められていた当時の国際社会の現実においては、各国が、みずからの判定にもとづいて、自助の手段として行なう戦争をそのまま肯定するほかはないことになり、その結果、国家が行なう戦争は、事実上、一般に合法的なものと認めざるをえないことになったのである」（傍点は原著者）。「したがって、いわゆる無差別戦争観が通説となっていた第一次大戦前においても、国際法の法的性質はやはり認められていたといわなければならない」[35]と。

田畑のこの見解は、先に本稿でみたように、当時においても権利救済手段説がなお広くみられていたことを考えると、一概に否定しえないものがある。しかしながら、田畑が説くように、戦争が権利救済の手段であるがゆえに国際法秩序における「物理的強制力」の要素が認められ、それゆえに国際法の法的性格が是認されるというのであれば、自助の手段としての戦争観が、当時支配的であった「無差別戦争観」の「根底にあった」というだけでは十分な説得性をもちえないであろう。それが実定法的地位を占めていたことが論証される必要があるからである。

つづいてロータ－パクトの見解をみてみよう。彼は、むしろ逆のとらえ方をする。すなわち、近代国際法の下においても正戦論的観念が必ずしも消滅していたわけではないが、しかし、実情としては戦争は国家主権の無制限的発動として位置づけられてきたのであって、そのため、文明化された社会の法観念ではこれを適切に説明しえない状況にあったという。このことからすれば、結論的にいえることは、戦争をもって違法に対する反撃とみなして「国際的システムの法的性格を擁護するよりは、それが真の法システムとは両立しない」ものととらえるのが、「科学的にはより適当である」とする[36]。すなわち、近代国際法が戦争の主権的自由を原則的に承認したことは、真の法制度とは合致しないとみる。

最後に、この論点との関係で祖川武夫の見解をみてみよう。彼によれば、正戦論もその反対の見解も「国際法にとって致命的な缺陥」とみられるものであった。前者は自己の主観的決定を法的権利と同一視するところに問題があり、「まして、正戦論とは反対の見解にしたがうと、諸国家は戦争のcauseにおいても自由であったから、戦争は諸国家の国際的権利状態の法的安全性を公然と否定するものであり、国際法秩序の法的連続性を容赦なく破るとも考えられるものであった」。それゆえ、第一次大戦の戦争の違法化の新展開によって、「これまで国際法に対して執拗にかけられてきたところの、その法的性格についての致命的な疑から決定的に解放されるはずであった」のである[37]。こうして祖川は、戦争の主権的自由説が妥当するとき、「国際法秩序の法的連続性」は容赦なく破壊されることから、国際法の

「法的性格についての致命的な疑」がつきまとうことを認めるのである。

## 2　検討課題の法的整理

以上の諸論から窺えるように、近代国際法において戦争をどのように位置づけるかは、その法規範性の問題と密接に関連していたのである。にもかかわらず、一見して不可思議なことは、この時代の国際法学者がいずれの戦争観をとるにせよ、その位置づけのいかんによって国際法の法的性質の成否を問う議論を展開していないことである。いずれの戦争観をとるにせよ、彼等は国際法の法的性質を疑っていなかったのである。いな、そもそも右のような問題意識さえ共有していなかったというのが実情である。筆者が知るかぎりでは、この問題すなわち戦争の自由の承認と国際法の法的存在との両立性の問題を比較的早い時期に認識していたのはオッペンハイムである(一九〇六年)。彼は、両者の両立性を肯定しつつ、他方、もし国際法が戦争を禁止していたなら、疑いなくこの法は「より完全な法」になっていたであろうという(38)。その後、二〇世紀中ばにケルゼンが著した一連の書物でこの問題が大きく取り上げられたことから、その後、多くの論者の関心を呼ぶことになったとみられる。

それでは、近代国際法学者(とくに一九世紀の学者)がこの問題(国際法の法規範性)に論及しなかったのはどうしてであろうか。そこに、この問題をみるうえでの重要なカギがある。この点でまず何よりも指摘しうることは、当然のことながら、戦争の権利救済手段説をとる論者にとっては、そもそも、こうした問題自体が起こりえないということである。彼等にとっては、戦争はまさに国際法の実現の最後の手段であって、両者のあいだには何ら法的矛盾は存在しないのである。今日の一般の理解に反して、この立場をとる学者が少なくないことは、すでにみたとおりである。

それでは、戦争の主権的自由説を唱える論者においてこの問題への言及がないのはなぜであろうか。この説をとるかぎり、今日の常識的理解からすれば、当然、国際法の法的性質が問われることになるはずである。しかし、彼等においても対応の変化はみられない。おそらく、そこにはこの時期における「法」の一般的理解、とくに「国際法」の理解の仕方が大きく影響を与えていたものと思われる。

これをみる前に、本稿の主題に大きな関心を寄せたケルゼンと田畑の法の本質論にふれておくのが有益であろう。両者とも「強制」を法の本質とする点で共通する。ケルゼンによれば、法は、その違反に対して制裁をもってのぞむ「強制秩序」(coercive order)である。国際法においては、従来、この種の強制手段として復仇と戦争が指摘されてきており、そのうち「復仇を国際法上の制裁と呼んでいけない理由は何もない」が、問題は究極的手段たる戦争も同じようにみることができるかどうかである。すなわち、「国際法によれば、戦争は制裁としてのみ許され、制裁の性質をもたない戦争は禁止されている」か否かである。もしそうではなく、どのような場合でも戦争が許されるのであれば、国際法は「真の法」とはみなしえなくなるのである[39]。

田畑も基本的には同じ立場をとる。彼によれば、法規範が他の社会規範と異なる本質的な要素は「物理的強制力」を備えているか否かにある。つまり、「そうした強制力の発動が社会的に是認されているところに、法規範の本質的な特徴がある」のである。国際法においてはその強制力行使の手段は復仇と戦争であるが、もし第一次大戦前の国際法が戦争の自由を認めていたとすれば、「国際法の法的性質そのものが否定されなければならないことになる」のである[40]。

このような理解をふまえて、一九世紀の学者の国際法観をみてみよう。それによって、彼等が戦争をどのように位置づけるかに関係なく、なぜ国際法の法規範性を疑わなかったかを理解することができるであろう。ここでは、彼等の国際法観を俯瞰する趣旨から、その論者が戦争についてどの立場をとるかにこだわらずに、以下、概観してみよう。

## 3　近代国際法学者の国際法観

右にみたケルゼンや田畑のように、「強制」を法の本質的特性と理解する見解は、一九世紀の法学者の所論に尋ねることができるが、しかし、少なくとも国際法学においてこの立場が有力化するのは二〇世紀になってからではないかと思われる。オッペンハイム[41]やハチェック[42](J. Hatschek)などにこの傾向をよくみてとることができる。もちろん、一九世紀の国際法学者においても、たとえばウールジィーやトゥイス(T. Twiss)にみられるように、国際法と国際道徳(international morality)とを広く区別する立場をとっていたことが認められる。トゥイスによれば、前者は何らかの形でその遵守が強制されるものであるのに対し、後者は「人の良心」に訴えるものである[43]。しかし、このような区別を維持しつつも、彼等は、具体的な強制手段がなければ国際法は法として存在しえないとか、あるいは法規範たる性格をもちえない、というように定型化された見方で国際法をとらえていたわけではない。

フィリモアは、上位の権力的強制手段がなければ国際法は法とはいえないかどうかを問題とし、国際法の強制的執行の手段としては外交交渉、復仇、戦争などの方法が認められるが、「しかし、このような強制手段にかかわりなく、この法は存在しなければならない。神が個人の社会を支配するように、神が国際社会を支配するのである」という[44]。彼はイギリス枢密院の委員であって海事高等裁判所の裁判官を勤めた実務家であった。このようにいう彼においては、国際法の第一の法源は「神法」(Divine Law)であって、これは自然法と啓示法(revealed law)とからなるのである[45]。

これは、当時においてフィリモアが特別に例外的な存在であったというわけではない。一般に、一九世紀は自然法論から法実証主義に転換した時代であったとみられている。たしかに、法律学では後者が大きく進展を遂げた時代であった。しかし、上位の権力組織にその基礎をもたない国際法においては、前者(自然法論)の影響がいぜんとして強く残っていたことも否定しえない。たとえ「自然法」という用語こそ表に出さないとしても、「理性」や「正義」の観念をこれに換えて国際法の主要な淵源とみることは少なくなかった。たとえば、ホイートンによれば、国際法は「独立国の間に存在する社会の性格から正義にかなう形で理性が引き出す行為の規範からなるものであって」、一般的同意によって確立するのである[46]。また、アメリカの著名な裁判官であったストーリー(J. Story)は、奴隷輸送に関するある事件で次のようにいう。国際法はまず第一に「正義の一般原則」から引き出されるのであって、それが慣習と条約によって補強・修正されるのである。「諸国家の権利義務および道徳義務の本性から正しい推論によって正当に導かれるあらゆる教義が国際法のなかに存在すると理論的にいうことができ、それが一般慣行によって確認される諸国の同意によって緩和ないし放棄されていないかぎり、それが裁判で問題になるときは、裁判所はそれを適用することができるのである」[47]。さらに、イエーリングの強制説を批判するマルテンス(F de Martens)は、国際法を含むすべての法は「ただ一つの淵源すなわち人間精神の基礎に存する権利と正義の観念」に基礎づけられるものとする[48]。

かくして、ポメロイ(J. N. Pomeroy)によれば、国際法は人的命令と人的制裁をまとった「自然法ないし道徳の原則」であって、その規則は「正義と衡平」に立脚し、「正しい理性」から導かれるものである。この法は「実際的な人的制裁」ではなく、より高次の精神的制裁に訴えるのであって、そこにこの法の「より高次の性格」が認められるのである[49]。

二〇世紀に入ると、自然法論が全面的な衰退を余儀なくされるが、それでも当初は国際法を強制秩序としてとらえる立場は決して一般的であったわけではない。たとえば、ウェストレイクは、国際法の法源を慣習、理性、ローマ法ととらえつつ[50]、国際法の規則が一般的によく遵守されるのは「強制の畏怖」によるのではなく、「その規則が法であるとの信念」によるのであって、そのような遵守が世界の平穏の促進に大きく寄与することから、通常、「遵守の義務は、それから受ける利益とあいまって、国家の側の良心のなかにある」という[51]。またローレンスも、国際社会にはその法を執行する上位の権力者はいないが、国際法は国際社会の法として一般に承認されているがゆえに法規範性をもつとし、ときとしてその法が破られ挑戦を受けることはあっても、しかし一般的な遵守をかちえてきたのは、「物的な力というよりは精神的な力」によるものであるという(52)。

以上の諸見解は、いずれも国際法の本質的性格を外的強制の有無に求めるものではない。もともと国際法が上位の権力組織とは無縁な法として発展してきた史的経緯からすれば、一九世紀の国際法学者が何らかの普遍的な理念のなかに国際法の法的性質を基礎づけようとしたことは十分に理解しうるところである。そうだとすれば、この時期、戦争を権利救済の強制手段として位置づけるか否かに関係なく、近代国際法は法たる性質をもつものと広く理解されていたものとみなければならない。別言すれば、国際法の法的性格の問題は戦争の位置づけいかんにはかかっていなかったのであり、この時期の国際法学者がこれを問題としなかった理由もここにあるといえよう。視点を変えてこれをみると、二〇世紀の国際法学者がこれを問題視したのは、自然法的観念から解き放たれた、今日的法観念がその根底にあったからではないかと思われる。

## むすび

本稿は、戦争の位置づけとの関係で近代国際法の法規範性について考察を試みた。この時期の国際法がもし国家の戦争の自由を広く認めていたとすれば、それは、みずからの秩序の破壊を是認することになり、法規範としての性格をもちえないのではないか、との問題提起が二〇世紀の中頃にいたってあいついで出された。これらの問題提起者からすれば、戦争は自国の権利が侵害されたときの救済手段(自助)としてのみ認められるべきものであって、この前提に立ってはじめて国際法の法的性格が是認されるのである。

こうした問題意識をふまえて、まず近代国際法学者の説く戦争観をみると、たがいにあい容れない二つの立場が併存していたことが確認される。一つは、原因のいかんを問わず戦争の主権的自由を広く認める立場である(主権的自由説)。この説の支持者には、これを積極的に肯定する論者と、やむをえない法的帰結として消極的に容認する論者とに分かれる。他の一つの立場は、侵害された自己の権利の救済手段としてのみ戦争を是認するものであって(権利救済手段説)、そのなかには、これを国際的訴権の行使として位置づける立場もみられる(なお、この二つの立場とは別に、戦争は国際法が設定した制度ではないとする「法外事態説」も少なからずみられる)。二つの立場は、少なくとも学説上では、ほぼ拮抗する形で存在していたといえる。今日では、伝統的国際法においては前者(主権的自由説)が不動の地位を築いていたと広く説かれるのであるが、学説をたどるかぎり、あい容れない二つの立場が併存していたことが確認される。おそらく、国家実行を勘案すれば、前者の優位の下の併存とみるべきであろう。ただ、注意を要するのは、今日の国際法論からすれば、もし国家実行が主権的自由説に傾いていたとすれば、それをもって一般慣行としての法(慣習国際法)とみなしがちになるが、当時にあっては、国家実行がそのまま規範的承認を受けたわけでは必ずしもないということである。より普遍的な理念や基準によってふるいにかけられていたのである。

このことは、同時に、当時の学者が戦争の位置づけいかんによって国際法の法的性格が影響を受けるものとは認識していなかったことを解き明かすものでもある。もちろん、戦争の権利救済手段説をとる論者にとっては、理論的にそうした問題自体が起こりえないのであるが、主権的自由説をとる論者においてさえこれが問題とされなかったのは、当時における国際法の基本観念が大きく作用していたと考えられる。本文でみたように、彼等にとっては国際法の拘束性の基盤は何よりも普遍的な淵源に求められるべきものであって、それゆえ、戦争の位置づけそれ自体はこの法の性格に影響を与えるものではなかったのである。

ここに試みた以上の考察は、冒頭に提示した本稿の主題に全面的に答えるものではない。近代国際法の法的特性の一側面をみるにとどまる。ただ、こうした特性を把握することは、ひるがえって現代国際法、すなわち戦争の違法化がはかられ、法実証主義に基礎づけられる今日の国際法の性格をみるさいに、ひととおりふまえておくべき課題のように思われる。

(1) この時期以前の国際法学における戦争のとらえ方については、柳原正治「紛争解決方式の一つとしての戦争の位置づけに関する一考察」(杉原高嶺編『紛争解決の国際法』三省堂、小田滋先生古稀祝賀、一九九七年)、二一―二二頁参照。また、近代国際法からの戦争観の転換については、石本泰雄『国際法の構造転換』有信堂高文社(一九九八年)、一―三二頁および四七―八六頁参照。さらに、不戦条約による戦争観の転換経過については、藤田久一「戦争観念の転換―不戦条約の光と影―」(桐山孝信・杉島正秋・船尾章子編『転換期国際法の構造と機能』国際書院、石本泰雄先生古稀記念論文集、二〇〇〇年)一―五三頁参照。

(2) ハンス・ケルゼン(鵜飼信成訳)『法と国家』東京大学出版会(一九五二年)、六〇―六三頁。原著の初版は一九四二年の刊行であるが、本邦訳書は、これに若干加筆した一九四八年の第二刷(Second Printing)によっている。H. Kelsen, *Law and Peace in International Relations*, 2nd Printing, Harvard University Press, 1948, pp.51-54.

(3) 田畑茂二郎『国際法I〔新版〕』有斐閣(法律学全集、一九七三年)、七一―七三頁。

(4) H. Lauterpacht, *Oppenheim's International Law*, Vol.II, 7th ed., Longman, 1952, pp.177-179.

(5) 宮崎繁樹『戦争と人権』学陽書房(一九七六年)一二頁、石本泰雄『前掲書』注(1)、六頁。M. N. Shaw, *International Law*, 4th ed., Grotius Publications, 1997, p.779, エイクハースト＝マランチュク(長谷川正国訳)『現代国際法入門』成文堂(一九九九年)、五〇三頁。

(6) H. Wheaton, *Elements of International Law*, London, 1836, pp.212-213.

(7) A. Rivier, *Principes du Droit des Gens*, Tome Second, Paris, 1896, pp.202-203.

(8) L. Oppenheim, *International Law*, Vol.II, New York, 1906, pp.56-57.

(9) T. J. Lawrence, *The Principles of International Law*, London, 1910, pp.333-334. 彼のこの立場は、のちにふれる戦争の「法外事態説」にかなり近いものとも読みとれる。

(10) A. S. Hershey, *The Essentials of International Public Law*, New York, 1914, pp.349-352.

(11) W. E. Hall, *A Treatise on International Law*, Third Edition, Oxford, 1890, pp.63-65.

(12) G. B. Davis, *The Elements of International Law*, New York, 1901, pp.271-273.

(13) H. Taylor, *A Treatise on International Public Law*, 1901, pp.451-452.

(14) C. G. Fenwick, *International Law*, New York, 1924, pp.383-384 and pp.430-431.

(15) H. W. Halleck, *International Law*, San Francisco, 1861, pp.311-313.

(16) T. D. Woolsey, *Introduction to the Study of International Law*, Second Edition, New York, 1864, pp.188-190.

(17) J. C. Bluntschli, *Droit international codifié*, Paris, 1881, pp.301-302.

(18) J. L. Klüber, *Droit des Gens moderne de l'Europe*, 1874, pp.336-339. See also E. F. Glenn, *Hand-book of International Law*, Minesota, 1895, pp.171-172.

(19) R. Phillimore, *Commentaries upon International Law*, Vol.III, Second Edition, London, 1873, pp.77-78.

(20) J. H. Ferguson, *Manual of International Law*, Vol.II, London, 1884, p.245 and pp.253-256.

(21) P. Fiore, *Le Droit international codifié*, Paris, 1911, p.638. なお、フィオレがとるこの国際的訴権説は、彼の一八九〇年の仏語訳版にはみられない。

(22) J. Westlake, *International Law*, Part II, Cambridge, 1907, p.3.

(23) Q. Wright, "Changes in the Conception of War", *AJIL*, Vol.18 (1924), pp.755-757.

(24) *Ibid*., p.761.

(25) L. Oppenheim, *supra* note (8), p.56.

(26) ライトはこの点を率直に認めるかのように、歴史家や政治家あるいはモラリストはいぜんとして戦争の正当性や責任問題を論じつづけているが、その判断可能性に絶望した国際法学者はこれをあきらめた(gave it up)のであるという。Wright, *supra* note 23, p.765.

(27) J. L. Kunz, "Bellum Justum and Bellum Legale", *AJIL*, Vol.45 (1951), p.528.

(28) I. Brownlie, *International Law and the Use of Force by States*, Oxford University Press, 1963, pp.49-50.

(29) Report Presented to the Preliminary Peace Conference: Commission on the Responsibility of the Authors of the War and on Enforcement of Penalties (1919), *AJIL*, 1920, p.118.

(30) *Ibid.*, p.120.

(31) H. Kelsen, *Principles of International Law*, New York, 1952, pp.38-39.

(32) カール・シュミット著(クヴァーリチュ編・新田邦夫訳)『攻撃戦争論』信山社出版(二〇〇〇年)、二二一―二二六頁。

(33) ケルゼン(鵜飼訳)『前掲書』注(2)、六〇―六四頁。

(34) 同上書、六四―六六頁。

(35) 田畑『前掲書』注(3)、七四―七五頁。

(36) H. Lauterpacht, *supra* note (4), pp.177-179.

(37) 祖川武夫「カール・シュミットにおける『戦争観念の転換』について(一)」『法学』一七巻二号、九一―九二頁。
なお、石本泰雄もこの問題に関心を寄せつつ、結論的には、近代国際法の平時・戦時二元的構造によって、すなわち「国際法は戦争を法外に放逐することによって、そしてそれによってのみ、みずからの法的性質を維持しえた」という(傍点石本)。石本『前掲書』注(1)、六―七頁。しかし、これは本稿の論点に対する解答とはいいがたい。なぜなら、戦争を平時国際法の外に放逐したところで、戦争の自由の承認による平時国際法秩序の破壊の実状はいかんともしがたいからである。

(38) L. Oppenheim, *supra* note (8), p.55-56.

(39) ケルゼン(鵜飼訳)『前掲書』注(2)、四〇―四二頁、六〇―六四頁。

(40) 田畑『前掲書』注(3)、七一―七三頁。

(41) L. Oppenheim, *International Law*, Vol.I, New York, 1905, p.6.

(42) J. Hatschek, *An Outline of International Law*, 1930, pp.7-10.

(43) T. Twiss, *The Law of Nations*, 1884, pp.175-176. See also Woolsey, *supra* note (16), p.31.

(44) R. Phillimore, *Commentaries upon International Law*, Vol.I, Third Edition, London, 1879, pp.76-77.

(45) *Ibid.*, p.15.

(46) H. Wheaton, *supra* note (6), p.46.

(47) U. S. v. The la Jeune Eugenie (1822), K. R. Simmons, *Cases on the Laws of the Sea*, Vol.I, Oceana, 1976, p.297.

(48) F. de. Martens, Traité de Droit international, Tome I, 1883, p.19.

(49) J. N. Pomeroy, *Lectures on International Law in Time of Peace*, 1886, pp.23-25.

(50) J. Westlake, *International Law*, Part I, Cambridge, 1904, p.14.

(51) *Ibid.*, p.7.

(52) T. J. Lawrence, *supra* note (9), pp.9-11.

# 伝統的な政治的紛争理論と戦争違法化

## ――国際法の構造転換に対する一視座――

山形　英郎



## はじめに

田畑茂二郎の業績は、国際法を、構造転換という観点から論じ、体系化した点にある。田畑は言う。「国際社会の構造の変化にともない……国際法そのものの基本構造にもかかわる……いちじるしい変貌が見られる」(1)と。したがって田畑の理解では、国際社会の構造変化が、国際法の構造をも変化させているのである。同じく、石本泰雄も、戦争違法化を機軸として、国際法の構造転換を論じている。しかし、両者には、決定的な違いがある。それは、田畑が論じる構造転換は、国際社会の構造転換であり、その結果としての国際法の変容である。田畑が重視するのは、一つには、第一次世界大戦中における社会主義国の登場である。二つには、第二次世界大戦後におけるアジア・アフリカ植民地の独立である。田畑にとって、こうした国際社会の構造転換が、国際法にどのような変容をもたらしたか、そしてもたらしているかが、主たる関心である。その点、田畑の構造転換論は、国際社会の変化に応じ、永遠に続く過程である。一方、石本の構造転換論は、規範主義的である。国際法の構造転換であり、国際社会の構造変化ではない。つまり、伝統的な国際法が、平時国際法と戦時国際法という二元的な構造を有するものであったのが(2)、戦争の違法化により、一元的な構造を有するようになったという考え方である(3)。その意味で、石本の構造転換は、すでに完結しており、あとは個々の国際法規の変容でしかない。

戦争違法化を機軸として展開してきた現代国際法において、紛争の平和的解決は、武力行使禁止原則のコロラリーでとらえられる傾向にある(4)。国連憲章は、第二条四項において武力行使禁止原則を定め、第二条三項において、紛争の平和的解決義務を定めている。両者は、表裏の関係でとらえられる。その結果、戦争違法化を機軸とした国際法の構造転換においても、全く看過されている(5)。戦争違法化によって、紛争が平和的に解決されなければならないというのはあたかも当然の帰結と考えられているのである。しかし、そのように単純化することができるのであろうか。

紛争の平和的解決に関わる田畑茂二郎の業績に、「国際裁判に於ける政治的紛争の除外」がある。これは田畑にとって助手論文であり、最初の公表論文であった。田畑は、この助手論文で、政治的紛争理論を取り上げたのである。この論文は、モーゲンソー(Morgenthau)の理論を手がかりに、国際裁判の限界を明らかにすることにより、伝統的な政治的紛争理論を分析し、国際社会の構造を明らかにしようとした論文である。田畑は言う。「紛争種別そのものは利益社会としての国際社会の特殊の構造そのものから必然的のものとして与えられている」[6]と。政治的紛争の問題が、田畑の明らかにするように、国際社会の構造の問題と密接に関係しているのであれば、国際社会の構造転換、ひいては国際法の構造転換によって、政治的紛争理論も影響を受けてよいはずである。つまり、戦間期において、戦争違法化を機軸とする国際法の構造転換が起きている過程での議論である。したがって、国際法の構造転換という観点は全くない時代の議論である。そこで、本稿は、国際法の構造転換という観点から、政治的紛争理論を検討し、ひいては、紛争の平和的解決の構造を検討するものである。

その際、田畑の考える国際社会の構造転換ではなく、石本の考える国際法の構造転換という観点で議論を展開する。なぜなら、田畑の言う国際社会の構造転換という観点からは、直接、規範論が出てくるわけではないからである。分権的な国際社会の構造自体は変化しておらず、国際社会への社会主義国の登場や途上国の大量参加の結果、国際裁判への直接の影響があったわけでもない[7]。また、国際社会の構造転換を語るのであれば、冷戦後、とりわけ九・一一以降の国際社会の変容も視野に入れなければならなくなる。しかし、それは、本稿の課題ではない。しかも、こうした国際社会の変容も、個々の国際法規の変容をもたらすことはあっても、戦争違法化がもたらしたような国際法の質的な「構造」の転換をもたらすようなものではない。戦争違法化は、石本が述べるように、国際法の構造を全般的に転換させた。戦争違法化を機軸とする国際法の構造転換という観点から、政治的紛争理論を検討する。

# 一　伝統的な政治的紛争理論における戦争の地位

## 1　「主観説」における戦争の地位

### (1)　「重大利益説」における戦争の地位

伝統的な政治的紛争理論は、政治的紛争と法律的紛争とを区別し、前者は裁判可能であるが、後者は裁判不可能であると説く理論である。問題は、裁判可能な法律的紛争とは何であるか、そして裁判不可能な政治的紛争とは何であるかという点であった。学説は、三つに分かれた。第一に「重大利益説」、第二に「法の欠缺説」、第三に「権利主張説」である(8)。しかしながら、「重大利益説」と「権利主張説」は、どちらも、何が政治的紛争であるかを国家の主観的意思に依存させている点で、そして紛争解決を当事者の主観的満足においている点で、「主観説」と呼び得る学説であった。一方、「法の欠缺説」は、法律的紛争の基準を、法規の存否という客観的基準においている点で、そして紛争解決を司法的解決という客観的判断においている点で、「客観説」と呼び得る説であった(9)。さらに、「主観説」は、政治的紛争とは何であるかを探し求めていたが、「客観説」は、法律的紛争とは何であるかを探し求めていた。つまり前者は、政治的紛争理論であり、後者は法律的紛争理論であったのであり、両者は、全く異なるレベルの議論をしていたのである。

「重大利益説」の代表的な主張者として、バルフ(Balch)がある。バルフは、「法律的紛争とは、当事者のいずれの主張を認めても、各当事者の死活利益に脅威を与えない紛争を意味する」(10)と述べ、「重大利益説」に与していた。そして、裁判可能性の問題は、「国際法規が存在しているかどうかにかかわらない」(11)と述べ、「法の欠缺説」を否定していた。バルフによれば、まさに、紛争の性質によって、裁判可能性が決まるのではなかった。例えば、ブライアリー

(Brierly)は、明確に、「もし当事者が望むのならば、あらゆる紛争が裁判可能である」ことを認めつつ、「問題なのは……裁判所が紛争について決定することを両当事者が、あるいは当事者の一方が望まないことである」と述べ、裁判不可能な紛争は、当事者の意思による旨を明らかにしている(12)。「重大利益説」にとって、判断権者が紛争当事者自身であることは明らかである。政治的紛争理論、特に「重大利益説」にとって、最も重要なことは、紛争当事者が、裁判による紛争解決を望むかどうかという意思の問題であって(13)、紛争の本質によって決まるものではなかったのである。

では、国家は、どのような問題を、裁判解決に望まないのか。答は明瞭である。「重大利益説」の言う重大利益とは、「国家の生存や将来の運命を」左右する紛争である(14)。換言すれば、国家の安全保障と結びつくものであった。例えば、「重大利益説」の始祖であるヴァッテル(Vattel)は、「国家の安全に直接影響を与え」る紛争が、政治的紛争であると述べた(15)。つまり、裁判を拒絶する論理が、国家の有する自己保存権、あるいは主権から直接、導き出されているのである。この考えは、二〇世紀の「重大利益説」にも受け継がれている。例えば、フェンウィック(Fenwick)は、「何が重大利益であるか」という問に対する答として、「国家が守りたいと考えている利益の第一のものは、明らかに、国家存続の保障である」と述べている(16)。直截に言えば、「第一に安全保障」(17)なのであって、それ以外の問題については、次にやってくる問題であり、安全保障以外の問題が法的正義つまり国際裁判によって解決できる問題なのだ。

確かに、政治的紛争は、国家が裁判への付託を望まない紛争である。その限りでは、どのような紛争であっても、政治的紛争となる。逆に言えば、国家が裁判付託を望む紛争が非政治的紛争(通常の用語法では、法律的紛争)である。したがって、国家の安全保障と関わりないと思える紛争であっても、国家が裁判付託を望まなければ、それは政治的紛争となる。しかし、こうした裁判拒絶という国家の生の意思(18)を、法的論理としての政治的紛争であると主張するためには、少なくとも国家の安全保障、すなわち自己保存権に結びつけるという法的操作が必要であった。それによって、万人が納得する法論理として形作られることができたのである。こうした安全保障に関わる紛争の処理は、戦争によるしかなかった。バルフの言葉によれば、「戦争により勝敗を決めたいと考える紛争、それが政治的紛争」なのである[19]。

## (2)　「権利主張説」における戦争の地位

「権利主張説」は、法律的紛争を「現存の法的権利を基礎に主張される訴えから生じる」紛争であるとし、政治的紛争を、「現存の法的権利を変更したいという訴えから生じる」紛争であると定義する[20]。これは、歴史家カー(Carr)の定義である。国際法学者も同様の理解を示している。例えば、ハイド(Hyde)は、裁判可能な紛争を、仲裁裁判に付託し、「受諾されている国際法原則を参照して、合理的に調整することが可能となるような性質を有する紛争」と定義している[21]。ハイドが説明するように、政治的紛争とは、「適用法規に関して争いがある」紛争である[22]。したがって、彼が述べる調整とは、法の変更を含んだ広い概念であることが分かる。裁判所が、厳格に現行法を適用する場合、法の変更を求める当事者を満足させることができず、結局、裁判では解決しないことになる。なぜなら、現状の維持か、あるいは現状の根本的な変化かが問題となった場合、裁判所は、現行法を適用する司法機関であるため、現状の維持の側に立って裁判をし、現状の変化の要求を拒否しなければならないからである。つまり、「裁判所に行く前に、すでに裁判所の答は分かりきっている」のである[23]。法が守旧的である以上、それを適用する裁判所も守旧的とならざるを得ず、したがって、法の変革を求める当事者にとっては、満足のいく裁判とはならないのである。

では、この現状の変化とは何を意味するのであろうか。単なる条約の改正を意味するのであろうか。モーゲンソーは、国際紛争を、「純粋な紛争」と「緊張関係を包蔵する紛争」、そして「緊張関係そのものである紛争」に分け、後二者は裁判不可能であると論じている[24]。モーゲンソーの言う緊張関係とは、「現存の勢力分布を維持したいという欲求と勢力分布を打破したいという欲求との間の緊張関係」であると描写されている[25]。こうした緊張関係は、「戦争の危険を有する紛争の根幹に」[26]関わっているものである。言いかえると、「国家が、勢力獲得への強い感情を抱く一方で、ライバル国がそれに対抗して容赦なく勢力を求める場合」[27]に緊張関係が生じ、両国間で紛争へと転化するのである。しかし平時には緊張関係として存在するだけであるが、戦時には勢力獲得という感情に従って国家は行動するのである。つまり、モーゲンソーにとって、現状とは、勢力範囲そのものである。「権利主張説」にとって、政治的紛争は、法的権利の変更、あるいは法の変更として説明されるが、しかし、そこで言う法や権利は、現実政治においては、勢力のことなのである。

こうした勢力範囲に関わる紛争は、裁判ではなく、戦争によってのみ解決可能となる。勢力の問題は、国家の存亡に関わる問題だからである。例えば、ロリマー(Lorimer)は、端的に次のように主張している。「仲裁裁判は、他のいかなる形態の司法裁判と同様、すでに存在している関係を宣言するだけであるが、戦争は、新しい関係をもたらすものであるか、あるいは現行の関係を、あるべき関係に変質させるものである」と[28]。また、祖川武夫は、政治的紛争、つまり動的紛争が生じる理由を次のように説明している。

「近代社会では近代諸国家の不均等な発展の結果、たえず既成の法的状態と現存の諸国家の勢力の発展との間に矛盾が生じてきている。そうして、この矛盾をどう解決してゆくかをめぐって、諸国家の間に基本的な国際的対立・緊張の関係がつねに伏在するのである。」[29]

こうした緊張関係つまり動的紛争の処理は、「国家の個性的存在の全体的可能性の問題を含むものであるために……

対外的全体状況のうちから主体的な政治的決断によって形成されなければならない」[30]のである。したがって、紛争当事者間の合意が果たされない以上、最終的には、戦争によってのみ解決可能であることになる。祖川によれば、「戦争は、この［緊張］関係をもっぱら強力を通じて非合理的に解決しようとするものである」[31]。

「権利主張説」によれば、法の変更や現状変革を求める紛争が政治的紛争とされるが、こうした現状変革を可能とする手段は、戦争なのである。クンツ(Kunz)が述べるように、「戦争は、多くの場合、現状を変革する唯一の可能な手段なのである」[32]からだ。つまり、政治的紛争とは、紛争当事者の主体的な政治的決断により合意により解決されるか、さもなければ、一方当事者が政治的決断を行い、戦争に訴え、解決する紛争なのである。確かに、戦争は最後の手段であり、国家としては、よほどの政治的決断がない以上、戦争に訴えて解決しようとすることはない。したがって、戦争に訴えないという判断を行う以上、国家としては、戦争に至らない圧力を加えるか、あるいは、現状の勢力範囲に甘んじるという決断を行うことになる。ロス(Ross)が述べるように、選択肢は限られている。「二当事者が(たぶん政治的解決方法により)政治的了解に至るか、あるいは緊張状態が存続し、武力紛争、つまり戦争が生じる場合であるかいずれかである」[33]。つまり、選択肢は三つしかない。戦争による決着か、政治的和解による決着か、あるいは紛争の放置かのいずれかである。したがって、政治的紛争については、中立的な第三者に委ねるべき紛争ではないのである。

以上見てきたように、「重大利益説」においても、「権利主張説」においても、政治的紛争の解決は、最終的には、当事者の合意がない以上、戦争または圧力を通して解決される紛争で、政治的決断を要する紛争である。伝統的国際法においては、国家が主権を有し、その帰結として自己保存権を有する以上、自国の安全保障や勢力範囲の問題は、裁判不可能な紛争として位置づけられることになるのは当然の結論である。ここでも、「重大利益説」と「権利主張説」は、

「主観説」として、両者に共通性が認められるのである。

## 2 「客観説」における戦争の地位

「法の欠缺説」とは、裁判可能性の基準を、適用法規の有無に求める見解である。法の欠缺があれば、裁判不可能であると考えるのである。例えば、ハイドは、「国際法規が、範囲において十分広く、かつ適用において十分柔軟であるということにかかっている」[34]と述べている。適用可能な国際法規の存在を前提に、法律的紛争を定義しているのである。しかし、ハイドが、純粋に、「法の欠缺説」であるわけではない。ハイドは、国際法規を適用して「合理的に調整することができる」[35]紛争であると言い、「権利主張説」とも理解できる主張を行っている。特に「合理的」という文言を強調すれば、当事者の主観が強調されることになる。ハイドは、「法の欠缺説」として、法規の存否を問題にしているのか、あるいは、「権利主張説」として、法規の適用の当否を問題にしているのかは、明瞭ではない。「法の欠缺説」が「権利主張説」に変わりうる例である[36]。

「法の欠缺説」の代表は、ウェストレーク(Westlake)である。ウェストレークによれば、当事者が「了知している法規を参照して解決できる」[37]紛争が、法律的紛争である。つまり、「国家間の紛争が法律的紛争であるためには、その紛争を規律するはずであると思われる法規が存在し、その法規が了知されており、国際訴訟の基礎として一般的に同意されていなければならない」[38]のである。このように、ウェストレークによれば、法律的紛争と非法律的紛争(通常の用語法では、政治的紛争)との区別は、当事者の意思によって決まるのではなく、紛争の性質によって決まるのであり、まさに客観的基準を提供してくれているのである。

しかし、戦間期においては、ウェストレークの考えは、全く受け容れられなかった。第一に、ウェストレークは、アラバマ号事件を非法律的紛争であったと結論づけている。つまり、「英米間の見解の相違は、中立国に課される行為についての国際法規に関するもので、……裁判になじむ問題ではなかった」[39]と述べていたのである。しかし、英米は裁判付託で合意できたのである。この一件により、裁判可能性は、国際法規の存否という客観的基準ではなく、当事者の主観的意思であることが知られたのである。第二に、国家が、裁判を避けたいと思うのは、「法規について了知していないからではなく、法規について十分すぎるほど了知しているからである」[40]。伝統的な政治的紛争理論は、国家の意思により、裁判拒絶の論理を提供することを目的とするものであったため、「客観説」は、受け容れられる素地がなかったのである。タフツ・ノックス条約では、裁判可能性について争いがある場合、審査委員会で判断されることが規定されていたが、批准されることなく終わっているのも、その証左である[41]。その結果、「法の欠缺説」は、ウェストレーク一人説と言ってよいほどであった。

客観的基準を提供する「法の欠缺説」であるが、しかし、それは平時国際法の枠内でのことであった。ウェストレークにとって、戦争とは、既成の事実であった。「国際法は戦争を創設したわけではなかった」のであって、国際法は、「戦争がすでに存在するものであることを発見した」だけであった[42]。その結果、「戦争とは状態または状況を言う」[43]ことになる。ここに、「古典的国際法が戦争にたいして保持した受動の姿勢」[44]がうかがわれるのである。ウェストレークは、明らかに、無差別戦争観に与していたのである。そして、伝統的国際法は、平時国際法と戦時国際法からなるものであることが明らかにされている。ウェストレークの『国際法』は、二巻で構成されており、第一巻が、平時国際法であり、第二巻が、戦時国際法という体系になっているからである。国際裁判は、第一巻の巻末に補遺として記されているのみである[45]。ウェストレークにとって、戦争の効果は絶大であった。「戦争の元となった紛争は、戦争の勃発によって、法の領域から消滅する」[46]ことになるからである。言いかえると、「戦争がひとたび始まれば、紛争に関係していた法はすべて適用不可能となる」[47]。紛争当事者は、適用可能な法規が存在しており、裁判可能な法律的紛争であっても、ひとたび、戦争を開始しさえすれば、裁判に付託されることを回避することができたのである。それだけではない。戦争の開始は、国家の意思によって決まるものであるため、戦争の開始が合法であったか否かは、国際法によって決定できる問題ではなかった。つまり、戦争の規制に関しては、法の欠缺が存在していたと言ってよいのである。その結果、非法律的紛争となり、裁判不可能となるのである。アラバマ号事件に対するウェストレークの評価から分かるように、中立や戦争の問題は裁判不可能であった。このように、伝統的国際法においては、「法の欠缺説」においても、戦争は裁判不可能となる運命であった。

## 二　政治的紛争否定説における戦争の地位

### 1　ケルゼンにおける戦争の地位

ケルゼンは(Kelsen)、一九四三年の論文で、政治的紛争否定説を採用した。ケルゼンの論旨は明快である。「紛争とは、利害という点では、経済的紛争であり、政治的紛争である」が、しかし「その紛争は、利害を調整する規範秩序という点からすれば、法律的紛争(あるいは非法律的紛争)である」[48]。ケルゼンは、混合紛争という言葉を使用してはいないが、紛争が、政治的側面をもつと共に、法律的側面をももつことを十分認識していた。「あらゆる紛争は、その性質において経済的であったり政治的であったりしても、それと同時に、法秩序により判断可能であれば、法律的紛争である」[49]ことを認めていたからである。

ケルゼンは、なぜ政治的紛争否定説に与したのか。ケルゼンによれば、「戦争は、あらゆる社会的害悪の中で最悪のもの」[50]であり、したがって「戦争の廃棄は、われわれの究極的な課題である」[51]のであった。そのためには、つまり、戦争の廃棄のためには、「強制的管轄権の確立」[52]が必要とされていた。しかも、すべての紛争が裁判によって解決される必要があったため政治的紛争を否定せざるを得なかったのである。その一方で、ケルゼンにとって、戦争は、不法に対する制裁と位置づけられていた。いわば必要悪であった。ケルゼンによれば、「戦争は、国際社会の政策の手段としては、禁止されていないのであり、特に国際法違反に対する対応措置としては、禁止されていない」のである[53]。ケルゼンは、国家が戦争を開始する際に、必ず正当性を主張することや、戦間期における条約でも戦争が一定の場合以外認められていないことから、正戦論を主張したのである。こうしてケルゼンは、正戦論に与することを表明するのである[54]が、しかし、ケルゼン自身が認めるように、実定国際法としては、無差別戦争観も国際法理論としては採用可能なのである。したがって、いずれを採用するかは、科学的な決定ではなく、政策的な決断であった[55]。そして、ケルゼンは、国際法も、原始的ではあるが、法であるという価値判断に基づき、正戦論を「選択」するのである。

正戦論からすれば、戦争も国際法の枠内で行使されることになる。戦争は、国際法違反に対する対応措置である限り、合法であるとされるからである。したがって、戦争についても、その合法性を国際法に基づいて判断することが可能となるはずである。ウェストレークのように、無差別戦争観を採用するものにとっては、戦争については法の欠缺が存在し、裁判不可能な問題となるのであるが、正戦論にとっては、裁判所が存在し、その裁判所が強制的な裁判管轄権を有する場合には、必然的に、裁判可能となるはずである。さもなければ、戦争は、国際法の枠外にあることになり、正戦論は成り立たないからである。したがって、裁判不可能な紛争の代表である戦争も、裁判可能となり、伝統的な政治的紛争理論を否定することになるのもまた、ケルゼンにとっては、必然であった。

## 2　ローターパクトにおける戦争の地位

ローターパクト(Lauterpacht)は、*The Function of Law in the International Community* の中で、伝統的な政治的紛争理論をことごとく論破する学説を発表した。「法の欠缺説」に対しては、法の完全性で立ち向かい、「重大利益説」や「権利主張説」に対しては、紛争の性質ではなく国家の意思によって政治的紛争となることを明らかにした[56]。日本でも紹介され、逆に、ことごとく批判されることになった[57]。そのため、日本においては、伝統的な政治的紛争理論、特にその「権利主張説」が採用され、以来、通説の地位を占めることになった[58]。しかし、今日の観点からすれば、「重大利益説」や「権利主張説」に対するローターパクトの鋭敏な批判は、国際裁判所において支持されている。国際司法裁判所は、伝統的な政治的紛争論を採用したことはないのである。

では、ローターパクトの政治的紛争否定説において、戦争はどのように理解されていたのであろうか。ローターパクトは、*The Function of Law in the International Community* の中では、戦争について多くは語っていない[59]。その代わり、自衛権について、以下のような記述を残している。「自衛に訴えるかどうかは、第一に、関係国が判断することであるというのが、法的概念である自衛の本質的性質である」と述べ、自衛権の行使以前に第三者機関によって、自衛権行使の正当性が判断されるものでないことを明らかにする[60]。政治的紛争肯定論者であれば、自衛権は安全保障にかかわる問題であり、裁判不可能であると論じることになるが、ローターパクトは、「自衛権が、法的概念であるならば……自衛行動は法的評価に服するものである」[61]と述べ、裁判可能性を肯定するのである。ローターパクトによれば、自衛権は、「法の一般原則」であり、したがって、国際法においても承認されているという[62]。ローターパクトは、法であれば、自衛権は当然認められると言い、自然法に依拠していることが分かる。その一方で、実証的な手法も用い、「自己保存権の行使の例とされる先例を見れば……それぞれの場合、当事者は、自己保存権の名目で行った行動の合法性を立証することに腐心してきている」[63]ことを、証拠として提出している。これは、ケルゼンの正戦論と同様な主張である。つまり、ローターパクトは、戦争が一般的に自衛の場合に限定されると理解していた。ローターパクトにとって、「裁判所が、自衛で説明できないと判示した戦争、あるいはそれに類似した行為が、侵略となる」[64]のである。したがって、自衛であるかどうかによって、合法な戦争であるか否かが決定されているのである。

しかし、ローターパクトは、自衛の裁判可能性の問題を、不戦条約に引きつけて論じていることが特徴である。ローターパクトは、自衛の問題を、「紛争の平和的解決に関する主要な法文書である不戦条約との関連で」[65]論じるものであることを明示しているのである。その限りで、ローターパクトによる戦争の裁判可能説は、不戦条約が成立した背景において主張されていることが分かる。つまり、戦争が違法化されていない、伝統的国際法の文脈ではない。ローターパクトは、あたかも自然法の理論として自衛権を論じ、その上で政治的紛争否定説を論じているようにも理解できるが、実際は、そうではない[66]。国際法の構造転換を、具体的に認識することはなかったにせよ、国際法の構造転換という時代の流れの中で、その流れに素直に身を投じ、政治的紛争否定説を論じたのである。

ローターパクトが、政治的紛争否定説を明らかにしたのは、一九二八年であった[67]。その後、一九三〇年にハーグアカデミーで講演し、一九三三年に、*The Function of Law in the International Community* を公刊したのである。歴史の巡り合わせなのか、あるいは歴史の必然であったのか分からないが、ローターパクトが初めて政治的紛争を論じた年が、まさに、不戦条約締約の年であった。しかし、もしも、これよりも前に、政治的紛争を講じていれば、政治的紛争否定説は、評価されることなく終わったかもしれない。あるいは、ローターパクト自身の態度も異なっていたかもしれない。ローターパクトは、自衛権をあたかも当然の権利のように論じているが、しかし、伝統的な国際法では、戦争は禁止されておらず、自衛権も意味がなかったはずである[68]。当時の法では、「戦争に訴えようとする国家に対して、実際上、法的に制限するものはなかった」のであり、伝統的国際法が「戦争の自由」を認めていたことについては、ローターパクト自身承知していた[69]。もしそうであるならば、伝統的国際法の下では、ウェストレーク同様、戦争については、裁判不可能となるはずであった。しかし、歴史の僥倖なのか、あるいは、ローターパクト自身の鋭利な歴史感覚によるのか、いずれが幸いしたかは不明であるが、不戦条約以降であったために、武力行使の正当化根拠である自衛権も裁判可能であることを、説得的に論証し得たのである。まさに、戦争違法化が進行中であるその過程での、政治的紛争否定説であった。

## 三　戦争違法化による政治的紛争理論の基盤の消失

### 1　「客観説」に対する戦争違法化の影響

不戦条約により戦争違法化が行われ、国連憲章により武力行使が禁止された。しかしそれ以前においては、戦争あるいは武力行使の問題は、裁判不可能となるはずであった。なぜなら、伝統的国際法では、戦争を規律する法規が存在していなかったために、「法の欠缺説」では、裁判不可能となった。また、「重大利益説」によれば、裁判不可能とされる紛争は、国家の安全保障とかかわる紛争であるため、戦争を規律する法の存否にかかわらず、武力行使の問題は、裁判不可能であった。さらに、「権利主張説」においては、現行法を変更する主張、つまり現在の勢力範囲を変更する主張については裁判不可能と理解されていたために、勢力範囲にかかわる実力闘争である戦争は、裁判不可能となった。このように、伝統的国際法においては、どの説を採っても、戦争は、裁判所に付し得ない紛争なのである。

しかし、国際法の構造は転換した。二元的であった国際法は、一元的な体系となり、戦争や武力行使も国際法の規律対象に入ることになった。その結果、戦争や武力行使をめぐる紛争も、裁判に付託されるようになった。その端的な例が、ニカラグア事件である。アメリカ合衆国によるニカラグアの港湾に対する機雷敷設が問題となった事件である。その中で、国際司法裁判所は、「本件で提起されている武力行使や集団的自衛権の問題が、慣習国際法や条約、とりわけ国連憲章で規定されている問題であることは疑い得ない」[70]と述べ、武力行使も国際法で規律されていることを宣明した。

戦争違法化の結果、伝統的な政治的紛争理論に重大な変化が押し寄せざるを得なくなる。まず、「法の欠缺説」から検討しよう。第一に、「法の欠缺説」からすれば、戦争の問題は、二元的構造をもつ国際法の第二部(戦時国際法)であり、第一部(平時国際法)の射程に入るものではなかった。したがって、裁判可能性の問題からは、そもそも除外されていた。しかし、戦争違法化により、国際法が一元的な構造をもつことにより、戦争や武力行使の問題も、一元化された国際法の規律対象となり、その結果、裁判可能性の問題からそもそも除外することはできなくなった。したがって、一元化された国際法体系において、初めて、戦争や武力行使が裁判可能性の問題に上ることができるようになったと言える。つまり、あらゆる問題が、国際法という法の枠内で議論され、法を越えた政治的な理由である戦争によって、裁判不可能性が議論される余地がなくなるのである。第二に、戦争や武力行使の問題が裁判可能性の俎上に上ることになったが、それと同時に、戦争や武力行使が国際法上禁止されたことにより、こうした問題を法の欠缺で正当化することは許されなくなる。戦争や武力行使の分野以外にも、国際法上、法の欠缺が存在しているかどうかは、詳細な検討が必要であるが、少なくとも、法の欠缺を根拠に、戦争や武力行使が裁判不可能であるとは主張できなくなるはずである。こうして、「法の欠缺説」からすれば、裁判可能性の問題は、すべて、法的枠組に閉じこめられ、裁判所によって判断される問題となったのである。

## 2　「主観説」に対する戦争違法化の影響

「重大利益説」及び「権利主張説」という「主観説」を検討する。この考え方によれば、国家が重大利益にかかわる紛争であるとか、国家が法の変更を要求する紛争であれば裁判不可能となるのであり、こうした紛争は政治的解決方法によって解決されるか、あるいは戦争によって解決されるか、あるいはそのまま放置されるかいずれかである。しかし戦争という選択肢は、法上許されなくなる。その結果、法上可能な選択肢は、政治的解決方法か、あるいはいかなる解決方法にもかけられず、そのまま放置されるかのどちらかとなる。たとえ裁判管轄権に合意があったとしても、政治的紛争理論によれば、裁判できず、放置されることになるのである。

それ故、政治的紛争の解決のためには、平和的変更の制度が必要であると言われる。例えば、ウィリアムズ(Williams)は、「変化は、自然の摂理」であると述べ、必要なことは、「非法律的紛争(ここでは、政治的紛争の意味)を平和的に解決する方法を生み出すことであり、国際関係において、平和的変更の制度を生み出すことである」と述べている[71]。戦後においても、同様な主張が見られる。法律的紛争と政治的紛争の区別は、「平和的変更の問題と特別の関係を有していた」と言われているのである[72]。わが国においても、太寿堂鼎がこの点を力説している。「法の変更を合理的に行う立法機関が国際社会に存在しないこと」が、国際司法裁判所への不信の重要な要因となっており、政治的紛争という概念の根拠ともなっていると言う(73)。今日の状況では、「さしあたって国際社会の立法機関を建設することは不可能に近い」(74)ため、「調停などのように、……政治的妥協に導くといった紛争解決手段が、なお十分存在意義をもっている」(75)とされる。しかし、戦争の代替となるべき紛争解決方法として、調停では役に立たないことは、祖川武夫が十二分に立証している。政治的紛争は、「中立的・独立的な調停委員会の判断の問題ではない」(76)のだ。

そこで、政治的機関による解決が主張されることになる。祖川武夫や松井芳郎は、政治的紛争にふさわしい処理方法として、拘束力のない国際機構による処理を挙げている(77)。しかし、政治的解決方法が、政治的紛争にとって、必ずしも望ましいものとは限らない。ロス(Ross)によれば、「必要とされることは、権力のある政治機関による権威のある利害調整である」(78)のだ。ここで重要な点は、「権力のある政治機関」による処理である。祖川武夫自身が言うように、「世界政策を遂行する諸強国の介入」(79)をへて、政治的紛争の処理は、計られるべきものである。つまり、事実上の政治権力が必要とされている。単に国際機構の政治機関であればよいという問題ではない。国際連合の総会のように、大国も中小国も平等に一票を投じることができ、民主的に多数決によって拘束力のない決議を行う機関が、「権力のある政治機関」と言えるのであろうか。国際連合の安全保障理事会が、憲章第六章に基づく処理をしたところで、それが勢力範囲の問題、あるいは現状変革的な政治的紛争の処理に役立つのであろうか。政治的紛争の処理に関しては、事実上の力を背景とした紛争処理か、あるいは、ロスが言うように、拘束力ある「政治的仲裁裁判」または「政治的司法裁判」が必要なのである(80)。

国連憲章第六章で規定されている紛争の平和的解決の枠内で解決できないのが、政治的紛争なのである。現状変革的な政治的紛争について、当事国を拘束する圧倒的な力が必要なのである。したがって、国連憲章第七章に基づく処理こそが、政治的紛争に役立つことになる。伝統的な国際法で許容されていた戦争という手段が、政治的紛争の解決方法として有効でない以上、今日可能な紛争解決方法は、第七章措置とならざるを得ず、祖川のいう複線構造論の一方は司法裁判所に通じるとしても、もう一方は国際機構の政治機関による制裁措置に通じる[81]のであり、平和的紛争解決体系の枠外に出てしまうものである。つまり、紛争の平和的解決方法の枠内で考える限り、「権利主張説」の言う政治的紛争は、解決不可能であり、紛争の平和的解決方法の複線構造論も破綻せざるを得ないのである。

ただ、拘束力ある政治的機関による解決、つまり安保理による紛争処理は、法的な手続ではない。政治的な制裁措置手続でしかない。したがって、法の違反に対して必ずとられるとは限らない。つまり、法の執行機関と位置づけることは不可能である。また、もしも、こうした拘束力ある政治的機関による執行や、立法機関による平和的変更が可能となるまで、政治的紛争理論が生き延び得るとすれば、紛争当事国は、司法裁判による解決が開始されても、それをいつでも拒否できることになる。はたして、それは、法なのか。ケルゼンが述べるように、「国家になる前の分権化された社会が、中央集権化された社会となり、国家と呼びうるようになる進化の過程において、執行権力の中央集権化は最後のステップ」なのであり、国際社会における「法的な進化は、当然、第一に、国際裁判に向かうのであり、世界政府や世界議会へ向かうのではない」[82]。これは、今日の国際社会の現状を言い当てている。そこで、政治的紛争も国際裁判に持ち込まれることになるが、国際裁判が法の枠内での処理である以上、持ち込まれる紛争は、すでに法律的紛争として定式化されているはずであり、その限りで、裁判可能なのである[83]。

歴史的に見れば、伝統的な政治的紛争理論は、裁判付託条約や裁判付託条項、あるいは仲裁裁判に関する理論であって、常設的な司法裁判所に関する理論ではない。つまり、どのような紛争を仲裁裁判義務からはずすかが主たる関心事であった。また、たとえ仲裁裁判義務を肯定していても、当事者が、付託される紛争は政治的紛争であると考えれば、仲裁裁判所の組織に反対するなり、適用法規に反対することにより、仲裁裁判所自身を組織することを拒否できた。つまり、政治的紛争であることから、仲裁裁判官に政治的影響力の大きいものを参加させるよう主張したり、法によらず「衡平と善」を適用法規として採用したりするよう主張することができた。そのため、政治的紛争理論は、裁判所における抗弁としてではなく、仲裁裁判所の組織を拒否する論理としては有効であり得たのである。その限りでは、理論として成立する余地があった。そして今日でも妥当する余地がある。

しかし、常設の裁判所においては、政治的紛争理論は先決的抗弁として提出される以外に手段がない。組織も適用法規もすでに決まっているだけでなく、事前に同意を与えていれば、裁判管轄権も強制的であり、自らの意思にかかわらず、紛争は他方当事者により、一方的に付託されるからである。さらに、先決的抗弁として提出される政治的紛争理論は、もはや当事者の一方的意思の問題とはならず、裁判所による客観的評価の対象となる。その結果、裁判所においては、政治的紛争理論は否定されることになるのも当然である。今日、管轄権確認権限が、裁判所に与えられている以上、当事国の一方的判断により、政治的紛争のラベルを貼られ、裁判不可能となるという理論は成り立ち得ないのである。

# 四　紛争の平和的解決と戦争の体系論的位置づけ

## 1　正戦論における紛争解決体系論

伝統的な政治的紛争理論が現代国際法において妥当しない以上、複線構造論は成り立ち得ない。また、複線構造論が成り立ち得たとしても、それは、紛争の平和的解決の体系ではなく、紛争の平和的解決と安全保障とを融合した分野における構造論である。はたして国際裁判と戦争の両者を併せて、統一的に、紛争解決方法あるいは紛争処理方法と呼ぶことができるのであろうか。この点で、興味深いのは、紛争解決方法が、強制的紛争解決方法と平和的紛争解決方法とに分けられることがある点である。これは、紛争解決全般における複線構造論であると思われる。

正戦論からすれば、戦争は、国際法により、合法な戦争と違法な戦争に分けることが可能であり、したがって、裁判可能となるはずである。またそれだけでなく、復仇と同じく自助であり、国際法上の制裁として、つまり法執行手段として位置づけられる。そのため、論理的には、紛争解決方法としては、戦争という強制的紛争解決方法と、戦争や武力によらない平和的紛争解決方法とに分けられることになるのは当然である[84]。国際裁判も戦争もどちらも紛争解決方法と位置づけられることになり、一方が平和的紛争解決方法であり、他方が強制的紛争解決方法となるのである。こうした二分論を採用する学者として、田岡良一がいる。正戦論を、条件付きではあるが、「法律理論的に誤った説であるとは言えない」と述べている[85]。このように、正戦論を採用すると、強制的紛争解決方法と平和的紛争解決方法という複線構造となるのである。

こうした複線構造論に対して戦争及び武力行使の禁止がもたらす帰結は、明らかである。紛争解決方法としての戦争は禁止され、したがって、平和的解決方法しか存在しなくなったという論理となるのである。このような理解からすれば、紛争の平和的解決を定める国連憲章第二条三項を、武力行使禁止原則を定める第二条四項のコロラリーとしてとらえるのも当然となる。しかし、石本や祖川が正確に評価しているように、伝統的国際法では、無差別戦争観が採用されていたと考えざるを得ない。たとえ、グロチウス(Grotius)流に、正戦論が採用されていたとしても、正しい戦争か不法な戦争かを判断する機関が存在していないために、結局、無差別戦争観と同じになってしまうのである[86]。その限りで、戦争は、紛争解決方法として存在し得ないことになる。したがって、強制的紛争解決方法と平和的紛争解決方法という複線構造は、そもそも妥当し得なかったと考えざるを得ない。

## 2　無差別戦争観における紛争解決体系論

一方、無差別戦争観に基づけば、紛争解決方法から、戦争は除外されることになる。ウェストレークは、『国際法』の第一巻(平時国際法)の中で、紛争解決を論じ、戦争は、第二巻(戦時国際法)の中で論じる構成を採用していることからも分かる。オッペンハイム(Oppenheim)も戦争を国際法により「承認された事実」であると述べ、「国際法によって確立されたものではない」と述べ、ウェストレーク同様、無差別戦争観に与している[87]。紛争解決方法も戦争も共に『国際法』の第二巻で取り扱っている点で、ウェストレークと異なっているが、しかし、戦争は、強制的紛争解決方法として取り扱われることなく、単に戦争として取り扱われている[88]。また、ローターパクトが校訂したオッペンハイム『国際法』(第七版)では、強制的紛争解決方法と友好的紛争解決方法という二分法が採用されているが、強制的紛争解決方法としては、復仇や平時封鎖などであり、強制的紛争解決方法から戦争は除外されている。戦争が強制的紛争解決方法としてあげられることが多いことを認識しつつも、「強制的紛争解決方法の性質からして、戦争とは明確に区別する必要がある」と述べ、除外しているのである[89]。無差別戦争観では、戦争は、平時国際法とは全く異なる法規である戦時国際法が妥当する時間であり、国際法は二元的な構造をもっている。国際法上、戦争開始を規律する法規が存在しないために、裁判不可能とならざるを得ない。しかも、紛争解決は平時国際法の問題であり、戦争とは全く異なる問題であった。

戦争が違法化され、武力行使が禁止されている現代国際法においては、当然、紛争解決方法として戦争は除外される。しかし、そもそも戦争が、伝統的国際法において、紛争解決の方法ではなかったとすれば、紛争解決方法としては、伝統的国際法の時代から今日まで、平時法の枠内での平和的解決方法しか存在しなかったことになる。また、オッペンハイム『国際法』(第七版、ローターパクト校訂)のように、平時における紛争解決方法の中に、友好的解決方法と非友好的な強制的解決方法が存在していたとしても、後者は、田畑が述べるように、自助であって、紛争解決方法ではない[90]。今日では、武力復仇を除いて、復仇は対抗措置と呼ばれるようになった[91]が、これも紛争解決方法とは認識されていない。そうではなく、国家責任の枠内で論じられているのである。もちろん、対抗措置も国際法の枠内で行われるものであり、武力行使同様、裁判可能であることは疑い得ない。要するに、伝統的国際法においても、現代国際法においても、戦争は、紛争解決方法ではないのである。紛争解決方法は、あくまでも当事者の満足をもたらすための第三者の介入であり、強制を用いる方法とは相容れないのである。

## おわりに

伝統的な政治的紛争理論を否定することができるようになったのは、戦争違法化があったからである。逆に言えば、戦争違法化がなければ、伝統的な政治的紛争理論は生き延び得たであろう。現在でも、国際法の講義において、国際法学者は、初めのところで、国際法は法であることを苦労して立証しようとするが、終わりに近い国際裁判のところに入るとすぐ、政治的紛争は裁判不可能であると論じることによって、国際法の法的性質を否定することになるのである。いかに矛盾に満ちた体系であろうか。伝統的な政治的紛争理論が維持されれば、国際法は法でないと言わざるを得ない。あるいは、松井のように、裁判規範性を否定し、行為規範であると言わざるを得なくなる[92]。しかし、戦争違法化は、紛争の平和的解決を義務づけるだけではなく、国際法規の適用可能な紛争であれば、すべての紛争を裁判によって解決できる可能性も提供した。したがって、紛争当事国の同意が得られず裁判管轄権の不存在が生じ、その結果、裁判できない紛争であれば別であるが、紛争当事国により裁判管轄権に対する同意が事前に得られており、その結果、裁判にかけられた紛争であれば、平和的解決のために裁判がなされ得るのである。ここに初めて、国際法が法になったのである。

国際法の構造転換との関連で、国際法の体系に言及しておかねばならない。戦争違法化によって、二元的構造を有していた国際法は、一元的構造を有する国際法へと構造転換した。この転換は、約一〇〇年前に開始し、約六〇年前の国連憲章によって完結した。それ以降の国際法の変容は、構造転換の過程ではなく、構造転換によって生じた国際法規の矛盾を解消する過程でしかない。石本泰雄は、戦争違法化を軸に国際法の構造転換を語ったが、しかし現在進行形で国際法の構造転換を語っている。つまり、「国際法は、伝統的構造を転換させつつある」と述べているのである[93]。しかし、国際法は、戦争違法化によって、二元的構造から一元的構造に変わったのであり、過去形で語られるべきものである。そして、それこそが国際法の構造転換である。それ以外の国際法の変容は、構造の転換ではなく、個々の国際法規の変容でしかない。つまり、国際法の構造転換の果実でしかないのである。

また、約六〇年前に国際法の構造転換が完成し、政治的紛争理論の基礎がなくなったにもかかわらず、わが国の国際法の体系は依然として戦前の体系を引き継いでいる。大部分の体系書の構成は、紛争の平和的解決が記述され、その後、安全保障、そして中立へと進む体系になっている。しかし、これには大きな問題がある。あたかも、平時国際法の後で戦時国際法の記述がなされ、平時国際法と戦時国際法という二元的構造を維持しているかのようであるからだ。戦前の体系と異なる点は、平時国際法の記述が大部になっただけである。あたかも、戦争に関しては、国際裁判が与り得ないかの様相を呈している点では、今日も変わりない。戦争が違法化されず、伝統的な政治的紛争理論が生きているのであればそれでよい。しかし、本稿で示したように、そのような考えは、少なくとも国連憲章における武力行使禁止によって存立基盤が消失したはずである。

武力行使の問題も、国際法が規律する問題である以上、裁判可能である。ニカラグア事件が示しているように、武力行使や自衛権の問題も裁判可能なのである。アラバマ号事件やウィンブルドン号事件が示しているように、中立の問題も裁判可能なのである。もしもこうした問題について国際法違反が生じれば、国家責任が発生し、裁判で違反の認定が行われる可能性があるのである。つまり、国際裁判の現実から言えば、そして、伝統的な政治的紛争理論を否定する現代国際法からすれば、武力行使の問題、安全保障の問題、国際人道法の問題、中立の問題はすべて、一元化された国際法の実体部分を構成する問題である。国際法の体系からすれば、こうした問題は実体国際法である。したがって、武力行使を含めて実体国際法の講述がなされてから、国家責任の問題に進み、最後に手続法である国際紛争の平和的解決が語られるべきなのである。

しかし、石本が編集委員となっている『現代国際法』(有斐閣双書)においても、田畑が著した『国際法新講』(東信堂)においても、また国際法の構造転換の姿を明らかにする目的で書かれた松井他『国際法』(有斐閣Sシリーズ)においても、一元的な現代国際法の体系は採用されていない。それ以外の教科書には、当然、そうした観点は一切ない[94]。ではなぜ、旧態依然とした体系なのか。一つには、戦争違法化の意義が正確に把握されていないからである。石本ですら、紛争の平和的解決との関連を見過ごしている。田畑においては、国際法の構造転換ではなく、国際社会の構造転換論が述べられ、規範的な構造転換論はない。松井他の『国際法』(有斐閣Sシリーズ)では、田畑の影響が大きくのしかかっている。戦争違法化及び国際法の構造転換の認識が曖昧であることが、体系の曖昧さに通じているのである。

二つには、伝統的な政治的紛争理論が依然として採用されていることである。そのために、法的性質を有する国際法をめぐる紛争の解決方式としての国際裁判の価値を見落としているだけでなく、暗黙の内に、紛争の平和的解決と強制的解決との複線構造論が採用されている。松井他の『国際法』（有斐閣Sシリーズ）では、第四版においてはじめて混合紛争論が採用されている(95)。しかしその一方で、伝統的な政治的紛争理論に基づく複線構造論が採用されている。これは大いなる矛盾である。混合紛争論を採用する以上、伝統的な政治的紛争理論を採用することはできないはずである。そして、紛争解決の体系論において、複線構造論もまた採用することはできないはずである。

伝統的な政治的紛争理論を採用しないのであれば、「政治的紛争は政治的機関へ、法律的紛争は司法機関へ」という二分論は採用できない。たしかに、混合紛争論を採用する場合でも、混合紛争の中の政治的問題は政治的機関（ただし、紛争の平和的解決に限定されない）へ、そして混合紛争の中の法律的問題は司法機関へという図式は採用できる。しかし、一つの紛争の中に政治的問題が含まれ、そして同時に法律的問題が含まれているという混合紛争論にとって、同一の紛争が、政治的機関へも係属する一方、同時に司法機関へも係属するのである。一つの紛争がいずれか一方にしか係属することができないのではない。したがって、松井の理解は、一方で、伝統的な政治的紛争理論を、尾てい骨のように捨てがたく維持しつつ、他方で、裁判所の実行にしたがって、混合紛争論を採用するという矛盾に満ちた紛争解決論となっている。

本稿は、石本の言葉を借りれば、「ニュートン力学をアインシュタインの量子力学の観点から見る」試みである。戦争違法化によって完成した国際法の構造転換という観点から、伝統的な政治的紛争理論、そしてその延長として紛争解決の体系を眺めた論文である。いまだ、政治的紛争理論に拘泥する立場からすれば、とうてい眺めることのできない国際法の光景であろう。しかし、国際法も法規範であり、裁判規範として存在する以上、すべての紛争は、国際法規が適用できる限り、裁判可能なのである。そうした法的性質を基礎に、現代国際法の体系が構築されなければならないのである。

〔付記〕本稿の構想段階において、桐山孝信大阪市立大学教授に有益な示唆を受けた。この場を借りて謝意を表したい。ただし、内容上の責任はすべて筆者にある。

（1）田畑茂二郎『国際法新講　上』東信堂(一九九〇年)、七頁。田畑は、国際社会の「構造変化」という表現を使い、「構造転換」という言葉は使用していない。田畑茂二郎『国際法』岩波全書(第二版、一九六六年)、一一六頁も参照。

（2）石本が明らかにしているように、伝統的国際法において「平時国際法と戦時国際法とは二元的な構造をもっている」のである。石本泰雄「いわゆる『事実上の戦争』について」高野雄一編『現代国際法の課題』(横田喜三郎先生還暦祝賀)有斐閣(一九五八年)、二九四頁、及び石本泰雄『国際法の構造転換』有信堂高文社(一九九八年)、五九頁。

（3）石本によれば、国際法の構造転換は、「これまでの古典的国際法の二元的構造から、一元的構造への転換」と位置づけられる。石本泰雄「国際法の構造転換」高野雄一編『国際関係法の課題』(横田先生鳩寿祝賀)有斐閣(一九八八年)、二三頁、及び石本泰雄『前掲書』注(2)、二〇頁。

（4）Bowett, “Contemporary Developments in Legal Techniques in the Settlement of Disputes,” 180(1983-II) *RdC* 169, 177.

（5）石本、前掲論文、注(3)、及び石本泰雄『前掲書』注(2)参照。

（6）田畑茂二郎「国際裁判に於ける政治的紛争の除外について」『法学論叢』三三巻五号(一九三五年)、一二三頁。

（7）アジア・アフリカ諸国は一般的に国際裁判に消極的であると言われてきたが、欧米諸国と比べて、質的な差と言うよりも量的な差でしかないことを太寿堂が論証している。太寿堂鼎「国際裁判の凋落とアジア・アフリカ諸国」『法学論叢』八九巻六号(一九七一年)、三七頁。

(8)　こうした学説の評価については、山形英郎「国際法における伝統的な政治的紛争理論の再検討」『現代法学の諸相』(岡山商科大学法経学部創設記念論集)法律文化社(一九九二年)を参照されたい。国際法において「法律」的紛争というのは適切ではなく、「法」的紛争と呼ぶべきであるが、国連憲章の表現に従い、「法律的紛争」という表現を使用する。

(9)　政治的紛争と法律的紛争を分かつ基準については、山形、同上論文、注(8)を参照されたい。紛争解決の意義における両者の相違については、山形英郎「国際紛争解決システムにおける司法的解決の意義」『世界法年報』一三号(一九九三年)、三〇—三一頁を参照。同様に、「主観説」と「客観説」に分けて議論するものとして、Alf Ross, *A Textbook of International Law* 278-281(Longmans, 1947).

(10)　Thomas Willing Balch, *Legal and Political Questions Between Nations* 6(Philadelphia, 1924).

(11)　*Id.*

(12)　J. L. Brierly, *The Outlook for International Law* 122(Scientia Verlag, 1977, reprint of 1945).

(13)　例えば、ディッキンソン(Dickinson)は、「われわれは、紛争を司法的解決に付託する意思があるか」という問を発し、「もしそうであるならば、法律的紛争が存在し、そして裁判可能な紛争があるといってよい」と述べている。Statement of Edwin D. Dickinson, 18 *Proceedings of the American Society of International Law* 67, 69(1924).

(14)　Balch, *supra* note (10), at 131.

(15)　E. de Vattel, *Le droit des gens ou principles de la loi naturelle*, Liv. II, Chap. XVIII, 329(1758), reprinted in 1 *Classics of International Law* 521(1916).

(16)　Fenwick, "National Security and International Arbitration," 18 *AJIL* 777, 778-779(1924).

(17)　*Id.*, at 781.

(18)　ハビヒト(Habicht)が述べるように、重大利益という「留保は、実際上、当事者にとって都合のよいときに、仲裁手続を拒否する権利(veto)を与える」。Max Habicht, *Post-War Treaties for the Pacific Settlement of International Disputes* 993(Cambridge, 1931).

(19)　Balch, *supra* note (10), at 6. 戦争違法化が完成した戦後においても同様の主張が繰り返されている。ストーン(Stone)によれば、「裁判不可能な問題は、まさに、戦争に訴えたくなるような紛争である」。Stone, "The International Court and World Crisis," 538 *Internarional*

*Conciliation* 1, 7(1962).

(20) E. H. Carr, *Twenty Years' Crisis 1919-1939*, at 201(2nd ed., Macmillan, 1946).

(21) 2 Charles Cheney Hyde, *International Law Chiefly as Interpreted and Applied by the United States* 112(Little Brown, 1922).

(22) *Id.*, at 114.

(23) Hans Morgenthau, *Politics among Nations* 465(6th ed. by Kenneth W. Thompson, Kmopf, 1985).

(24) *Id.*, at 466-469.

(25) *Id.*, at 466.

(26) *Id.*

(27) *Id.*, at 468

(28) この部分は、ローターパクトの紹介に依拠している。H. Lauterpacht, *The Function of Law in the International Community* 14(Clarendon, Press, 1933).

(29) 祖川武夫『国際法Ⅳ』法政大学通信教育部(一九五〇年)、二三〇頁。今日でも、祖川の考え方は根強く支持されている。例えば、芹田健太郎と松井芳郎である。芹田健太郎「国際紛争処理論覚書」『神戸法学雑誌』三五巻(一九八五年)、六三四頁、芹田健太郎「国際紛争の平和的解決」小川芳彦、中村道、山手治之、安藤仁介、芹田健太郎、香西茂、竹本正幸共著『国際法2』蒼林社出版(一九八六年)、一九〇頁、及び松井芳郎「紛争の平和的処理」松井芳郎、佐分晴夫、坂元茂樹、小畑郁、松田竹男、田中則夫、岡田泉、薬師寺公夫共著『国際法』有斐閣Sシリーズ(第四版、二〇〇二年)、二五七頁。

(30) 祖川武夫「国際調停の性格について(二・完)」『京城帝国大学法学会論集』一五冊三／四号(一九四三年)、六三頁。

(31) 祖川武夫『前掲書』注(29)、二三〇頁(挿入筆者)。

(32) Kunz, "The Law of Nations, Static and Dynamic," 27 *AJIL* 630, 634(1933).

(33) Ross, *supra* note (9), at 280(挿入原文).

(34) Hyde, *supra* note (21), at 113

(35) *Id.*, at 112.

(36)「法の欠缺説」と「権利主張説」との融合可能性については、山形、前掲論文、注(8)、二一一―二一二頁を参照。

(37) 1 John Westlake, *International Law* 340 (1st ed., Cambridge, 1904).

(38) *Id.*

(39) *Id.* at 341.

(40) Hedges, "Justiciable Disputes," 22 *AJIL* 560, 561 (1928).

(41) See Edward Gordon, "Legal Disputes under Article 36 (2)," in *The International Court of Justice at a Crossroad* 183, 212 (Lori Fisler Damrosch ed., Transrational Publishers, 1987).

(42) 2 John Westlake, *Internarional Law* 3 (1st ed., 1907).

(43) *Id.* at 2.

(44) 石本泰雄「戦争と現代国際法」高野雄一編『現代法と国際社会』岩波講座現代法一二(一九六五年)、八五頁。

(45) 国際裁判に関する部分は、*International Journal of Ethics* (1896) からの再録である。Westlake *supra* note (37), at 332.

(46) Westlake, *supra* note (42), at 29.

(47) *Id.*, at 4. マクネアー(McNair)は、戦争開始が条約に与える影響を研究し、過去においては「すべての条約が、当事国間の戦争により、終了した」が、しかし、「時の経過と共に、多くの例外がある」ことが理解されるようになったことを明らかにする。そして、戦争によって終了しない条約のリストの中に、裁判付託条約は入っていない。Lord McNair, *Law of Treaties* 698 (Oxford University Press, 1961).

(48) Kelsen, "Compulsory Adjudication of International Disputes," 37 *AJIL* 397, 401 (1943) (挿入原文).

(49) *Id.*

(50) *Id.*, at 397.

(51) *Id.*, at 398.

(52) *Id.*, at 397.

(53) Hans Kelsen, *Law and Peace in International Relations* 39 (Harvard University Press, 1948). ケルゼンは、この場合、「国家の政策の手段としての」戦争を禁じている不戦条約の解釈として、「国際社会の政策の手段としての」戦争は許されていると論じているのである。

(54)　ケルゼンの正戦論については、石本、前掲論文、注(2)、二九八―三〇〇頁、石本泰雄『前掲書』注(2)、六二―六四頁、及び祖川武夫「カール・シュミットにおける『戦争観念の転換』について(一)」『法学』(東北大学)一七巻二号(一九五三年)、七六―八五頁を参照。
(55)　Kelsen, *supra* note (53), at 54.
(56)　See Lauterpacht, *supra* note (28).
(57)　田岡良一「法律紛争と非法律紛争との区別(一)(二)」『法学』(東北大学)七巻六号及び七号(一九三八年)。副題が、「ラウターパハト説と其批判」となっている。
(58)　杉原も同様の理解である。杉原高嶺「国際裁判の機能的制約論の展開」『国際法外交雑誌』九六巻四／五号(一九九七年)、一五六頁。そして杉原自身「権利主張説」に与していると思われる。田岡の「権利主張説」を説明した後で、「法的紛争の基準論としては、この説が最も妥当なものと考えられる」と述べているからである。杉原、同上論文、本注、一五六頁。
(59)　オッペンハイムの教科書の校訂の中に、戦争に関するローターパクトの見解が示されている。祖川、前掲論文、注(54)、八六―九一頁を参照。
(60)　Lauterpacht, *supra* note 28, at 179.
(61)　*Id.*
(62)　*Id.*, at 179-180.
(63)　*Id.*, at 179
(64)　*Id.*, at 181-182, n.3.
(65)　*Id.*, at 178.
(66)　小森光夫は、ローターパクトが「自然法に親和的であった」が、「自然法の立場から実証主義の法理論を批判したのではない」と言う。小森光夫「ハーシュ・ラウターパクトが残したもの」『世界法年報』二〇号(二〇〇一年)、一一〇頁。
(67)　ローターパクト自身が、述べている。Lauterpacht, *supra* note (28), at vii.
(68)　田岡良一『国際法上の自衛権』勁草書房(補訂版、一九八一年)、一二八頁。

(69) Lauterpacht, *supra* note (28), at 262. オッペンハイムの教科書を校訂する際に、戦争を所与の事実というオッペンハイムの考えを継承している。後掲、注(87)及び該当する本文を参照。

(70) Military and Paramilitary Activities in and against Nicaragua (Nicaragua v. US) Merits, 1986 *ICJ Reports* 14, 27, para. 34 (Judgment of 27 June 1986).

(71) Williams, "Justiciable and Other Disputes," 26 *AJIL* 31, 36 (1932) (挿入筆者).

(72) Broomfield, "Law, Politics and International Disputes," 516 *International Conciliation* 257, 261 (1958).

(73) 太寿堂鼎「現代国際法と義務的裁判」『思想』四九六号（一九六五年）、三六頁。

(74) 同上。

(75) 太寿堂鼎「紛争の平和的解決」香西茂、太寿堂鼎、高林秀雄、山手治之共著『国際法概説』有斐閣（第四版、二〇〇一年）、二三七頁。

(76) 祖川、前掲論文、注(30)、六四頁。

(77) 祖川武夫『前掲書』注(29)、二三一頁、及び松井、前掲論文、注(29)、二五九頁、表16—1。松井は、「拘束力のない」国際機構による解決であることを明記しているが、祖川は明記していない。そのため、ロスのように、「拘束力のある」国際機構による解決をも含めて理解しているのかもしれない。ただ教科書の取り扱う範囲からして、分析は、国際紛争の平和的処理に限定されているために、国際連合による解決は第六章の手続しか説明されていない。祖川武『前掲書』注(29)、三〇九—三一八頁。

(78) Ross, *supra* note (9), at 283.

(79) 祖川武夫『前掲書』注(29)、二三一頁。

(80) Ross, *supra* note (9), at 283. ロスが言う「政治的仲裁裁判」とは、ad hocな政治的機関による政治的な手段による紛争解決であり、拘束力のあるものをいう。一方、「政治的司法的解決」とは、常設の政治機関による政治的手段による紛争解決であり、拘束力のあるものをいう(*Id.*, at 274)。ロスによれば、こうした処理は、「司法的な行為というよりも立法的な行為である」(*Id.*, at 283)。

(81) 祖川武夫は、国際裁判と安全保障との連関に関心を有していた。祖川は言う。「国際的安全保障制度の上で、その侵略概念の決定を確立するために、なによりもまず国際裁判義務を設定」することが求められており、そのため、「安全保障制度の（国際裁判との）内在的な論理の必然的な連関」をとらえることが重要であると。「国際調停の性格について(一)」『京城帝国大学法学会論集』一五冊一号(一九四三年)、五六頁(挿入筆者)。祖川の考え方については、松田竹男「祖川国際法学の課題と方法」『法の科学』二六号(一九九七年)、一七二―七四頁を参照。今日でも、複線構造論を支持するものとして宮野がいる。しかし、「公的紛争の処理」と「私的紛争の処理」という複線であって、政治的紛争理論の分脈を離れている。否、無視している。複線構造論の真の意義が理解されていないからである。宮野洋一「国際法学と紛争処理の体系」国際法学会編『紛争の解決』(日本と国際法の百年第九巻)三省堂(二〇〇一年)、五一頁。

(82)　**Kelsen, *supra* note (48), at 400.**

(83)　杉原高嶺は、今日でも、政治的紛争を肯定している。「政治問題の法理を肯定する」紛争処理説というべき立場を「度外視することは失当のおそれなしとしない」と、持って回った表現ではあるが、政治的紛争理論の立場を採用している(杉原、前掲論文、注(58)、一七〇頁)。事実、杉原は、国際司法裁判所が政治的紛争否定説に立っていることを、批判するのである(同上、一六六―一六七頁)。また、後の論文「国際司法裁判所と政治問題の法理」『京都大学法学部創立百周年記念論文集』第二巻有斐閣(一九九九年)においても、同様な立場をとっている。しかし、次の点が検討されるべきである。第一に、杉原は、国際司法裁判所の判決を中心に実証的に研究を積み重ねてきたが、この二つの論文だけは、国際司法裁判所批判へと向いている。今までの判決を無視するかのように。従来の研究方法との間に、相違はないであろうか。第二に、法の欠缺に関する問題について、杉原は、裁判可能性を証明するだけでは足らず、裁判義務までも主張していた。はたして政治的紛争理論の肯定と、矛盾しないであろうか。第三に、「権利主張説」からすれば、政治的紛争は政治的機関への付託となるが、杉原は、国際司法裁判所と安全保障理事会に同時に係属している場合、前者ではなく後者の自制を要求している。さらに、安全保障理事会の決議の司法審査をも肯定している。このような最も政治的紛争となりやすいケースでも裁判可能性を肯定していることと、矛盾しないであろうか。第四に、政治的紛争理論を肯定するのであれば、何が政治的紛争であるかの検討が不可欠であるにもかかわらず、ほとんど、その作業を放棄している。杉原は、「権利主張説」を妥当であるとしていながら(杉原、前掲論文、注(58)、一五六頁)、その一方で、後の論文は単に「高度に政治的な紛争」と述べるだけである。政治的紛争とは何かを論じることなく、政治的紛争理論を肯定することができるのであろうか。第五に、政治的紛争を否定する考え方を「法宣言説」と呼び、肯定する考えを「紛争処理説」と呼んでいるが、これはあたかも政治的紛争否定説が、紛争解決を裁判所の任務からはずしているかのような理解である。しかし、政治的紛争を否定した場合、裁判所は、紛争解決に役立ち得ず、法を宣言するだけしかできないのであろうか。この点については、山形、前掲論文、注(9)を参照。第六に、杉原の政治的紛争理論は、国際司法裁判所の枠内での分析である。しかし、政治的紛争理論が登場したのは、紛争解決制度全般にかかわる問題であった。したがって、政治的紛争理論を主張するならば、紛争解決制度の体系から論ずべきである。もしも、国際司法裁判所の枠内での議論であれば、政治的紛争は否定されることになってよいのではないか。第七に、国際裁判は、大国と中小国が互いに対等に立ちうる唯一の制度であるが、政治的紛争を肯定すれば、大国の力を背景とした紛争解決を肯定することになり、大国に有利な法理論ではないのか。

(84) 同じような問題意識を持つ論文として、森川幸一「国際紛争の平和的処理と強制的処理との関係」『世界法年報』二〇号(二〇〇一年)がある。しかしながら、ケルゼンの紹介と、田岡良一との比較で終わっている。

(85) 田岡良一『国際法Ⅲ』(法律学全集57)有斐閣(新版、一九七三年)、二七三頁。

(86) 戦争は、法外の事象であったか、あるいは自助として認められていたかについて、柳原正治「戦争違法化と日本」国際法学会編『安全保障』(日本と国際法の百年第一〇巻)三省堂(二〇〇一年)、二六九—二七〇頁。

(87) 2 L. Oppenheim, *International Law: A Treatise* 56 (1st ed., 1906).

(88) *Id.*, at 55.

(89) 2 L. Oppenheim, *International Law: A Treatise* 132 (7th ed. by H. Lauterpacht, Longman, 1952).

(90) 田畑茂二郎『国際法新講　下』東信堂(一九九一年)、六六頁。岩月は、伝統的国際法において、復仇が平和的紛争解決に位置づけられていたが、今日の対抗措置では、国家責任の中に位置づけられるようになったことにより、両者に「非連続性」があると主張する。岩月直樹「紛争の『平和的』解決の意義」『本郷法政紀要』七号(一九九九年)。しかし、そのような理解がはたして正しいのだろうか。武力復仇について「非連続性」を語ることはできても、武力復仇以外の復仇その他の自助手段は、戦争違法化によっても国際法体系における地位が変化したわけではない。自助は、そもそも、自己の法的主張を、第三者による客観的判断を経ることなく、自らの判断により、一方的に行う行為でしかない。その限りで、「国際法の執行」と述べる田畑の理解も、不正確である。

(91) 対抗措置については、松井芳郎「国際法における『対抗措置』の概念」『法政論集』(名古屋大学)一五四号(一九九四年)を参照。

(92) 松井芳郎は、国際裁判所の強制的管轄権が存在していないために、国際法は「原則として行為規範にとどまる」と述べている。松井、前掲論文、注(29)、一六—一七頁。「原則として」の意味は不明確であるが、たぶん、紛争当事者により裁判管轄権が設定されている場合は、裁判規範としても機能しうるということであろう。しかし、国際法規が裁判所によって適用される時だけ裁判規範となり、それ以外の時は行為規範にとどまるというように、同一の法規の性質が変化するということがあるのであろうか。本文で述べたように、政治的紛争を認める以上、裁判規範性はないと言わざるを得ないことになる。

(93)　石本は、構造転換を現在進行形で語っている(石本、前掲論文、注(3)、三四頁、及び石本泰雄『前掲書』注(2)、三〇頁)。石本の理解において、構造転換が現在進行中であるということは、戦争違法化によっても構造転換を起こさなかったことを意味し、その点で、田畑と共通の認識を示している。石本によれば、田畑を参照しつつ、「古典的国際法体系が一般に構造的な崩壊を示していない」のである(石本、前掲論文、注(2)、二九五頁の注2、及び石本泰雄『前掲書』注(2)、六〇頁の注2)。

(94)　ハリス(Harris)やディクソン(Dixon)の国際法資料集は、安全保障を紛争の平和的解決の前に置いている。残念なのは、国家責任の前に論じられていない点である。D. J. Harris, *Cases and Materials on International Law* (5th ed., Sweet & Maxwell, 1998); M. Dixon & R. McCorquodale, *Cases and Materials on International Law* (3rd ed., Blackstone Press, 2000).

(95)　松井、前掲論文、注(29)、二五八頁。混合紛争概念については、山形、前掲論文、注(8)、二一七—二二一頁を参照。

# 国際機関による留保の許容性決定
## ――ＩＷＣの事例を素材として――

坂元　茂樹



## 一　はじめに

二〇〇一年六月八日、アイスランド政府は、国際捕鯨取締条約（以下、ＩＣＲＷ）への再加入のための加入書を被寄託者である米国に寄託した[1]。同加入書は、「アイスランド共和国は、ＩＣＲＷの付表第一〇項（ｅ）に関する留保を伴い、同条約及び同議定書に加入する。留保は加入書の不可分の一部を形成する」[2]と記されており、付表第一〇項（ｅ）が定めた商業捕鯨モラトリアムに対する留保をその加入条件としていた。ちなみに、付表第一〇項（ｅ）は、「この一〇の他の規定にかかわらず、あらゆる資源についての商業目的のための鯨の捕獲頭数は、一九八六年の鯨体処理場による捕鯨の解禁期及び一九八五年から一九八六年までの母船による捕鯨の解禁期において並びにそれ以降の解禁期において零とする。この(e)の規定は、最良の科学的助言に基づいて検討されるものとし、委員会は、遅くとも、一九九〇年までに、同規定の鯨資源に与える影響につき包括的評価を行うとともにこの(e)の規定の修正及び他の捕獲頭数の設定につき検討する」[3]と定めていた。アイスランドは、この付表第一〇項(e)で約束された、一九九〇年までにすべての鯨類に対し捕獲数をゼロとする規定を修正するとの約束が守られていないとして、一九九二年に同条約から脱退していた。

ところで、ICRW第五条一項は、委員会が鯨資源の保存及び利用について、保護される種類や解禁期、解禁水域と並んで、(e)項の対象たる「捕鯨の時期、方法及び程度(一漁期における鯨の最大捕獲量を含む)」に関する規則の採択によって、付表の規定を随時修正できるとするとともに、三項で、この修正に対して、締約国政府が異議を申し立てることを許している。すなわち、「この修正は、異議を申し立てなかったすべての締約政府について効力を生ずるが、このように異議を申し立てた政府については、異議の撤回の日まで効力を生じない」と規定していた。実際、日本、ノルウェー、ペルー及び旧ソ連が定められた期間内に異議を申し立てた[4]。しかし、アイスランドは、当時、この規定に異議を申し立てなかった。同国の説明によれば、アイスランド自身は、商業捕鯨の包括的禁止は海洋生態系を破壊するものであり、捕鯨管理は鯨の種類と生息数ごとに決定されるべき問題と考えていたが、モラトリアムが鯨の生息数の実態を把握する機会を与えるものであり、生息数の新たな評価により商業捕鯨の再開は可能と考えていたから、あえて異議を申し立てなかったと説明する[5]。

いずれにしろ、この商業捕鯨モラトリアムに対する留保を伴う、捕鯨国アイスランドの再加入申請が、国際捕鯨委員会(以下、ＩＷＣ)を構成する捕鯨支持国及び反捕鯨国双方の注目を浴びたことはいうまでもない。さっそく、反捕鯨国である豪州、ニュージーランド及び英国らが、これに反対する書簡をＩＷＣ事務局に提出した。その反対理由は次のようなものである。すなわち、豪州によれば、「ＩＣＲＷは国際機関の設立文書であるので、国際法の関連規則は、アイスランドの加入書に含まれた留保が効果をもつためにはＩＷＣによって受諾されなければならないことを要求する。同委員会が留保に関して決定を行うまでは、アイスランドはＩＷＣの加盟国とは見なされ得ないというのが豪州の立場である」[6]というのである。また、ニュージーランドも同様の見解を述べるとともに、「アイスランドが留保は加入書の『不可分の』一部と主張していることに鑑みて、同委員会が留保に関して決定を行うまでは、アイスランドはＩＣＲＷの締約国又はＩＷＣの加盟国とは見なされ得ない」[7]と主張した。また、英国は、「当該留保は英国にとって受諾できないということを正式に記録に留めるよう希望」するとともに、その理由として、「留保の対象となった付表第一〇項(e)は、われわれが鯨の管理にとり根本的で長期にわたると考え、当該措置が一九八二年に採択されたとき、ＩＷＣの大多数が支持した商業捕鯨のモラトリアムに関連している」[8]からであると説明した。

これに対して、捕鯨国である日本、ノルウェーらが留保を受け容れる旨の書簡をＩＷＣ事務局に提出した。日本政府は、「当該留保を受諾するという日本の立場を明確にしたい。ＩＣＲＷそれ自体が締約国に関してかかる修正の効果を排除するために付表の修正に異議を申し立てることを許していることを考慮すれば、アイスランドの留保は条約の趣旨及び目的と両立しないとは考えられない。さらに、日本は、アイスランドの留保が効果をもつためには、当該条約上、ＩＷＣによる受諾を要するというのは根拠がないと信ずる。これまで、留保を表明した国(アルゼンチン、チリ及びエクアドルを含む)は、ＩＷＣによる留保の受諾なしに、『米国政府に対する書面による通告によって』(第一〇条)ＩＣＲＷの締約国となった。ＩＣＲＷが『国際機関の設立文書』であるがゆえにＩＷＣによる受諾が必要であるならば、かかる政府によって表明された以前の留保にもＩＷＣによる受諾が要求されていたはずである」[9]と記して、反捕鯨国によるＩＷＣの受諾が必要であるとの議論が、過去の先例にも反し、根拠をもたないとの立場を表明した。さらに、ノルウェーは、「多くの加盟国がアイスランドの留保を認めない旨を明らかにしているが、ノルウェー政府は、当該留保がＩＣＲＷの趣旨及び目的と両立していると判断し、同国の加入書を歓迎したい。さらに、条約法条約第二〇条三項に鑑みれば、付表第一〇項(ｅ)はＩＷＣの『設立文書』ではないため、ＩＷＣによる留保の受諾は必ずしも必要ではないことに留意すべきである」[10]と反論した。ＩＷＣの受諾を要するとの反捕鯨国の議論は過去の先例とは異なるという日本に比べて、ノルウェーは、条約法条約第二〇条三項の適用可能性を前提に、より実質的議論に踏み込んでいることがわかる。同国によれば、アイスランドの留保の対象となった付表第一〇項(ｅ)は、条約法条約第二〇条三項がいう「権限のある内部機関」たるＩＷＣの受諾を必要とするような「国際機関の設立文書」を構成しないし、また留保の許容性の基準である「両立性の基準」に照らしても、当該留保はＩＣＲＷの趣旨及び目的と両立するというのである。この点は、日本も同様で、その修正に異議を申し立てることが許される付表に留保を付すことが、ＩＣＲＷの趣旨及び目的に反するとは考えられないと主張した。

このアイスランドの加入申請問題が、ロンドンで開催されたＩＷＣ第五三回年次会議で争われることになった。二〇〇一年七月二三日、被寄託者である米国は、豪州とともに、アイスランドの留保に対する動議、すなわち、「ＩＷＣは、二〇〇一年六月八日付の加入書に反映されている付表第一〇項(ｅ)に関する留保(すなわち、アイスランドは付表第一〇項(ｅ)に拘束されない)を受諾しない」[11]旨の動議を提出した。これに対して、日本、ノルウェー、アイスランドなどは、ＩＷＣは留保について判断する権限がないと反論した。しかし、これを押し切って、議長であるフェルンホルム(スウェーデン)が、ＩＷＣは留保について判断する権限がある旨裁定した。これを受けて、ノルウェーがこの議長裁定に異議を唱え、議長裁定の是非についての投票が行われることになった。その結果、賛成一九、反対一八、棄権一の僅差で議長裁定が支持されることになった[12]。次に、先の共同提案についての動議が投票に付され、賛成一九、棄権三、投票不参加一六で可決された[13]。さらに、議長がアイスランドの地位を投票権のないオブザーバーとする旨の裁定を行い、これについても投票が行われたが、賛成一九、反対一六、棄権三で採択された[14]。こうして、ＩＷＣにおいて、アイスランドはその留保を非許容とされ、さらに当該留保を伴う同国の加入は認められず、オブザーバーの地位に置かれることになったのである。

こうした経緯からも明らかなように、商業捕鯨の再開は是か非かという、ＩＷＣにおける最大の政治的対立が、アイスランドの留保の許容性の決定という法的外観をとって争われたことがわかる[15]。そして、その過程で、ＩＣＲＷが国際機関の設立文書とされ、ＩＷＣは、「権限のある内部機関」として、留保の許容性決定の権限をもつとされたのである。しかも、これら一連の決定が冷静な法解釈論というよりも、むきだしの政治的対立の中で、強引ともいうべき決定を通じて行われたことが今回の特徴である。換言すれば、ＩＷＣという機関そのものが、ＩＣＲＷの法的解釈として留保の許容性の決定につき冷静に判断を下したというより、議長裁定という解釈論を抜きにした極めて政治的な判断が最初に行われ、そうした裁定に捕鯨支持国が反発して出した投票要請により、ＩＷＣが、かかる投票行動を通じて留保の許容性の認定権をもつとされたのであった。しかし、事態はこれで終結しなかった。なぜなら、ＩＷＣの第五三回年次会議以後も、日本を含め捕鯨支持国が、このようにアイスランドの留保を非許容とした決定は、国際法に違反し無効であると考えたからである。

そこには、二つの問題が含まれていた。一つは、はたしてＩＷＣに留保の許容性を判定できる権限があるかどうかという手続問題と、もう一つは、仮にそうした判定権限があるとしても、はたしてアイスランドの留保はＩＣＲＷの趣旨及び目的に反する留保といえるかどうかという実質問題であった。まして、アイスランドの留保の対象となった条項は、ＩＣＲＷの条約体制においては、異議を申し立てることでその拘束を免れることのできる性格の規定である。かかる規定に対する留保が、ＩＣＲＷの趣旨及び目的に反するといえるかどうかという問題が生じるのである。同時に、かかる性格の規定が「権限のある内部機関」の受諾を要する「国際機関の設立文書」たる規範的性格をもつといえるかどうかも（ＩＣＲＷ第一条で付表は条約の不可分の一部とされていても）、当然、問われてしかるべき問題である。さらに先決的な問題としては、こうしたことを規定する条約法条約の留保規則の適用可能性の問題がある。

仮に条約法条約の留保規則の適用があるとしても、ここで対象となったＩＣＲＷについていえば、とりわけ、条約目的と留保との両立性という許容性（permissibility）基準の適用において、特有の困難を抱えていた[16]。同条約は、その前文で、「捕鯨産業の秩序正しい発展を可能にするための鯨の生息数の適切な保存」を行うとの条約目的を明記しているにもかかわらず、アイスランドの指摘にあるように、それを担うＩＷＣがもはや鯨の管理のための組織ではなく、個々の鯨類の生息数に関係なく鯨を保護する組織に変質していたからである[17]。本稿は、このＩＷＣの事例を条約法の観点から検討することを狙いとしている。その前に、ＩＷＣで過去において留保につきどのような取り扱いが行われ、また、ＩＷＣ総会でどのような議論が行われたのかを検討してみよう。

## 二　国際捕鯨委員会（ＩＷＣ）の対応

### 1　ＩＷＣにおける過去の留保の取り扱い

最初に、日本が指摘したＩＷＣにおける過去の留保の取り扱いにつき一瞥しておこう。一九六〇年五月一八日に寄託されたアルゼンチンの批准書には、留保が付されていた。その内容は、アルゼンチンのマルビナス諸島と南極に対する主権を留保するというものであった。これに対して、英国大使は、米国国務長官に書簡（一九六〇年八月一二日付）を送り、次のような異議を唱えた。すなわち、「アルゼンチンの批准書には、留保と呼称される声明が含まれており、その中で、同国は、フォークランド諸島を『マルビナス島』という誤った名称で呼ぶと同時に、これら諸島及び南ジョージアや南サンドウィッチ諸島を含むフォークランドの付属島嶼に対して同国が主張する主権に言及した。本使は、フォークランド諸島及びフォークランドの付属島嶼が英国の主権の下にあることをすべての締約国政府に伝えるよう米国政府に要求せよと訓令された。さらに、英国政府は、これらの領土のいかなる部分に対してもアルゼンチン政府の主権の主張を認めないと訓令された」として、先のアルゼンチンの留保に異議を唱えた。この点は、米国政府も同様で、「米国政府は、これまで同様、南極に対する主権の主張を認めないし、また、この地域に対する米国の権利を留保する」と個別に異議を唱えていた。このように、このアルゼンチンの留保について、ＩＷＣによる受諾という機関決定はとられなかった。

また、一九七九年七月六日に寄託されたチリによる批准書には、「本条約のいかなる規定も、二〇〇海里の水域におけるチリの主権的権利に影響を与えるものではなく、また制限するものではない」という留保が含まれていた。しかし、この留保についても同様に、ＩＷＣで当該留保の許容性につき機関決定されることはなく、個々の国家の対応に委ねられた。また、一九九一年五月二日に寄託されたエクアドルの加入書には、「ＩＣＲＷのいかなる規定も、島嶼及び大陸を問わず、エクアドルが領海二〇〇海里に対して有しており、これまでも、また現在も行使している主権的権利に影響を与えるものでも、また減じるものではない」との留保が付されていた。当該留保に対して、米国、ロシア、ドイツは、個別に異議を唱えた。とりわけ米国は、条約法条約第二〇条五項が規定する、いわゆる一二ヶ月ルールを意識してか、一九九二年五月一日付で、「エクアドルが、国際法上許容されている一二海里を超える領海を主張しているため、米国は同国の留保を受諾しない」旨の異議を表明した。この他、ペルーが行った、「ペルーの批准行為は、ペルーが沿岸沖二〇〇海里までに行使している主権と管轄権を害したり制限するものではない」との声明に対し、英国は、一九八四年三月一日付の公文で、「ペルー政府によるペルー沖二〇〇海里まで無制限に主権及び管轄権を行使するとの主張は、国際法上効力をもたないと考える」旨の異議を唱えた。ドイツも、前年の五月二七日付の公文で、同様の異議を唱えていた[18]。このように、過去のＩＣＲＷの批准の際の留保に対しては、すべて個別国家による留保の受諾、異議という対応に委ねられ、ＩＷＣによる受諾という機関決定を必要とはしなかったのである。

しかし、ひるがえって考えてみれば、これらの過去の留保は、ＩＣＲＷの規定自体に対する留保でもなければ、ＩＷＣの機能や活動に対する留保でもない[19]。その意味で、今回のアイスランドの留保とはかなり性格を異にする留保である。その性格はいずれもが、みずからの海洋政策や領域主権の主張に関する留保という政治的性格を有するものである。もっとも、チリの留保については、ＥＥＺにおける付表を含むＩＣＲＷの適用を除外する包括的留保と読めなくもないが、ＩＷＣの決定を求めなかった各国の対応はそうした見方を否定しているように思われる。いずれにしろ、これらの留保に対する過去の実行が、そのまま今回の事例の参考になるとは思われない。同じ留保といっても、その対象にかなりの相違が認められるのである。過去の実行との不整合を説く日本の主張は、その意味で必ずしも説得的ではないと思われる。そこで、次に、かかるアイスランドの留保がＩＷＣによる受諾を要するかどうかという問題が争われた、ＩＷＣ総会の議論を検討してみよう。

## 2　IWC総会における議論

この問題に関する議論の幕は、二〇〇一年七月二三日、IWC第五三回年次会議の総会第一日目に切って落とされた。アイスランドは同総会において、次の二点、すなわち、アイスランドの留保に対して投票で決定をなすことは明らかにIWCの権限を逸脱していること、付表第一〇項(e)に対する同国の留保がICRWの趣旨及び目的と両立するものであることに何らの疑いもないことを強調した。前者の問題は、先の日本の主張と同様の論拠なので省略するとして、第二の点につき検討してみよう。同国は、ICRWが異議申立てという手続によって拘束を免れることを可能としている規定、すなわち第一〇項(e)に対する留保が、どうして条約の趣旨及び目的に両立しないといえるのかと主張した。さらに、捕鯨国の立場から、「鯨の生息数に関係なく、永久に捕鯨を禁止すべきだとの明確な主張をし、結果としてICRWの趣旨及び目的に明らかに反した立場をとったにもかかわらず、なお締約国であり続けることが、条約の趣旨及び目的と両立するとみなすことは理解できない」[20]と述べ、条約目的を変質させた反捕鯨国に反発するのである[21]。さらに、IWCが、法的根拠がないにもかかわらず、反捕鯨政策としてアイスランドを拒否するのであれば、政治目的のために法の支配を踏みにじることになると非難した[22]。ICRWは、捕鯨を管理するための条約であり、異なった鯨種の生息数に関わりなく、鯨を保護するための条約ではない。したがって、アイスランドの留保を拒否する法的根拠は存在しないというのが、その論拠である[23]。このことからも明らかなように、アイスランドの留保は、約束が果たされなかった商業捕鯨モラトリアムの見直しという問題に一石を投ずるとともに、遅々として進まない改訂管理制度(RMS)[24]の完成を促す狙いをもつ内容であり、IWCにおける捕鯨支持国と反捕鯨国の対立点を浮き彫りにする効果をもつものであった[25]。

これに対して、反捕鯨国でもあり被寄託者でもある米国は、留保に反対し、次のように述べた。すなわち、「アイスランドは、商業捕鯨モラトリアムが採択された当時、第一〇項(e)に異議を申し立てておらず、一〇年後に脱退するまで同モラトリアムに従っていた。米国としては、アイスランドの留保は第一〇項(e)の法的効果を修正することにより、付表を変更しようとする提案であると考える」として、これに反駁した[26]。また、米国と共同動議を出した豪州は、「IWCが今後実効的に作業を進めてゆく上で困難が生じるし、悪い先例となるので、IWCは留保が受諾可能であるかどうか決定すべきである。国家が、委員会の作業の根幹部分を受諾しないでIWCに加入できるとすれば、IWCは実効的に作業を行い得ないし、新たな加盟国は異なる種類の条約に加入することになる」と主張するのである[27]。さらに、ニュージーランドは、日本と同様に条約法条約に着目し、同第二〇条三項がIWCを拘束する慣習国際法であるとした上で、三つの問題点を指摘する。第一に、ICRWはIWCの設立文書であるか。第二に、ICRWは留保について規定しているか。そして第三に、IWCとりわけ総会は、権限のある内部機関か、という問題である。ニュージーランドによれば、ICRW第三条一項に基づき[28]、締約国はIWCの設立に合意しているので、第一と第三の問題の回答は「イエス」であり、IWCは意思決定権限を付与された唯一の機関であると主張する。さらに、第二の問題の回答は「ノー」なので、ICRWに対する留保は権限のある内部機関の受諾を要し、それゆえIWCはアイスランドの留保について決定できるし、決定しなければならないというのである[29]。

これに対し、共同動議に反対する諸国は次のような論陣を張った。たとえばアンチグア・バーブーダーは、問題は極めて慎重に取り扱わねばならず、とられる措置は確固たる法的根拠を持たねばならないと主張し、アイスランドの留保問題に関する投票は馬鹿げており違法であると非難した[30]。当事者であるアイスランドもまた、一般原則は国家は留保を行う主権的権利を有しており[31]、留保を受諾したり拒否したりするのはIWCの権限外であるということとを出発点としながら、条約法条約は慣習国際法を法典化したものであるとのニュージーランドの概括的な発言に反発した。同国によれば、同条約の大部分が慣習国際法の一部であったし、後にそうなったというのがより正確だというのである。そして、仮にそれが慣習国際法だとしても、その規定の背後にある原則に着目する必要があるとする。すなわち、付表第一〇項(e)はすべての締約国に異議申立てを許しており、IWCの設立部分とはいえず、それゆえ条約法条約第二〇条三項は適用がないというのである。同国によれば、留保の地位を決定するのは個別国家であり、IWCによって行われた投票は、国際法上何らの効力ももたないというのである[32]。

もっとも、こうした両陣営の鋭い対立の中でも、冷静な議論がなかったわけではない。たとえば、アイルランドは、この問題に関する法的見解は広範に分かれており、他の機関からの助言や法的裁定を求めることができるとし、それまでの間、IWCは条約を保護し、決定を行う義務があるとの見解を示していた[33]。フランスは、ICRW第一〇条四項[34]に基づきアイスランドをIWCの加盟国であると考える一方で、加盟国が留保を行い、それに異議を申し立てる権利を承認する。そして、アイスランドの留保には反対するが、IWCがこの問題について投票する権限があるとは考えないというのである[35]。また、デンマークは、この問題を解決するためには、なお一層の法的考察を要し、投票で決するのは時期尚早であるとの見解を示した[36]。この他、モロッコのように、共同動議の内容をアイスランドの留保の撤回に修正すべきだという見解もあったが、イタリアなどによってそれは修正ではなく新たな提案だとの指摘がなされた。

こうした議論を受けて、議長は議事規則E.3により共同動議を最初に投票にかけるべきだが、その前に委員会の権限の問題につき決定する必要があるとして、上記に紹介した順序で投票に付し、この問題の決着が数によってつけられたのである[37]。

しかし、この留保問題は第五三回年次会議で完全決着したわけではなく、二〇〇二年五月一〇日、アイスランドは、当該留保を伴う加入書を再び米国に提出した。同国は、ここでも、留保が認められなければ、ＩＷＣに加入しないという意思を明確にした。しかし、米国は、昨年のＩＷＣ総会で否決された留保が再び付されていることを理由に、加入書を受諾しないとの態度をとった。同国によれば、アイスランドが再加盟するためには、当該留保を撤回する必要があるというのである。これに対し、下関で開催されたＩＷＣの第五四回年次会議で、日本など捕鯨支持国は、被寄託者の米国政府には留保の許容性を判断する権限はなく、ＩＣＲＷ第一〇条四項の規定に基づき、加入書の寄託によって、アイスランドは加盟国の地位を得ていると主張した。これに対し、議長は、昨年の総会で採択されたアイスランドをオブザーバーのままとする議長裁定への異議が認められるか否かについて票決を行うとし、票決の結果、賛成二〇、反対二五、棄権〇でアイスランドの地位をオブザーバーとすることが再び決定されたのである[38]。この結果を受けて、翌日、アイスランドは、議長はＩＣＲＷ及びＩＷＣ規則に違反しているとし、また、米国は被寄託国政府としての義務を怠っているとして、抗議の退席を行った。たしかに、被寄託者としての国連事務総長の役割を規定した国連総会決議五九八(Ⅵ)や一四五二(XIV)Ｂが、被寄託者は中立の立場でなければならず、留保の法的効果や留保に対する異議の法的効果について言明すべきではないと述べていることを考慮すれば、この問題に関する米国の態度は被寄託者の役割を逸脱しているとの非難を免れることはできないであろう[39]。しかし、一九九五年にその作業を開始した国際法委員会(以下、ＩＬＣ)の「条約の留保」の特別報告者となったペレ(A.Pellet)が提案したガイドラインの2.1.7bis(ＩＬＣでは未採択)、すなわち、「明白に非許容の留保の場合」によれば、「被寄託者の意見で、留保が明白に非許容である場合、被寄託者は留保国に当該留保が非許容であることの注意を喚起せねばならない。留保国が留保を維持する場合は、留保国との間でなした意見の交換を添えて、署名国及び締約国に留保の本文を送達する」[40]と規定されており、これを基準とする限りは、受諾しないのは論外としても、米国の行為のすべてが被寄託者の役割を逸脱しているとまではいえないことになる。いずれにしろ、こうして、ＩＷＣ総会におけるアイスランドの留保問題は、ますます混迷を深めていったのである。

## 三　条約法条約の留保規則の適用可能性

### 1　両立性の基準の適用とその問題点

本件の対象たるＩＣＲＷは、一九四六年に署名され、一九四八年に発効している。一九六九年に採択され、一九八〇年に発効した条約法条約は、その第四条で同条約の不遡及を定め、「この条約は、自国についてこの条約の効力が生じている国によりその効力発生の後に締結される条約についてのみ適用する」と規定している。ということは、単純に考えれば、条約法条約の留保規定（第一九条〜二三条）はＩＣＲＷに適用できないことになる。また、実際に、ＩＣＲＷの当事国ではあるが、条約法条約の当事国でない国もかなりおり、これらの国との関係でいえば、条約法条約の規定はそのままでは適用されないことになる(41)。実際、留保を付したアイスランドも、また、被寄託者であり、留保に反対した米国自身も条約法条約の当事国ではない。ところが、先の第四条には但し書きがあり、「ただし、この条約に規定されている規則のうちこの条約との関係を離れ国際法に基づき条約を規律するような規則のいかなる条約についての適用を妨げるものではない」として、慣習法規則として成立している規則の適用については別であるとの構成がとられている。そこで、問題は、条約法条約が規定する留保規則が本件に適用可能な慣習国際法であるかどうかである。しかし、この問題は、それほど簡単ではない。シンクレア(I.Sinclair)が指摘するように、「本条約における留保規則は、全体として、法の漸進的発達の諸規則ではなく、法典化を具体化しているとある程度の確信をもって断言できる者がいるとすれば、それは大胆な法学者といえよう」[42]という評価がある位だからである。

もっとも、条約法条約の採択時はともかく、現在では慣習国際法になっているという見方もある。たとえば、ＩＬＣの特別報告者であるペレは、「条約法条約の留保規定が漸進的発達の規定であったとしても、第二条二項及び第一九条から第二三条で確立された規則は、現在、慣習法としての効力を獲得しているといえるかもしれない」[43]との評価を与えている[44]。このように、条約法条約の留保規則が今や慣習法規則であるとすれば、ＩＣＲＷに留保条項がないとしても、留保の許容性については条約法条約第一九条(c)項、すなわち条約目的と留保との両立という両立性の基準が適用されることになる。実際、自由権規約委員会は、一九九四年の一般的意見二四の中で、「留保の禁止規定の不存在は、いかなる留保も許されていることを意味しない。規約及び第一選択議定書の下での留保の問題は、国際法によって規律される。条約法条約第一九条三項が関連ある指針を与える。他のいくつかの人権条約とは異なり、規約は両立性の基準への特別の言及を含まないけれども、当該基準は留保の解釈及び受諾可能性の問題を規律する」[45]と述べ、いわゆる両立性の基準が留保の許容性決定の基準となることを明らかにしている。ただし、条約法の問題を離れて、国際機関の設立文書における留保条項の不存在という問題を国際機構法の観点から捉えた場合、それは留保は許容されないという否定的推定が働くという主張もないわけではない[46]。しかし、ＩＣＲＷに関していえば、すでに留保の実行があり、当然、留保は許容されていることになる。

ところで、慣習法規則たる両立性の基準のＩＣＲＷへの適用は、固有の困難を抱えている。なぜなら、ＩＣＲＷの趣旨及び目的は、条約の前文に明記されているように、鯨類の適当な保存を図って捕鯨産業の秩序ある発展を可能にすることであり、鯨類の資源状況にかかわらず捕鯨を一律に禁止する商業捕鯨モラトリアムこそが条約目的に反する違法なものであり、同付表第一〇項（ｅ）に対するアイスランドの留保は、条約の本来の趣旨及び目的と両立しているとの議論が可能だからである。こうした議論は、留保の許容性の基準とされる条約の趣旨及び目的を考える場合、条約の明文にある通常の用語に基づいて確定される目的なのか、それとも条約につき後に生じた慣行であって、国際機関を構成する加盟国の多数派の意思――それは必ずしもすべての加盟国の意思ではない――の合致によって成立した新たな目的こそが両立性の基準の適用にあたって考慮されるべき目的となるのか、という問題を惹起させることがわかる。仮に後者だとすると、採択された条約本文の目的を信じて、ある国際機関の設立文書の締約国になったにもかかわらず、当該国際機関の条約適用の過程において条約の目的につき対立が生じ、たまたま少数派の立場に追い込まれた国家は、条約が明示に規定した当初の目的と矛盾するような新たな目的が成立した場合、当該国際機関に留まる限りは、それに拘束され、留保の際に適用されるべき目的はみずからが反対している目的だということになる。そうだとすると、当該少数派の国は二重のハンディを背負うことにならないだろうか。なぜなら、商業捕鯨モラトリアム導入に反対したが、少数派に止まった国がそれに対して留保を行う場合、導入に賛成した多数派が総会の場で当該留保の許容性を決定することになるからである。それでは、留保制度のもつもっとも重要な機能を奪いことにならないか[47]。しかし、他方でこうした少数派の議論に譲歩してしまえば、一つの条約が多数派にとってはAという目的、少数派にとってはこれと矛盾するBという目的をもっているということを容認することになる。実は、ＩＷＣの現状はまさしくこうした状況であり、本来、留保の許容性基準として機能すべき基盤――そこでは最低限、条約目的はいずれの締約国にとっても共有されていないといけない――が失われていることがわかる。つまり、ＩＷＣ自身、すでに留保の許容性決定の基準たる両立性の原則が機能する法的基盤それ自体を喪失していることがわかるのである。その意味では、アイスランドの留保の許容性(permissibility)決定を行いうる法的基盤を喪失したＩＷＣが、政治的な形で(許容性基準を満たしているかどうかにかかわらず)これを処理せざるを得なかったのは理由のないことではないと思われる。しかし、こうしたことを許してしまえば、アイスランドが主張するように、政治目的のために国際社会における法の支配を踏みにじってしまうという非難を免れることができなくなってしまう。もちろん、他方で、国際機関の設立文書は、人権条約と同様に、生きている文書だから、国際機関の活動の中で、本来の条約目的が拡大したり、縮小したり、あるいは変容したりすることはいくらでもありうるのであり、こうした国際機関の設立条約では目的論的解釈の必要があり、いつまでも過去の明文(設立条約)にこだわってはいけないという意見もあるかもしれない。しかし、目的論的解釈といえども、設立条約の明示に規定された条約目的を信じて加入した締約国の意思を、完全に名目化しうるものかどうか議論の余地があろう。まして、ＩＷＣの活動を通じてＩＣＲＷに生じたのは、捕鯨産業の秩序ある発展から商業捕鯨の禁止といった条約の基本目的の大転換であるからなおさらである。

このように、留保の許容性(permissibility)決定にあたっての両立性の基準の適用に困難があるとしても、政治的にせよ、より広義の留保の許容性(admissibility)を決定することは可能である[48]。今回、ＩＷＣで行われたアイスランドの留保に対する一連の決定は、まさしくＩＷＣの加盟国の態度、同意を与える国が多数であるかどうかによって決せられたわけで、そこでは条約法条約が本来予定する両立性の基準は十分に考慮されなかった形跡がある。しかし、他方で、条約法条約第二〇条三項の規定がＩＷＣの決定の根拠として暗黙のうちに援用されている。はたして、かかる対応は妥当であったろうか。次に本条文の適用の妥当性について検討してみよう。

## 2　第二〇条三項の適用とその妥当性

本件でその適用の是非が問われているのは、条約法条約第二〇条三項、すなわち、「条約が国際機関の設立文書である場合には、留保については、条約に別段の定めがない限り、当該国際機関の権限のある内部機関による受諾を要する」という規定の適用可能性である[49]。その際には、二つの前提的問題がある。一つは、はたしてＩＣＲＷは、「国際機関の設立文書」に当たるといえるかという問題であり、もう一つは、仮に国際機関の設立文書として、ＩＷＣははたして同条のいう「権限のある内部機関」といえるかという問題である[50]。前者の問題は往々にして容易な問題と考えられがちであるが、案外むずかしい判断を迫られる問題である。いかなる性格の機関であれ、何らかの国際機関を設立する条約であればすべて国際機関の設立文書であるとはいえないからである。実際に人権条約を例にとれば、かつて米州人権裁判所は、米州人権条約に対する留保に関する勧告的意見において、同裁判所を設立した「米州人権条約は国際機関の設立文書ではない。それゆえ、第二〇条三項を適用することはできない」[51]と認定したことがある。また、仮に何らかの国際機関を設立する条約はすべて第二〇条三項の適用を受けるとすれば、地域的な漁業条約はすべて漁業機関を設立しており、すべて本条でいう国際機関の設立文書となってしまう。こうした結論は、締約国の留保に対するこれらの条約機関の対応の実態から乖離してしまうことになる。ただし、ＩＣＲＷに関していえば、国際機関の設立文書との位置づけを与えることはあながち無理ではなかろうと思われる。同条約第三条六項によれば、「国際連合と提携する専門機関が捕鯨業の保護及び発展と捕鯨業から生ずる生産物とに関心を有することを認め、且つ、任務の重複を避けることを希望し、締約政府は、委員会を国際連合と連携する一の専門機関のうちに入れるべきかどうかを決定するため、この条約の実施後二年以内に相互に協議するものとする」と規定しており、当初より「単なる漁業機関」を超えた機関としての位置づけが与えられていたように思われるからである。さらに、国連海洋法条約第六五条においても、ＩＷＣが暗黙に国際機関としての位置づけを与えられていることも、こうした結論を補強しているように思われる[52]。また、ＩＷＣの機構や権能に多くの条文を割くというＩＣＲＷの条約全体の構造からも、このことはいえよう。そこで、本項では、ＩＣＲＷは「国際機関の設立文書」に当たるとの前提で、第二の問題、すなわち、ＩＷＣが第二〇条三項にいう「権限のある内部機関」であるかどうかという問題を中心に論ずることにする。

バウエット(D. W. Bowett)が指摘するように、国際機関の設立文書に対する留保という主題に関する実行は混沌としている[53]。いくつかの設立文書は、明示に留保を禁止している。たとえば、ＷＴＯ協定(第一六条五項)や国際刑事裁判所規程(第一二〇条)である[54]。興味深いのは、連盟規約が、その第一条一項で加盟の条件として留保を禁止していたにもかかわらず、スイスが、みずからの中立を守るために留保を行った際の国際連盟の対応である[55]。連盟理事会は、ヴェルサイユ条約第四三五条を考慮して、中立国としての地位の保障という、スイスの置かれた特殊な状況を承認したのであった[56]。「連盟ノ行動範囲ニ属シ又ハ世界ノ平和ニ影響スル一切ノ事項ヲ其ノ会議ニ於テ処理ス」という広範な権限を有する機関(ただし、総会にも同様の権限が与えられていた(第三条三項))が、加盟国の地位の決定を行ったのである。ちなみに、当時、連盟で採択された条約に対する留保の許容性に関する実行をみると、一九二三年の関税手続の簡略化に関する条約の採択会議においては、同条約第一〇条と第一一条に対し今後行われる他の締約国の留保については、連盟理事会が、この採択会議を準備した専門機関である経済委員会と協議した後に決定するという方式が採用されていた[57]。留保に関する連盟慣行として知られる全当事国一致の原則が採択されるのは、その二年後のことである。

これに対して、国連憲章は留保に関する規定を置いていない。通常、留保の許容性の問題は、設立文書が留保につき何も規定していないときに生ずる。その場合、当該留保が設立条約の趣旨及び目的と両立するかどうという許容性基準の問題が提起されるのみならず、誰が当該留保の有効性を決定するのかという許容性の判定権者の問題が生ずるのである。換言すれば、加盟国なのか機関なのかという問題である。バウエットの言葉を借りれば、条約法条約が採択される以前は、「依然未解決であり、ときには議論が生じていた」が、同条約採択後、「実行は、大部分、条約法条約第二〇条三項に取って代わられた」(58)というのである。こうして、国際機関の設立文書の場合には、留保の許容性を決定するのは個々の国家ではなくて、「権限のある内部機関」であると考えられるようになったのである。

実際、ＩＬＣの特別報告者であるウォルドック(H.Waldock)が、その第一報告書草案第一七条五項でこの問題を扱ったとき、彼は五項に関するコメンタリーにおいて、「もし条約が国際機関の設立文書である場合、国連事務総長によってとられている実行及び(国連総会)第六委員会の議論は、留保は当該国が当事国とみなされる前に国際機関の権限ある機関に提出されることを示している。国際機関のみが、その設立文書を解釈し、留保と設立文書の規定の両立性を決定する権限をもつ」(59)と述べている(60)。なお、同報告書の草案第一九条(留保に対する異議及びその効果)の四項(ｄ)では、「国際機関の設立文書である条約の場合には、留保の拒絶は留保国が条約に参加することを排除する」として、留保の許容性の決定と加入の承認を一体なものとして扱っていたことがわかる。特別報告者のコメンタリーによれば、「第四項(ｄ)は、第一七条五項に対応しており、留保の許容性に必要な同意という文脈の中で、国際機関の設立文書への留保の許容性は当該機関の決定であることを再述している」(61)と説明する(62)。

しかし、これで問題がすべて解決したわけではない。国際機関のうち、どの機関が「権限のある内部機関」として、留保の許容性を決定する権限があるのかという問題が残るからである。厄介なことに、多くの設立条約は、この点を明確にしていない。ＩＣＲＷも同様である。ＩＷＣが、はたしてこの規定にいう「権限のある内部機関」であるかどうかという問題である。

そこで、条約法条約が想定している「権限のある内部機関」(competent organ)とはいったいいかなるものかについて検討してみよう。「権限のある内部機関」という表現は、一九六二年草案第二〇条四項に登場する。そこでは、「条約が国際機関の設立文書であり、かつ留保に対し異議が申し立てられた場合には、当該留保の効果については、条約に別段の定めがない限り、当該国際機関の権限のある内部機関の決定による」と規定されていた。「権限のある内部機関」の決定を要するのは留保に異議が申し立てられた場合に限定されていたわけだが、各国のコメントを受けて、現在の条文の原型ともいうべき特別報告者による新提案、すなわち、「第三条(bis)に従うことを条件として、条約が国際機関の設立文書である場合には、留保の受諾は国際機関の権限のある内部機関によって決定される」との草案が示された。そして、一九六五年のＩＬＣ草案第二〇条三項で、現行の条文とほぼ同様の、「条約が国際機関の設立文書である場合には、留保については、条約に別段の定めがない限り、当該国際機関の権限のある機関による受諾を要する」という条文が示された。問題は、ここでも「権限のある内部機関」とは何を指すかである。

一つの手がかりが、上記の条文に起草上の修正を加えたＩＬＣ最終草案第一七条三項のコメンタリーにある。そこでは、ＩＭＣＯ憲章に対する「留保」の取り扱いに関連して、一九五九年の事務総長報告書を引用し、第二〇条三項が想定する「権限のある内部機関」の一類型として、「この問題は、当該憲章を解釈する機関に付託するに適した問題として一貫して取扱われてきた」との一節が引用されている。その上で、ＩＬＣは、「国際機関の憲章を構成している文書の場合、その文書(条約)の一体性の考慮はその他の考慮に優先するものであり、その文書の一体性をどの程度まで緩和することが認められるかは、権限のある機関を通じて行動するところの国際機関のメンバーの意思でなければならない」[63]と主張する[64]。そこには、留保の本来的な目的である条約の普遍性に対する考慮以上に、国際機関の設立文書の一体性を維持すべく、設立文書の「解釈権限を有する機関」に、留保の許容性の決定権限を委ねようとの考えがみてとれるのである。他方で、国際機構法の権威とされるバウエットは、「結局は、国際機関へ加入することを望む候補国の加入を決定する権限をもつ機関が、その判定にあたるということになろう。実質的に、本会議の総会ということになろう」と示唆している。ということは、ロゼンヌが述べるように、「権限のある機関」という表現は、それが設立文書を解釈する排他的権限をもつ機関を指すのか、新加盟国を決定する権限を付与されている機関を指すのか、曖昧であるということになる[65]。いずれにしろ可能性があるのは、「解釈権限を有する機関」か、「加入申請の承認機関」ということになる。しかし、このロゼンヌの指摘が解決の手がかりにならないことがある。なぜなら、ある国際機関の中には、解釈権限を与えられている機関と加入承認の権限が与えられている機関が別個に割り当てられている場合があるからである。たとえば、国際民間航空条約は、その第八四条でＩＣＡＯ理事会に同条約の解釈の主要な責任を負わしているが、第九三条で加入承認の権限を総会に与えている[66]。これでは、どちらが、「権限のある内部機関」か判然としない。いずれにしろ、ＩＣＲＷでは用語の解釈を規定した付表もＩＷＣによって修正できるとされており、こうした付表に対するアイスランドの留保につき、さしあたり、当該留保の許容性の決定をＩＷＣが単純多数決（ＩＣＲＷ第三条二項）で決定しうるとの解釈を採ってもおかしくないように思われる[67]。

実際問題として、国際機関の加盟国の地位という問題は、事柄の性質上、一元的に処理せざるを得ない問題である。それを個々の加盟国の判断に任せ、加入書に伴う留保を受諾する国との関係においては加盟国であるが、留保に異議を唱えた加盟国との関係においては非加盟国であると個別化してしまえば、機関の議決に当該留保国が加われるのかどうかという根本的なところで混乱が生ずるからである。留保国であるアイスランド自身が、商業捕鯨モラトリアムに対する留保が「加入書の不可分の一部」としている以上、なおさら、加入の承認過程において当該留保の許容性について一元的に処理する必要が生ずるのである。その意味で、今回の留保問題は、過去のＩＣＲＷに対する留保の取り扱いと同列に論じることができない問題であると思われる。今回の実行を見る限り、少なくともＩＷＣ総会が同委員会への加入承認の機関として機能したことは事実である。アイスランドの留保がかかる加入申請の不可分の一部として付されてきた以上、加入申請に関してＩＷＣにこれを判断する権限があると結論することは必ずしも的外れとはいえまい。その意味で、ＩＷＣを、条約法条約が想定している「権限のある内部機関」と位置づけることは可能なように思われる。ただし、本来、国際機関の設立文書に対する留保について、「権限のある内部機関の受諾」を要求するのは、許容性の認定に対して客観性を付与することに狙いがあると思われるが、その意味では、ＩＷＣの現状がかかる役割を担いえる現状にないことは確かである(68)。いずれにしろ、理論的には「権限のある内部機関」であることを否定するのは困難かと思われる。

しかし、それ以上に、先決的問題は条約法条約の当該規定が本件に適用可能な慣習国際法であるかどうかという点である。なぜなら、ＩＷＣを設立したＩＣＲＷは、条約法条約の当該規則が採択される以前の一九四六年に署名されており、前述した条約法条約第四条の不遡及の規定により、慣習法規則を別として、適用がないからである。つまり、「権限のある内部機関」が留保の許容性の判定権限をもつという規則が、第二次世界大戦直後に成立していたといえるかどうかの問題である。実は、この問題は必ずしも自明ではない。たとえば、一九四八年に米国がＷＨＯの加盟に際して付した留保は、ＷＨＯ憲章に脱退の規定がないにもかかわらず、一定の事情の下で脱退する権利を留保するというものであった。当該留保を全会一致で受諾することを決定したのは、ＷＨＯ総会であった。他方で、ユーゴスラヴィアが一九五四年にＩＣＡＯ協定への加入に際して留保を付してきたとき、被寄託者である米国が加盟国に全会一致での留保の受諾を求めた結果、八カ国が当該留保に反対したため、ユーゴスラヴィアの加入は認められなかった。実際、一九六〇年に留保なしで加入するまで、同国は非加盟国であった[69]。このように、前者が機関決定で行われたのに対して、後者は加盟国の判断（いわゆる連盟慣行の形式）に委ねられており、各機関の実行は多岐にわたっているというのが実情である。許容性基準とともに判定権者をめぐる条約法条約第二〇条三項の規則が、当時、慣習法規則として成立していたと断定するのは困難かと思われる。その意味で、ＩＷＣが同条約第二〇条三項にいう「権限のある内部機関」であるとしても、本件に適用可能な形で同条文が慣習法として成立していたといえるか疑問が残るのである。もちろん、当時はともかく、条約法条約採択後に慣習法規則として成立し、現下のアイスランドの留保問題への適用可能性の余地がでてきたとの解釈の余地もある。現にＩＷＣの加盟国の多くは、その慣習法性を争ってはいない。しかし、肝心の第二〇条三項の規定それ自体、その具体的適用にあたってさまざまな問題点を抱えていたというのが真実である[70]。

## 四　おわりに

ところで、本稿で取り上げているアイスランドの留保問題は、二〇〇二年一〇月一四日にケンブリッジで開催されたＩＷＣの特別会合で思わぬ展開をみせることとなった。アイスランドが特別会合に出席し、再びアイスランドの留保付きの再加盟を求めたのに対し、議長が第五三回年次会議及び第五四回年次会議の決定は維持される、すなわちＩＷＣはアイスランドの留保の法的地位を決定する権限をもち、かつ同国の留保は受諾されず、その結果、アイスランドはオブザーバーとして招請される旨の議長裁定を行ったところ、これにアンチグア・バーブーダーが異議を申し立て、この異議が認められるかどうかが票決に付されることになった。ところが、これまでの年次会議とは異なり、この異議が賛成一九、反対一八で認められることになった(71)。その結果、先の議長裁定は覆され、アイスランドは正式の加盟国の地位を獲得することとなった。換言すれば、アイスランドの留保付きの再加盟が認められたのである(72)。法的外観をとった政治的対立はこうして政治的決着をみたのではあるが、肝心の留保の許容性の決定につきＩＷＣでどのような法的判断が下されたのかは不明のまま、事態は決着してしまった。なぜなら、議長裁定の中には、ＩＷＣがアイスランドの留保に対する決定権限をもつとの部分が含まれていたのであるから、理屈からいえば、それが否定されたことになる。しかし、覆されたのは、決定権限の部分ではなく、両立性の基準の適用により受諾できないとされた部分であるとの解釈の余地がまったくないわけではない。そうした理解で、投票行動に参加した国も可能性としてはありうるからである。この点が、まずはっきりしない。

実は、この投票結果に決定的な影響を与えたのは反捕鯨国のスウェーデンである。スウェーデンは、今回は日本に同調し、アンチグア・バーブーダーの異議を認める側に回り、その結果、ロンドン、下関とは異なる結果が生ずることとなった。ところが、スウェーデンは、このケンブリッジ会合後（二〇〇二年一一月二六日）、アイスランドの留保に異議を唱えている。その異議の内容は、アイスランドの地位に関する将来のＩＷＣの決定及びかかる意思決定におけるスウェーデンの立場を害することなく、「スウェーデン政府は、アイスランド政府による上記の留保に異議を唱える。この異議は、アイスランドとスウェーデン間のＩＣＲＷの効力発生を妨げるものではない。当該条約は、アイスランドが当該留保から利益を得ることなく、完全に効力を有する」というものである(73)。少なくともこの文言を読む限りは、同国は、ＩＷＣの留保の決定権限は否定されたとの理解に立っているように思われる。なぜなら、もしＩＷＣの留保決定権限を承認した上でこうした留保を行ったとしたら、同国は、条約法条約に関する外交会議で採用されなかった米国修正案——第二〇条三項の末尾に、「ただし、その受諾は、締約国が当該留保に対し異議を申し立てることを排除するものではない」を挿入する提案[74]——が想定する実行を行ったことになるからである。条約法条約に対する留保に注意深い態度を採っている同国がこうした行動をとるとは考えにくい[75]。同国のこの異議は、その意味で、ＩＷＣの決定以前に異議を唱えていた英国のそれとは性格を異にするように思われる。しかし、この点も断言できるほどの証拠はない。法的整理が十分になされないまま、事態だけが進展しているというのが、案外真相かもしれない。

こうしてみると、なおさら、本稿で取り上げた条約法条約第二〇条三項の規定は、ペレが的確に指摘するように、「起こりうる、また現に起こっているすべての問題を解決するには程遠い内容である」といわざるを得ないことがわかる。なぜなら、「設立文書の概念が曖昧なため、第二〇条三項の規定が、当該設立文書に含まれうるどのような規範的規定にも適用されるのかという〔基本的な点にさえ〕疑問が生ずる」からである。条約の不可分の一部とはいえ、付表が当該条文の適用対象であるかどうかも判然としない。実際、三項は、「条約に別段の定めがない限り」、設立条約のいかなる規定に対する留保も、「権限のある機関による受諾」を求めていると解されるのであろうか。すでに指摘したように、ＩＣＲＷそれ自体に対する留保ではなかったとしても、一九六〇年にアルゼンチン、一九七九年にチリ、さらに一九九一年にエクアドルが留保を表明した際、留保の許容性の決定はＩＷＣによっては行われず、他の締約国の受諾及び異議に委ねられていた。ＩＷＣは、今後はその方式に回帰するというのであろうか。それとも、ＩＣＲＷに関わる留保は、「権限のある内部機関」であるＩＷＣの受諾を要する留保とそうでない留保に選別されるというのであろうか。選別されるとすれば、両者を分ける基準は何であろうか。さらに三項がいう、こうした「権限のある内部機関」の受諾の正確な意義も、必ずしも明確ではない。「特に、他の加盟国はそれに拘束されるのか。また、その結果として留保に対して異議を唱えることは妨げられるのか」[76]といった点も明らかではないのである。スウェーデンの先の実行は何を意味するのであろうか。ＩＷＣは決定権限がないとの立場なのであろうか。それとも、内部機関の受諾後であっても、個々の加盟国が異議を唱えることは妨げられないとの立場に立って行われたものなのだろうか。そうだとすると、内部機関の決定は加盟国に対しどのような法的効果をもつというのであろうか。また、内部機関によって承認されなかった留保を付した国は、単に留保の撤回を求められているにすぎないと考えるのであろうか[77]。仮にそうであれば、撤回に応じなかった場合の法的効果はいかなるものであろうか。

今回のＩＷＣの事例の場合、第五三回年次会議でのＩＷＣの決定は、アイスランドの留保を非許容とした条件付き加入承認であり、撤回するまではオブザーバーの資格しか有せず、撤回したら正式の加盟国として承認され、かかる権限のある内部機関たるＩＷＣの決定はすべての加盟国を拘束すると解する余地がなかったわけではないが、ケンブリッジ特別会合での新たな決定により、そうした解釈が可能かどうかも明らかではない。ＩＷＣというやや特殊な国際機関の実行とはいえ、今回の事例は、これまで国際機関の自律性に委ねておけば解決可能であるとの期待からか、十分に議論が詰められなかった、こうした条約法条約第二〇条三項が内包する曖昧性を露呈させることになった。

他方で、日本など捕鯨支持国の主張がすべて認められたといえるのかもはっきりしない。なぜなら、日本の立場ですべての問題を整合的に解決することができないからである。極端な例であるが、ＩＷＣの意思決定方式に対する留保をある国が行った場合、それは当然、加盟国の地位の平等権などの問題を惹起するので、かかる留保を「権限のある内部機関」ではなく、個々の加盟国の判断に委ねることなど、およそ考えられない。また、アイスランドの留保は、形式的にはＩＷＣが決定した内容を遵守しないという留保であり、ある意味で、その国際機関に対して協力的ではないといわざるを得ない側面をもつ[78]。さらに、アイスランドの留保は加入書で加入の不可分の条件として付されたものであり、ある締約国が当該留保を許容されるとみなし加盟国として数えるが、他の締約国は留保を非許容とみなし加盟国の地位を認めないというのであれば、ＩＷＣの意思決定にアイスランドが参加できるのかどうかが留保の受諾、異議の関係如何で決定されることになってしまい、その地位は中途半端なものにならざるを得ないことになってしまう。かつて、加入書に付された留保を無効としたものの、加入書それ自体を有効なものと扱うという欧州人権裁判所がブリロ事件やロワジドゥー事件で使った手法は、アイスランド自身が拒否しており使えないからである[79]。また、留保の個別的処理の場合、それが個々の国家の国益の考慮によってなされるのに対し、権限のある内部機関による決定の場合には、理念的には設立条約の一般的利益確保の考慮が働く可能性があると考えれば、個別化することだけが必ずしも最善の方法でもない。

現在、ＩＬＣで留保に関して再検討の作業が行われているが、これまで「驚くべきほど注意が払われてこなかった」[80]国際機関による留保の許容性決定という問題について、これらの未解決の点があることを示したものとして、今回の事例は注目に値するように思われる。ただし、問題はこれで解決したわけではない。二〇〇三年二月一〇日、メキシコは米国に異議を提出した。その中で、「アイスランドの留保を検討し、ＩＣＲＷの趣旨及び目的と両立しないと決定した」とし、「メキシコに関するかぎり、アイスランドはＩＣＲＷの当事国とも、ＩＷＣの当事国ともみなされない」とした。加えて、ケンブリッジ特別会合の決定は、投票の資格のないアイスランドを違法に投票に参加させており、投票手続の合法性を承認できないと述べている[81]。近い将来、この観点から、議論が再燃される可能性があり、今後ともこの問題は注視する必要がある。

（1）　ＩＣＲＷ第一〇条は、「この条約は批准され、批准書は、アメリカ合衆国政府に寄託する」と規定している。水産庁監修『漁業に関する国際条約集平成一一年版』新水産新聞社（一九九九年）、二六三頁。

（2）　The instrument of adherence of the Republic of Iceland, Department of State, Washington, June 11, 2001.

（3）　水産庁『前掲書』二八一頁。

（4）　もっとも、ペルーは、一九八三年七月二二日に異議申立てを撤回した。日本は、母船による商業捕鯨については一九八七年五月一日から、また沿岸におけるまっこう鯨の商業捕鯨については一九八八年四月一日から効力を生ずる、異議申立ての撤回を行った。ノルウェー及び旧ソ連は、異議申立てを撤回していない。『同上書』。

（5）　Press Release, 23, July 2001 at London, p.1.

（6）　Letter of Australian Commissioner to the International Whaling Commission to Dr. Nicky Grandy, the Secretary of International Whaling Commission dated at 3 July 2001.

（7）　Letter of New Zealand Commissioner to the International Whaling Commission to Dr. Nicky Grandy, the Secretary of International Whaling Commission dated at 9 July 2001.

（8）　Letter of UK Commissioner to the International Whaling Commission to Dr. Nicky Grandy, the Secretary of International Whaling Commission dated at 10 July 2001. まったく同様の内容の書簡が二〇〇一年七月一四日付でメキシコの、同月一六日付でドイツの委員からも寄せられた。

（9）　Letter of Japan Commissioner to the International Whaling Commission to Dr. Nicky Grandy, the Secretary of International Whaling Commission dated at 17 July 2001.

（10）　Letter of Commissioner for Norway to the International Whaling Commission to Dr. Nicky Grandy, the Secretary of International Whaling Commission dated at 17 July 2001.

（11）　Motion regarding Iceland's reservation proposed by Australia and USA, IWC/53/25, Agenda Item 1.3.

（12）　賛成国は、アルゼンチン、豪州、ブラジル、チリ、フィンランド、ドイツ、インド、アイルランド、イタリア、メキシコ、モナコ、オランダ、ニュージーランド、オマーン、南アフリカ、スペイン、スウェーデン、英国及び米国の一九カ国である。これに対し、反対国は、アンチグア・バーブーダー、中国、デンマーク、ドミニカ、フランス、グレナダ、ギニア、アイスランド、日本、韓国、モロッコ、ノルウェー、パナマ、セント・キッツ、セント・ルシア、セント・ヴィンセント、ソロモン、スイスの一八カ国である。棄権はオーストリアであった。アイスランドが投票行動に参加したのは、議長の冒頭声明で、「ＩＷＣにおけるアイスランドの参加は、この問題(アイスランドの留保問題)に関する委員会の個々の立場を害するものではない」として、アイスランドの投票参加と留保の許容性の決定権限の有無の問題が、当初から切り離されていたからだと思われる。Cf. Chair's Reports of the 53rd Annual Meeting, p.2.

(13)　フランスとスイスが新たにオーストリアとともに棄権に転じ、この二国以外で先の投票で反対票を投じた国はすべて、投票行動不参加という形で、その法的根拠は疑わしい旨の意思表示を行った。

(14)　この投票では、先の投票不参加国のすべてが反対票を投じたが、賛成票を上回ることができなかった。この投票結果に対して、アイスランドは今後も完全な加盟国として行動すると発言し、日本、アンチグア・バーブーダー、韓国及びノルウェーがこれを支持する発言を行った。しかし、これに対抗するかのように、議長が事務局長に対し今後は投票の際にはアイスランドの国名を挙げぬように指示した。日本、ノルウェーなど捕鯨支持国は、再びこの措置に反発し、アイスランドの表明する立場を投票に加算した数を正式のＩＷＣの投票結果とみなすとしたため、事態は一層混迷を深めることとなった。

(15)　留保の有効性決定の問題については、中野徹也「条約法条約における留保の『有効性』の決定について(一)(二・完)」『関西大学法学論集』第四八巻五・六号(一九九九年)、第四九巻一号(同年)参照。

(16)　かつての留保に関する連盟慣行や汎米慣行は、留保のadmissibility——許容性と受諾可能性——の判断を他の締約国の態度(＝同意)にかからしめていたが、条約法条約が採用した両立性の基準は、留保の内容について条約目的との両立性という制約を加えることで、permissibility(許容性)の問題を前置していることが特徴である。この点については、拙稿「条約の留保制度に関する一考察—同意の役割をめぐって」石本古稀『転換期国際法の構造と機能』国際書院(二〇〇〇年)所収、一八五頁以下参照。

(17)　Press Release, 23, July 2001 at London, p.2.

(18)　IWC/52/COMM.2.

(19)　ちなみに、人種差別撤廃条約第二〇条二項は、「この条約により設置する機関の活動を抑制するような効果を有する留保は、認められない」と規定し、条約の実施機関の活動や権能を抑制する留保を禁止している。自由権規約委員会は、「規約の条文の要件を解釈する委員会の権限を否定する留保はまた、当該条約の趣旨及び目的に反することになろう」との見解を示している。General Comment No.24 (52), CCPR/C/Rev.1/Add.6, para.11.

（20）Opening Statement of Iceland, p2.

（21）日本など捕鯨支持国の立場からすれば、一九七二年に国連人間環境会議で商業捕鯨の一〇年間停止が採択された後も、ＩＷＣの科学委員会は科学的根拠に欠けるとしてこれを否決し、同委員会が過去に一度もモラトリアムの必要性を勧告していないのに、すべての資源保存措置は「科学的認定に基づくもの」（第五条二項）というＩＣＲＷの規定を無視して、一九八二年に反捕鯨国が多数の力で採択したのが商業捕鯨モラトリアムであるという認識なので、アイスランドの留保は捕鯨支持国の立場を代弁する性格をもっていた。

（22）Opening Statement of Iceland, p2.

（23）International Convention for the Regulation of Whaling, Iceland's Reservation at 21 July 2001.

（24）一九九二年、ＩＷＣの科学委員会は捕獲算定方式であるＲＭＰ（改訂管理方式）を完成させたが、その際、監視取締制度を含む改訂管理制度（ＲＭＳ）策定を捕鯨再開の条件と規定したため、一九九三年の第四五回年次会議（京都）以来、ＩＷＣでＲＭＳの完成へ向けて作業が進められているが、反捕鯨国の抵抗にあって未だ完成に至っていない。二〇〇一年二月二日に、加入書を寄託したモロッコも、ＲＭＳを完成させ付表に盛り込むよう委員会に求めていた。Cf. Chair's Report of the 53rd Annual Meeting, p.3.

（25）アイスランドは、ＲＭＳが合理的な時間枠組で完成され、モラトリアムが中止されれば留保を行う必要はないと明言した。Cf. Chair's Report of the 53rd Annual Meeting, p.7.

（26）しかし、同時に米国は、委員会の任務としてＲＭＳの完成が重要であるといわざるを得ない立場に追い込まれていた。United States Opening Statement, IWC/53/OS USA.

（27）この他、オランダ、英国、イタリア、アルゼンチン、ニュージーランド、モナコ、スウェーデン、スペイン、ドイツ、アイルランド及びフィンランドが、米国や豪州と類似の発言を行った。Cf. Chair's Report of the 53rd Annual Meeting, p.6.

（28）第三条一項は、「締約政府は、各締約政府の一人の委員からなる国際捕鯨委員会（以下「委員会」という）を設置することに同意する」と規定する。

（29）Chair's Report of the 53rd Anuual Meeting, p.6.

（30）　*Ibid*., p.7.

（31）　留保は、その成立の当初から他の締約国の明示又は黙示の同意を必要としており、アイスランドの主張が、国家は主権的権利としていつでも留保を行いうるというのであれば間違いである。たとえば、フイッツモーリスは、留保国と異議国を法的権利の上で平等の立場に置くことに反対し、「すでに確定した条文に対して一方的に留保を行う権利は存在しない」とし、「留保は許容されうるが、それは明示又は黙示の同意の問題である」とした。G.G.Fitzmaurice, “Reservations to Multilateral Conventions”, *ICLQ*., Vol.2, Pt.2,1953, p.13.

（32）　Chair’s Report of the 53rd Anuual Meeting, p.7.

（33）　*Ibid*., pp.6-7.

（34）　ＩＣＲＷ第一〇条四項は、「その〔効力発生〕後に批准し又は加入する各政府については、その批准書の寄託の日又はその加入通告書の受領の日に効力を生ずる」と規定する。

（35）　Chair’s Report of the 53rd Annual Meeting, p.8.

（36）　*Ibid*., pp.7-8.

（37）　*Ibid*., p.8.

（38）　日本など捕鯨支持国は、こうした議長の実質問題を手続問題にすり替える議事進行に対して異議をだしたが、採決は強行された。

（39）　被寄託者の役割については、Cf. Shabtai Rosenne,“The Depositary of International Treaties”, *AJIL*., Vol.61 (1967) , pp.923 et seq, and “More on the Depositary of International Treaties”, *AJIL*., Vol.64 (1970) , p.64 *et seq*.

（40）　Seventh report on reservations to treaties, Annex: Consolidated text of all draft guidelines adopted by the Commission or proposed by the Special Rapporteur (A/CN.4/526/Add.1) , p.9.

（41）　ちなみに、こうした国は以下の通りである。アンチグア・バーブーダー、ブラジル、ドミニカ、フランス、グレナダ、ギニア、アイスランド、インド、アイルランド、ケニア、モナコ、ノルウェー、セント・キッツ・ネイビス、セント・ルシア、南アフリカ及び米国である。Cf. International Convention for the Regulation of Whaling, Iceland’s reservation, para.1.

（42）　Ian Sinclair, *The Vienna Convention on the Law of Treaties*, 2nd ed., Manchester University Press (1984) , p.14.

（43）　Alain Pellet, *First Report on the Law and Practice Relating to Reservations to Treaties*, A/CN.4/470 of 30 May 1995, p.71, para.157.　拙訳「条

約の留保に関する法及び実行についての第一報告書(二・完)」『関西大学法学論集』第四七巻一号(一九九七年)、一五二頁。

(44) 同様の評価は、自由権規約委員会が同規約に対する留保に関する一般的意見二四を扱った際に、Higgins によっても与えられている。Cf. CCPR/C/SR.1369, para.61 and CCPR/C/SR. 1381, paras.52-53.

(45) General Comment No.24 (52), *op.cit.*, para.6.

(46) Henry G. Schemers & Niles M. Blokker, *International Institutional Law Unity within Diversity*, 3rd ed., Martinus Nijhoff Publishers, 1997, pp.715-717.

(47) こうした議論は、ＩＬＣでアレチャガ(H.de Aréchaga)によって指摘された。*ILCYB*, 1962, Vol. I, 654th meeting, p.164, para.37.

(48) ここでは、admissibility(許容性)の用語を、permissibility(狭義の許容性)とacceptability(受諾可能性)の双方を包含する広義の概念として用いている。詳しくは、拙稿、注(16)、一六六―一六七頁参照。

(49) 実際、ＩＬＣの留保に関する審議の中で、山田中正委員は、「私の見解では、ＩＷＣは漁業管理委員会であり、留保の許容性を判断する『権限のある機関』ではなく、二〇〇一年及び二〇〇二年のＩＷＣでの本件の取り扱いは多くの法的問題を含んでいる」との認識を示していた。Statement of Chusei Yamada, July 26, 2002 at 54th session of International Law Commission.

(50) 第二〇条三項が抱える問題点(設立文書の概念、留保の判定権者、権限のある機関、当該機関による決定の範囲)については、Cf. Pierre-Henri Imbert, *Les Réserves aux Traités Multilatéraux*, Editions A. Pedone, 1978, pp.129-133.

(51) A.R. of I/A Court HR, 1983, p.42, para.27.

(52) 国連海洋法条約第六五条は、海産哺乳動物に関して、「この部のいかなる規定も、沿岸国又は適当な場合には国際機関が海産哺乳動物の開発についてこの部に定めるよりも厳しく禁止し、制限し又は規制する権利又は権限を制限するものではない。いずれの国も、海産哺乳動物の保存のために協力するものとし、特に、鯨類については、その保存、管理及び研究のために適当な国際機関を通じて活動する」と規定する。ここでは具体的な国際機関名は明示されていないが、バージニア・コメンタリーによれば、鯨類に関して言えばＩＷＣが想定されているとする。Cf. Satya N. Nandan and Shabtai Rosenne, *United Nations Conventions on the Law of the Sea 1982: A Commentary*, Martinus Nijhoff, 1993,. p.663, para.65.11 (b). もっとも、ＦＡＯやＵＮＥＰも排除されてはいない。

(53) Philippe Sands and Pierre Klein, *Bowett's Law of International Institutions*, Sweet & Maxwell, 2001, p.443.

(54) ただし、WTO協定第一六条五項は、「留保は、この協定のいかなる規定についても付することはできない」としながらも、「多角的貿易協定の規定についての留保は、これらの協定に定めがある場合に限り、その限度において付することができる。複数国間貿易協定の規定についての留保は、当該協定の定めるところによる」との例外を設けている。

(55) 連盟規約第一条一項は、「本規約附属書列記ノ署名国及留保ナクシテ本規約ニ加盟スル該附属書列記ニ爾余諸国ヲ以テ、国際連盟ノ原連盟国トス」と規定していた。

(56) ルクセンブルグの留保についても、同様の対応がとられた。Cf.Manley O. Hudson, "Membership in the League of Nations", *AJIL*, 1924,.pp. 439-442.

(57) *LNOJ*, July 1927, pp.770-771. その後の全当事国一致の原則という留保に関する連盟慣行の成立については、拙稿、注(16)、一六七—一七一頁参照。

(58) Sands and Klein, *op.cit.*, supra note (53), p. 445.

(59) *ILCYB*, 1962, Vol. II, p.66, para.12. ちなみに第一報告書(A/CN.4/144)の第一七条(留保表明権及び留保撤回権)の五項は、「しかし、留保が表明されたのが国際機関の設立文書であり、かつ留保が当該設立文書によって特別に容認されていない場合には、当該留保は、その許容性(admissibility)の問題を当該国際機関の権限のある機関に提起するために、国際機関の事務局長に送達されなければならない」と規定していた。

(60) なお、ウォルドックは、個々の当事国による留保の個別的判定制度との比較において、国際機関の権限のある内部機関が行う、適用可能な投票規則に基づく決定を集団的判定制度の一例と考えていた。*ILCYB.*, 1962, Vol. I, 654th meeting, p.162, para.16.

(61) *ILCYB.*, 1962, Vol. II, p.68, para.20.

(62) 一九六二年のILCでの各委員の討議を受けて、特別報告者のウォルドックが提案した新条文第一八条bisの表題が「留保の有効性」とされ、その第三項で国際機関の設立文書に対する留保問題が扱われていることは、今から考えると示唆的である。*ILCYB.*, 1962, Vol.I, 663rd meeting, p.225, para.61.

(63) 小川芳彦「国際法委員会条約法草案のコメンタリー(二)」『法と政治』第一九巻三号(一九六八年)、一二一頁。

(64) IMCOにおけるインドの宣言については、小和田恒「条約法における留保と宣言に関する一考察」高野古稀『国際法、国際連合

と日本』弘文堂（一九八七年）所収、五八—五九頁参照。Cf. Imbert, *op.cit.*, supra note (50), 1978, pp.122-125.

(65) Shabtai Rosenne, *Developments in the Law of Treaties 1945-1986*, Cambridge University Press,1989, p.219.

(66) M.H.Mendelson, "Reservations to the Constitutions of International Organizations,", *BYIL*., 1971, pp.153.

(67) 人種差別撤廃条約第二〇条二項の、「留保は、締約国の少なくとも三分の二が異議を申し立てる場合には、両立しないもの又は抑制的なものとみなされる」という規定と比較すれば、ＩＷＣではより低い敷居で留保の有効性が決定されることがわかる。

(68) 佐藤（文）教授は、「内部機関による承諾は、留保国を当事国（加盟国）とする効果を有するが、その際なされる（なされているはずの）留保の許容性認定は、かなりの客観的性格を有しているものといえよう」と述べている。佐藤文夫「条約法に関するウィーン条約の留保規則（一九条及び二〇条）についての若干の考察（二）」『成城法学』第一七号（一九八七年）、七三頁。

(69) Sands and Klein, *op.cit.*, supra note (53), p.444. ＷＨＯ憲章に対する米国の留保については、Cf. Oscar Schachter, "The Development of International Law through the Legal Opinions of the United Nations Secretariat," *BYIL*., 1948, pp.122-127

(70) 条約法条約第二〇条三項の直接的な適用ではなく、ＩＷＣという国際機関がこれまで採用してきた慣行により留保の有効性を判断したのだという説明の余地もないわけではないが、日本が指摘するように、それでは過去の取り扱いと齟齬が生じることになりこれも採れないのではないかと思われる。

(71) この背景には、アイスランドがこれまでの留保に加え、「この留保にかかわらず、アイスランド政府は、二〇〇六年以前の商業捕鯨を許可しないし、その後も、ＲＭＳに関してＩＷＣ内で交渉が進展している間は、こうした商業捕鯨を許可しない。ただし、ＲＭＳの完成後、合理的期間内に、付表第10項（e）の、いわゆる商業捕鯨モラトリアムが中止されない場合はこの限りではない。いかなる状況においても、信頼できる科学的基礎、効果的な管理及び執行計画なしに商業捕鯨が許可されることはない」との一文を加えたことも影響していると思われる。

(72) Iceland rejoining the IWC after leaving in 1992, http://www.iwcoffice.org.

(73) なお、スウェーデン、デンマーク及びフィンランドといった北欧諸国は、協調しながら、両立性の基準に疑義を表明した上で、「留保国が当該留保から利益を得ることなく」といった文言を添えた異議申立てを行っている。Cf. Jan Klabbers, "Accepting the Unacceptable? A New Nordic Approach to Reservations to Multilateral Treaties", *Nord. J. Int'L*, Vol.69,2000, pp.179-193. なお、両立性の基準が、不幸にも、主観的にしか適用され得ない客観的基準であることは、de Luna委員によって早くから指摘されていた。Cf. *ILCYB.*, 1962, Vol. I, 655th meeting, p.168, para.70.

(74) 米国提案(A/CONF.39/C.1/L.127)は、全体委員会で、いったん、賛成三三、反対二二、棄権二九で採択されたものの、その後、国際機関の設立文書の留保に対する異議という問題は、すでにＩＬＣが取り上げている主題の一部であり、その間は、一般国際法によって規律されるであろうとの理解に基づき削除された。なお、三項そのものの削除を要求するフランス及びチュニジア共同修正案(A/CONF.39/C.1/L.113)及びスイス修正案(A/CONF.39/C.1/L.97)は、反対五〇、賛成二六、棄権一一で否決された。*United Nations Conference on the Law of Treaties First and Second Sessions, Official Records*, 1971, pp.137-138, paras.181 and 186. なお、スイス代表の提案趣旨によれば、「三項は余分なものであり、国際機関の設立文書に対する留保が当該機関の受諾を要するという明白な事実を述べる必要はない。また、もしその条項が維持されるならば、機関の『権限のある機関』という表現の解釈につき困難が生じるであろう」というものであった。まさしく、それは杞憂ではなかったと思われる。*United Nations Conference on the Law of Treaties*, First Session, Official Records, 1971, p.111, para.45.

(75) たとえば、条約法条約の紛争解決手続に対するシリアとチュニジアに対する留保に対して、スウェーデンはいち早く異議を唱えている。拙稿「条約法条約における紛争解決手続をめぐる問題」『国際法外交雑誌』第七八巻一・二合併号(一九七九年)、注(6)参照。

(76) Pellet, *op.cit.*, supra note (43), p.62, para.137. 拙訳、同上論文、一四六頁。

(77) ペレの条約の留保に関する第七報告書では、ガイドライン草案2.5.4(条約の実施機関により非許容とされた留保の撤回)で、「留保が条約の実施機関により非許容とされた事実は、当該留保の撤回を構成しない。かかる認定の後、留保国又は国際機関はそれに従って行動しなければならない。それは留保を撤回することによりその点に関する義務を履行しうる」と規定している。Pellet, Seventh report on reservations to treaties, A/CN.4/526/Add.2, p.17.

(78) こうした点については、Cf. Schemers & Blokker, *op.cit.*, supra note (46), pp.714-715.

(79) ブリロ事件については、薬師寺公夫「人権条約に付された解釈宣言の無効」『立命館法学』第二一〇号(一九九〇年)参照。本事件でヨーロッパ人権裁判所が無効としたのは留保のみであって、スイスの当該留保(解釈宣言)がなかったものとして条約に拘束されるとして、禁止された留保を伴ったスイスの批准行為は有効なものとして扱った。留保のみならず批准行為も無効とした場合、極端な場合には条約の発効自体が無効となりうる事態も生じうることを考えれば、法的安定性を重視した実際的考慮に基づくものとして評価しうる。しかし、他方で、留保を前提として批准したにもかかわらず、留保を否定された上で締約国となることを求められるという意味では同意原則を損なうともいえる。

(80) Mendelson, *op.cit.*, supra note (66), p.137.

(81) Mexico's position regarding Iceland's accession. なお、豪州も、二〇〇三年二月五日に米国に異議を提出し、「豪州は、アイスランドの留保は条約の趣旨及び目的と両立しないので、当該留保は禁止されると考える。このことは、豪州とアイスランド間でＩＣＲＷの効力発生をさまたげない。この点に関する豪州の立場は、ＩＣＲＷに関するアイスランドの地位について、ＩＷＣによる将来の立場を害するものではない」として、将来、問題を再燃させる意図を感じさせる。Cf. Note from Australia regarding Iceland's instrument of adherence.

# 条約法条約の紛争解決条項に対する留保
## ——日本の異議を手掛りとして——

中村　道



## はしがき

日本は、一九八一年七月二日、条約法に関するウィーン条約(以下、条約法条約)に加入するに際し、自らは留保を付すことはなかったが、他国の留保に対して異議を申し立て、その基本的立場を次のように宣言した。

「日本政府は、紛争解決の義務的手続に関する第六六条および附属書の規定の適用を全部または一部排除することを意図するいかなる留保に対しても異議を申し立て、またそのような留保をすでに表明したかまたは今後表明するいかなる国とも、この留保の結果として上記の義務的手続の適用が排除される第五部の規定に関しては、日本が条約関係にあるとはみなさない。」(1)

このように、条約法条約における第五部と紛争解決手続の緊密な関係を重視する立場から、第六六条の全部または一部の留保に対して異議を申し立てた国は日本に限られない。しかし、かかる異議に伴う法的効果の面で、諸外国の具体的対応も一様でなく、異議の単純な申立てのほか、日本と同じく第五部の関係規定についての条約関係の否認、そして条約の効力発生の否認などがみられる。条約法条約に対する留保の約半数は、第六六条が定める紛争解決手続に係るものであり、またこれに対する異議の大半は基本的に日本の立場と同じである。条約法条約は、そのうち、異議の単純な申立てのほか、異議申立国が留保国との間における条約全体の効力発生を否認することを認めているが、留保された規定と不可分の関係にあると異議申立国がみなす他の一部の規定について条約関係を否認する可能性は規定しておらず、またそのような先例もないため、日本をはじめとする諸国の対応は論議を呼んできた(2)。

留保制度について、国際司法裁判所(以下、ＩＣＪ)が「ジェノサイド条約に対する留保」事件の勧告的意見(一九五一年)で提起して以来の議論は、条約法条約(第二条一項(d)、第一九―二三条)の採択によって一応の決着がつけられた。しかし、同条約には不明確ないし未解決の問題が多く残されており、またその後の実行においても新たな展開がみられるため、国際法委員会(以下、ＩＬＣ)は、一九九五年、留保の問題について再度の審議を開始した。「留保に対する異議の制度(留保の対抗性)」も、そこでの検討課題の一つに挙げられている(3)。

条約法条約の起草過程、とくに条約法に関する国連会議(以下、条約法会議)において、紛争解決手続および留保制度は、ともに、日本の大きな関心事項であった(4)。そのうち前者について、日本は、義務的手続を設けることにより紛争の最終的解決を確保する必要性を強調し、この立場が一部は第六六条に反映された。しかし、後者については、留保の許容性の基準として条約目的との「両立性」が採用される一方で、この基準の適用に関して、客観的な判定制度の導入に固執する日本の主張は受け入れられず、各国の個別的な判定に委ねるＩＬＣ草案が基本的に保持された。それだけに、少なからぬ国が第六六条に対して留保を付したことは、日本の主張を部分的にせよ実現した同条の意義を減殺することは免れない。日本の異議は、紛争解決手続と留保制度に対する従前の立場の延長線上にあり、かつ両者が交錯する具体的な事例と捉えることができる。

そこで、本稿では、条約法条約に対するその基本的立場に照らして、紛争解決条項の留保に対する日本の異議中立ての背景とその意義を探るとともに、諸外国の留保と異議を併せて検討することにより、留保制度に係るこの新たな実行が提起する問題点を整理しておきたい。

## 一　条約法条約に対する日本の基本的立場

### 1　紛争解決手続

条約法条約の起草過程において、紛争解決手続は、日本の最大の関心事項であった。もっとも、日本は、当初、ＩＬＣが作成する条文草案(draft articles)に対して最終的に与えられる形式を、「条約(convention)」よりも「法典(code)」とすべきであると主張するとともに、条約法の法典化が「条約」の形式をとる場合には、各個別の条約について、当事国間の合意による柔軟な適用を可能にするため条文をできるかぎり簡素化し、また慣習法の発達を妨げないよう配慮すべきことを強調した[5]。「条約法は、ことの性格上、当事者自治の原則に基礎を置くべきであり、またその結果、(条約法)条約は、必然的に一連の残存規則(residual rules)を含むものでなければならない」[6]、との理由からである。

しかし、その後、日本は視点を移し、条約関係の安定を確保するため、条文規定を容易に解釈、適用できるよう精確に定式化し、全体として調和がとれた均衡ある草案を作成すべきであると強調するようになる[7]。それは、ILCの作業が進むにつれて、例えば無効、終了原因の網羅的列挙主義や国際法の漸進的発達の観点から、日本の見解では、十分に確立したとはいえない規則や新しい概念が少なからず導入されてくるからである。しかも、それらは、「条文草案が重要な法的効果を与えているが、必要な精確さをもって定義されていない」[8]、という。そこで、日本は、そのような濫用の危険があり不安定要素となる規則や概念を定める規定の削除を求める一方で、これらの規定の解釈、適用から必然的に生じる紛争の解決手続を極めて重視するようになった。

条約法条約は、ある条約当事国による条約の無効や終了の主張に対し他のいずれかの当事国が異議を申し立てた場合に適用される紛争解決手続として、一般的にまず国連憲章第三三条に定める手段により解決を求めることを規定する(第六五条三項)とともに、一二箇月以内に解決が得られなかった場合には、強行規範(*jus cogens*)に関する規定(第五三条、第六四条)に係る紛争は国際司法裁判所に付託し(ただし、仲裁に付すことを合意する場合は除く)、第五部のその他の規定に関する紛争は、附属書に定める手続により義務的調停に付すことを規定する(第六六条)。このうち、前者の規定はすでにILC草案第六二条三項に置かれていたが、後者の規定は、条約法会議で新たに設けられたものである。

条約法条約の全起草過程を通して、紛争解決手続に関する規定の焦点は、国連憲章第三三条に定める手段の利用を指示するにとどめ、各国に紛争解決手続の選択の自由を認めるか、または何らかの第三者機関による義務的解決手続を設け、紛争の最終的解決を確保すべきかにあった。ＩＬＣは、紛争解決条項を「第五部の諸規定適用のための要となる条項(key article)」と捉えつつも、「各国政府の間および委員会の内部で見いだしうる最高度の共通基盤」として前者の立場を採用し、「もし憲章第三三条に定める手段に訴えた後に当事国が行詰りに逢着した場合には、その事態を評価しかつ誠実が要求するところに従って行動するのは各国政府である」[9]と付言している(第六二条注釈一、四、五項)。これに対して、日本は、当初から一貫して後者の立場を強く主張してきた。

条約法会議において、日本は、ＩＬＣ草案第六二条三項に定める紛争解決手続では不十分であると主張し、強行規範に係る紛争についてはＩＣＪの強制管轄権の設定、その他の紛争についても仲裁またはＩＣＪへの付託による最終的解決の確保、の二点を骨子とする修正案[10]を提出した。提案の趣旨説明で、それぞれの要点は、次のように述べられている。

「ユス・コーゲンスの問題は国際社会全体の利害に係わっており、また、条約のある規定が一般国際法の規則と抵触するかどうか、そしてその規則が強行規範とみなされるべきかどうかの問題は、国際司法裁判所によってのみ有権的に解釈されうる。この種の紛争が、アド・ホックに設けられる手続を通じての当事者間の私的な解決に委ねられることには同意することができない。」[11]

「条約第五部から生じる紛争の解決のための手続は、紛争一般の解決のための手続とは重要性が根本的に異なる。第五部は、特定の条約の若干の規定の解釈または適用ではなく、すべての条約の生死に関係する。条約関係は、国際法秩序の基盤そのものをなしている。不安定な条約関係は、諸国間の関係に重大な動揺を招き、国際協力に悪影響を及ぼす。」[12]

紛争解決手続に関する規定は、条約法会議で両会期にわたり審議が紛糾した条項の一つである。それは、ＩＬＣ草案第六二条三項と、義務的解決手続を設け紛争の最終的解決を予定する点で共通する日本その他の修正案（いずれも第二会期で第六二条bisとして再提出された）をめぐる対立自体が激しかったほか、ＩＬＣ草案には採用されなかった「一般的多数国間条約への参加権」が第五条bisとして改めて提案され、しかも第六二条bisの支持国、反対国と第五条bisのそれらとがほぼ裏返しの関係にあったため、紛争解決手続と条約参加権という直接には関係のない二つの問題がリンクされたからである(13)。

このような膠着状態を打開するため、第二会期の最終局面で案出された妥協策がナイジェリア等一〇カ国パッケージ提案(14)であり、それは、①「条約法条約への普遍的参加および加入に関する宣言」、②新条項「司法的解決、仲裁および調停の手続」、③附属書に定める調停手続の経費の国連負担を要請する「決議」、の三つから構成される。そして、このパッケージ提案は、賛成七一、反対一、棄権一九により採択され、そこで規定する新条項が条約法条約第六六条および附属書となった。日本は、表決後の投票理由の説明で、「この妥協案の内容を完全に支持するからではなく、それがこの条約を救う唯一の道と考えただけの理由で賛成した」(15)と述べるにとどまり、同提案中の新条項に対する立場には具体的に言及していない。また、この妥協案の作成過程における日本の役割は、記録のうえからは詳らかでない。

紛争解決手続に関する日本の主張は、①強行規範に係る紛争についてはＩＣＪの強制管轄権の設定、②その他の紛争についても仲裁またはＩＣＪへの付託による最終的解決の確保、の二点を骨子とする。このうち、とくに異論が強かったのはＩＣＪの強制管轄権についてである。事実、全体委員会で、日本提案およびこれと類似の（右の②を内容とする）スイス提案等がいずれも否決された後、義務的調停および義務的仲裁を内容とする一九カ国提案(16)は過半数の賛成を得て、一旦は採択されている（その後、本会議では必要な三分の二の賛成が得られず、結局、採択されるに至らなかった)。日本は、その主張のうち①は満たさないが②を基本的に満たすものとして、この一九カ国提案を支持した。しかし、最終的に採択された新条項は、逆に、日本の主張の①を取り入れる(ただし、仲裁への付託を認めるため、十分ではない)一方で、②の主張は満たしていない。

そこで、新条項に対する日本の立場は、まず第一に、前記二つの側面についての相対的評価、つまり①と②のいずれを重視するかにかかっている。この点で、日本は、とくに強行規範に係る紛争についてのＩＣＪの強制管轄権の設定(第一会期)から、第五部の規定に関するすべての紛争の最終的解決の確保(第二会期)へと、重点を移してきたように思われる。と同時に、強行規範の問題の重要性を離れても、限られた一部の紛争についてであれ、ＩＣＪの強制管轄権が認められたこと自体、および最終的解決手続が選択議定書とせず条約の本体に導入されたこと、そして義務的調停手続の採用などがもつ意義も考慮に入れて考える必要がある。

条約法条約の批准承認のための国会審議において、伊達政府委員は、条約法会議における日本の貢献とその意思の反映を示す「典型的な例」として、強行規範に係る紛争の解決手続の採択に至る経緯を挙げている[17]。また、ロザキス(Rozakis)は、「ＩＬＣの定式に異議を唱えた種々の修正案の中で、日本の修正案は、最終的に現在の決着に導く転換点とみなされる解決策を提供した」[18]と、紛争解決条項への日本の寄与を評価している。それだけに、いくらかの国が、条約法条約の批准または加入に際して、第六六条および附属書に留保を付したことは、これら紛争解決条項の意義を減殺するとともに、日本の異議を招かずにはおかなかった。と同時に、これらの留保に対する日本の異議自体も、条約法条約との両立性について新たな問題を提起した。そこで、つぎに、留保制度についての日本の立場と併せて、条約法条約に対する留保を規律する制度を一瞥しておくことが必要と思われる。

## 2　留保制度

留保の問題は、条約法条約の起草過程において、日本のもう一つの大きな関心事項であった。条約法条約は、条約が留保規定を設けていない場合の留保の許容性に関して、伝統的な全員同意規則(unanimity rule)を原則として排し、ICJが「ジェノサイド条約に対する留保」事件の勧告的意見で提示した「条約の趣旨および目的との両立性」の基準(compatibility test)を採用するとともに、この両立性の基準の適用について集団的判定制度(collegiate system)を導入せず、留保を受諾するか否かおよび留保国との間での条約の効力発生を認めるか否かを各国の個別的判断に委ねる、柔軟な制度(flexible system)をとっている(第一九条、第二〇条)。このような留保制度は、ILC草案で当初から規定されていたが、日本は終始これに異論を表明してきた。日本は、すでに一九六二年仮草案(第一八―二〇条)について、書面による所見のなかで詳細な反論を展開し、その冒頭で次のように述べている。

「1　日本政府は、多数国間国際合意に対する留保に関しILCによって提案された諸規則に異議を唱える。日本政府の見解では、留保の問題を規律する基本原則はむしろ逆であって、当事国の意図が問題の留保に反対でない場合にのみ国は留保を行うことができる、とすべきである。国が好き勝手に留保を付して国際合意の当事国となる固有の権利など存在しない。

2　国際合意は、ほとんど常に、一連の交渉を通じて達成された、様々な対立する利害の妥協の結果である。もし、合意が達成された後に、留保の抜け穴を通じてこの利害のバランスを覆すことが許されるならば、問題の合意の下でのシステム全体が失敗に帰すことが懸念される。合意の当事国は、合意のこの一体性を保護する資格が与えられている。……」(19)

この基本的立場から、日本は、仮草案に対して、「第一八条の規定に従って表明された留保の効果は、すべての当該合意の当事国またはその当事国になることが開放されている国による明示または黙示の受諾を条件とする」[20]、との規定を提案した。しかし、ＩＬＣが留保の許容性に関して採用した条約目的との両立性の基準およびその適用を各国の個別的判定に委ねる柔軟な制度は、初期の段階から諸国の一般的な支持を得ていた。とくに、仮草案についての諸政府の書面による所見のなかで、日本のように条約の一体性を重視し、全員同意規則を主張したものは他にみあたらない。特別報告者のウォルドック(Waldock)も、次のように要約している。「諸政府のコメントは、全体としてみると、多数国間条約に対する留保の解決策を第一八—二〇条の現行テキストでとる柔軟な制度を基礎に達成しようとの委員会の決定を是認するように、特別報告者には思われる。」[21]

条約法会議において、日本は、当初、基本的立場として全員同意規則を改めて主張しながらも、合意達成への配慮から条約の趣旨および目的との両立性の基準を受け入れ、この基準の適用についてＩＬＣ草案の修正を要求した[22]。その後、留保の許容性の問題に適用される基本原則として、ＩＬＣが採用した両立性の基準に対する完全な同意を明言するものの、同時に、この基準の適用にあたって客観性を確保する必要性を強調し、集団的判定制度を導入することに固執した[23]。日本がフィリピンおよび韓国と共同で提出した修正案[24]は、とりわけ、草案第一六条(同意の表明)に次の一文の追加を求めたものである。

「二　いずれの締約国も、留保に対し、それが締約国に通知された後一二箇月以内に、当該留保が条約の趣旨および目的と両立しないことを理由に、異議を申し立てることができる。一二箇月の期間の満了時に、前記の理由で過半数の締約国によって異議が申し立てられた場合には、そのような留保を付した署名、批准、受諾、承認または加入は、法的効果を有しない。」

しかしながら、この日・比・韓三カ国共同修正案は、多くの支持が得られず否決され、ＩＬＣ草案を基本的に維持した第一六、一七条が、圧倒的多数の賛成により採択された。条約法条約第一九、二〇条となったこれらの条のいずれにも、日本は棄権している。その理由は、三カ国共同修正案が否決された結果、「第一六、一七条に規定された新規則は、いずれの国が希望するいかなる留保をも事実上許容する効果をもつという望ましくない事態に導くおそれがある」[25]からという。もっとも、会議に専門顧問(Expert Consultant)として出席したＩＬＣでの特別報告者ウォルドックは、三カ国共同修正案について次のように論評していた。

「9　この種の提案は、いかに魅力的と思われようとも、バランスを非柔軟性の方へ傾け、留保に関する一般的合意をいっそう困難にする。いずれにせよ、そのようなシステムは、いくぶん理論上のものと判明するであろう、というのは、国は容易には留保に対して異議を申し立てないからである。

10　ＩＬＣは客観的基準を述べることを意図したが、草案で提案された適用の方法は国の判定に依存する点で主観的であることはたしかである。しかし、そのような事態は、司法的決定が存在しない国際法の多くの分野に特徴的であり、司法的決定も、いずれにせよ、関係国のみをかつ決定されたケースに関してのみ拘束するにすぎない。」[26]

条約法条約は、条約が留保規定を設けていない場合の留保の許容性に関して、条約の趣旨および目的との両立性の基準を導入し、またこの基準の適用について柔軟な制度を採用するが、このような制度が、留保規定を置かない条約法条約自体に対する留保にも適用されるかどうかは、一応別個の問題である。そして、この点については、会議の参加者の間でも見解が分かれる。シンクレア(Sinclair)は、同条約の不遡及を規定する第四条の文言にもかかわらず、「ウィーン会議は、その帰結を十分承知のうえで、この条約に対する留保を規律する別個の規定を設けないことを決定した。したがって、条約法条約第一九―二三条は同条約自体に対する留保にも適用される」[27]、と明確に述べる。他方、ロゼンヌ(Rosenne)は、条約法条約が起草過程を通じてすでに国際法規則となっており、すべての実際の目的上「それが定式化されたときから」適用されると主張し、同条約の性質、趣旨および目的から「第四条の否定的効果を最大にではなく最小にする」ことが要求される、と付言する[28]。これに対して、小川芳彦教授は、次のように、もう少し慎重である。

「……条約法条約自身(に)は、いわゆる留保規定は設けられていない。またこの条約が確立しようとしている留保制度もまだ直接的にこの場合に適用することはできない。従って留保が行われた場合には慣習法によって規律されることになるであろう。

条約法条約が採用している『両立性の基準』はすでに慣習法になっていると考えられる。しかしこの基準の判定手続として具体的にどのような慣習法規則が成立しているかは明確でない。ただかなり多数の国が或る留保に強く反対を表明している場合に、それを無視するような手続が慣習法として成立しているとは考えられない。このような場合には、……現在の国際法によっては解決されない困難な問題が生じる。」[29]

条約法会議では、最終条項について、留保規定を含まないイギリス・ブラジル提案[30]が採択された。提案国の趣旨説明によると、ブラジルは、「提案に留保規定が置かれていないのは、そのような規定は、条約にすでに含まれた規定と同一であり、したがって不必要であるか、またはそれと異なったものであり、したがって矛盾するか、のいずれかだからである」[31]、という。他方、イギリスは、「留保規定を設けない効果は、第一六―二〇条で定めるレジームが適用されることになるでろう。しかしながら、第五部の実体的および手続的規定に関してはとくに、この条約に対する留保について問題が生じざるを得ない」[32]、と述べている。また、会議の最終段階で、第五部に対する留保を禁止するスペイン提案が否決された際にも、同じ趣旨の指摘が一部にあったことは事実である[33]。しかし、これらのことから、「第一九条―第二三条の規定をこの条約自体に対する留保に適用することを会議は意図していたことを示唆する強い内部証拠(strong internal evidence)がある」[34]、と断定することは困難である。なお、日本は、イギリス・ブラジル提案に賛成しスペイン提案には反対したほかは、この問題について別段の見解を表明していないが、条約法条約の留保制度自体に対する立場からみて、この制度を同条約に対する留保に適用することに消極的であったと推定される。

すでに述べたように、条約法条約の留保制度の起草過程からみて、慣習法上、全員同意規則はもはや支持されず、両立性の基準を採用すること自体には異論がないように思われる。と同時に、この基準の適用は、何らかの具体的な集団的判定制度の成立を確認することができないかぎり、多少とも「柔軟な制度」に委ねざるを得ない。そのことは、実質的に、条約法条約の留保制度の基本的枠組が条約法条約に対する留保についても適用されることを意味する。オーストラリアは、留保に関する規定を設けない場合には、条約法条約で規定する柔軟な制度が残存規則として適用されることを認めつつ、「結局、そのことが、将来国が条約関係に入る基本的枠組を定めることを意図した条約の場合において最上の解決策であるかどうかの問題に、真剣な考慮が払われるべきである」[35]、と注意を喚起していた。条約法条約の紛争解決条項の留保とこれに対する異議の申立てが具体的に提起したのは、まさにこの問題である。

## 二　紛争解決条項の留保と異議の申立て

### 1　日本の異議

冒頭で一部を引用した日本の異議は、シリアとチュニジアの留保に対するもので、この点に関する異議の全体を繰り返せば、次のように述べている。

「二、日本政府は、紛争解決の義務的手続に関する第六六条および附属書の規定の適用を全部または一部排除することを意図するいかなる留保に対しても異議を申し立て、またそのような留保をすでに表明したかまたは今後表明するいかなる国とも、この留保の結果として上記の義務的手続の適用が排除される第五部の規定に関しては、日本が条約関係にあるとはみなさない。したがって、日本とシリア・アラブ共和国との間の条約関係は附属書の調停手続が適用される条約第五部の規定を含まず、また日本とチュニジアとの間の条約関係は条約第五三条および第六四条を含まない。」(36)

この異議は、シリアが加入（一九七〇年一〇月二日）に際して、「E．本条約へのシリア・アラブ共和国の加入および同政府によるそれの批准は、義務的調停に関する条約の附属書には適用されない。」(37)と、またチュニジアは加入（一九七一年六月二三日）に際して、「第六六条(a)で規定する紛争が国際司法裁判所の決定に付託されるためには、その紛争のすべての当事者の同意を必要とする。」(38)と留保したのに対するものである。その後、ソ連は、加入（一九八六年四月二九日）に際して、次のような留保とを付した。

「ソ連は、ウィーン条約法条約第六六条の規定に自国が拘束されるとはみなさず、また、第五三条または第六四条の適用または解釈に関する締約国間のいかなる紛争が国際司法裁判所の決定に付託されるためにも、または条約第五部のその他のいずれの条の適用または解釈に関するいかなる紛争が調停委員会の審議に付託されるためにも、すべての紛争当事者の同意が各個別の場合に必要であること、および調停委員会を構成する調停人は紛争当事者により共通の同意をもって任命された人のみであることを宣言する。」(39)

また、東ドイツも、加入（一九八六年一〇月二〇日）に際して、ソ連のものとほぼ同じ内容の、次のような留保を付している。

「ドイツ民主共和国は、条約第六六条の規定に自国が拘束されるとはみなさない。

第五三条または第六四条の適用または解釈に関する紛争を国際司法裁判所の決定に付託し、または条約第五部のその他のいずれの条の適用または解釈に関する紛争を調停委員会の審議に付託するためにも、いずれの個々の場合にもすべての紛争当事者の同意を得ることが必要である。調停委員会の構成員は、紛争当事者により共同で任命されるものとする。」(40)

これらソ連と東ドイツの留保に対しても、日本は、一九八七年四月三日、異議を申し立て、次のように宣言した。

「（加入に際して行った宣言の見地から）……日本政府は、ドイツ民主共和国政府とソ連政府が条約第六六条および附属書に付した留保に対して異議を申し立て、また前記の国とは条約第五部の規定に関しては条約関係にないとの日本の立場を再確認する。」(41)

なお、日本が異議を申し立てたのはこれら四カ国の留保についてのみであり、その後に表明された留保に対して異議を申し立てていないが、これらの留保についても同じ立場であると考えてよい。日本は、加入に際しての異議申立てにおいて、留保をすでに表明した国だけでなく「今後表明するいかなる国とも」、第五部の関係規定について条約関係にあるとみなさないことを宣言しているからである。

## 2　諸外国の留保

条約法条約の紛争解決条項については、日本が異議を申し立てたシリア、チュニジア、ソ連、東ドイツを含め一七カ国が様々な内容の留保を付した(そのうち四カ国は、後に留保を撤回している)。これらの留保は、(1)第六六条(a)の留保、(2)第六六条(b)の留保、(3)第六六条全体の留保、(4)第五部の規定を留保する国との関係での第六六条の留保、(5)第六六条(a)を留保する国との関係での第五三条および第六四条の留保、および(6)第六六条を留保する国との関係での第五部の留保、に大別することができる。なお、このうち(5)、(6)が、その内容から、他国の留保に対する異議(後掲の(2))と同じことを意図していることは、後にふれるとおりである。

**(1)　第六六条(a)の留保**

これの例は前に挙げたチュニジアの留保が最初であり、アルジェリアとブルガリアの留保も同じ内容である。アルジェリアは、加入(一九八八年一一月八日)に際して、次のような留保を付している。

「アルジェリア人民民主共和国政府は、国際司法裁判所の権限が、第六六条(a)で規定されたような紛争に関して、一方の当事者のみの要請によって行使されえないと考える。同政府は、紛争が同裁判所に付託されるためには、各場合において、すべての関係当事者の事前の合意が必要であることを宣言する。」(42)

また、ブルガリアも、加入(一九八七年四月二一日)に際して、次のような留保を付していたが、一九九四年五月六日、同国の留保は撤回された。

「ブルガリア人民共和国は、条約第六六条(a)の規定に自国が拘束されるとはみなさず、……そのような(第五三条または第六四条の適用または解釈に関する)紛争を国際司法裁判所の決定に付託するためには、すべての紛争当事者の事前の同意が必要であることを宣言する。」(43)

**(2)　第六六条(b)の留保**

これの例は、前に挙げたシリアの留保だけである。そこでは、条約の附属書のみに言及するが、実際上は第六六条

(b)に対する留保である。

### (3)　第六六条全体の留保

紛争解決条項に対する留保のなかで最も多いのは、第六六条の規定全体に対する留保である。中国は、加入(一九九七年九月三日)に際して、端的に、次のような留保を付した。

「中華人民共和国政府は、同条約第六六条に留保を付す。」[44]

前に挙げたソ連と東ドイツの留保は、これを詳しく述べたもので、①第六六条に自国が拘束されないこと、②第五三条または第六四条に係る紛争の国際司法裁判所への付託および第五部のその他の規定に係る紛争の調停手続への付託のいずれについても、すべての紛争当事者の同意が必要であること、および③調停委員会の構成員は、すべての紛争当事者の合意により任命されること、を内容とする。これと同じ内容の留保は、白ロシア[45](一九八六年五月一日加入)、ウクライナ[46](一九八六年五月一四日加入)、ハンガリー[47](一九八七年六月一九日加入)、チェコスロバキア[48](一九八七年七月二九日加入)およびモンゴル[49](一九八八年五月一六日加入)によっても付された。しかし、その後、ハンガリーは一九八九年一二月八日に、モンゴルは一九九〇年七月一九日に、またチェコスロバキアは一九九〇年一〇月一九日に、いずれも留保を撤回した。

第六六条全体に対する最新の留保は、キューバが加入(一九九八年九月九日)に際して付した次のようなものである。

「キューバ共和国政府は、いずれの紛争も紛争当事者の間の合意よって採られるいかなる手段によっても解決されるべきであると考えるので、条約第六六条の下で設けられた手続に対して明示の留保を付す。したがって、キューバ共和国は、一方の当事者が、他方の当事者の同意なしに、紛争を司法的解決、仲裁および調停の手続に付託する手段を規定する方策を受諾することはできない。」[50]

**(4)　第五部の規定を留保する国との関係での第六六条の留保**

タンザニアは、加入(一九七六年四月一二日)に際して、次のような留保を付した。

「条約第六六条は、条約第五部のいずれかの規定または第五部全体に留保を付すいかなる国によっても、タンザニア連合共和国に対しては適用されない。」(51)

**(5)　第六六条(a)を留保する国との関係での第五三条および第六四条の留保**

ベルギーは、加入(一九九三年六月二一日)に際して、次のような留保を付した。

「ベルギーは、第六六条(a)に関して留保を付しこの条で設けられた解決手続に対し異議を申し立てるいずれの当事国に関しても、条約第五三条および第六四条によって拘束されない。」(52)

**(6)　第六六条を留保する国との関係での第五部の留保**

デンマークは、批准(一九七六年六月一日)に際して、次のような留保を付した。

「一定の紛争の義務的解決に関する条約第六六条の規定に関して全部または一部に留保を表明するいかなる国と自国の間でも、デンマークは、他の国によって表明された留保の結果第六六条で規定された解決手続が適用されない、条約第五部の規定に自国が拘束されるとはみなさない。」(53)

また、フィンランドも、批准(一九七七年八月一九日)に際して、同様の留保を付した。

「……フィンランドは、また、その国が第六六条の規定の一部または全部に拘束されない趣旨の留保をすでに付したかまたは今後付すいずれの国との関係においても、フィンランドが、これらの手続規定にも、または上記の留保の結果第六六条で規定された手続が適用されない第五部の実体規定にも自国が拘束されるとはみなさない。」(54)

### 3　諸外国の異議

条約法条約の紛争解決条項についての留保、とくに前記(1)〜(3)に対しては、日本を含む九カ国が異議を申し立てた。これらの異議は、(1)条約の効力発生を否認するもの、(2)留保が関係する他の一部の規定について条約関係を否認するもの、および(3)条約の効力発生の否認または条約関係の一部否認を伴わない異議、に大別することができる。

#### (1)　条約の効力発生の否認を伴う異議

イギリスは、批准(一九七一年六月二五日)に際し、シリアの留保に対して異議を申し立て、次のように宣言した。

「イギリスは、条約の附属書に関してシリア政府が付した留保に対して異議を申し立て、またイギリスとシリアの間での条約の効力発生を受諾しない。」(55)

また、チュニジアの留保に対しても、イギリスは、一九七二年六月二二日、同様の異議を申し立てた。

「イギリスは、条約第六六条(a)に関してチュニジア政府が付した留保に対して異議を申し立て、またイギリスとチュニジアの間での条約の効力発生を受諾しない。」(56)

シリアの留保に対しては、ニュージーランド(一九七一年八月四日批准)も、一九七一年一〇月一四日、異議を申し立て、次のように宣言している。

「ニュージーランド政府は、ウィーン条約法条約の附属書に含まれる義務的調停手続にシリア政府が付した留保に対して異議を申し立て、またニュージーランドとシリアの間での条約の効力発生を受諾しない。」(57)

#### (2)　条約関係の一部否認を伴う異議

ニュージーランドは、シリアの留保に対して異議を申し立てるとともに、同国との間の条約の効力発生を否認したが、チュニジアの留保に対しては、一九七二年八月一〇日、異議を申し立てつつも、次のように宣言したにとどまる。

「ニュージーランド政府は、条約第六六条(a)に関してチュニジア政府が付した留保に対して異議を申し立て、かつ、第六六条(a)で規定された紛争解決手続が適用される条約の諸規定に関しては、ニュージーランドがチュニジアと条約関係にあるとは見なさない。」(58)

このように、日本の立場と同様、第六六条および附属書が定める紛争解決手続の全部または一部に対する留保に反対しつつも、当該手続が適用される条約第五部の関係諸規定についてのみ、留保国との間で条約関係を否認した最初の例はアメリカ(未加入)である。

アメリカは、一九七一年五月二六日、予備的に、シリアの留保に対して異議を申し立て、次のように宣言した。

「アメリカ政府は、シリアの加入書の留保Eに対して異議を申し立てる。

アメリカ政府の見解では、その留保は条約の趣旨および目的と両立せず、またウィーン会議で広汎な交渉の対象であった条約の無効、終了および運用停止に関する紛争の公平な解決の原則を損なう。

アメリカ政府は、ウィーン条約法条約の当事国となるときに、前記の留保に対する異議を再確認し、かつ、シリア・アラブ共和国が条約の附属書で定められた義務的調停手続を拒否した条約第五部のすべての規定の下でのシリア・アラブ共和国との条約関係を拒否するつもりである。……」(59)

また、チュニジアの留保に対しても、アメリカは、一九七二年九月二九日、同様の異議を申し立てた。

「アメリカは、第五三条および第六四条の適用または解釈に関するウィーン条約法条約第六六条(a)項についてのチュニジアの留保に対して異議を申し立てる。当事国が第五三条および第六四条の規定を援用する権利は、条約の無効の申立てに関する第四二条の規定およびいずれの当事者も第五三条または第六四条の適用または解釈に関するいかなる紛争をも国際司法裁判所の決定に付託する権利に関する第六六条(a)項と分かち難く結合されている。

従って、アメリカ政府は、条約の当事国となるときに、チュニジアの留保に対する異議を再確認し、かつ、条約第五三条または第六四条がアメリカとチュニジアの間で有効であるとはみなさないことを宣言するつもりである。」(60)

カナダ(一九七〇年一〇月一四日加入)は、一九七一年一〇月二二日、シリアの留保に対して、端的に、次のように宣言した。

「カナダは、条約の附属書で定められた義務的調停手続が適用されるウィーン条約法条約の諸規定に関して、シリア・アラブ共和国とは自国が条約関係にあるとはみなさない。」(61)

一方、エジプトは、加入(一九八二年二月一一日)に際して、留保国を特定せずに、次のように宣言した。

「エジプト・アラブ共和国は、条約第六六条および附属書で定められた司法的解決および義務的調停の手続に関して留保を表明する国に対しては、条約第五部に自国が拘束されるとはみなさず、また、条約第五部の規定に対して付される留保を拒否する。」(62)

スウェーデンは、批准(一九七五年二月四日)に際し、シリアとチュニジアの留保に対して異議を申し立て、次のように宣言している。

「……スウェーデン政府は、紛争解決に関するこれらの(第六六条の)規定が条約の重要な一部であり、また、それらの規定はそれらと結合されている実体規定から分離されえないと考える。その結果、スウェーデン政府は、他の国によって付され、紛争解決に関する規定の適用を全部または一部排除することを目的とするいかなる留保に対しても異議を申し立てることが必要と考える。スウェーデンとそのような国の間での条約の効力発生に対して異議は申し立てないが、スウェーデン政府は、その条約関係が、留保の付された手続規定またはその手続規定が関係する実体規定のいずれをも含まないとみなす。

上記の理由により、スウェーデン政府は、条約への加入が附属書を含まないとしているシリア・アラブ共和国の留保、および第六六条(a)で規定された紛争が国際司法裁判所の決定に付託されるためにはその紛争のすべての当事者の同意が必要であるとしているチュニジアの留保に対して異議を申し立てる。これらの留保に鑑みて、スウェーデン政府は、第一に、スウェーデンとシリア・アラブ共和国の間の条約関係は附属書の調停手続が適用される条約第五部の規定を含まず、また第二に、スウェーデンとチュニジアの条約関係は条約第五三条および第六四条を含まない。」(63)

スウェーデンは、一九九九年一一月一七日、キューバの留保に対する異議のなかでも、この立場を繰り返し述べている。

オランダの加入(一九八五年四月九日)に際しての異議は、スウェーデンのものと同じ内容である。

「オランダ王国の見解では、条約第六六条で定められた紛争解決に関する規定は条約の重要な一部であり、またそれらの規定はそれらと結合されている実体規則から分離されえない。その結果、オランダ王国は、他の国によって付され、紛争解決に関する規定の適用を全部または一部排除することを目的とするいかなる留保に対しても異議を申し立てることが必要と考える。オランダ王国とそのような国の間での条約の効力発生に対して異議は申し立てないが、オランダ王国は、その条約関係が、第六六条で規定される紛争解決に関する手続の適用が全部または一部排除される条約第五部の規定を含まないものとみなす。……

上記の理由により、オランダ王国は、条約への加入が附属書を含まないとしているシリア・アラブ共和国の留保、および第六六条(a)で規定された紛争の国際司法裁判所への付託にはその紛争のすべての当事者の同意が必要であるとしているチュニジアの留保に対して異議を申し立てる。従って、オランダ王国とシリア・アラブ共和国の間の条約関係は附属書の調停手続が適用される諸規定を含まず、またオランダ王国とチュニジアの間の条約関係は条約第五三条および第六四条を含まない。」(64)

なお、オランダは、一九八七年九月二五日にソ連、白ロシア、ウクライナ、東ドイツの留保に対して、一九八八年七月一四日にブルガリア、チェコスロバキア、ハンガリーの留保に対して、同年七月二八日にモンゴルの留保に対して、一九八九年一月三〇日にアルジェリアの留保に対して、一九九九年一一月一五日にキューバの留保に対して、いずれも同様の異議申立てと宣言を行っている。

イギリスは、すでに述べたように、シリアとチュニジアの留保に対して異議を申し立てるとともに条約の効力発生を否認したが、その後一九八七年六月五日、ソ連の留保に対し異議を申し立てるに際しては次のように態度を変え、また一九八九年一〇月一一日、アルジェリアの留保に対してもこの立場を繰り返し述べている。

「……これらの(第六六条の)規定は、それらが関係する第五部の規定と分かち難く結合している。それらの挿入は、第五部中の国際法の漸進的発達を表現する部分がウィーン会議によって受諾される基盤であった。従って、イギリスは、自国とソ連との間の条約関係が条約第五部を含むとは考えない。

イギリスがすでに異議を申し立てまたはソ連政府による留保の後になされるものであって、第六六条の規定の適用を全部または一部排除することを意図する他のいかなる留保に関しても、イギリスは、そのような留保をすでに表明したかまたは今後表明する国との条約関係は留保によって第六六条の適用が拒否される条約第五部中の規定を含むとはみなさない。」[65]

### (3) 条約の効力発生の否認または条約関係の一部否認を伴わない異議

西ドイツは、批准（一九八七年七月二一日）に際し、次のように宣言した。

「一　ドイツ連邦共和国は、チュニジア、ソ連、白ロシア、ウクライナおよび東ドイツによって付された条約法条約第六六条に関する留保を、同条約の趣旨および目的と両立しないものとして拒否する。これに関連して、他の多くの機会に強調されたように、ドイツ連邦共和国は、第五三条および第六四条が第六六条(a)と分かち難く結合されているとみなしていることを指摘したい。」[66]

なお、西ドイツは、一九八八年一月二七日にブルガリア、ハンガリー、チェコスロバキアの留保に対して、同年九月二一日にモンゴルの留保に対して、一九八九年一月三〇日にアルジェリアの留保に対して、いずれも同様の異議を申し立てた。

## 三　「拡張的異議」の諸側面

### 1　留保と異議

留保に対する異議は、原則としては、留保国が異議申立国との関係で条約の当事国となることを妨げるべきものである[67]。さもなければ、異議は、実際上、受諾と同じ効果をもつことになるからである。ＩＣＪは、「ジェノサイド条約に対する留保」事件において、「いずれの国も、自国が同意しない留保によって拘束されない」ことを指摘しつつ、異議申立国は「実際上、留保国が条約の当事国でないとみなすことができる」と述べるにとどめた[68]。条約法条約の柔軟な留保制度の下で、留保は、異議の申立てがなければ受諾されたものと推定され、また一国でも留保を受諾する国があれば、留保国は留保を付したまま条約の当事国となることができる。さらに、異議申立国が別段の意図を表明しないかぎり、留保国と異議申立国の間における条約の効力発生は妨げられない(第二〇条四項(b))。異議の法的効果について、ＩＬＣ草案は、別段の意図が表明されないかぎり条約の効力発生が「妨げられる」と規定していたが、条約法会議の第二会期におけるソ連提案の採択により、この推定が逆転されたことは周知のとおりである。かくして、異議申立国が留保国との間での条約の効力発生に反対しなかった場合には、留保を受諾した国の場合と同様に、「留保に係る規定は、これらの二の国の間において、留保の限度において適用がない」(第二一条三項)。

このように、条約法条約の留保制度の下で、異議の法的効果は先のＩＣＪ勧告的意見よりさらに後退し、留保の受諾と条約の効力発生がいずれも推定されることになるため、留保に反対する国は、積極的に異議を申し立てる必要があり、また条約の効力発生にも反対する国は、その意図を明確に表明することが要求される。そして、異議申立国には、留保に単純に反対するにとどめるか、または留保国との間での条約全体の効力発生を否認するか、のいずれかの対応策しか規定されていない。

すでに述べたように、条約法条約の紛争解決条項の留保に対する様々な異議のうち、シリアの留保に対するイギリスとニュージーランドの異議およびチュニジアの留保に対するイギリスの異議のみが条約の効力発生を否認し、また一〇カ国の留保に対する西ドイツの一連の異議は単純な反対の表明である。これら条約の効力発生の否認を伴う異議と単純に反対を表明する異議は、条約法条約が定める留保制度の枠内での対応であり、特別の問題を提起しない。ただ、異議の単純な申立ては、その目的と意義についてなお検討する余地がある[69]。法的に問題となるのは、留保された規定と不可分の関係にあると異議申立国がみなす他の一部の規定について条約関係を否認する、日本を含むその他の国の異議である。この種の異議を、ストゥッキー(Sztucki)は、それが「留保に係る規定を越えて、条約の更なる部分にまで拡大するが、なお異議申立国と留保国との間で条約関係の全面的な拒否を意図しない」という意味で、「拡張的異議(extended objection)」と呼んでいる(70)。そして、この拡張的異議は、留保への具体的対応策として条約法条約が規定するものでないため、留保制度ないし条約法の枠内でどのように説明できるかが論議を呼んできた。その際、まず問題となるのは、拡張的異議の法的性質である。ツェマネック(Zemanek)は、次のように論点を指摘する。

「(この種の)異議は、条約法条約の下で留保国が応答する権利をもたない『異議』であるのか、または、それが少なくとも一部分は、元の留保国を含め他の国が異議を申し立てることができる留保であるのか、不明である。」(71)

先に掲げた紛争解決条項の留保およびこれに対する異議は、条約法条約の寄託者である国連事務総長の下で作成されたリストに従って分類したものである。このリストは、署名、批准または加入に際してのすべての公式声明を「宣言および留保」と、またこれに対する書面での声明をすべて「異議」と一括し、いずれにおいても、個々の声明の内容に立ち入ってその法的性質を区別していない(72)。この点に関して、ストゥッキーは、拡張的異議とくにその「拡張的部分」を「留保」の定義に照らして検討し、それが、「他の国によって表明された元の留保に係る以外の規定の法的効果を排除することを意図しており、そのようなものとして独立した留保の地位を取得する」と結論しつつ、「拡張的異議は、次にはそれ自体が、さらなる拡張的異議の対象となり、この意味で留保の機能を果たす」と付言する(73)。ただ、拡張的異議を留保とみる場合は、これに対して条約の効力発生の否認を伴う異議も認められることになる。

たしかに、拡張的異議を実質的に留保とみなすことに論拠がないわけではない。デンマークとフィンランドは、それぞれの「留保」において、第六六条の全部または一部に対して留保を表明するいかなる国との関係でも、この留保の結果として、同条に定める解決手続が適用されない第五部の規定に「拘束されない」ことを表明した。第六六条(a)に対する留保との関係で第五三条および第六四条にのみ言及するベルギーの留保も同じ立場である。しかるに、拡張的異議が意図することは、まさに、これらの留保が意図することと同じである。例えば、日本の異議は、第六六条の全部または一部に対して留保を「すでに表明したかまたは今後表明するいかなる国とも」、かかる留保の結果として、同条に定める義務的手続が適用されない第五部の規定については「条約関係にはない」、との基本的立場を表明し、かつこの立場を特定の留保に適用したものである。このうち前半のように、異議は、「過去または将来の」いかなる留保に対しても申し立てることができ、また「同じ文言で将来表明される他の留保にも適用されるように、一般的な文言で表現することができる。」[74] エジプトが、加入に際し、留保国を特定せずに基本的立場を一般的に宣言しているのがその例である。他方、オランダは、シリアとチュニジアの留保に対する異議で第六六条の留保に対する基本的立場を表明するとともに、その後のすべての留保に対しても、繰り返し異議を申し立てている。

第六六条に対する留保への対応策として、「拡張的異議」は「留保」と基本的に同じであり、かくして、留保と異議という二つの反対の概念が、一定の状況では、目的と法的効果の面で同じ機能を果たすことは否定できない。しかし、拡張的異議が意図することを留保の定義の枠内で捉えるにしても、留保を意図した一方的声明は、遅くとも批准または加入に際して行われることが必要である。この点で、日本のほか、エジプト、スウェーデン、オランダの異議は批准または加入に際して申し立てられているが、そうでないものもある。とくに、イギリスは、条約の批准から一六年後の一九八七年、ソ連の留保に対する異議において、条約の効力発生を否認する従来の立場を変更し、改めて、第六六条の全部または一部の「留保をすでに表明したかまたは今後表明する国」との関係で拡張的異議を申し立てた。この異議を留保と捉えることは、実質的にも形式的にも困難である。

このように、拡張的異議を条約法条約の下での「留保」として説明することには無理があるため、これを、留保国に対する「本質上限られた範囲での条約関係の申し出(offer)」[75]とみる考えも示されている。この場合、留保国が申し出を受け入れず、条約関係を拒否する資格があることは当然である。ただ、この新たな申し出が、積極的な反対のないかぎり、受諾されたものと推定されうるかどうかは、さらに検討の余地があるように思われる。

## 2　異議の根拠

日本は、シリアとチュニジアおよびソ連と東ドイツの留保のいずれに対して異議を申し立てる際にも、その理由を述べていない。ＩＣＪは先の勧告的意見で、「条約の趣旨および目的は、留保を行う自由と留保に反対する自由をともに制限する。加入に際して留保を行う国の態度および留保に反対する国による評価について基準を提供すべきものは、留保と条約の趣旨および目的との両立性である」[76]と述べ、条約目的との両立性が留保の表明だけでなく異議の申立てについても許容性の基準であることを明確にした。しかし、条約法条約は、留保についてこの両立性の基準を採用したが、異議についてはこのような制限を規定していない。したがって、異議を両立性の基準に根拠づける必要はないため、条約目的と両立する留保もすべて受諾すべきこととはされない一方で、条約目的との非両立性以外の理由で異議を申し立てることが許される[77]。さらに、実際には異議の理由が示されることもあるが、それは必須の要件ではない。ただ、拡張的異議は、その可能性が条約法条約で規定されず、またそのような先例もないだけに、正当化ないし説明が求められるとはいえるであろう。例えば、イギリスは、シリアとチュニジアの留保に対し条約の効力発生の否認を伴う異議を申し立てた際に、その理由を述べなかったが、後に異議の法的効果について態度を変更し、ソ連の留保に対して拡張的異議を申し立てた際には理由を挙げている。もっとも、この種の異議でも、その理由に言及するものは半数以下と少ない。

最初に拡張的異議を（予備的に）申し立てたアメリカは、シリアの留保Eが「条約の趣旨および目的と両立しない」ことを理由に挙げた。この条約目的との非両立性は、西ドイツの単純な異議でもその理由とされている。たしかに、異議を両立性の基準に準拠させることは必要でないが、それが排除されることもない。多くの例にみられるように、異議の理由として非両立性を挙げることは簡便かつ穏当な方策といえる。しかし、この非両立性の理由は、個別的判定制度の下で、留保に反対の意思を強調することはあっても、異議申立国が条約目的と留保の関係について評価した具体的内容を伝えるところは少ない。とくに、紛争解決条項の留保が条約法条約の趣旨および目的と両立しない、と結論することは困難である。

すでに述べたように、条約法条約の全起草過程を通じて、紛争解決手続に関する議論の焦点は、国連憲章第三三条に定める手段の利用を指示するにとどめ、各国に紛争解決手続の選択の自由を認めるか、または何らかの第三者機関による義務的手続を設け、紛争の最終的解決を確保すべきかにあった。ＩＬＣ草案は前者の立場を採択し、具体的には、条約第六五条三項となった規定を置くにとどめた。問題の第六六条は、条約法会議で新たに設けられたものである。したがって、第六六条で定める紛争解決手続の全部または一部を留保することが条約法条約の趣旨および目的と両立しないのであれば、ＩＬＣの条文草案はそれ自身の趣旨および目的と両立しない部分を含んでいたことになる。紛争解決手続に関する規定は、条約法会議で両会期にわたり審議が紛糾した条項の一つであり、膠着状態を打開するため、第二会期の最終局面で妥協策のパッケージ提案によって決着が図られた。この間の審議において、第六六条が条約法条約の趣旨および目的との関係で不可欠であることを確認することはできない。第六六条はこのパッケージ提案の一部を構成し、また同提案が、日本のいうように、「条約を救う唯一の道」として採択されたことは事実であるが、そのことは、条約目的との「両立性」とは別の問題である。アメリカも、シリアのケースから一年後、チュニジアの留保に対して(予備的に)申し立てた異議では、もはや条約目的との非両立性を理由には挙げなかった(78)。

拡張的異議を正式に申し立てた国のうち、最初に理由を示したのはスウェーデンであり、同国の異議は、「第六六条の紛争解決に関する規定がそれらと結合されている第五部の実体規定から分離されえない」ことを指摘する。オランダも同じ表現で異議の理由を述べており、イギリスは、ソ連の留保に対する拡張的異議で、右の両者の規定が「分かち難く結合している」という。このように、拡張的異議の根拠が第六六条と第五部との緊密な結合関係にあることは、その異議の法的効果を、留保に係る規定を越えて第五部中の関係規定に及ぼす意図から窺うことができる(79)。この意味で、拡張的異議の理由は、とくに言及されなくとも、「拡張的部分」の内容自体によって示されている。

西ドイツの単純な異議が、条約目的との非両立性を理由に挙げるとともに、第六六条と第五部との分かち難い結合を指摘することは、非両立と判断する具体的理由がこの緊密な結合関係にあることを示唆しうる。しかし、拡張的異議が緊密な結合関係を理由に挙げることをもって、留保が条約目的と両立しないという判定の意味に解することは適当でない。すでに述べたように、紛争解決条項の起草過程からみて、第六六条は条約法条約にとって不可欠であり、またとくに第五部と不可分の関係にあることを理由に、同条の全部または一部を留保し第五部から分離することが条約目的と両立しない、と結論することはできない。拡張的異議が、「条約目的との非両立性ではなく」、第六六条と第五部との緊密な結合関係を挙げるのは、「異議」よりもむしろその「拡張的部分」の理由であって、異議の法的効果を留保に係る規定を越えて拡張する根拠としてである。

条約法条約の下で、留保に対し条約目的との非両立性以外の理由、従って政策上の考慮から異議を申し立てることができる。その際、最大の関心事は、交渉によって達成され条約に結実した利害のバランスが留保によって損なわれるのを防止することであり[80]、このことが異議の意図する法的効果に関係する。すなわち、拡張的異議は、緊密な結合関係を根拠に、第六六条(a)と第五三条および第六四条を、また附属書を含む第六六条(b)と第五部のその他の規定をそれぞれ一括して条約から分離し、そうすることによって、第六六条の全部または一部の留保により「損なわれたバランスを回復させる」[81]ことを意図する。

条約法条約は、条約の効力発生を否認しなかった異議申立国と留保国の間で、「留保に係る規定は、……留保の限度において(to the extent of the reservation)適用がない」と規定する(第二一条三項)。ここでいう「留保の限度」の判断は容易でないが、拡張的異議の法的効果をこの枠内で説明できるかが問題の一つである[82]。また、拡張的異議が第六六条と第五部を一括して条約から分離することも問題になる。この点については、条約の可分性に関する規定(第四四条三項)の類推適用により、分離が認められるかどうか判断すべきであろう[83]。またその際、留保が条約目的と両立するかぎりで、その留保に係る規定は分離可能といわねばならない[84]。

拡張的異議は、条約法条約の柔軟な留保制度がもたらす留保国の過度に有利な地位を是正し、異議申立国との間で相互性を回復するため[85]、留保への現実的な対応策として案出された新しい実行である。この柔軟な留保制度は、一面、「合意に基礎を置く(consensual)」ことに特徴づけられており[86]、新たな留保と異議の実行にも、締約国の合意を基礎にして柔軟に対応することを可能にする。また、拡張的異議は、留保に対する異議の単純な申立てを越えるが、条約の効力発生を否認することよりも穏やかな対応であり、これを柔軟な留保制度の枠内で捉えようとすることが無理とは思われない。例えば、ガヤ(Gaja)は、拡張的異議を「条約関係の部分的拒否」と捉え、次のように述べている。

「部分的拒否は、留保の意図された効果を越える限度において、留保国との関係で条約の内容を修正するから、部分的拒否が有効となるためには、留保国の側での受諾または黙認が必要であると思われる。これがなければ、条約関係は、留保国とこの関係を部分的に拒否する異議申立国との間で確立されない。」[87]
なお、拡張的異議（および同じ法的効果を意図する留保）に対して、これまで異議が申し立てられたことはない。

## あとがき

条約法会議において、日本は、第一九、二〇条に定める規則は「いずれの国が希望するいかなる留保をも事実上許容する効果をもつという望ましくない事態に導くおそれがある」[88]ことに懸念を表明していた。留保の濫用を防止するため、条約法条約は制度的保障を設けておらず、「専ら各国の自制と良識的態度のみ」に依拠することがどの程度有効であるかは疑わしい、とも指摘されている[89]。紛争解決条項に対する留保が、日本にとって、柔軟な留保制度の下で懸念された濫用の事例の一つであったことはたしかである。

しかし、条約法条約第六六条が定める紛争解決手続は、これまで利用されたことがなく、またその存在にさほど関心が払われてこなかった。もっとも、一般に紛争解決条項の意義は、現実にどの程度その手続が適用され紛争の解決をもたらしたか、のみによって判断されるべきでないことに留意する必要がある。義務的手続は、「その存在自体によって不合理な行動を抑制し、たとえ一度も援用されなくとも有用たりうる」[90]からである。日本も、紛争解決の過程における「最後の手段」として義務的手続を提案し、また、この手続の意義が「それの現実の利用よりも保障措置としての機能にある」ことを強調していた[91]。ただ、義務的手続が紛争の防止と解決の保障措置として機能するためには、所定の解決手段が整備されていることは不可欠である。この点でとくに問題なのは義務的調停制度であり、附属書に従って調停人を指名した国が限られるため、調停人名簿は極めて不十分なまま放置されている[92]。

第六六条の留保に対して、同条の難航した起草過程から予想されるほどには、異議が申し立てられなかった。条約法会議で専門顧問のウォルドックが指摘したように、「国は容易には留保に対して異議を申し立てない」[93]。そして、留保は、積極的な異議の申立てがないかぎり受諾されたものと推定されるのであれば、集団的判定制度はもとより、柔軟な留保制度が有効に機能する現実の基盤は存在しなくなる。たしかに、留保に対する諸国の反応は鈍い。その原因を外交関係の処理に携わる当局の多忙さに求め、むしろ、留保について黙示の受諾を認める規則は実務の現実を十分に考慮していない、と批判する見解がある[94]。また、異議申立国が条約の効力発生を否認するについては、留保国との力関係が心理的に影響するとの指摘もある[95]。さらに、人権条約の場合、留保に対する積極的な対応が少ないのは、条約目的を達成するうえで、それが必ずしも得策ではないとの考慮によるともいわれる[96]。

条約法条約は当事国が締結するすべての条約に適用される規則を定めているだけに、留保に反対して条約全体の効力発生を否認することは、国際関係の法的安定にとって望ましいことではない。拡張的異議は、留保に反対しつつその法的効果を「留保の限度」にとどめようとする点で、条約法条約が異議申立国に認める二つの極端な選択肢に替わる、より現実的な対応策といえる。拡張的異議に対して、積極的な異論がみられない理由の一つはそこにある。ただ、問題は、この拡張的異議が申立国の意図した法的効果を実際に伴っているかどうかである。この点で、紛争解決条項の留保に対する拡張的異議の実効性は限られている。

条約法条約中の規則のうち、「この条約との関係を離れ国際法に基づき条約を規律するような規則」は、当事国が締結するいかなる条約への適用も妨げられない（第四条但書）。したがって、第六六条の留保に対して拡張的異議を申し立てても、第五部中の規定のうち慣習法が規律する規則については、留保国が異議申立国と締結する条約に対して援用することは妨げられない。第五部の無効、終了原因に関する規定で、そのような性質の規則は少なくない(97)。そのかぎりにおいて、拡張的異議は意図した法的効果を伴っておらず、実際には、異議の単純な申立てと同じことになる。そして、このことは、条約の効力発生を否認する異議についても、同様に当てはまる。条約法条約の紛争解決条項の留保に対する異議が少なく、また拡張的異議に対して異議の申立てがないのは、このような事情によるものである。

(1) Multilateral Treaties Deposited with the Secretary-General, Status as at 31December 2000, Vol. II, ST/LEG/SER.E/19(Vol.II)（以下では、この文書番号のみで引用する）, p. 269.

(2) Jerzy Sztucki, "Some Questions Arising from Reservations to the Vienna Convention on the Law of Treaties," *GYIL*, Vol.20, 1977, pp.286-305. Ian Sinclair, *The Vienna Convention on the Law of Treaties* (2nd ed., Manchester University Press, 1984), pp. 65-68.

(3) Alan Pellet, Special Rapporteur, *First Report on the Law and Practice relating to Reservations to Treaties: Preliminary Report* (A/CN.4/470, 30 May 1995), pp.54-58, paras.115-125. 坂元茂樹（訳）「条約の留保に関する法及び実行についての第一報告書（二・完）」『関西大学法学論集』第四七巻一号（一九九七年）、一三九―一四三頁。

(4) 拙稿「条約法条約に対する日本の立場」国際法事例研究会『条約法――日本の国際法事例研究（5）』慶応義塾大学出版会（二〇〇一年）、二二一―二七五頁。

(5) 一九六二年草案についての書面による所見。Note Verbale of 4 February, 1964, *ILCYB*, 1966, Vol.2, pp.301-302.

(6) *GAOR*, 20th Sess., Sixth Committee, 844th meeting, 8 October 1965, para.2.

(7) 一九六六年草案についての書面による所見。UN. Doc. *A/6827*, 19 July 1967 and Add. 1 and 2, 31 August 1967. ほかに、*GAOR*, 21st Sess., Sixth Committee, 911th meeting, 17 October 1966, paras.2-3; *GAOR*, 22nd Sess., Sixth Committee, 981st meeting, 25 October 1967, paras.36-38.

(8) *GAOR*, 21st Sess., Sixth Committee, 911th meeting, 17 October 1966, para.3.

(9) *ILCYB*, 1966, Vol.2, pp.262, 263.

(10) A/CONF.39/C.1/L.339.

(11) *United Nations Conference on the Law of Treaties, Official Records*, First Session (Vienna, 26 March-24 May 1968) (A/CONF.39/11), Committee of the Whole, 68th meeting, para.5. この立場は、第五三条(一般国際法の強行規範に抵触する条約)の審議に際しても、繰り返し主張された。id., 55th meeting, para.30; *United Nations Conference on the Law of Treaties, Official Records*, Second Session (Vienna, 9 April- 22 May 1969) (A/CONF.39/11/Add.1), 20th plenary meeting, para.68.

(12) *Official Records*, Second Session, Committee of the Whole, 94th meeting, para. 76.

(13) 審議の経緯について、詳しくは、坂元茂樹「条約法条約における紛争解決手続をめぐる問題」『国際法外交雑誌』第七八巻一、二合併号(一九七九年)、九二—一〇〇頁。拙稿、前掲論文、注(4)、二三〇—二三二、二四五—二四七。

(14) A/CONF.39/L.47 and Rev.1.

(15) *Official Records*, Second Session, 35th plenary meeting, para. 8.

(16) A/CONF.39/C.1/L.352/Rev.3 and Corr.1 and Add. 1 and 2.

(17) 外務委員会議録第十号、昭和五十六年四月十七日、一四頁。

(18) Christos L. Rozakis, *The Concept of Jus Cogens in the Law of Treaties* (North-Holland, 1976), p.153.

(19) Note Verbale of 4 February 1964, *ILCYB*, 1966, Vol.2, p.303.

(20) *id.*, p.303.

(21) Sir Humphrey Waldock, Special Rapporteur, *Fourth Report on the Law of Treaties*, *ILCYB*, 1965, Vol.2, p.50.

(22) *Official Records*, First Session, Committee of the Whole, 21st meeting, paras. 27-29.

(23) *id.*, 24th meeting, paras.62-63.

(24)　A/CONF.39/C.1/L.133/Rev.1.

(25)　*Official Records*, Second Session, 10th plenary meeting, para.29.

(26)　*Official Records*, First Session, Committee of the Whole, 24th meeting.

(27)　Sinclair, *op. cit.,* supra note (21), p.63.

(28)　Shabtai Rosenne, “The Temporal Application of the Vienna Convention on the Law of Treaties,” *Cornell International Law Journal*, Vol.4, No.1, 1970, p.24. この見解の批判として、Paul V. McDade, “The Effect of Article 4 of the Vienna Convention on the Law of Treaties 1969,” *ICLQ,* Vol.35, Pt.3, 1986, pp.499-511.

(29)　小川芳彦「条約法条約に関する若干の問題」『国際法外交雑誌』第七八巻一、二合併号(一九七九年)、四八頁。

(30)　A/CONF.39/C.1/L.386/Rev.1.

(31)　*Official Records*, Second Session, Committee of the Whole, 100th meeting, para. 9.

(32)　*Id.*, para.39.

(33)　例えば、イスラエルは、「条約中の留保に関する実体的条項は完全に適切であり、最終規定中に留保に関しさらなる条項を設けないのが望ましい」と、またインドも、「留保の問題はすでに適切にカバーされている」と述べている。*Official Records*, Second Session, 34th plenary meeting, paras. 97, 99.

(34)　Sinclair, *op. cit.,* supra note (21), p.80.

(35)　*Official Records*, Second Session, Committee of the Whole, 101st meeting, paras.4-5.

(36)　ST/LEG/SER.E/19(Vol.II), p.269. なお、日本の異議の第二点は次のとおりである。「二、日本政府は、シリアが提示した第五二条の解釈はウィーン会議で強制の問題に関して到達した結論を正確に反映していないので、これを受諾しない。」これは、シリアの次のような留保に対するものである。

「D．シリア・アラブ共和国は、第五二条の規定を次のように解釈する。

この条で用いられた“the threat or use of force”の表現は、経済的、政治的、軍事的および心理的な強制ならびに国の意向および利益に反して条約の締結を強要するあらゆるタイプの強制を含む。」*id.*, p. 267.

この問題ついては、坂元茂樹「強制による条約の無効――“force”の解釈をめぐって――」『国際法の新展開（太寿堂鼎先生還暦記念論文集）』東信堂（一九八九年）、三三―六二頁。

(37) ST/LEG/SER.E/19(Vol.II), p.267. なお、五項目からなるシリアの留保と宣言は、他の国が行っている主要なものを集めたような内容であり、問題が多い。Charles de Visscher, “Une réserve de la République arabe de Syrie à la Convention de Vienne (1969) sur les traités,” *RBDI*, Vol.8, 1972, pp.416-418. 小川、前掲論文、注(29)、四八―五二頁。

(38) ST/LEG/SER.E/19 (Vol.II), p.267. なお、チュニジアは、条約法会議でのパッケージ提案の一提案国である。

(39) *Ibid.*

(40) *Id.*, pp. 272-273.

(41) *Id.*, p. 269. なお、この異議は、続けて、次のように述べている。

「二、日本政府は、ソ連政府が第二〇条三項に付した留保に対して異議を申し立てる。

三、日本政府は、条約の規定の他国による不遵守の場合に自国の利益を保護するためいかなる措置をもとる権利を留保しているドイツ民主共和国とソ連両政府の宣言に異議を申し立てる。」

日本が第三点で異議を申し立てた両国の留保は、他国の条約違反の問題を、条約法の平面での処理から、すなわち条約法条約の紛争解決手続を利用することなく、対抗措置などの国家責任法の平面に移し変えようとする点で問題がある、と指摘されている。坂元茂樹「国家責任法と条約法の交錯――二つの事例を手がかりとして――」、『関西大学法学論集』第五一巻二・三号（二〇〇一年）、二、二〇―二一頁。

(42) ST/LEG/SER.E/19(Vol.II), p. 264.

(43) *Id.*, p. 273.

(44) *Id.*, p. 265.

(45) *Id.*, p. 264.

(46) *Id.*, p. 267.

(47) *Id.*, p. 273.

(48) *Id.*, p. 272.
(49) *Id.*, pp. 273-274.
(50) *Id.*, p. 265.
(51) *Id.*, p. 268.
(52) *Id.*, pp. 264-265.
(53) *Id.*, p. 265.
(54) *Id.*, p. 266.
(55) *Id.*, p. 271.
(56) *Idid.*
(57) *Id.*, 270.
(58) *Ibid.*
(59) *Id.*, p. 271.
(60) *Id.*, pp. 271-272.
(61) *Id.*, p. 268.
(62) *ibid.*
(63) *Id.*, p. 270.
(64) *Id.*, p. 269.
(65) *Id.*, p. 271.
(66) *Id.*, p. 268.
(67) Paul Reuter, *Introduction au droit des traités* (Presses universitaire de France, 1995), p. 76.
(68) *ICJ Reports*, 1951, pp. 26, 29.
(69) この点の考察として、Karl Zemanek, "Some Unresolved Questions concerning Reservations in the Vienna Convention on the Law of Treaties,"

in Jerzy Makarczy (ed.), Essays in International Law in Honour of Judge Manfred Lachs (Nijthoff, 1984), pp.332-333.

(70) Sztucki, *op. cit.*, supra note (2), p.290.

(71) Zemanek, *op. cit.*, supra note (2), p.336.

(72) Frank Horn, *Reservations and Interpretative Declarations to Multilateral Treaties* (Elsevier Science, 1988), p.135.

(73) Sztucki, *op. cit.*, supra note (2), pp.291, 292.

(74) Anthony Aust, *Modern Treaty Law and Practice* (Cambridge University Press, 2000), p.127.

(75) Sinclair, *op. cit.*, supra note (2), p.68.

(76) *ICJ Reports*, 1951, p.24.

(77) このように、留保の許容性と受諾可能性は別個の問題とされた結果、許容性の推定を各国の受諾・異議の態様に求めうるかどうかをめぐって、後に学説が対立する。条約法条約に至る留保規則の変遷をとおしたこの問題の考察として、坂元茂樹「条約の留保制度に関する一考察——同意の役割をめぐって——」『転換期国際法の構造と機能（石本泰雄先生古希記念論文集）』国際書院（二〇〇〇年）、一六五—一九七頁。ここでは学説状況について立ち入らないが、詳しくは、中野徹也「条約法条約における留保の『有効性』の決定について(一)、(二・完)」『関西大学法学論集』第四八巻五・六号（一九九九年）、二〇二—二五四頁、第四九巻一号（一九九九年）、七二—九七頁。

(78) チュニジアの留保に対するアメリカの異議は、第六六条が、次に述べる第五部の実体規定のほか、第四二条とも分離できないと指摘するが、第四二条を無効、終了原因に関する実体規定と同列に第六六条と関係づけて論じることは適当でない。

(79) タンザニアの留保は、第六六条と第五部との緊密な結合関係を、拡張的異議とは逆の方向から捉える。ただ、そこでは、第五部のいずれかの規定を留保する国との関係で第六六条全体の適用を排除するが、いうまでもなく、第五部のいずれの条についても、第六六条の(a)および(b)が同時に適用されることはない。また、タンザニアの留保の効果は、他の国の留保に対する拡張的異議の中立国および拡張的異議と同じ内容の留保を行った国にも及ぶことに留意する必要がある。

(80) 条約法会議で、第六六条がパッケージ提案の一部として採択された経緯は、この点で考慮されうることである。package dealは、それが顕著でとくに注目された第三次国連海洋法会議に限らず、あらゆる多数国間条約の交渉過程において多少ともみられる共通の要素であり、条約法会議もその例外ではない。そして、取引の一面が後に留保されうるのであれば、そもそもパッケージの意味はなくなるため、「留保に従う package deal は、もはや package でもdealでもない」、と指摘されるとおりである。R. Y. Jennings, "Law-Making and Package Deal," in *Le droit international: unité et diversité, Mélanges offerts à Paul Reuter*(Pedone, 1981), pp.351-352.

（81）Sztucki, *op. cit.*, supra note (2), p.303.

（82）Pellet, *op. cit.*, supra note (3), pp.56-57, para.122. 坂元 前掲訳、注(3)、一四一頁。アンベールは、拡張的異議が "dans la mesure prévue par la réserve" の文言と両立すると述べる。Pierre-Henri Imbert, *Les réserves aux traités multilatéraux*(Pedone, 1979), p.265.

（83）シンクレアは、「交渉過程は、第五部紛争の解決のため自動的に利用可能な手続の挿入が、条約の無効、終了、運用停止に関する一連の実体規定に拘束されることについての多くの国の同意の本質的な基礎を形成していたことを、明確にかつ曖昧さを残さずに証明するが故に」、この類推適用が適切であるという。Sinclair, *op. cit.*, supra note (2), p.68. 可分性については、さらに、Catherine Redgwell, "Universality or Integrity? Some Reflections on Reservations to General Multilateral Treaties," *BYIL*, Vol.64, 1993, pp.266-267.

（84）Reuter, *op. cit.*, supra note (67), p.76.

（85）この視点からの詳しい考察として、D. W. Greig, "Reciprocity, Proportionality, and the Law of Treaties," *Virginia Journal of International Law*, Vol.34, No.2, 1994, pp.327-342. Jan Klabbers, "Accepting the Unacceptable? A New Nordic Approach to Reservations to Multilateral Treaties," *Nord. J. Int'l L.*, Vol.69, No.2, 2000, pp.179-193.

（86）ペレは、条約法条約の留保制度が「柔軟な」というよりも「合意を基礎にする」ものという。Pellet, *op. cit.*, supra note (3), p.31, para.61. 坂元茂樹(訳)「条約の留保に関する法及び実行についての第一報告書(一)」『関西大学法学論集』第四五巻六号(一九九六年)、一三七頁。

（87）Giorgio Gaja, "Unruly Treaty Reservations," in *International Law at Time of its Codification: Essays in Honour of Roberto Ago*(1987), p.326.

（88）*Official Records*, Second Session, 10th plenary meeting, para. 29.

（89）小川、前掲論文、注(29)、五三頁。

（90）J. G. Merrills, International Dispute Settlement(3rd ed., Cambridge University Prss, 1998), p.117. 長谷川正国(訳)『国際紛争処理概論』成文堂(二〇〇二年)、一二〇頁。

(91)　*Official Records*, Second Session, Committee of the Whole, 94th meeting, para.77.

(92)　これは、多くの国が仲裁人の指名を、五年の任期の満了後、更新しなかったことによるもので、日本もその例外ではない。

(93)　*Official Records*, First Session, Committee of the Whole, 24th meeting, para.9. このような一般的傾向は、豊富な資料に基づいて論証されている。Imbert, *op. cit.*, supra note (82), pp. 376-383.

(94)　Aust, *op. cit.*, supra note (74), pp.115-116.

(95)　Sinclair, *op. cit.*, supra note (2), p.63. この点で、イギリスが、ソ連の留保に対して、条約の効力発生を否認する従来の立場を変更し、拡張的異議を申し立てたことは示唆的である。

(96)　Aust, *op. cit.*, supra note (74), pp.119-120.

(97)　イギリスの拡張的異議は、おそらくこの点に留意して、第六六条の挿入は「第五部中の国際法の漸進的発達を表現する部分がウィーン会議によって受諾される基盤であった」と述べている。ST/LEG/SER. E/19(Vol.II), p.271.
　条約法条約の規定が慣習法の「法典化」または新しい規則の「漸進的発達」のいずれであるかを区別することは困難な作業であるが、この点について、詳しくは、Sinclair, *op. cit.*, supra note (2), pp. 10-21. 経塚作太郎「いわゆる慣習法宣言条約としての『条約法に関するウィーン条約』」同『続　条約法の研究』中央大学出版部(一九七七年)所収、三―四五頁。また、ＩＬＣ草案の無効原因の考察として、太寿堂鼎「締結意思の瑕疵に基づく条約の無効原因――条約法草案第四三条～第四九条を中心として――」『国際法外交雑誌』第六七巻四号(一九六八年)、八一―九三頁。

# 第Ⅱ部　国際法における国家と個人

# 条約承継条約と最近の国家実行
## ――とくに自由権規約の承継に関連して――

安藤　仁介



## 一　はじめに

本稿の目的は、条約一般とくに「市民的及び政治的権利に関する国際規約（以下、自由権規約）」の承継にかかわる国家実行の分析をつうじて、(一)これらの実行が、一九七八年に採択された「条約についての国家承継に関するウィーン条約(以下、条約承継条約)」の関連規定とどの程度まで合致するか、(二)条約一般の国家承継と比べて、人権関係条約の国家承継には何らかの特徴があるか、という二つの問題を検討することである。

条約承継条約は永年にわたる国際法委員会の作業の結果、一九七七年から翌七八年にかけてウィーンで開かれた国際会議により採択されたが、その内容が必ずしも従前の国家実行を反映しておらず多分に立法的であって、「新独立国」に有利に過ぎるとの批判もあり、一九九〇年当時の当事国はわずか八ケ国に過ぎなかった[1]。しかしながら、社会主義の崩壊に伴い誕生したもしくは主権を回復した東欧の諸国が相次いで批准したことによって当事国数が一五に達し[2]、同条約は一九九六年にやっと効力の発生をみるに至ったのである。効力発生が遅れた原因の一つは、そもそも条約の規定は当該条約の効力が発生して以後の事態にしか適用されないのであるから、アジアやアフリカの新国家がほぼすべて一九七八年以前に独立を達成していた事実に鑑みれば、これら諸国の条約承継についてウィーン条約承継条約の諸規定が適用される可能性がほとんど無かったことにあった。その意味で、社会主義崩壊後の東欧の新国家による条約承継の実行が同条約の関連規定とどの程度まで合致するかを検討することは、同条約の妥当性を確認するうえで、きわめて重要な作業だといえよう。

また、条約一般の国家承継と比べて、人権関係条約の国家承継には何らかの特徴があるか、という問題の検討に当たっては、一九九五年一一月三日、香港に関する英国の報告書の審査後に規約人権委員会[3]が議長声明の形で公表した見解に着目することが必要である。それによれば、「自由権規約によって保護される諸権利は、当事国の領域に居住している人々に所属するものである。長期にわたる慣行が示すように、委員会の一貫した見解によれば、ある領域に居住する人々が一旦自由権規約のもとで諸権利を保護されれば、その保護は領域とともに移管され人々に所属し続けるのであって、規約の保護する諸権利を人々から奪う目的で政府が変更したり、国家が複数の新国家に分裂したり、国家承継その他の行為を当事国がとったりしても、その保護は変わることがない」[4]。この原則は、中国が自由権規約の当事国でないため、香港が中国に返還されて以後も、同規約が香港に適用され続けることを狙ったものであって、〝自由権規約継続の原則〟と呼ぶことができようが、のちに規約人権委員会のジェネラル・コメント(一般的注釈)[5]に取り入れられた。ただしその内容は、条約一般の国家承継にかかわるウィーン条約承継条約の諸規定とは合致しない。したがって、自由権規約の承継にかかわる国家実行がこの原則の内容を裏付けるかどうかを検討することもまた、きわめて重要な作業であるということができよう。

## 二　分析の枠組み――自由権規約にかかわる国家承継の分類

さて、上述の目的のため、自由権規約の承継にかかわる国家実行を分析するに当たって、最初に分析の枠組みを明らかにしておこう。まず、本稿では、これまでに自由権規約の承継が問題となったすべての事例を分析の対象とする。したがって、さきに触れた東欧の諸国による承継以外の事例をも、分析の対象に加えることとする。また、ウィーン条約承継条約の分類を参考にして、これらの事例を「領域の一部移転」、「国家結合および併合」、「主権回復ないし分離独立」、「国家分裂」の四カテゴリーに分類し、各カテゴリーごとに承継の実態を検討していく。その際、一で述べたように、それらの実態が(一)条約承継条約の関連規定とどの程度まで合致するか、(二)規約人権委員会が採択した〝自由権規約継続の原則〟と合致するかどうか、の二点に留意することとする。また、実態の理解に必要な範囲で、承継の経緯にも触れることとする。いずれにせよ、この四カテゴリーに分類される事例は、つぎのとおりである。

（一）領域の一部移転……香港、マカオ
（二）国家結合および併合……イエメン、ドイツ
（三）主権回復ないし分離独立……バルト三国、ウクライナ、ベラルーシ、ＣＩＳ諸国
（四）国家分裂……ユーゴスラヴィア、チェコスロヴァキア

以下、この順序に沿って、各事例にかかわる自由権規約の承継の実態を検討していく。ただし、この検討は資料の入手可能な範囲に止まらざるをえないことを、あらかじめお断りしておきたい。

## 三　領域の一部移転

このカテゴリーに属する事例は、香港とマカオである。もっとも、両者はもともと中国の一部であった領域が「返還」された事例であり、しかもすぐあとで見るように、香港とマカオとでは事情が必ずしも同一ではない。だが両者はともに、一旦「割譲」された領域が「返還」されたものであって、領域に対する主権者または統治権者が変更したわけであるから、条約承継条約で扱う〝領域の一部移転〟に該当する事例と見ることができよう。

領域の一部移転にかかわる条約承継について、条約承継条約は「先行国の諸条約は（当該）領域に関して国家承継の日から効力を失」い、「承継国の諸条約は（当該）領域に関して国家承継の日から効力を有する」と規定している（第一五

条)。これは〝条約の領域的効力は主権ないし統治権とともに移動する〟という「条約境界移動(moving treaty-frontier)の原則」を具体化した規定である(6)。この原則によれば、英国やポルトガルが当事国であることによって香港やマカオに適用されてきた自由権規約は、同規約の当事国でない中国に両地域が返還されることにより、失効することになる。さきに見た自由権規約委員会の委員長声明は(7)、まさにこうした事態を避けるために公表されたものであった。そうした前提に立って、香港とマカオに関する承継の背景をやや詳しく検討してみよう。

## 1　香港(8)

香港は、アヘン戦争の結果一八四二年の南京条約により中国から英国に割譲された香港島、一八六〇年の北京条約で同様に割譲された対岸の九龍とストーン・カッター島、および一八九八年条約で九九年間租借された新界と周辺諸島、から成る英国の海外領であったが、一九八四年の英・中共同宣言により、一九九七年七月一日を期して中国に返還された。

ところで一九八四年の英・中共同宣言は、返還後の香港が「特別行政区」として中央政府の権威のもとで高度の自治と独自の立法・行政・司法機能を持つこと、市民の権利が特別行政区の法によって保障されること、を規定しており、また共同宣言の第一付属書第一一部は条約の承継について、

中国が当事国であるまたは当事国となる国際協定の香港特別行政区への適用は、同特別区の状況と必要に応じかつ特別行政区政府の意向を確かめてのちに、中国政府が決定する。中国が当事国でない国際協定で香港に適用されているものは、香港特別行政区で引き続き適用することができる。

と規定していた。この規定に基づき、英・中共同宣言によって設置された英・中合同連絡グループは二二五の多数国

間条約を検討し、そのうち一二を除くすべての条約を香港に適用し続けることに合意したのである[9]。

そして一九九七年六月二〇日、この合意のもとで中国政府は国連事務総長に通告書を送り、通告書の付属書に掲載された多数国間条約が一九九七年七月一日以降「香港特別政区に適用され続ける」旨を国際連合または専門機関の加盟国に通知するように要請した。通告書の第二付属書には、中国が当事国ではないが香港に適用されていた八七の多数国間条約が掲載されていたが、このなかに自由権規約は含まれていなかった[10]。ただし、一九八四年の英・中共同宣言の第一付属書第一三部は「香港に適用されている国際人権規約の諸規定は、効力を持ち続ける」と明記しており、これを受けて一九九〇年四月四日、中国の全国人民代表会議（議会）が制定した「香港特別行政区基本法」の第三九条は「香港に適用されている市民的及び政治的権利に関する国際規約……の諸規定は、効力を持ち続け、香港特別行政区の法をつうじて実施される。香港の住民が享有する権利および自由は、法の規定によらない限り、制約されない。ただしそのような制約は、前記の規定に反することはできない」と定めた[11]。

このように香港に関する国際条約の承継については、第一に、ウィーン条約承継条約の一般規定と合致しない国家実行が見られた。第二に、香港に関する自由権規約の承継は、一九八四年の英・中共同宣言自体の規定に基づいてなされ、他の多数国間条約のように同宣言で設置された英・中合同連絡グループによるケース・バイ・ケースの検討を経ることはなかった。その意味で、自由権規約は他の条約一般と異なった扱いを受けた、ということができよう。ただし、香港に関する自由権規約の承継は、英国の努力を踏まえた英・中両国の合意に基づくものであって、この合意の形成に当たり、両国が規約人権委員会のいう〝自由権規約継続の原則〟を念頭に置いていたか否かは定かでない。いずれにせよ中国は、香港特別行政区当局が準備した〝自由権規約の実施状況に関する報告書〟を国際連合に提出し、これを規約人権委員会が審査することを認めたのである[12]。

## 2　マカオ[13]

マカオと欧州との関わりは、一六世紀に東洋へ進出してきたポルトガルが当時の明朝の海賊討伐に協力した見返りとして、居住・通商・布教の権利を与えられた時期に溯る。その後マカオは、ゴアやマラッカと並んで、ポルトガルの東洋進出の拠点となったが、天然の良港である香港の発展に後れをとり、香港を含む外部からの訪問者の観光地として命脈を保った。ただし、英国への香港割譲に倣って、一八八七年にはポルトガルもマカオの領有権を獲得した。

しかし第二次大戦後、とくに一九七〇年代以降、マカオと香港の国際法上の地位には大きな差異が生じてくる。すなわちポルトガルでは、一九七四年のクーデターにより長期にわたったサラザール独裁体制が打倒され、民政移管後に採択された一九七六年憲法は反植民地主義の立場を取り入れて、ポルトガルの領土をヨーロッパ本土と大西洋のアゾレス、マディラ両諸島に限定した。その結果、マカオはポルトガルの領土から除外され、ポルトガルが統治しているが、中国へ返還されるべき領土と認識されるに至ったのである。したがって、一九七八年六月一五日にポルトガルが自由権規約を批准して以後も、同規約はポルトガルの領土でないマカオには適用されない状態が続いた。

ところが、英・中共同宣言による香港返還の動きに刺激を受けたポルトガルは、自らも一九八七年に中国と共同宣言を発表し、そのなかで、マカオはポルトガルが統治権を行使しているが、「中国の領土であり、一九九九年一二月二〇日をもって中国が主権の行使を再開する」旨を言明したのである[14]。また同宣言の第一付属書は、中国の主権行使再開後にマカオ特別行政区を設置し、中国が当事国でない国際条約であってもマカオで実施されているものは、特別行政区において実施され続けることができる、と定めた。さらにポルトガルは、これらとは別に両国大使間協定を締結し、中国による主権行使の再開後もマカオに国際人権規約を適用し続けることを、中国側に約束させた。これを受けて一九九三年三月三一日に全国人民代表会議が制定した「マカオ特別行政区基本法」の第四〇条は、さきに見た「香港特別行政区基本法」第三九条とまったく同旨の規定を置いている。

なお、ポルトガルは一九九二年一二月三一日の国会決議により、自由権規約を直ちにマカオにも適用することを定め、その後は自由権規約の実施状況について規約人権委員会へ提出する定期報告書のなかで、マカオにおける実施状況にも触れていた。

以上をまとめれば、マカオに関する自由権規約の承継についても、香港と同様に、第一に、ウィーン条約承継条約の一般規定と合致しない国家実行が見られた。第二に、一九八七年のポルトガル＝中国共同宣言により、中国が当事国でない国際条約であってもマカオで実施されているものは、中国の主権行使再開以後も実施され続けることができる、という条約一般の承継にかかわる規定にではなく、自由権規約の承継は両国大使間の特別な合意に基づいて処理された。ただし、香港の場合と同じく、承継は両国の合意に基づくものであって、この合意の形成に当たり、両国が規約人権委員会のいう〝自由権規約継続の原則〟を念頭に置いていたか否かは定かでない。

## 四　国家結合および併合

このカテゴリーに属する事例は、イエメンとドイツである。ただし、イエメンが文字どおり二つの既存国家が結合して一つの新しい国家が形成された事例と見ることができるのに対し、ドイツの場合は、ドイツ民主共和国（東ドイツ）がドイツ連邦共和国（西ドイツ）の新たな州に加えられた、言い換えれば前者が後者に吸収合併された国家併合の事例と見るべきであろうと思われる。

ウィーン条約承継条約は、イエメンのような国家結合の場合、特別な事情がないかぎり、いずれかの先行国について効力を有していた条約は当該先行国の領域に関してのみ承継される、と規定している(第三一条二項)。条約承継条約は、ドイツのような国家併合の場合に関する明文の規定を置いていない。しかし国家併合は、ある国家全体が他の国家の領域の一部となって自らは消滅するわけであるから、さきに見た〝領域の一部移転〟にかかわる「条約境界移動の原則」を類推適用して、併合される側の国家について効力を有していた条約は原則として失効し、併合する側の国家について効力を有していた条約が承継国の全領域に効力を及ぼすことになると考えるべきであろう。

### 1　イエメン(15)

アラビア半島の南端では、今世紀初頭に絶対王制を樹立し第一次大戦後トルコの支配を離れたイエメン王国が、サヌアを首都として存在していたが、一九六二年のクーデターにより王制が倒され、イエメン・アラブ共和国と国名を変更した。他方、これに隣接する東部地域は一九世紀以来、英国のアデン植民地となっていたが、第二次大戦後に民族独立運動が激化し、一九六七年には南イエメン人民共和国として独立を達成、一九七〇年にイエメン人民民主主義共和国と国名を変更した。このうち、後者は一九八七年五月九日、自由権規約の当事国となり、一九八九年一〇月には第一回報告書を提出して規約人権委員会の審査を受けていた。その後、両国間で合併の機運が高まり、一九九〇年五月二二日、両国は結合してイエメン共和国となり、首都をサヌアに定めた。

およそ条約はとくに制約のないかぎり、当事国の全領域に適用されるものであり、これに関連して、自由権規約第五〇条は「この規約は、いかなる制限又は例外もなしに、連邦国家のすべての地域について適用する」と規定している。

また、規約人権委員会は国家結合後の一九九四年一〇月にイエメンの第二回報告書を審査した際、イエメン共和国がイエメン人民民主主義共和国の規約当事国たる地位を承継したことを歓迎した(16)。うえに見たとおり、ウィーン条約承継条約は特別な事情のないかぎり、先行国の条約が当該先行国の領域に関してのみ承継される、と規定している。ただし、承継国が、条約は結合後の全領域に適用されることに合意する場合には、この制約は解除される。これらを総合すれば、規約人権委員会の歓迎に対してイエメン共和国側がとくに反論しなかった事実は、同国が自由権規約の全領域に対する適用を当然のことと考えて黙認した、あるいは事後的に追認したのと同じ効果を持つ、と見なすことができるだろう。したがって、この国家実行はウィーン条約承継条約の関連規定と合致するものである。だが、条約一般の承継にかかわるイエメン共和国の国家実行に関する資料が入手できないので、イエメンの事例につき、〝自由権規約継続の原則〟に関する何らかの結論を導くことは困難である。

## 2　ドイツ

西ドイツによる東ドイツの国家併合と見なされるドイツの事例では、それ以前から両国がともに自由権規約の当事国であった、という事実に注目することが必要であろう。すなわち、東ドイツは一九七三年一一月八日に、西ドイツは同年一二月一七日に、それぞれ自由権規約を批准していたのである。しかし、併合に先立つ一九九一年八月三一日に両国間で締結された「統一条約」第一一条は、つぎのように規定した。

締約国の了解によれば、ドイツ連邦共和国が当事国である国際条約および協定は、国際機構または国際組織の加盟国の地位を定めるものも含めて、その効力を維持し、そこから生じる権利および義務は……本条約第三条で定める(ドイツ民主共和国の)領域に及ぶ。調整が必要な場合は、全ドイツ政府が各条約および協定の相手国と協議する[17]。

この規定の内容は、国際連合の加盟国および多数国間条約の寄託者に通告された。そして、各条約および協定の相手国との協議により、西ドイツが当事国であったほとんどの二国間および多数国間の条約や協定の効力は旧東ドイツの領域に拡大した。このなかには、たとえばＮＡＴＯ（北大西洋条約機構）の設立条約が含まれており、同条約の適用範囲は、統一後のドイツの全領域に及ぶことになった[18]。

また統一条約第一二条は、ドイツ民主共和国が当事国である条約については、統一後のドイツ政府がそれぞれの相手国と協議して、その効力を定める、と規定していたが、協議の結果ほとんどの二国間条約は失効し、多数国間条約についても、スプートニク機構設立条約など少数の例外を除いて、すべて失効した[19]。これによって、東ドイツは国際連合をはじめとする国際機構の加盟国資格を失うことになった[20]。さらに、たとえば東ドイツが批准していた一八のＩＬＯ条約と西ドイツのみが批准していた四四のＩＬＯ条約は効力を維持し続けるものとされた[21]。

さきに指摘したとおり、両ドイツをめぐる条約承継の実行は、「国家結合」よりも「領域の一部移転」に関するウィーン条約承継条約の規定によりよく合致する、ということができるだろう。また、自由権規約の承継も他の条約一般の承継と同様に処理された、といえるであろう。

## 五　主権回復ないし分離独立

このカテゴリーに属する事例は、すべて東欧諸国とりわけ旧ソ連に関係するものである。ただし、それぞれの事情は同一ではないので、事情の比較的似通った三つのグループに細分し、①エストニア、ラトヴィア、リトアニアのバルト三国、②ウクライナ、ベラルーシの二国、③いわゆるCIS諸国、の順に検討を進めたい。だが、検討に先立って、つぎの二点に留意することが肝要である。

それは、まず、ロシアの国際法上の地位である。周知のとおり、旧ソ連は第二次大戦の戦勝国のなかで五大国の一つに数えられ、国際連合憲章のもとで安全保障理事会の常任理事国として拒否権を与えられていた。また、NPT(核兵器不拡散条約)のもとでは、「核兵器国」に分類されていた。このソ連の地位をソ連の解体後どのように扱うかは、国際社会にとって重大な関心事であった。のちに見るように、結論的には、ソ連の地位はロシアが引き継ぐこととなり、その意味でロシアはソ連の継続国家と見なされることになった。つまり、旧ソ連が当事国であった条約は原則として、ロシアが承継することになったわけである[22]。

つぎに、東欧諸国の国家承継については、一九九一年一二月一六日にEC(欧州共同体)が「東欧およびソ連における新国家の承認に関する指針」[23]を閣僚会議の宣言の形で発表したことである。この指針は、東欧とソ連の新国家の承認に関するEC加盟国の共通政策を示すものであり、そのなかで、被承認国が「ヘルシンキ最終議定書やパリ憲章で合意した……法の支配、民主主義、人権にかかわる誓約」を尊重することを求めている。これは、少なくとも間接的に、新国家が欧州人権条約等の当事国となるべきことを示唆するものであって、新国家の人権関係条約批准に影響を与えたものと思われる。つまり、自由権規約の承継にかかわるこれら新国家の実行を検討する際には、この指針の存在を無視することはできないのである。

## 1　バルト三国

エストニア、ラトヴィア、リトアニアのバルト三国は、それぞれ長期にわたり周辺の大国の支配下に置かれていたが、第一次大戦後に相次いで独立を達成し、一九二一年には国際連盟の加盟国となった。しかし第二次大戦中に、独ソ協定によるソ連軍の占領下でソ連に併合され、形式的にはいずれもソヴィエト社会主義共和国連邦を構成する共和国の一つになった。けれども、ベルリンの壁の倒壊に始まる社会主義の崩壊の過程で、リトアニアは一九九〇年三月一一日、エストニアは同月三〇日、ラトヴィアは同年五月四日、それぞれに「独立回復」を宣言した。かれらの立場によれば、ソヴィエト共和国時代はソ連の軍事占領下に置かれていたに過ぎず、三国の国家性は継続していたのであって、社会主義の崩壊により、独立して国家機能を行使できる状況が現出したわけである。事実、西側諸国はソ連によるバルト三国の併合を認めず、戦間期も外交ないし領事関係を維持することに努めたものも多かった。そうした事情は、条約承継を含む三国との関係を欧州諸国が処理した方式に反映されている。

たとえば、一九九一年九月五日、外交関係の再開に際して発表した共同コミュニケのなかで、ベルギーは一九二一年にラトヴィアを法的に承認し両国間に外交・領事関係が設立されたこと、またベルギーは五〇余年にわたるソ連の違法なラトヴィア併合を決して承認しなかったこと、さらにベルギーは今回のラトヴィアの独立回復を歓迎し外交関係を再開すること、そして「過去の多数の条約を新しい政治的・経済的環境に適応させるように両国が検討する」こと、を強調した(24)。オランダ外相もまた、一九九一年八月三〇日に議会へ送付した文書のなかで、オランダはバルト三国を一九二一年に承認して領事関係を開き、これを外交関係に発展させたこと、ＥＣ諸国はソ連のバルト三国併合を法的には承認しなかったこと、オランダはバルト三国が国家承継に関する現行国際法を遵守するものと考えていること、現在の状況はオランダが三国の独立を承認し外交関係を樹立するのに適切なこと、を指摘した[25]。そしてノルウェー外相は、リトアニアとの二国間関係に関する一九九四年四月二〇日の合意議定書のなかで、ソ連によるリトアニアの違法な併合を承認しない旨を断言し、ノルウェーとソ連間の条約をノルウェーとリトアニア間には適用せず、一九二〇年と一九四〇年のあいだにノルウェー＝リトアニア間で締結された条約が効力を持ち続けることを認め、そうした前提に立って二つの両国間条約（一九二三年の通商航海条約と一九三〇年の自動車等の関税の相互免除条約）の終了に合意すること、を表明した[26]。

このように、バルト三国にかかわる条約承継の実行は、他国による違法な軍事占領からの独立の回復、すなわち「主権回復」の事例と見るべきであり、ウィーン条約承継条約の「新独立国」に関する諸規定を類推適用すべきではないか、と思われる。これらの諸規定は、「新独立国は、国家承継の日に国家承継が関連する領域に関して条約が効力を有していたという事実のみによっては、いかなる条約の効力を維持する義務も、またはいかなる条約の当事国となる義務も負わない」という第一六条の規定に代表されるように、条約の承継にかかわる「新独立国」の裁量の余地を大幅に保障している。これは、多数国間条約についても、特別な事情のないかぎり、〝単なる通告によって当事国としての地位を承継することができる〟とする第一七条の規定にも現れている。そして、はじめに指摘したとおり、一九七八年のウィーン条約承継条約の関連規定の内容が従前の国家実行と比べて、「新独立国」に有利に過ぎるとの批判が、同条約の発効を遅らせた一因だと考えられている。もっとも、同条約の規定が保障するような大幅な裁量の余地を、バルト三国が現実に持ちえたどうかは、慎重に検討することが必要であろう。

いずれにせよ、自由権規約については、エストニアは一九九一年一〇月二一日、ラトヴィアは同年一一月二〇日、リトアニアは翌九二年四月一四日、それぞれ同規約を批准する手続をとっている。ソ連が一九七三年に同規約を批准し、規約人権委員会へ提出する報告書のなかにバルト三国の領域における情報を含めていたことからすれば、三国が同規約を比較的早い時期に批准した事実は、〝自由権規約継続の原則〟に即していると評価しうるかも知れない。しかしながら、三国がソ連の軍事占領中も自らの国家性を維持し、社会主義の崩壊後に独立・主権を回復したという立場をとっている以上、かれらをソ連の承継国と見ることは困難である。むしろ、三国の批准はソ連との継続性を否定し、かれらがあたらしく自由権規約に加入する方法を選んだものと見るべきであって、〝自由権規約継続の原則〟の実例と考えるのは不適切であろう。

## 2　ウクライナ、ベラルーシ

ウクライナとベラルーシの二国は、バルト三国と同様に、周辺の大国の支配下に置かれた歴史を持つが、第一次大戦中のロシア革命以前から帝政ロシアの一部であり、かつ革命以後もソ連の一部であり続けた点で、バルト三国とは異なる。また、両国は第二次世界大戦後にソヴィエト社会主義共和国連邦を構成する共和国のそれぞれ一つであった点では、バルト三国と同じであるが、バルト三国と異なり、ウクライナとベラルーシは国際連合設立時の特異な事情によって当初から国際連合とその専門機関（ただしＦＡＯ〔食糧農業機構〕を除く）の加盟国であった。そのため、これらの国際機構の基本文書となる条約の承継は、ウクライナとベラルーシについては問題とならなかった。同様に、国連事務総長が寄託者である人権関係条約の国家承継も問題とならなかった。とくに自由権規約については、ソ連は一九七三年一〇月一六日に自由権規約を批准していたが、ウクライナとベラルーシもともに同年一一月一二日、ソ連とは別に同規約を批准していたので、一九九一年のソ連の解体後も、両国は同規約の当事国であり続け、その承継は問題とならなかったのである。

しかしながら、のちに見るように他のCIS（独立国家共同体）諸国がソ連から分離独立した一九九一年には、ウクライナは八月二四日、ベラルーシは翌二五日に独立を宣言し、それぞれの憲法を制定した。そして、両国は人権状況に関する報告書を従前どおり規約人権委員会に提出し、その審査を受け続けているが、報告書の内容はそれまでと比べて際立った違いを見せるようになった。いずれにせよ、同年一二月八日、ウクライナとベラルーシはロシアとともに「CIS創設協定」に合意し、そのなかで〝ソヴィエト社会主義共和国連邦がもはや存在しないことを宣言〟するとともに、同連邦が「締結した条約及び協定のもとでかれらが負う国際的な義務を履行することを約束」したのである[27]。ウクライナとベラルーシは、バルト三国のような主権回復の事例ではなく、分離独立の事例と見なされるので、条約承継条約の関連規定によれば、「承継の日に先行国の全領域について効力を有するいかなる条約も……各承継国につき引き続き効力を有する」（第三四条一項a）ことになる。したがって、条約一般の国家承継にかかわる両国の実行は、この関連規定の内容と合致するものだといえよう。ただし、核軍縮関係の諸条約とくにNPT（核兵器不拡散条約）にかかわる承継については、つぎのCIS諸国の項で検討するように、これとは違った実行が見られることになった。

### 3　ロシア、ウクライナ、ベラルーシを除くCIS諸国[28]

ソ連の継続国家となったロシア、うえに見たウクライナとベラルーシの三国を除くCISの九ケ国は、すべて一九九一年中にソ連からの分離独立を宣言した。これを時期順に見ると、グルジアが四月九日、モルドヴァが八月二七日、アゼルバイジャンが八月三〇日、キルギスとウズベキスタンが八月三一日、タジキスタンが九月九日、アルメニアが九月二三日、トルクメニスタンが一〇月二七日、そしてカザフスタンが一二月一六日、となっている。

このうち、グルジアを除く八ケ国は同年一二月二一日にアルマ・アタ宣言を採択し、そのなかで「旧ソヴィエト社会主義共和国連邦が締結した条約および協定から生じる国際的な義務を、各自の憲法手続に従って履行することを保障する」ことを表明した[29]。さらに、一九九二年七月六日のCIS加盟国共同了解覚書は、〝多数国間条約の承継にかかわる諸問題は国際法の諸規則に従って各加盟国が決定する〟旨を規定した[30]。この規定を上述の「CIS創設協定」の規定と比較すれば、〝ソ連の条約上の義務を原則として承継する方向から、承継を各加盟国ごとの手続に委ねる方向へ〟力点が移っているように思われる。こうした力点の移行が何を意味したのかは不明である。だが、CIS諸国にかかわる条約承継のなかで、もっとも大きな問題の一つは、米ソ間のSTART（戦略核兵器削減条約）やABM（対弾道ミサイル制限）条約、とりわけ多数国間条約であるNPTの目標実現にとって、条約承継がマイナス作用を及ぼさないことをいかに確保するか、であった。

CIS諸国のような分離独立の事例に関する条約承継条約の規定によれば、旧ソ連時代に全領域に配備された核兵器・核弾頭はロシアのみならず、ウクライナ、ベラルーシ、カザフスタンなど他のCIS諸国にも散在しており、それらの諸国がNPT上の「核兵器国」の地位を承継することになりかねない。しかし、そうした事態は国際平和・安全に対する脅威となるばかりか、NPT自体の目的を阻害するものである。結局、米ソの協力により、CIS諸国の領域に配備されていた核兵器・核弾頭がロシアに移され、ウクライナ、ベラルーシ、カザフスタンが「非核兵器国」としてNPTに加入することにより、事態は収拾されたが[31]、この国家実行がウィーン条約承継条約の関連規定と少なくとも形式的に合致するとは考えられない。

なお、うえに挙げたCIS九ケ国はすべて、一九九二年に国際連合に新規加盟を申請し、これを認められた。また、九ケ国のうち、アゼルバイジャンは同年八月一三日、モルドヴァは翌九三年一月二六日、アルメニアは同年六月二三日、グルジアは九四年五月三日、キルギスタンは同年一〇月七日、ウズベクは九五年九月二八日、トルクメニスタンは九七年五月一日、タジキスタンは九九年一月四日、それぞれ自由権規約を批准したが、カザフスタンのみは今日まで批准していない。批准したＣＩＳ諸国はいずれも、旧ソ連から分離独立した新国家として加入手続をとっており、かつ個別バラバラに七年近い期間にまたがって批准しているのであって、この実行もまた、〝自由権規約継続の原則〟によるものとは考えがたい。

## 六　国家分裂

ここに国家分裂とは、先行国が二または三以上の新国家に分裂し、先行国自体は消滅するカテゴリーを指す。これに属する事例はユーゴスラヴィアとチェコスロヴァキアの二つである。

ウィーン条約承継条約は、〝国家分裂〟の場合の条約承継について独立した条文を置かず、〝分離独立〟の場合の条約承継を規律する条文が「先行国が引き続き存在すると否とにかかわらず」適用される、と規定している。したがって、先行国が消滅する〝国家分裂〟の場合でも、特別な事情のないかぎり、「国家承継の日に先行国の全領域について効力を有するいかなる条約も……各承継国につき引き続き効力を有する」ことが原則であるが、先行国の領域の一部がそのまま一承継国となる場合には、その一部につき「効力を有するいかなる条約も、その承継国のみについて引き続き効力を有する」ことが認められる（第三四条一項ａ、ｂ）。ただし、チェコスロヴァキアの分裂が合意に基づき円滑に進行したのと対照的に、ユーゴスラヴィアの分裂は民族間の武力闘争を伴う複雑な過程をたどることになった。以下では、条約承継に焦点を当てながら、両国の分裂の実態を検討してみよう。

### 1　ユーゴスラヴィア

そもそもユーゴスラヴィアの前身をなしたのは、第一次大戦後の一九一九年に樹立されたセルブ・クロアート・スロヴェーヌ王国であったが、同王国はその国名が象徴するように、多くの異質な要素を抱えもっていた。しかし、第二次大戦中、ナチス・ドイツの占領軍に対しユーゴの指導者チトーはパルチザン戦争を展開して、自力で全土を解放し、戦後は独自の社会主義路線を進めて、労働者の自主管理と地域・民族エゴの排除を基礎に「ユーゴスラヴィア社会主義連邦共和国」の統一保持に腐心した。だが、一九八〇年のチトーの死後、連邦制の維持は次第に困難となり、社会主義崩壊の潮流のなかで民族間の対立・抗争が武力紛争にまで激化して、ついに九一年六月二五日にはスロヴェニアとクロアチアが、九月一七日にはマケドニアが、そして一〇月一五日にはボスニア・ヘルツェゴヴィナが、それぞれ独立を宣言するに至ったのである。

このような事態の展開に対して、近隣諸国とくにEC諸国は、はじめユーゴの国家的統一を維持しつつ、紛争を鎮静化するように呼びかけたが、その呼びかけを実施に結び付ける効果的な手段を持たないまま、次第に分離独立を支持する方向へ転換していった(32)。一九九一年一二月一六日、「東欧およびソ連における新国家の承認に関する指針」がECの共通政策を示すものとして発表されたのは、まさにこうした事態に対処するためであった(33)。

他方、セルヴィアとモンテネグロで構成される新ユーゴは、自らがユーゴスラヴィアの継続国家であるとして、たとえばユーゴスラヴィアの国連加盟国としての地位を保持し続ける旨を主張していた。しかし、分離独立した四ケ国は、先行国たるユーゴスラヴィアは消滅したとして、いずれも新国家の資格で国際連合へ新規加盟を申請する手続をとり、スロヴェニア、クロアチア、ボスニア・ヘルツェゴヴィナの三ケ国は一九九二年五月二二日に、マケドニアも翌九三年四月八日には加盟を承認された。国際連合の各機関も新ユーゴの主張は認めず、新ユーゴ代表団の会議参加を拒否し続けた。結局、新ユーゴも主張を撤回して、四ケ国と同様に新規加盟を申請する手続をとり、二〇〇〇年一一月一日に加盟を認められたのである。

新ユーゴを含む五ケ国が、条約一般の承継について、どのような行動をとったかは必ずしも明らかではない。だが、たとえば一九九二年二月一一日にスウェーデン外相は議会における質問に対して、「……ユーゴスラヴィアが過去に遵守してきた規則や義務を新国家も遵守するように期待されている」と答弁しており[34]、スイス外務省国際法部の一九九四年一月二〇日付文書も、スイスが寄託者である多数国間条約の国家承継については、旧ユーゴの承継国は国家承継に関する国際法の原則に従い、かつ法的安定のために、反対の意思を表明しないかぎり、これに拘束される、と説明している[35]。また、オーストリアは一九九三年一〇月一九日付の[36]、ベルギーは九二年三月五日付の[37]、そしてオランダは同年七月三一日付の[38]、それぞれスロヴェニアとの交換文書、協約、共同宣言により、各国がユーゴスラヴィアと締結していた二国間条約を特別な事情がないかぎり双方で適用し続けることに合意している。このように、ユーゴスラヴィア分裂後の承継国は原則として、ユーゴスラヴィアが当事国であった条約を承継したように思われ[39]、その限りにおいて条約承継条約の関連規定に合致する実行を選んだ、と評価することができよう。

なお、ユーゴスラヴィアは一九七一年六月二日に自由権規約を批准しており、同規約が七六年に発効して以後、人権状況に関する報告書を提出し続けたが、武力紛争の激化と「民族浄化」事件に対応するため、規約人権委員会は一九九二年夏に新ユーゴ、クロアチア、ボスニア・ヘルツェゴヴィナの三者に対し、自由権規約の実施状況に関する特別報告書を提出するように要請した。そして三者が提出した報告書は同年一一月三日と四日にわたって、委員会で審査されたのである[40]。厳密にいえば、当時の三者とりわけクロアチアとボスニア・ヘルツェゴヴィナが自由権規約の当事国と見なしうるかどうか、疑義がなかった訳ではない。ただし委員会側としては、〝自由権規約継続の原則〟に依拠したものと思われる。それはともかく、新ユーゴ以外の四ケ国はすべて自由権規約を〝承継〟した。すなわち、スロヴェニアは九二年七月六日に、クロアチアは同年一〇月一二日に、ボスニア・ヘルツェゴヴィナは翌九三年九月一日に、マケドニアは九四年一月一八日に、いずれも自由権規約の〝加入書〟ではなく、〝承継書〟を寄託した[41]。加入書であれば、自由権規約の諸規定は寄託文書の発効日以降にのみ適用される。これに対して〝承継書〟であれば、自由権規約の効力は国家承継の日にまで遡及し、住民は同規約の保障を切れ目なく受け続けることができる。自由権規約が継続して適用されることこそ、〝自由権規約継続の原則〟の狙いであり、その意味で、これら四ケ国の実行は同原則に即したものであるといえよう。

## 2　チェコスロヴァキア

第一次大戦まえまでオーストリアとの結び付きが強かったチェコと、ハンガリーの支配下にあったスロヴァキアとは、オーストリア・ハンガリー帝国の敗戦後の一九一八年にチェコスロヴァキアとして合体・独立したが、同国は三〇年代末期ナチス・ドイツの拡張政策のもとで事実上解体するに至った。第二次大戦中ドイツの軍事占領下に置かれたチェコスロヴァキアは連合国軍によって解放され、六九年にはチェコとスロヴァキアの連邦国家制を採択した。しかし、歴史的・経済的・文化的差異の克服はむずかしく、社会主義の崩壊の流れのなかで一九九三年一月一日をもって「チェコスロヴァキア社会主義共和国」は消滅し、チェコ共和国とスロヴァキア共和国という二つの新国家が発足することになったのである。

先行国の消滅と承継国の誕生がこのように平和的な過程をたどった事実を反映して、チェコもスロヴァキアも国家承継に先立ち、国際的な義務の処理に関する政策を明らかにしていた。すなわち、チェコは一九九二年一二月一七日に議会が採択した宣言において、つぎのように声明した。

国際法の諸原則に従いかつそれらの定める限度において、チェコ共和国は一九九三年一月一日においてチェコスロヴァキアが締約国であった多数国間および二国間の条約および協定に拘束されるものと考える[42]。

スロヴァキアもこれより早く同月三日に議会が同旨の宣言を採択している[43]。またスロヴァキアは、チェコスロヴァキアが一九七九年に署名していたウィーン条約承継条約を一九九五年四月二四日に批准する措置をもとっている[44]。

両国はこの基本政策に基づいて、種々の国際条約を承継する措置をとっていった。たとえばチェコは一九九三年二月一六日以降、国連事務総長に宛てた五つの通告により、事務総長が寄託者とされているすべての多数国間条約を承継する意図を表明した。通告によれば、

国際法の諸原則に従いかつそれらの定める限度において、チェコ共和国はチェコスロヴァキアの承継国として、一九九三年一月一日、すなわちチェコスロヴァキアの消滅日において同国が締約国であった多数国間条約に、同国がそれらに付していた留保および宣言を含めて、拘束されるものと考える[45]。

そして通告は、チェコが〝すべての多数国間条約〟のなかに〝チェコスロヴァキアが署名はしたが、批准その他の最終的に拘束される旨の意思表示をしていないものも含まれる〟ことを明らかにしていた[46]。チェコはまた、これと同旨の通告を、ＵＮＥＳＣＯ(国際連合教育科学文化機構。一五条約が対象とされている。以下、対象条約の数のみ示す)、Ｉ

ＡＥＡ（国際原子力機関。三）、ＩＬＯ（国際労働機構。五七）、ＩＣＡＯ（国際民間航空機構。七）、ＷＩＰＯ（世界知的所有権機構。一二）、ＩＭＯ（国際海事機構。九条約と署名のみの四条約）、ＵＰＵ（万国郵便連合。三）など国連専門機関や類似の機関にも送付している[47]。ほかにチェコは国際新種植物保護連合（International Union for the Protection of New Varieties of Plants）、欧州審議会、欧州連合にも、同種の通告を送付している[48]。

さらにチェコは、国家を寄託者とする多数国間条約についても、同様の措置をとった[49]。条約名は省くが、寄託者たる国家には、カナダ、フランス、ドイツ、ハンガリー、メキシコ、オランダ、ポーランド、ロシア、英国、米国、スイスが含まれている。なお、条約のなかにはチェコスロヴァキアを寄託者としていたものがあったが、協議の結果その役割はチェコが引き継ぐこととなった[50]。

ところで、ウィーン条約承継条約は「国際機関の設立条約」の承継にも適用されるが、「ただし、加盟国の地位の取得に関する規則……の適用を妨げるものではない」との規定を置くことによって、同条約がそのまま国際機関の加盟国たる地位の承継に適用されるものではないことを明らかにしている（第四条ａ）。そのため、チェコは国際連合やその専門機関などに対して加盟国たる地位を〝承継〟するのではなく、新規に加盟する手続をとった場合がある[51]。

スロヴァキアも多数国間条約の承継について、チェコとほぼ同様の措置をとった。まず、一九九三年三月一九日に国連事務総長へ送付した通告において、

> 国際法の諸原則と諸規則に従いかつその定める限度において、スロヴァキア共和国はチェコスロヴァキアの解体から誕生した承継国として、一九九三年一月一日すなわちスロヴァキアが自らの国際関係に対する責任を負うことになった日において、一九九二年一二月三一日にチェコスロヴァキアが締約国であった多数国間条約に、同国がそれらに付していた留保、宣言および他の締約国の留保に対する異議を含めて、拘束されるものと考える、

と述べている。この宣言にいう〝多数国間条約〟に〝チェコスロヴァキアが署名はしたが、批准その他の最終的に拘束される旨の意思表示をしていないものも含まれる〟ことを明らかにしていた点は、チェコと同じである[52]。スロヴァキアも同旨の通告をＷＩＰＯ（対象とされた条約は「ＷＩＰＯ設立条約」のほか一二条約）、ＩＡＥＡ（設立条約を含む六条約。以下、対象条約の数のみ示す）、ＵＮＥＳＣＯ（一五）、ＩＭＯ（一二）、ＩＣＡＯ（一七）、ＵＰＵ（すべて。ただし実数は不明）のほか[53]、欧州審議会、欧州連合、鉄道協力機構（Organization for Railways Cooperation）、ダニューブ河委員会に送付している[54]。

スロヴァキアもまた、国家を寄託者とする多数国間条約について、条約承継の措置をとっている。条約名は省くが、寄託者には、ハンガリー、メキシコ、オランダ、スウェーデン、スイス、英国、米国、新ユーゴが含まれている[55]。さらに、国際連合をはじめ国際機関の設立条約についても、スロヴァキアがチェコと同様の加盟手続をとった場合もある[56]。

なお、自由権規約について、チェコスロヴァキアは一九七五年一二月二三日にこれを批准し、同規約の発効後は規約に基づいて報告書を提出し規約人権委員会の審査を受けてきたが、チェコスロヴァキアの解体後チェコは一九九三年二月二二日に、スロヴァキアは同年三月二八日に、いずれも〝承継書〟を寄託した。その効果は、旧ユーゴの承継国の場合と同じく、同規約の効力がチェコスロヴァキアの解体日にまで遡及し、その保障が切れ目なく継続する点に求められる。したがって、チェコとスロヴァキアの実行も〝自由権規約継続の原則〟に即したものである、といえよう。

# 七　おわりに

本稿の目的は、条約一般とくに自由権規約の国家承継にかかわる国家実行の分析をつうじて、(一)これらの実行が、一九七八年のウィーン条約承継条約の関連規定とどの程度まで合致するか、(二)条約一般の国家承継と比べて、人権関係条約とくに自由権条約の国家承継には何らかの特徴があるか、とりわけ規約人権委員会のいう〝自由権規約継続の原則〟が妥当するか、の二点を検討することであった。検討の対象には、自由権規約の承継が問題となったすべての事例を含め、これらの事例を「領域の一部移転」、「国家結合および併合」、「主権回復ないし分離独立」、「国家分裂」の四カテゴリーに分けて検討した。検討の結果は、つぎのようにまとめることができよう。

まず、(一)に関しては、「領域の一部移転」に該当する香港、マカオのいずれについても、条約承継条約にいう「条約境界移動の原則」は当てはまらず、両地域が中国へ返還されてのちも、自由権規約は適用され続けたが、それは関係諸国の合意によるものであった。「国家結合」に該当するイエメンについては、条約一般の国家承継に関する資料が入手できなかった。「国家結合」というよりも東ドイツの西ドイツによる「国家併合」と見るべきドイツの事例では、西ドイツにかかわる条約の効力が東ドイツにまで拡張適用された。条約承継条約は「国家併合」のカテゴリーに関する規定に欠けるので、(一)に答えることはできないが、実質的には「条約境界移動の原則」に見合う実行が見られたといえよう。バルト三国の事例は「主権回復」に該当するが、条約承継条約にはこのカテゴリーに関する規定も無く、むしろ「新独立国」に関する諸規定に類する実行が見られた。また、「分離独立」の事例と見られるウクライナとベラルーシについては、条約承継条約の関連規定に沿った実行が見られた。ただし、核軍縮関係の諸条約とくにＮＰＴの承継については、両国も同じ「分離独立」のカテゴリーに属するＣＩＳ諸国と同様に、条約承継条約の関連規定と少なくとも形式的には合致しない実行を選んだのである。もっとも、「国家分裂」に該当するユーゴスラヴィアとチェコスロヴァキアについては、ほぼ条約承継条約の規定に見合う実行が見られたといえる。これらを総括すれば、条約承継条約の関連規定に沿って処理された国家実行がそうでない国家実行よりも多い、と結論することができよう。しかし、そのためには、同条約に欠落しているカテゴリーの国家承継の事例について、同条約の諸規定を類推適用する作業が必須である。

つぎに、(二)に関しては、否定的な結論を下さざるをえない。第一に、イェメンの場合は条約一般にかかわる承継の資料が入手不能のため、ウクライナとベラルーシの場合は自由権規約の承継が問題とならなかったため、いずれも結論に繋ぐことができない。第二に、ドイツ、バルト三国、ＣＩＳ諸国(ロシア、ウクライナ、ベラルーシを除く)の場合はすべて、条約一般を承継しており、とくに自由権規約を特別扱いした形跡がない。とりわけバルト三国とＣＩＳ諸国は自由権規約を〝承継〟したのではなく、これに新規〝加入〟したのであって、かれらがソヴィエト社会主義共和国連邦の一部であった期間と加入の時期とのあいだには、切れ目がある。第三に、ユーゴスラヴィアとチェコスロヴァキアの解体・分裂後に誕生した諸国の場合は、自由権規約を〝承継〟した。しかし、一つにはかれらは条約一般を承継しており、自由権規約のみを例外的に扱ったわけではない。もう一つにはかれらはＥＣの「東欧およびソ連における新国家の承認に関する指針」のもとで、欧州人権条約はもとより自由権規約を批准すべく圧力を懸けられていた。したがってその分、かれらの〝承継〟の意義は割り引いて評価すべきであろう。第四に、香港とマカオの場合は英国とポルトガルの努力がなければ、両地区で自由権規約が適用され続けたか、疑問である。両国の努力があったからこそ中国は適用に合意したのであり、この合意に基づき自由権規約が継続適用されたのであって、〝自由権規約継続の原則〟により自動的に継続適用されたと見ることは困難であろう。

たしかに、規約人権委員会のいうように、国家承継の際に人権関係条約が領域とともに移管し、住民がその保障を受け続けることは望ましい[57]。〃自由権規約継続の原則〃はまさにそれを目指しているのである。とりわけ人権概念が、たとえば主権免除や多数国間条約の留保の分野において、既存の国際法規の再検討を迫っている事実は無視されるべきではない。しかしながら今日においてもなお、人権関係条約が条約承継条約にいう〃領域的制度〃のように、国家承継の影響を受けることなく効力を維持し続けると主張することは、立法論としてはともかく、実定国際法規としてはむずかしいように思われる。度を過ぎた立法論的主張は、かえって実定法の望ましい変動を阻害しかねない。それは、人権の国際的保障の分野においても、変わることのない真理である。

（1）ドミニカ、エジプト、エチオピア、イラク、モロッコ、セイシェル、チュニジア、ユーゴスラヴィアの八ケ国。

（2）ボスニア・ヘルツェゴヴィナ、クロアチア、エストニア、マケドニア、スロヴァキア、スロヴェニア、ウクライナの七ケ国が批准し、さきの八ケ国と合わせて、効力発生に必要な一五ケ国に達した。

（3）自由権規約に基づき、個人資格で選出される一八名の専門家から成り、当事国による同規約の国内的実施の監視を任務とする機関。

（4）United Nations, General Assembly Official Records·Fifty-first Session, *Report of the Human Rights Committee* (A/51/40) [hereafter cited as *Report of HRC* (A/51/40)], Vol.I, pp.16-17.

（5）See General Comment No.26 (Continuity of Obligations), para.4.

（6）See, for example, *United Nations Conference on Succession of States in Respect of Treaties*, Official Records (A/CONF. 80/16/Add. 2), Vol.III, p.38.

（7）前出、二三二―二三三頁参照。

（8）拙稿「主権（統治権）行使国変更後の自由権規約の適用」『国際人権』第八号（一九九七年）、五七頁以下、とくに六〇頁参照。

(9) A.Aust, *Modern Treaty Law and Practice*(Cambridge University Press, 2000), p.323.

(10) *Ibid.*, p.325.

(11) 前掲拙稿、注(8)、六〇頁。

(12) *Report of HRC*(A/55/40), Vol.I, p.40.

(13) 前掲拙稿、注(8)、六〇頁以下。

(14) Portugal, *Report on the Application of the Covenant in Macao*(CCPR/C/70/Add.9), p.1, paras.1-5.

(15) 前掲拙稿、注(8)、五七頁。

(16) *Report of HRC*(A/50/40), p.50, para.247.

(17) *ILM*, Vol.XXX(1991), p.457ff, 471-472.

(18) A.Zimmermann, “State Succession in Respect of Treaties”, pp.82-84, in J.Klabbers et al.(eds.), *State Succession and Issues of Recognition: The Pilot Project of the Council of Europe*(Kluwer Law International, 1999).

(19) *Ibid.*, p.88.

(20) *Ibid.*, pp.209-210.

(21) *Ibid.*, p.217.

(22) 後出、二四六―二四七頁参照。また、ＮＰＴに関する国家承継については、たとえば浅田正彦「ソ連邦の崩壊と核兵器問題(一・二完)」『国際法外交雑誌』第九二巻六号一頁以下(一九九四年二月)、第九三巻一号九頁以下(一九九四年四月)を参照。

(23) *ILM*, Vol.XXXI(1992), pp.1486-1487.

(24) J.Klabbers et al.(eds.) *supra* note(18), pp.176-177.

(25) *Ibid.*, pp.282-284.

(26) *Ibid.*, pp.298-299.

(27) *ILM*, Vol.XXXI(1992), p.142.

(28) 前掲拙稿、注(8)、五八頁。

(29) *ILM*, Vol.XXXI(1992), p.149. グルジアも一九九三年一〇月二二日にはCISの中核をなす諸処分書を批准して、加盟国となった。

(30) *RBDI*, tome 26(1993), p.627.

(31) 詳細は前掲、浅田論文、注(22)を参照。

(32) 事態の展開について、たとえば王志安『国際法における承認—その法的機能及び効果の再検討—』東信堂(一九九九年)、一六〇—一六四頁を参照。

(33) 前出、二四二頁参照。

(34) Klabbers et al.(eds.) *supra* note(18), pp.310-311.

(35) *Ibid.*, p.323.

(36) *Ibid.*, p.172.

(37) *Ibid.*, p.181.

(38) *Ibid.*, pp.286-287.

(39) *Ibid.*, p.106.

(40) *Official Records of the Human Rights Committee* 1992/1993, Vol.I, p.128ff.

(41) *Report of HRC*(A/51/40), Vol.I, pp.79 & 81.

(42) Klabbers et al.(eds.) *supra* note(18), p.402.

(43) *Ibid.*, p.480

(44) *Ibid.*

(45) *Ibid.*, p.404.

(46) *Ibid.*

(47) 国連専門機関への通告については、*ibid.*, p.406ff.

(48) *Ibid.*, p.414ff.

(49) *Ibid.*, p.418ff.

(50) *Ibid*., pp.430-432.
(51) *Ibid*., pp.434-438.
(52) *Ibid*., pp.480-482.
(53) *Ibid*., p.484ff.
(54) *Ibid*., pp.494-496.
(55) *Ibid*., p.496ff.
(56) *Ibid*., pp.504-506.
(57) See, for example, R.Müllerson,"Law and Politics in Succession of States: International Law on Succession of States", p.31, in B.Stern (ed.) *Dissolution, Continuation and Succession in Eastern Europe* (Kluwer Law International, 1998).

# 国際法委員会「国家責任条文」における私人行為の国家への帰属

薬師寺公夫



## はしがき

国連国際法委員会(以下、ＩＬＣという)が二〇〇一年に採択した「国家責任条文」は、第一部第二章「行為の国への帰属」において、連邦の州や自治体も含めた国家機関の行為については第四条で一括して処理し、他方広い意味で私人に関係する行為については五つの条文を設けた。後者は、第五条「統治権能の要素を行使する人又は実体の行為」、第八条「国が指揮し又は支配する行為」、第九条「公の当局が存在しない状況下で行われた行為」、第一〇条「反乱又はその他の活動団体の行為」、第一一条「国が国自身の行為として承認し又は採用する行為」である[1]。反乱活動に関する第一〇条が定める規則は、ＩＬＣ以前の国家責任法典化草案にも登場するが、第五条（私人に関係する限りで）、第八条、第九条、第一一条が定める規則は、ＩＬＣのアゴー以前の法典化草案には見られなかったものであり、国家責任法上、私人の行為が何らかの理由により国家の行為とみなされる場合を扱っている。

拙稿「国家責任法典化作業における私人行為と国家の注意義務―伝統的アプローチの軌跡」で確認したように、従来の法典化草案では、私人行為は国家に帰属しないという基本原則の下に、私人行為に関連した国の責任は、国家機関自らが相当の注意義務等の国際義務に違反した場合にのみ生じるという形で定式化が試みられた[2]。この定式はＩＬＣの国家責任第一読草案の第一一条にも置かれていたが、ＩＬＣが最終的に採択した「国家責任条文」からは、私人行為は国家に帰属しないという規定も、私人行為に関連して国の行為とみなされるものが国家に帰属することを妨げないという但し書き規定もすべて削除されている。反対に、私人行為が直接国家の行為とみなされる場合については第二読の過程で第一一条の規定が新たに追加され上記の五カ条が置かれた。そこでＩＬＣの「国家責任条文」第一部第二章は、一見したところ、私人行為は国家に帰属しないという基本原則が相当修正を受けたという印象を与える。確かに、純然たる私人行為は国に帰属しないが、私人行為に関連して国家機関の側に相当の注意義務などの国際義務の違反があった場合に国は国際責任を負うという基本原則は現在においても有効であろう。しかし「国家責任条文」は、行為の帰属に関する国際裁判例等の発展を考慮に入れて、一定の例外的場合には私人行為が事実上の国家機関の行為とみなされて直接国に帰属することもあることを認め、これを一般的な規準として定式化したのである。

ところで、田畑茂二郎は、一九三八年の「私人行為に依る国家の国際責任」において、黙示的加担説の理論的問題点を詳細に検討し、国家が責任を負うのは私人行為に対する国家の黙示的加担や間接責任によるのではなく、国家責任は「所謂国際標準の国家の私人の犯罪に対する領域高権に基づく相当なる機能が行われないことによって認められているのであり、私人行為と国際責任とを結ぶモメントは、所謂国際標準の国家―近代法治国家・文明国家としての国家の領域高権に基づく相当なる機能の中に求められる」と指摘し、私人行為に関連した国家責任規則の特質を喝破したが(3)、この論文は、一九三〇年代のソ連、ドイツ、中華民国等における「党独裁制」の出現や「国家統制の強化」といった国家機関をも凌駕するような政党の出現とそれが指導・指揮した行為に対して、私人行為に関連した国家の責任に関する「一般国際法」の規則はなお妥当性をもつのかという問題関心から出発したものであった。もっとも田畑は、私人行為に関連した国家責任に関する「一般国際法」規則の特質を提示することに焦点を絞ったため、右の問題関心に対しては、ただ「党独裁制」等の出現によって、現行の国際責任規則が真実の意味において危機だといえるかどうかは、これらの政治形態によって「一般国際法」のいういわゆる国際標準国家の機能(領域高権に基づく相当な機能)の変質や国家のいわゆる国際標準そのものの崩壊を意味する場合にはじめて可能となるのではないか、と問題提起するに留めた(4)。もっともここでは、私人と国家機関の峻別を前提として領域高権に基づく相当な注意義務違反の場合にのみ国に責任が生じるという一般国際法規則がそのまま妥当するのか(すなわち、そうした私人自体が国際法上責任を負う可能性も含めて)が問題とされており、ＩＬＣの国家責任条文が想定するように、国が正式な国家機関を使わず私人に対して指揮・命令をしたり、私人行為を国が追認し後押しするような事例などを念頭に置いたものでは必ずしもなかった。

ところで前述のＩＬＣ「国家責任条文」の諸条文は私人行為が国に帰属する五つの場合を定めるが、それらは相互に相乗的なものであり、いずれかの事由があれば私人行為は国の行為となる。また私人行為が国に帰属しない場合であっても私人行為に関連して国に注意義務等の違反があれば国家責任は生じるから、私人行為が国に帰属するか又は私人行為に関連して国家機関の側に国際義務違反があれば、とにかく国の責任は広く追及できることになる。したがって、こと国家責任の追及という点に限っていえば、国際違法行為の存在を証明しやすい方でアプローチすればよいということになり、国が私人行為に関して責任を負わなければならない場合は従前に比べて規定上は相当広がるということになる。

しかし、両者の場合、国が責任を問われる行為とその行為に適用される国際義務の内容は同一ではない。私人行為が直接国に帰属する場合は、当該私人行為それ自体が国の行為と認定され、当該行為に適用される国際法規則に照らして国際義務の違反の有無が評価される。他方、国の注意義務違反の場合は、私人行為自体は国の行為ではなく国が問われる義務違反も私人の行為を防止し、処罰することを怠ったことによる国際義務の違反となる。とすれば私人行為が直接国の行為とみなされて国際義務違反が問われる場合と、私人行為に関連して国家機関の注意義務の違反が問われる場合とでは、義務違反の内容が異なるはずだし、その法的効果としての国の賠償義務の内容にも相違が生じてもよさそうなはずである。もしそうであるならば、私人行為が事実上国家機関の行為と同視される場合と、国が注意義務を負うに過ぎない場合とを区別してその条件を明確化することは、法的に重要な意味があろう。

しかしながら、両者の場合に法的効果につき実際どの程度の差違が認められているのだろうか。もし、私人行為の国への帰属が当該私人行為の性格(例えば、私人の行為が国際犯罪に該当する行為である場合に、その犯罪行為が国に帰属するという具合に)も含めて国に帰属するというのであれば、両者の法的効果は大きく異なるものとなろう。しかし、これまでの実定法現象を見る限り、たとえ国家機関の地位にある者が国際犯罪行為を行ったとしても、行為の帰属の規則によって国の国際犯罪が導かれるわけでは決してない。それでは私人行為を事実上国の行為とみなす規準を一般規則として定式化する意味はどこにあるのだろうか。本稿では、こうした問題を考察する予備的作業として、ＩＬＣの「国家責任条文」第八条、第九条及び第一一条の起草過程を中心に検討し、さらにこの問題に関連したＩＣＪその他の若干の関連判決を併せ概観することで、問題の理論的整理の糸口をつかもうと思う。なお、本稿では第五条及び第一〇条は、ごく限られた範囲でしか扱わない。第五条は国家機関とは独立の人格をもつ公的な実体(公的行政法人や公企業等による出入国管理、検疫、警察任務等)や近年の民営化現象の中で国の機能であったものが私人化された場合(刑務所の民営化等)を想定するが、いずれも国内法で統治権能の要素を行使する権限が付与されることを前提としており、その限りで国家の権能を行使するものでありかつ私人にこの権限が付与されることは例外的であるからである。また第一〇条は、反乱活動団体が新国家や新政府を樹立した場合の当該団体の行為の国への帰属を主に扱うからである。

ところでＩＬＣは、行為の国家への帰属が事実的因果関係の連鎖を単に認定することにより認められるものではなく国際法によって決定される基準に基づいて認められる法的作用だという立場を採る[(5)]。これには異論がないわけではない。例えば、国家責任条文草案第二部の特別報告者であったアランジオ・ルイスは、行為の国への帰属とは、国際法上違法か否かの性質の決定と「責任の帰属」を法的に決定するために、国際義務違反を構成すると主張されている事実が実際に国から発しているのかどうかを確定する法解釈者の論理的作用に過ぎず(行為の国への事実としての付着factual appurtenance)、法的作用では決してないと批判していたし[(6)]、ブラウンリーも、帰属性(又は帰責性imputability)は不必要な概念と思われる、なぜならある状況の下で主要な問題となるのは義務の違反があるかどうかであって、帰属性は特定の義務や違反の性質などによって変化するし、帰属性は存在しないものを擬制するもので適用できないはずの代位責任という観念を想起させる、と批判する[(7)]。責任の帰属という形で過失の帰属を問題にするアランジオ・ルイスと客観責任を基本原則とみなすブラウンリー[(8)]では帰属(ブラウンリーは一貫してimputabilityを用いる)のニュアンスが若干異なる可能性はあるが、いずれにせよ、特定の文脈の下で国際法が要求する行為の基準(アランジオ・ルイスの場合これに加えて国際法が要求する責任の帰属)こそ決定的であって、行為の帰属といわれるものは右の判断をするための事実の評価ないしは擬制に過ぎないという主張である。過失まで含めた国家責任の根拠に関する基本的理論問題がこれらの批判には含まれているが、本稿ではそれらに立ち入ることはできない[9]。ここでは、こうした批判があること、しかしＩＬＣは基本的に行為の国への帰属と国際義務の違反という二要素をもって国際違法行為が成立し、前者の行為の帰属も国際法によって決定されるという理論枠組を前提として「国家責任条文」の一群の規則を体系化したということのみを確認して先に進む。

## 一　国際法委員会暫定草案における私人行為の国家への帰属

行為の帰属に関するＩＬＣの第一読草案は、アゴー提案に基づき、国家機関の行為(第五条)、統治権能の要素を行使する権限を与えられた他の実体の行為(第七条)、事実上その国のために行動する者の行為(第八条)など行為が国に帰属する場合に関する諸条文(帰属肯定条項)をまず定め、続いて、国のために行動しているのではない私人の行為(第一一条)、他の国の機関の行為(第一二条)、反乱活動団体の機関の行為(第一四条)など行為が国に帰属しない場合に関する諸条文(帰属否定条項)を定め、両者でバランスをとるという構造となっていた。この中で広い意味で私人行為に関連する条文としては、国家機関以外の実体(例外的に私人を含む)が国の統治権能の要素を行使する権限を国内法により付与された場合の行為の帰属を扱う第七条や反乱活動団体の機関の行為に関する第一四条も挙げられるが、ここでは検討対象を第八条に絞りたい。

## 1　私人行為の国家への帰属に関するアゴー提案

### (1)　アゴー提案の内容とその根拠

アゴーは、私人行為が事実上の官吏(*de facto* officials)の行為として国に帰属する場合があるとして、条文草案第八条に、「国内法上国の機関又は国と区別される公的機関としての地位を正式には有しない人又は人の集団であるが事実上公的な機能を遂行し又は事実上国のために行動するものの行為もまた、国際法上国の行為とみなされる」という規定を含めることを提案した[10]。

この規定には国に帰属する行為として「事実上公的な機能を遂行する(in fact perform public functions)」私人の行為と「事実上国のために行動する(in fact act on behalf of the State)」私人の行為という二種類があげられるが、アゴーはこれら二つの範疇を泰然と区別していたわけではない。アゴーによれば、国内法上は公的な地位を有していない私人又は私人の集団が公的地位を獲得することなく、通常は国の行政機関や他の公的機関が遂行すべき機能を事実として遂行したり、国のために役務を提供し又は特殊な職務を遂行することを要請されるような場合は、実にさまざまな状況があると述べて、そうした状況を並列的に例示し、一括して*de facto* officialsという概念で説明していた[11]。したがって、以下の例示も私人行為が*de facto* officialsとみなされる例示的列挙に過ぎず、私人行為が事実上国の行為とみなしうる余地を相当広く残すものであった。彼によれば、その典型例の一つが、なんらかの理由で正規の行政機関が消滅する場合であり、例えば、第二次世界大戦中に交戦国が占領された際に当該地域の行政機関が避難した結果、私人の委員会が自らのイニシアチブで一時的に公共役務を管理したり、命令を発したり、司法的機能を遂行したことがあったが、他にもこうした状況の下で私人が自らの発意で軍事的性質の機能を果たしたり、自然災害で行政当局が存在しなくなり私人が公的職務を遂行せざるをえなくなる場合などが想定される[12]。他方、自然災害等で国家当局が公的な任務を補助的に遂行するように私人に委任する場合や国が特定の任務を正規の官吏に委ねず私人を隠密に任命する場合あるいは隣国の反乱活動を支援するために私人集団を義勇隊として派遣する場合がある[13]。アゴーは、国内レベルでは私人が法律上の官吏に代わって例外的に公的任務を遂行した場合に生じた違法行為に対して国自身がしばしば責任を引き受けるが、「国際法主体としての国は、これら各種の行為に対しそれらが右のような機能、任務又は使命に関係しかつ国の国際義務に違反する結果となった場合には、なおさら責任を負うべきであ(り)」、「国際法の基本原則は、国という組織と問題となる行為者の間の公式な関係を基準とするのではなく、その遂行にあたって国際法に違反する作為又は不作為が行われた機能又は使命の公的な性格を基準とすべきことを要求する」と述べ、こうした場合に国が責任を負うことは先例(数は少ないが)及び国家実行によっても確認されているとした[14]。アゴーはこの種の先例や実行を、私人又は私人集団が、①警察や軍隊の補助部隊として使用され又は隣国へ義勇隊として派遣されるケースと、②外国領域である種の任務を実行するために雇われたケースとに分類し、前者の例としてザフィロ号事件(同号が米軍補助艦として使用され船長も水夫も海軍士官の指揮下にあったから同号の水夫の行為は米国に帰属すると判示した例とされた)、ステファンズ事件(制服・標章をつけていない警備隊をメキシコ軍補助部隊の地位を有すると正確に決定するのは困難だとしつつもメキシコのために行動していたとして兵士と同視しメキシコの責任を認めた事例とされた)、さらにスペイン内乱に参加した義勇兵の行為はその政府の行為で当該政府の責任であるとした連盟理事会でのメキシコ代表の発言をあげ、他方後者の例としては、ブラック・トム及びキングズランド事件(第一次世界大戦で米国が中立だったときに米国で行われた破壊活動(sabotage)がドイツの工作員の関与により行われたことが立証されるならドイツに責任があることを認めた事例とされた)、ロッシ誘拐事件でのスイスとイタリアの外交交渉(誘拐者がイタリア警察と合意の下に誘拐をしたとすればイタリアに責任があることは両者とも認めていた事例とされた)、アイヒマン事件でのアルゼンチンの主張と安保理の決議(アルゼンチンは、作戦は実際には政府の秘密部隊により行われたが志願者が政府の了知なしに行動したとしても外国の主権を侵害する行為をイスラエル政府が承認したことになると主張し、一九六〇年の安保理決議一三八はイスラエル政府に対し適当な賠償を要請した)などを挙げた[15]。アゴーは、こうしたケースに加えて、国家に統制された新聞、ラジオ、テレビ等により侵害を受けた他の国が侵害行為は事実上政府の指示を受けて行為しているという理由で国家責任を追及した国家実行があることにもふれ、事実上国のために又は国の教唆(instigation)で行動する私人の行為が国に帰属するという原則は実行上も争われていないし、学説も一致してこれを支持している、と結論づけた[16]。彼は、時として以上のような状況は一党制国家における党機関の行為と同視されるが、党機関の場合は国とは別個であっても法律上の公的な機関であって、一時的に国のために又は国家機関に代わって行動する私人と同視することはできないと説明している[17]。

以上の説明からも明らかなように、「事実上公的な機能を遂行し又は事実上国のために行動するものの行為」の国への帰属という規則は、通常の私人行為とは異なり私人が国の教唆や意を受けて又は特殊な状況の下で自発的に国の公権的機能を遂行する場合に対処しようとした提案である。換言すれば、国家が正規の機関を使うことなく私人を隠れ蓑として使用し、国際違法行為を行うという例外的場合に対処しようとした規定である。国の隠密行為を対象とするだけに先例が少ないことは否めない。そこでこの規則に関するアゴーの実証方法は、私人行為に関連した国の責任に関する第一一条案で見せた実証の手法とは明らかに異なり、こうした状況がある場合、私人行為を*de facto* officialsと位置づけて国に責任を認めることが正当であるということをまず述べ、国内法上の実行から類推して、国際法の場合には一層国に責任を認めるべきだと主張し、それを数少ない先例と国家実行で「裏付ける」という方法をとっている。

アゴーがいうように、私人行為が国内法の授権によるか（国内法上権限を付与された実体の行為は第七条の規律対象）事実上であるか（本条文案の規律対象）を問わず、一定の場合に私人行為を国の行為と同視すべき状況が生じていることは確かである。

**(2) 典型的な先例とその評価**

**(a) ザフィロ号事件**　米国船ザフィロ号から非番上陸した中国人水夫たちがマニラ船架会社の被用者の家屋・家財を略奪・破損したことにつき米国の国家責任が問われた事件であるが、被告米国が商船として登録されたザフィロ号は商船とみなされなければならず、その行為につき米国が責任を負う公船と認定されてはならないと主張したため、判決は、まず同船の性格を決定した。ザフィロ号は元は英国商船であったが香港で米国海軍提督デューイが購入し、海軍に就役することなく商船として登録され、購入前の英国人船長と中国人水夫が乗り組んでいた。ただし、商船としての登録は、貿易という一般目的のためではなく中立港で必要な物資及び石炭を獲得するという補給艦としての作戦上の目的のために行われ、同号には同提督の命令を受けその実行を監督するため海軍少尉と四名の兵員が乗り組んで船舶の運航を指揮していた。こうした証拠及び同号に関係した米国の判決などから裁判所は、ザフィロ号が本件発生時に米国が責任を負わない単なる商船だという事実にはほど遠く、「ザフィロ号はデューイ提督の艦隊の一部としてマニラ湾で活動する補給船であり、この目的のために乗り組んだ海軍士官及び水夫を監督する商船航海士を通じて提督の指揮下にあった」と認定した(18)。もっともこの判決の核心部分はここにあったのではなく、非番上陸した中国人水夫の略奪行為すなわち私人行為が米国に帰属するか否かにあったのであり、この点では判決は直ちに当該水夫の行為の米国への帰属を導き出したのではなく、水夫の性質を知りながら「略奪と破壊が確実な時（すべての士官がフィリピン人による略奪と破壊を目にしていた）に、この水夫たちを会社の家屋のある場所に監督者もつけずに上陸させたことは重大な過失である(highly culpable)」と認定して、ザフィロ号の上級船員の注意の欠如を米国に責任を負わせる直接の根拠としたのである[19]。

(b)ステファンズ事件　米国・メキシコ一般請求権委員会は、車中のステファンズを無謀な発砲で殺害した警備隊員の行為につきメキシコの直接責任(direct responsibility)を認めたが[20]、発砲した隊員はフエルタ革命の最中、連邦軍が他地域の反乱鎮圧のため同州を撤退した後にチワワ州に結成された非公式な地方的警備組織に所属していたため、委員会は、まず同警備隊の性格にふれ、「この警備隊の地位を陸軍の不正規な補助部隊と正確に決定することは、同警備隊が制服も標章も有していなかったためになおさら困難である。しかし、同警備隊はとにかくメキシコ又はその政治的下部組織のために(on behalf of)行為していた」と認定している[21]。これは、たとえ当該警備隊が不正規な補助部隊と認められない自発的私人集団だったとしても「とにかくメキシコ又はその政治的下部組織のために行為していた」のだからメキシコにその行為が帰属することを示した決定だといえる。「とにかく(in any way)」というのでは理由不備であるが、この前提の下に決定は、次の段階として、当該隊員が同警備隊の軍曹の下で任務中であり、民間人にも適用される「陸軍一般布告」の下で外形上行動していたこと、警備隊は制服もなく行為していたため外部の者が停止命令を発する権限があると認めるのは難しく農民や山賊のような外形からして発砲という強い措置をとる前には十分な注意が不可欠だったし、軍曹の命令に従ってまず車を制止すべきだったこと、当該隊員の発砲が先例に照らし無謀という性格を有することは疑いの余地がないこと、以上からして「本件のように、上官が現場にいてその命令下にあった兵士たちの行為に対しては国の責任は疑いない。事件当時事件現場であるチワワに存在している事情を考慮すれば、(当該隊員)は兵士とみなされるか又は同視されなければならない」としたのである[22]。決定の後半部分を見れば、警備隊が一般的にメキシコのために行為していたというだけでなく、問題の警備行為自体が陸軍一般布告に基づく形で行われ、発砲した隊員の行為も当該警備隊の上官命令の下で行われた(指示に逸脱していたかどうかの点にはふれていないが)ことをもって、メキシコ国の兵士の行為と同視したことがわる。このように決定は二段構えで構成されているが、本件は、特殊な状況下で自発的に結成され事実上国のために行動する私的組織の行為は国家行為となることを認めた先例といえる。

(c)**ブラック・トム及びキングズランド事件(サボタージュ事件)**　第一次世界大戦時米国がまだ中立だった時期に同国で起こった二件の大規模な火災事故がドイツの工作員(agent)又はその手下(sub-agent)による破壊活動であったかどうかが争われた事件である。本件では火災に対するこれらの者の関与(事実問題)の有無と証拠の信憑性が終始最大の争点となり、米独混合請求委員会は一九三〇年の決定で、火災がドイツ工作員の破壊活動により発生したことは証明されていないと判定したが、米国の再審請求に基づく一九三九年の決定は、ドイツ裁判官の辞任という異常な状況の下、新証拠の信憑性を認めてドイツの責任を認めた[23]。本件では国際法上の責任の問題は、「ドイツとアメリカ合衆国は協定を締結し、ドイツはその下で損害がドイツにより委任された工作員の行為から生じたものである場合には、合衆国が未だ中立の時期に同国市民に与えた損害に対し賠償責任を負うことを受け入れてい(た)」ために、委員会は、「自ら又は手下を雇って二件の放火に参加したことにより当該放火に責任があると主張されている複数の人物がドイツ当局と関係があり、しかもその内若干名がドイツ参謀部政治局の管理下にあったナドルニーとマルゲレと、又はヒンシュと特別の関係にあることからして、被疑者が実際に火災を発生させたのであればドイツは責任を負うと決定しなければならない」として、「特定のドイツの工作員の行為を通じて火災が生じたことを合理的に確信できさえすれば、ドイツに責任があることを直接証明する必要はなく、提出された証拠に基づいて責任があると判定することができる」(一九三〇年決定)と述べたにとどまる[24]。本件は、国家の特務機関と特別の関係にある私人工作員又はその工作員が雇った私人が外国又は第三国で破壊活動を行った場合、その破壊工作が当該工作員かその手下の仕業であることが証明されれば破壊工作を委任した国に責任が生じることを認めた先例というよりは、そのことを米独両国が協定で合意した国家実行の例だといった方が正確かも知れない。もっとも一九三〇年の委員会決定は、当時駐米ドイツ大使館が米独関係の緊張が高まる中ドイツが敵国に対し米国内又は米国から破壊活動を仕掛けることに反対していたこと、ドイツ参謀本部が行った破壊工作の授権が変更されたという証拠がないこと、米国が戦争に参加するまで米国には破壊活動に実際に携わる若干のドイツ工作員がいたこと、しかしその数は比較的少なく効率的に組織されていなかったことに加えてドイツ本国との連絡の困難性及び米国諜報部等の取り締まり活動で工作員の数も効率も弱体化していったことにふれ、こうした背景はそれがない場合とは違ってドイツに不利な推定をもたらすものであり、これを基にドイツの工作員の関与について証拠を吟味すると述べていた[25]。すなわちこの決定部分は、私的工作員を使った隠密の破壊活動の立証は困難な場合が多く、破壊工作がドイツにより画策されていたという一般状況を考慮して、特定の破壊活動に関する具体的指示が直接証拠により証明されなくても、問題の破壊活動にドイツと関連をもった人物が関与していた証拠さえあればドイツに責任を帰属させることができるということを強く示唆している。

このように、私人行為を事実上の国家機関の行為とみなすことができる場合があることは十分首肯できる。しかし、「事実上公的な機能を遂行し又は事実上国のために行動する」という相当曖昧な基準で私人行為を国に帰属させることを一般化できるほどに、慣習国際法規則が確立していたかは疑問が残る。実際、アゴーが国に帰属する私人行為として例示した事例や先例は相当広範囲にわたるもので、その中には厳密にいえば私人を*de facto* officialsとみなした(又はみなしうる)とは必ずしもいえないものも含まれている。ザフィロ号事件は、先述のように形式上商船登録していたザフィロ号が実質は米国海軍の補助艦として行動していたと認定し同号の行為に対して米国は責任を負うことを判示した点では確かに本条の先例といえるかもしれないが(補助艦だから国家機関の行為そのものだとする見解もある)、同事件の核心である非番上陸した水夫の違法な略奪行為については直ちに米国に帰属する行為とみたわけではなく水夫に対する上級船員(国家機関)の過失を認定して米国の責任の根拠とした。論理構成としては、むしろ、非番水夫(私人)の行為に対する国家機関の注意の欠如という伝統的構成をとっていた。さらに、スペイン内乱の際の外国義勇兵の行為をもってメキシコ代表がいうように本国の行為といえるか、国家統制下にあるマスコミの報道を国の行為とみなしうるかは個々の状況によって相当異なるように思われる。また、国家統制下のマスコミの場合には*de facto* officialsであり、他方一党制の下での政党は国内法に基づく国家機関だとするのも杓子定規であろう。

## 2　国際法委員会暫定草案における私人行為の国家への帰属

### (1)　アゴー案をめぐる国際法委員会での主要な議論——要件の厳格化

アゴー提案を審議したＩＬＣでは、殆どの委員が、国内法上の国家機関や公的機関の行為に関する規定(第五条案と第七条案)及び私人行為に関する規定(第一一条案)とは独立に私人行為が例外的に国に帰属することを定める第八条案の趣旨を支持した。しかしそのフォーミュレーションについては意見が分かれた。本稿に関係する論点につき議論状況を要約すれば次のようになろう。

第一に、多数の委員から国家責任の範囲を広げすぎるとして批判のあった「公的な機能」(第七条案及び第八条案で使用)という文言は、起草委員会で「統治権能の要素」(elements of the governmental authority)に改められた[26]。

第二に、第八条案は、①正規の国家機関が消滅する異常な状況下で私人が統治権能を事実上行使する場合と、②実質上国の機関といえる私人が行動する場合と、二つの異なる状況を扱っているので、起草委員会は二つを別個の項で書き分けることにした(27)。

第三に、アゴーの第八条案は例外的状況を扱うにも拘わらず国の責任を広げすぎるのではないかという懸念が表明された。例えば、反乱活動が最終的には失敗したがそれが実効的支配を確立していた地域(国の機関が一時的に不在となった状況)で国に代わって統治権能を行使していた場合第八条案によれば国は責任を負わなければならなくなる(ラマンガソアビナ。第一二条一項案では反乱活動団体の機関の行為も私人行為と同様に国に帰属せずごく例外的場合にのみ注意義務違反が問われるという原則が採用されていた)という疑問や、私人行為が事実上国家行為となるのは公的な機能や国のための行為を「実際に遂行していた」場合に限るべきだという意見(マルチネス・モレノ)がそれである(28)。前者の疑問は答えられておらず(ＩＬＣ暫定草案第一四条「反乱活動団体の機関の行為」二項は、ステファンズ事件のようにフエルタの反乱活動に関連して他の私人が行った行為がメキシコ国の行為とみなされるというように第八条案に基づき私人行為が国に帰属する場合をカバーするが、反乱活動団体の行為それ自体はカバーしていない)、他方後者の提案は第一読草案第八条の修正として受け入れられた(29)。ところで、前者の疑問は第一四条一項に定める反乱活動団体の行為は国に帰属しないという原則それ自体を揺るがす可能性がある。反乱活動が一定期間一定の地域を実効的に支配すれば、正規の国家機関はその間存在しなくなるから、その間反乱活動団体の機関が行った公的機能の遂行を第八条に基づき国に帰属する行為として認めるならば、反乱活動の機関の行為は国に帰属しないという第一四条一項の基本原則はその根本が動揺することになるからである。ただしここでは、これ以上反乱活動に関わる国の責任問題には立ち入らない。

第四に、私人行為が国に帰属するのはあくまで例外的状況であるから、私人行為が国に帰属するのは、国のために又は国家機関が存在しない状況下で当該行為が行われたという事実だけでは不十分であって、国の側に承認、採用、裁許(approval, adoption, ratification)があったことを要件とすべきだという意見が若干の委員(鶴岡、ヴァラット、ラマンガソアビナ）から出されたが、アゴーは国の授権とか承認という概念を持ち込めば国に責任を回避する口実を与えるとしてこれを拒否した[30]。他方アゴーは、私人が国のために行為したことを証明することが必要であり、決定的な証拠がない限り私人行為は国に帰属せず、その場合国は不作為（注意義務違反）による責任を問われるだけだという意見（ウシャコフ）に対して、国が隠蔽しようとする行為を証明する困難さに配慮する必要があるとしつつも、証拠の重要性は「証明された」という限定句を付すことで強調できるだろうと回答し、起草委員会もこれに従って証明要件を挿入することになった[31]。

**(2) 国際法委員会暫定草案における私人行為の国への帰属――例外としての帰属**

こうしてＩＬＣの第一読会を終了した暫定草案第八条（事実上その国のために行為する者の行為の国への帰属）は次のような規定となった。

「私人又は私人の集団の行為もまた、次の場合には、国際法上国の行為とみなす。

(a) 当該の人又は人の集団が事実上その国のために行動していたこと（was in fact acting on behalf of that State）が証明される場合、又は

(b) 当該の人又は人の集団が、権限のある公の当局が存在せず（in the absence of）かつ統治権能の要素（elements of the governmental authority）の行使を正当とする事情の下で（in circumstances which justified the exercise）、統治権能の要素を事実上行使していた場合」[32]。（傍線筆者）

この「みなし」規定は、第一に、私人が国家機関の補助者として行為する場合の当該行為の国への帰属要件を、「事実上国のために行動していた（was in fact acting）」ことが「証明される」場合に限定した点でアゴー案より適用基準が厳格になっている。コメンタリーは、①特定の機能又は任務を果たすために私人が国の機関により実際に任命された

(appointed)ことと、②この機関の教唆(instigation)により私人が与えられた任務を遂行したこととの二つが真正な形で証明されなければならないとし、そうでない場合は私人が私人として行った行為に関する条項が適用されると述べる(33)。特定の任務のための任命と特定の違法行為に対する国家機関の教唆という要件は、一般的状況からドイツに不利な推定を行いうるとしたサボタージュ事件判決の示唆や、補助艦任務にあたっている船舶の行為について米国は責任を負うという広い言い方をしたザフィロ号事件判決に比べればはるかに厳格な基準が採用されている。もっとも(a)項の規定は、違法とされる行為が行われた時点で私人が国のために行動していたことを証明するよう求めてはいるが、国による教唆やその違法行為遂行のために任命されたことの証明まで求めているとは読みとれない。第二に、正規の行政当局がなくなった場合にそれに代わって私人が統治権能の要素を行使する場合についても、アゴー案に比べ、国への帰属の要件が厳格化され、①統治権能の要素を行使していたときに(was in fact exercising)、②公の当局が存在しておらず、かつ、③統治権能の要素の行使を「正当とする事情の下にあった」ことを要求する規定ぶりとなった。コメンタリーによれば、こうした場合の私人行為の国への帰属は真に例外的な場合のみ認められるので、以上のような要件を満たすほか、④私人の行為は統治権能の要素の行使に有効に関係するものでなければならないとされる(34)。

以上のように、ILCは一九七四年―七五年に暫定採択した条文案において、法典化史上初めて、私人行為が国に直接帰属する場合を規則化する条文(第八条等)を設けた。しかし、私人行為に関連して国が負わなければならない責任についての基本原則は、あくまで第一一条に定める伝統的な規則、すなわち私人行為は原則として国に帰属せず、これに関連して国家機関自らに注意義務違反の不作為があったときにのみ責任を負うという規則にあるという考え方がとられている。第八条はあくまでその例外規定という位置づけがなされていた。そのために、第八条のフォーミュレーションに当たっては、例外的性格を反映すべく適用要件を厳格化するための字句が付され、さらにコメンタリーではテキストからは読みとれない厳格な適用要件が示されることとなった。さらに第八条は、第一一条二項で、私人行為は国に帰属しないという一項に掲げる大原則の例外規定の一つと位置づけられた。ということは、私人行為につき国に帰属するかどうかが曖昧なグレイゾーンに該当する事例があれば、右のような要件を満たして第八条が適用できる場合を除き（同様に第七条も）、第一一条一項の帰属否定原則が優先されるという構造がとられていたのである。同様に反乱活動の機関の行為でも第八条は行為の国への帰属を否定する第一四条一項の例外となる可能性を秘めるが、もしそうだとすれば、ステファンズ事件のように私人がごく例外的に国の公的機能を遂行する場合とは異なる状況が生まれよう。もし反乱団体の機関が一時的とはいえ統治権能の要素を行使して行った行為までも第八条(b)項により国に帰属するとすれば、反乱団体の機関の行為は国に帰属しないという原則自体が崩れざるをえないのではなかろうか。なお、暫定草案第一〇条（権限を逸脱して又は活動に関する指示に違反して行動する機関の行為の国への帰属）は、第八条の後に置かれていたため、国家機関の教唆を受け又は一時的に国家機関に代わって行動する私人が国の指示に反して行動した場合にも第一〇条の規定が適用されるかのような配置がとられていたが、第一〇条のコメンタリーは同条が第五条（国内法上の国家機関）と第七条（国内法上統治権能の行使を権限づけられた実体）にのみ適用され、第八条の私人には適用がないことを示唆している(35)。

さて、帰属肯定の条項と帰属否定の条項とでバランスを保たせるという暫定草案の基本構造と、私人行為の国への帰属を規則化した第八条の規定は、テヘラン事件やニカラグア事件等のＩＣＪ判決を経て二四年後に特別報告者クロフォードの下でなされた第二読の過程で大きな転換を迫られることになるが、この点は次項でふれる。ここで今ひとつ確認しておきたいのは、第八条と第一一条では、私人行為に対する国の責任の根拠が異なっているということである。すなわち、第八条の場合私人行為そのものが国の行為とみなされ、当該行為自身が国際義務違反の評価の対象となるのに対して、第一一条の場合は私人による侵害行為そのものではなくそれを防止又は処罰しなかった国の不作為が国際義務に違反したかどうかが問われる[36]。この点はＩＬＣ委員の共通認識となっていた。しかし、責任の根拠のこの違いを法的効果に反映させるか否かは、国家責任一般を扱ったＩＬＣでは全く議論の対象にならなかった。一九九三年に暫定採択された第一読草案第四四条（金銭賠償）を見ても、金銭賠償は国際違法行為に起因する損害に対して行われることを定めて、賠償は「生じた損害」を基準として評価されること及びその損害は国際違法行為に「起因する」ことが示されてはいるが、私人行為に起因する国の責任の範囲について右の二つの場合で差違があるのか否かについてはコメンタリーでも一切ふれられてはいない。国家責任の発生と責任の解除とはこの点では完全に分離されているように思われる[37]。

## 二　国際法委員会「国家責任条文」における私人行為の国家への帰属

### 1　国際法委員会「国家責任条文」における私人行為の国家への帰属の特徴点

私人行為に対する国の責任に関するＩＬＣの最終採択条文は、一九九八年のクロフォード提案と同年に行われた第二読作業を通じて大きな転換を遂げた。この点を明らかにするために、まずＩＬＣの「国家責任条文」から見てみよう。本稿では直接の検討対象としなかった「国家責任条文」第五条（統治権能の要素を行使する者又は実体の行為）と第一〇条（反乱その他の活動団体の行為）を除けば、私人行為の帰属に関連した条文は次の三カ条が挙げられる

「第八条（国が指揮し又は支配する行為）　人又は人の集団の行為は、当該の者又は集団がその行為を遂行する際

に事実上その国の指示に基づき又はその国の指揮若しくは支配の下に行動している場合には、国際法上国の行為とみなす。」

「第九条（公の当局が存在しない場合に行われた行為）　人又は人の集団の行為は、当該の者又は集団が公の当局が存在せず又は機能停止している場合であってかつ統治権能の要素の行使を必要とするような事情の下で統治権能の要素を事実上行使している場合には、国際法上国の行為とみなす。」

「第一一条（国が国自身の行為として承認し及び採用する行為）　前条までの規定に基づいて国に帰属しない行為も、その国が当該の行為を国自身のものとして承認し及び採用する場合にはその限度において、国際法上その国の行為とみなす。」(38)

この個々の条項の特徴を暫定草案の関連条項と比較する前に、行為の帰属に関する第一部第二章の構成上の変化を見れば、「国家責任条文」は、行為が帰属することを定める諸条文（帰属肯定条項）の後に行為が帰属しない場合（帰属否定条項）を定める諸条文が続くという暫定草案の構成の仕方自体を放棄している。クロフォードは、帰属肯定条項の例外を定める場合以外は行為の帰属に関する規則の中に帰属否定条項を定める必要はないが、暫定草案にある帰属否定条項はいずれもそのような例外規定にはあたらないとして、帰属否定条項をすべて削除することを提案し(39)、これがＩＬＣで採択された。帰属否定条項の削除は確かに規定形式の問題であり、私人行為や反乱活動団体の行為は原則として国に帰属しないということは、いくつかの条文のコメンタリーでふれられている。しかし、疑わしき場合に右の原則に立ち返るための根拠規定は少なくとも「国家責任条文」中からはなくなった。当初のクロフォード提案では、反乱活動団体が新政府を樹立した場合に同団体の行為が国に帰属することをいうためになお「反乱活動団体の機関の行為は……次の場合を除いて国の行為とはみなされない」という消極的な規定形式がとられていたが、起草委員会は積極的規定形式に書き改め「国家責任条文」は「国の行為とみなす」という規定の仕方で統一されたのである[40]。クロフォードは、条文中に積極的定めがない場合人又は実体の行為は国に帰属しないし、疑わしき場合に帰属を証明する責任は請求者側にあるのだと述べて、この変更の影響がさほど大きなものではないことを示唆する[41]。しかし暫定草案採択後二四年の間に、ＩＣＪ判決等によって暫定草案第八条の規則に重要な変更が必要になったとすれば、今後私人行為が国に帰属する場合がさらに拡大する可能性は十分あるといえる。帰属否定条項の削除は、少なくともそうした拡大の可能性に対する障害を取り除いたという点で重要なインパクトをもつだろう。

以上の前提に立って上記の三カ条を一瞥すれば次の変更点が看取できる。第一に、公の当局が存在しなくなった場合について定める第九条の暫定草案第八条二項からの実質的な変更点は、①国が存在しなくなる(in the absence)場合に加えて機能停止(default)の場合が追加されたこと、②統治権能の要素の行使を「正当とする(justified)」という文言が「必要とする(call for)」という文言に改められたことぐらいで、規則の基本は暫定草案をそのまま踏襲している。これに対し第二に、国が指揮し又は支配する行為に関する第八条は、暫定草案第八条一項に比べて、①「証明される場合(it is established)」という規定が削除され、②「国のために行動していた」という曖昧な要件が「国の指示に基づき又はその国の指揮若しくは支配の下に行動している」という要件に修正された。文言からだけではわからないが、私人行為が国に帰属する場合を相当拡大するものといえる。第三に、暫定草案にはなかった第一一条が新規条文として追加されており、これも、重要な変更点といえよう。

以上のように見れば、「国家責任条文」は、私人行為に対する国の責任につき、従来の国家義務アプローチから行為の帰属アプローチへと相当軸足を移動させているような印象を受ける。こうした変更の契機となったのは私人行為を国の行為とみなすＩＣＪその他の一連の判決であるが、この新傾向を受けて、ドイツ、モンゴル、英国等は暫定草案の見直しを求めていた[42]。以下では、殆ど変更のなかった第九条についてまずふれた後、第八条と第一一条についてその内容を検討する。

## 2　私人行為が国家に帰属するための事由と要件の拡大

### (1)　第九条(公の当局が存在しない場合の私人行為)

第九条に関する上記の変更は次のような理由による。クロフォードは、この条文はハーグ陸戦規則第二条に定める群民兵等の古い考えに基づくものではあるが、近年でもイランのイスラム革命後、出入国管理や税関の機能を事実上遂行した革命防衛隊又はKomitehsのような例があるとしてこの条を維持することを提案したが、統治権能の要素の行使を「正当とする」事情という規定は国際違法行為まで正当化するとの誤解を生じるので「必要とする」事情に改めるよう求めた[43]。起草委員会は、この意見を受け入れるとともにこうした状況が例外的なことを示すために「必要とするような事情(circumstances such as to call for)」という文言も加え、また「存在しなくなる」場合だけでなく国の部分的崩壊のように公の当局がその機能を行使していない場合も含めるべきだとして「機能停止している」場合を追加した[44]。第九条が群民兵の場合や地震等で局地的に公の当局が機能停止した場合だけを想定しているのであれば、極めて例外的な規定といってよいであろう。

しかし、反乱活動に関する第一〇条の議論の経過を見れば、第九条の適用には残された問題があるように思われる。反乱活動団体の行為に関する第一〇条は、結局反乱活動が成功して新政府又は新国家を樹立したときに反乱活動団体の行為が国に帰属すること(一、二項)及び反乱活動に対抗して国家機関等がとった作為・不作為が国に帰属することを(三項)を定めるに留め、暫定草案一四条が対象としていた反乱活動団体の機関の行為それ自体が国に帰属するかどうかの問題を最終的には条文の対象から外した(45)。権力闘争中又は失敗した反乱活動団体の行為の国への帰属については I L C 内でさまざまな意見が出(46)、第一〇条のコメンタリーは、国家は組織された反乱活動団体の活動に実効的な支配を及ぼす立場にはないので、権力闘争中の反乱活動の行為は国際法上国に帰属しないと述べるが、ただし第九条に定める特別の事情がある場合はこの限りではないことを断っている(47)。このコメンタリーは、前述の暫定草案第一四条二項が想定していたステファンズ事件の場合のような反乱団体以外の私人が反乱活動に関連してとった行為の国への帰属という範囲を踏み越えて、国の機関が不在の場合に反乱活動団体が統治権能の要素を行使した場合にもそれが国に帰属することを示唆し、反乱活動団体の行為は国に帰属しないという原則と抵触する可能性を有している。実際第一〇条三項の規定からも暫定草案第一四条二項にはあった「他の者」をさすotherという文言は削除されている。そうすると反乱活動団体の行為のどこまでが第九条の規定によって国に帰属し、反乱活動団体の行為は国に帰属しないという原則を破るのか、問題が残されたということになるだろう。

**(2) 第八条(国が指揮し又は支配する行為)**

まず暫定草案第八条(a)項に「証明される場合」という文言が入れられたのは、私人行為が国に帰属するのは例外的場合であり安易に帰属が推定されてはならない(ウシャコフ等)という理由によっていた。反対に「国家責任条文」第九条がこの文言を削除したのは、国家責任のいずれの要素についても挙証責任は請求国にあるからこの条項のみことさら請求国に重い挙証責任を課す必要はない(クロフォード)という理由による(48)。国内法があればそれ以上証明の必要のない国家機関の行為と違い、私人が国のために行動したことは証明を要する(ハフナー)という少数意見もあったが、起草委員会は特別報告者と同一の理由でこの文言を削除した(49)。請求者の挙証責任を根拠としているが、挙証責任は請求者側に一方的にあるわけではない。本条の場合、国が私人を国のために隠密に使用する場合その証明は困難であるという実質的判断が働いたと見る方が自然であろう。

本条の暫定草案からの最大の変更点は、私人行為が国に帰属するための要件を「事実上その国のために行動していた」から「事実上その国の指示に基づき又はその国の指揮若しくは支配の下に行動している」に改めたことである。クロフォードは、暫定草案の文言が曖昧で明確化の必要があるが、前者の文言はニカラグア事件のアゴー意見によれば国が私人に実際に行為の指図や指示を行った場合(cases of agency)のみ対象とするので、私人に対する国の事実上の支配がある場合(cases of control)を帰属の追加的基礎として規定するよう求めた[50]。第八条(a)項が私人行為が国に帰属する場合を相当厳格に絞っていたことはアゴーの意見に限らず、同条項の起草過程及びコメンタリーで先に確認したところである。しかし、この条項が採択された一九七四年以降、ＩＣＪのテヘラン事件判決、ニカラグア事件判決、旧ユーゴスラヴィア国際刑事裁判所のタジッチ事件判決、イラン・米国請求権裁判所のいくつかの判決、ヨーロッパ人権裁判所のロイジドゥ判決等、私人又は非国家主体の行為の国への帰属の問題を直接又は間接に論じた判決が集積したため、私人行為の国への帰属につき定めた暫定草案第八条(a)項は、その規定の仕方はいざ知らず、少なくともコメンタリーが述べていたような狭い適用範囲のみでは現実の発展をカバーできないという点でその内容を再吟味する必要に迫られていたといえる。これらの事件を検討したクロフォードは、国のためになされる作戦は特に違法な作戦である場合には明示の指示を証明することは困難であるとして、とりわけニカラグア事件判決の「国が特定の作戦を指揮し及び支配している場合であってかつ問題の行為が当該の作戦の必要な、不可欠な又は意図された部分である場合にのみ、行為は国に帰属する」という判示部分に着目し、同判決は帰属の基礎となる指揮と支配の問題を一般的な形で提起していたと述べて、明示の指示以外の国への行為帰属事由として「国の指揮及び支配の下に行動している」という基準を導き出した[51]。

ＩＬＣ内には、支配というのは国の承認(approval)を前提としておりこれは行為が実行された後の行為の承認(endorse)とも関連するし、ニカラグア事件の場合米国がコントラの国際人道法違反に責任を負わなければならないほどの関係(connection)をコントラ及びコントラの指揮系統に対して有していたかが問題なのである、これは第一次規則の問題に立ち入らざるを得ず、十分な支配という概念は法的文脈により異なるといった、帰属の規則を第一次規則と泰然と切り離して検討すること自体に対するごく少数の批判的意見(ブラウンリー)もあったが[52]、殆どの委員はこの段階で暫定草案の構造自体の見直しに繋がる議論を避け、第八条が対象とする帰属の定式化に注意を向けた。ただ、ヨーロッパ人権裁判所などの判決を見れば、私人による人権侵害に対する国の責任問題は基本的には国家の「管轄権下にある」者に対する人権「確保」義務の違反という人権条約の義務違反問題としてアプローチされるのが通常であって、そうした条約固有の実行を離れて帰属に関する国家責任一般原則をあてはめることには十分注意を要しよう。

議論になった一つの問題は、クロフォード提案の「指示(instruction)」又は「指揮及び支配(direction and control)」が「国のために行動していた」に比べて、私人行為を国に帰属させる事由をかえって狭めるのではないかという点である。これは、タジッチ事件ＩＣＴＹ判決のニカラグア事件判決の理解自体が狭すぎる(ペレ)、国の授権がある場合に限らず国の支持又は同意をも行為帰属の事由としている失踪事件に関する米州の実行から見れば支配概念は重要だが唯一の基準ではない(サカサ)、クロフォード提案は「国のために行動していた」に比べ帰属事由を「指示」又は「指揮及び支配」の二つしか示さず、しかも「指示かつ支配」とする点で二重に範囲を狭めており、軍事的組織に雇い入れ、財政支援し、訓練しながらその組織に明示の指示をせず又はそれを支配しない国を許すことになる(エコノミデス)といった意見に象徴される[53]。クロフォードは、提案が「国のために行動していた」という文言のアゴー的理解を排するための明確化であり、他方国との何らかの関連をもって行為を国に帰属させてしまうのは広きに過ぎると回答している[54]。結局起草委員会は、クロフォード提案を「その国の指示に基づき又はその国の指揮若しくは支配の下に行動している」という規定に修正し、さらに「その行為を遂行する際に」という文言を追加して、この「指揮若しくは支配」が私人に対し一般的に行使されているだけでは不十分であり特定の行為にリンクしていなければならないこと(must be linked to the specific conduct)を条件づけた[55]。

以上の経過は少なくとも二つの問題を提示している。一つはニカラグア事件判決の理解で、右の起草委員会の言い方とはやや異なり、クロフォードの見解が強く出ているＩＬＣコメンタリーは、①国が特定の作戦を指揮又は命令し(it directed or control the specific operation)、かつ、②問題となる特定の行為がその作戦の不可分の一部であれば(the conduct complained of was an integral part of that operation)、当該特定行為は国に帰属するという理解をとる[56]。つまり、国の「指揮」又は「支配」は特定の作戦と結びつけられていて、それさえあればその作戦中に行われた私人の特定の違法行為は作戦の「不可分の一部」である限り自動的に国の行為に帰属するのであり、起草委員会の言い方にあるように「特定の行為」にまで結びついている必要はない。後述するようにニカラグア事件判決のある部分の文面や、具体的「指示」の概念とは別個に指揮又は支配という概念を導入する目的からすれば、コメンタリーの解釈の方が目的に添うといえる。ただしその場合「その行為を遂行する際に」という条件をどう理解するかという問題は残る。ところでコメンタリーは別の部分で、特定の行為者が国の適法な指示又は指揮に違反した場合につき、国の責任は違法又は権限逸脱行為が任務遂行に付随的なものか明白に任務を超えたものかによって決定されるとし、他方私人が国の実効的支配の下で行動する場合は特定の指示を無視した場合も帰属の要件は満たされるとする[57]。私人集団全体の作戦とその構成員の逸脱行為との間にはレベルの差違があり、前者については「指揮」と「支配」は作戦と不可分の行為の国への自動的帰属事由であるが、後者については行為の国への帰属は「指揮」と「支配」とでは区別されるというＩＬＣの説明は理由不備であり、そのような分類が実際に適用可能なのかも疑問がないではない。しかし、ここでは「支配」概念の導入によって個別具体的指示の証明がなくても国の特定の作戦レベルに対する「支配」さえ確認できれば、当該作戦に不可欠な行為は国に自動的に帰属するということを規則化したことが重要である。

そうすると私人集団の活動にどの程度の支配があればこういう効果が生じるのかが当然問題になるが、第八条の規定自体はこの点にはふれていない。ＩＬＣのコメンタリーは、ここでも特定の作戦への「実効的支配」を指摘したニカラグア事件に多分に依拠して、国の実際の(actual)参加及び指揮が必要であって一般的参加及び支援では行為の国への帰属には不十分だと述べるに留め、他方タジッチ事件ＩＣＴＹ控訴裁判部判決の「従属的軍隊又は軍事的若しくは準軍事的部隊に対する国の支配は全般的性格のものでよい(単なる財政支援、軍事的装備または訓練の供与以上のもので構成されなければならない。)」とした部分、すなわち全般的性格の支配の下におかれた実体の行為はすべて国に帰属するという判示部分については、同事件で問題になったのは責任の問題ではなく国際人道法規則の適用問題だったとして同基準を直ちには採用しないとのニュアンスを示したが、「いずれにせよ、支配されている行為が国に帰属されるべき程度の国の支配の下で特定の行為が実行されたか否かは、個々の事案で評価する問題だ」という同義反復的結論をもって[58]、この問題に深入りすることを避けている。文脈こそ異なるが旧ユーゴスラヴィアの特殊な状況に照らしてニカラグア基準と呼ばれる行為帰属の基準に既に疑問が出されていることからすれば、現時点で支配の程度を一般規則化して多様な事案に応じて異なりうる支配の程度問題に立ち入ることを避けたこと自体は賢明といえるだろう。もっともタジッチ事件判決は単に支配の程度に関係するだけではなく、全般的支配概念によってセルビア系軍事組織の行動全体を新ユーゴスラヴィアに帰属させる含意があり、支配を特定の作戦にリンクさせたニカラグア基準自体に問題を投げかけているといえる。

今ひとつの問題は、議論の中では指摘されながら回答のなされていない「指示」「指揮」又は「支配」という三つの事由で私人行為の国への帰属を実定法上十分カバーし切れているのかという問題提起である。ニカラグア事件判決も従来の注意義務のアプローチでは対応できない事例に直面して行為帰属からのアプローチを試みた事例ではあるが、同判決はコントラの人道法違反行為の米国への帰属を否定し、その否定を導くために帰属が認められる基準を提示した事例である。判決はコントラを「米国のために(acting on its behalf)行動していた」とみなせるほどの支配を「あらゆる分野で」「実際に行使していた」か(マクシマム)を問うのであるが、米国が「主張される人権と人道法に違反する行為の遂行を指揮し又は強制した」(ミニマム)証拠はなく「この行為は米国の支配がなくてもコントラの構成員によってなしえた」という状況に鑑みて、前述のニカラグア基準を提示したのである(59)。ここにはペレの指摘にあるように私人行為が国に帰属する最大と最小の可能な「支配」の程度が示されており、その中で本件の具体的状況に鑑みてニカラグア基準を提示したとみられなくはない側面があり、それからすればタジッチ事件判決の全般的支配基準もその射程内にありうることになろう。これらの事件ではともに外国の反政府活動に国が支援するという文脈での判決であり、失踪のように異なる文脈では「支配」概念とはまた別の、私人と国を結びつける概念が発見されないとは言い切れない。しかし、実定法の法典化である以上は現在提示されていないものを定式化することはできない。ただ「その国のために行動していた」という概念は暫定草案の工夫ではあるがニカラグア事件判決でもそのまま用いられていたのである。

なお関連して言及しておきたいのは、国が指揮し又は支配する私人行為の国への帰属に関する第八条が第四条(国の機関)、第五条(統治権能の要素を行使する実体)でカバーされうる非国家的実体と重複し、場合によっては抵触もあるのではないかという議論があったということである。一つは、暫定草案第五条(国の機関)の国家機関は「国内法に基づいて」決定されるという文言があったため、ロイジドゥ事件の北キプロストルコ人共和国のような実体の行為も国の指揮又は支配する私人行為として捉える議論（デュガード）があったことである[60]。クロフォードは「国内法に基づいて」という文言の削除を主張し、彼としては、国の機関の場合原則としてそのすべての行為が国に帰属するのに対して他の実体の場合は限られた範囲でしか帰属しないから、傀儡国家的実体については国家機関に入れて処理することを希望したが[61]、国内機関（第四条となる）をどう組織するかは国の自由だとする反発（ペレ、アル・ハサウネ等）を受けた[62]。このため起草委員会は、国家機関に中央政府以外の領域的単位まで含めるが、「（国の）機関は国内法に従ってその地位を有する人又は実体を含む」という微妙な表現を用い、かつ国内法には実行と慣行を含め、国内法が人又は実体につき誤った指定をする場合には国際法が補完的機能を果たすことを確認して妥協をはかった[63]。つまり例外的ながら国内法の規定に反してでも非国家的実体を国家機関とみなす可能性が残されており、その場合は当該実体の行為はすべて国に帰属するというアプローチがとられうる。もう一つは国の公的機能の私人化（privatization）という新しい国際的現象に関わる問題で、国が公的機能を独占しつつ民間に委任する場合と、国が公的機能とすることを廃止し完全に私的部門に移行させる場合や公的部門に私人を参入させる場合とを責任帰属において区別する必要があり、委任に基づく前者の場合私人行為は国に帰属するが後者の場合国は私人行為に責任を負うべきでないという意見（山田）が出された[64]。この問題についてはそれ以上議論された形跡はないが、「国家責任条文」は、国とリンクする私人行為の一部を例外的（統治権能の要素を国内法が授権した場合）に第五条でカバーさせ、それ以外の場合は第八条でカバーさせるという振り分けを行った。第五条の場合結局何が「統治権能」（governmental authority）にあたる行為になるかが問題になるが、コメンタリーは権限の内容だけでなく権限が付与される方法、権限が行使される目的、実体が権限の行使につき政府に対し責任を負う程度も含めて決定されるとのみ説明する[65]。しかし、一定のサービスを公的機能とすることを完全に廃止してしまう場合、形式上国内法の授権はあり得ず、ここでもＩＬＣの論理枠組を基礎とする限り国際法上の「統治権能」の「国内法」に対する補完機能が問題となるか、あるいは第八条に問題が流し込まれる可能性があるように思われる。

このように見れば、国家機関に関する規定と統治権能の要素を行使する実体の範囲が重複したとしても問題はなく、むしろ空隙ができることの方が重大問題だという意見（ローゼンストック）[66]に象徴されるように、「国家責任条文」の行為帰属の規則は国家機関で対処できなければ統治権能の要素を行使する実体、それに漏れる場合には国が指揮又は支配する行為というように行為帰属アプローチを拡大し、国家責任を容易に認定する方向で規則化されているように思われる。そのもう一つの例が第一一条であろう。

### (3)　第一一条（国が国自身の行為として承認しかつ採用した行為）

クロフォードによれば、本来国に帰属しない行為であっても国が事後にその行為を自己のものとして採用し又は裁許する（adopt or ratify）ことがあり得るので、その場合その行為に対し責任を負うものとみなしてはならない理由はない、この採用は明示されることも国の行為から推定されることもある[67]。その例として援用されたテヘラン事件の第二段階に関する判決部分は、「ホメイニ師及びイランの他の諸機関がこれらの事実に与えた承認並びにその事実を永続化させる決定は、大使館の占拠と人質の拘束の継続をイラン国の行為に転換させた」と判示する[68]。クロフォードは、この承認の効果が将来に向かってのものか大使館占拠と館員等の拘束の当初に遡及するのか判決からは明らかでないが、この事件の場合既に学生等武装集団による大使館占拠と館員の人質行為等につきそれを防止し中止させるイラン自身の注意義務違反が認定されているので問題なく、「採用が明白でかつ無条件である場合にはそれに遡及的効果を与える十分の理由がある」とし、その理由として「遡及効は被害国が行為又は事件の全体につき賠償を獲得することを可能にするという望ましい結果をもたらす」と述べている[69]。テヘラン事件判決が第二段階以前の武装集団の占拠行為までイランに帰属させた可能性があるといえるか自体問題があるが、望ましいかどうかは別として、私人の侵害行為の国による事後的「採用」が明白ならば私人行為を遡及的に国に帰属させ当該行為が国際義務違反となれば国に責任が生じるという規則が、果たして実定法上確立しているかといえば極めて疑問である。

ここで問題になっているのは、他人の責任の国による事後の引き受け（代位責任）ではない。また過去の私人の侵害行為が他の事由により国に帰属していたことを事後の承認によって証明する問題（ベヌーナ）[70]でもない。今まで述べた他の行為帰属の事由がなく侵害行為時点では国に帰属しえなかった私人行為が、当該行為を後に国が自己のものとして取り込むことによって、遡及して国に帰属するということの規則化である。確かに「採用」という国の行為が私人行為を国に帰属させる事由になるとすること自体は合理性がある。問題の一つは国が侵害行為を「採用」するとはどういう行為かということである。国が公然と侵害行為に支持を表明することは稀であるから、国の態度から判断せざるをえない。クロフォードも規定の定式化にあたっては事態の単なる承認や支持と実際の採用とは区別しなければならず、一般的基準としては承認（approval）や支持（endorsement）では広すぎるので、国が自己の行為として有効に認めたという意味で「採用」という言葉を用いた旨を述べ、この表明は明白でなければならないと述べていたが、提案した条文では「当該の行為を国自身のものとして承認し又は採用する（acknowledge or adopt）場合その限度で」となっていた[71]。起草委員会は、承認と採用を「かつ」で結び、単に行為に一般的支持を与えるというよりは承認と採用によってその行為に対し実質上責任を引き受ける程度の採用を求めた[72]。コメンタリーはアイヒマン事件を国家実行として挙げ、自発集団によるアイヒマンの誘拐が第八条でカバーできるか疑わしい場合でも、成功した捕捉をイスラエルが了知し同意したことから同国による事後の採用で解決できるだろうとしている[73]。採用があったかどうかは結局私人行為に対する国の態度から判断せざるをえないが、私人の違法行為に対して国が何らかの対応をとらない場合まで事後の採用論を用いるとすれば黙示的加担説と変わるところはなくなるであろう。もう一つの問題は遡及効であるが、クロフォードは賠償問題と絡めて当初の侵害行為を含めた全体をカバーする方が望ましいという議論を展開していた。私人行為に関連して賠償範囲の問題にふれられたほぼ唯一の説明であるが、ＩＬＣのコメンタリーからは外され、遡及効についてはむしろ灯台事件判決の先例と成功した反乱活動団体の行為の帰属に関する第一〇条との整合性が強調されている。しかし、テヘラン事件の例でもわざわざ二つの段階に区別して責任を認定していること自体、採用が明白であれば遡及効を認めるということの規則化には慎重さが必要と思われる。

以上、私人行為が国に帰属する場合を規則化したＩＬＣの諸条文を見てきたが、既に指摘したように、私人行為に特に関連する「国家責任条文」第八条、第九条及び第一一条のみならず、第四条、第五条を通じても非国家主体の行為を直接国に帰属させる可能性が拡大されており、全体として行為帰属アプローチの基盤を強化している。そこで対象とされる非国家主体の行為は、純粋な私人というよりは行為が帰属する国家となんらかの結びつきを有する私人又は私人の集団あるいは軍事組織や統治体に近いものまでさまざまであり、結びつきの形態も古典的な補助艦、工作員といったものから外国の反乱活動団体への支援、指揮又は支配、機能停止した国家機関の補完、国の「採用」、国による授権まで多様である。東西冷戦が崩れて外国性を帯びた国内民族間紛争が多様な形態をとって発生し、あるいは国家と国際テロリズムがなんらかの結びつきをもつといった国際的現象とともに、他方で公的機能の急速かつ大規模な私人化が進むという状況の下で、私人行為に対する行為帰属アプローチが進展してきている。「国家責任条文」で規則化された私人行為の国への帰属原則が以上のような社会現象の中でさらに帰属の可能性を拡大していくことは十分に考えられる。行為帰属アプローチは私人の侵害行為自体を国の行為として国際義務違反の有無を問うため、その法的効果も私人行為によって生じた損害と直結させることが可能となる。もっとも、以上のように述べたからといって、純粋な私人行為まで国に帰属するわけではない。国家の相当の注意義務を軸とした国際義務のアプローチは外国人の取扱いだけでなく、人権保障、環境保護などの面でも一層重要性を増しているといえる。それでは実際の事件でこの二つのアプローチはどのように組み合わされているのだろうか。

ところでＩＬＣが国家責任一般の問題を検討対象として以降、国の注意義務違反の法的効果としての賠償の範囲をめぐる議論は殆どなされた形跡がないが、「国家責任条文」の賠償に関する第三一条のコメンタリーの中で次のような一節が突如登場する。テヘラン事件（私人たる武装集団による占拠・人質と必要な保護を怠ったイラン国の不作為）及びコルフ海峡事件（第三国の機雷敷設行為と警告を怠ったアルバニアの不作為）を同列に論じる点で問題があるが、コメンタリーによれば、これらの事件はともに二つの要因が結合して損害を生じさせる例であり、国内法の複合責任の例を参考にみれば、これらの事件では違法行為国に帰せられる要因は一方の要因だけであるが、国家実行も国際裁判所の決定も競合する原因に対する賠償において減額を認めてこなかったし（コルフ海峡事件判決）、この結論は競合する原因が他国にではなく私人にある場合にはなおさら強く当てはまり、実際テヘラン事件では人質の保護を怠った時点からの拘束に対してイランは全面的に賠償を負うことが判示された、とされる[74]。テヘラン事件の場合第一段階から国の注意義務違反の不作為責任が問われていたので事件当初より賠償責任を負うというのはよいとして問題は賠償の内容であろう。判決が賠償の内容にどこまで立ち入っているか検討してみる必要があろう。

## 三　私人行為の国家への帰属に関する判決の動向

ここでは最近の若干の判決が、私人行為に対する国の責任についてどのようなアプローチを採用していたのかを簡単に見ることによって、ＩＬＣ条文に規則化された私人行為帰属に関する諸規則と国家の注意義務とが現実の事件において国家責任の認定にあたりそれぞれどういう機能を果たしていたのかを概観しておきたい。

### 1　国際義務違反のアプローチから行為帰属のアプローチへ

#### (1)　テヘラン事件判決(一九八〇年)

在テヘランアメリカ大使館等占拠・人質事件における米国の最終申立の一つは、イランが米国の申し立てた行為を「容認し、宥恕し、奨励し、採用し及び利用しようと努め並びに防止及び処罰を怠ったことにより米国に対する国際義務に違反した」ことの認定にあった[(75)]。ＩＣＪは周知のように、一九七九年一一月四日の学生等武装集団による大使館への襲撃、乱入、館員等の人質行為を事件の第一段階とし、その日以降ホメイニ師はじめイラン当局者がこれを支持し旧国王の身柄引渡し等の対米要求のために利用し、占拠・人質状態を長期化させた行為を第二段階として、イランの義務違反をそれぞれ別の根拠に基づいて認定した。

第一段階について判決はまず学生集団のイラン国への帰属可能性を検討し、「武装集団が大使館を襲撃したとき、彼らがイラン国の『agents』又は機関と認められるなんらかの公的地位をもっていたということは示唆されていない。したがって、大使館への攻撃、乱入、制圧及び館員の人質といった彼らの行為はそれを基礎としてはイラン国に帰属する(imputable)とはみなせない。問題の時点で特定の作戦(a specific operation)を実行するようにイラン国の権限のある機関により指図（charged）されていたことにより武装集団が事実上国のために（on behalf of the State）行動していたことが証明される場合にのみ、彼らの行為はそれ自体がイラン国に直接帰属するとみなされうるだろう。しかし、裁判所に提出された情報はその時点で武装集団と国の権限のある機関との間にそのような結びつきが存在することを必要な確実さをもって証明するには十分ではない」（傍線筆者）と認定した[76]。

一見して明瞭なように、この判決は一九七四年のＩＬＣ暫定草案の行為の帰属に関する条文の配列通りに事件を考察し、しかも暫定草案第八条(a)の用語（ただしＩＣＪはimputableを使用する）とコメンタリーで説明された基準にほぼそのまま則る形で行為帰属のための基準を設定し、第一段階での武装集団の行為のイラン国への帰属性を否定した。ここで「特定の作戦」という用語が出てくるが、作戦中に生じた違法行為が自動的に国に帰属することを念頭に置いてこの文言を使用したかは定かでない。この時点でもホメイニ師による米国非難の発言や事件数日前に国王の身柄引渡しのために米国に対する攻撃を呼びかける学生へのメッセージがあったが、判決はこのような一般的宣言をもって米国大使館への乱入・占拠という特定の作戦を遂行するための国からの授権とみなすことはできないと判断したのである[77]。私人行為が着手された時点では、少なくとも特定の「作戦」に対する国家機関の指図（charge）という厳格な帰属基準を適用したといえる。

そこでＩＣＪは、イラン国の責任を国自体の行為の国際義務違反に求めた。その帰結は、これまた周知のように次のようにまとめられている。イランは一一月四日、①米国大使館の公館と館員を攻撃及び不可侵の侵犯から保護し、居合わせる他の者の安全を確保する諸条約上の義務を十分了知していた、②米国の数々の救援の要請の結果国の側に行動の緊急の必要性があることを十分了知していた、③義務を遂行するため利用できる手段を有していた、④これらの義務を履行することを完全に怠った[78]。この過程でＩＣＪは外交関係条約第二二条、第二九条をはじめ関連諸条項に基づき義務の内容を確認し、イランは公館と館員を保護するため適当なあらゆる措置をとる義務を怠ったが、それは単なる不注意又は適切な手段の欠如というものではなく明白で重大な違反だと認定している[79]。

要するに、第一段階では、武装集団の行為を事実上国のためにする行為とまではみなせなかったので、ICJは伝統的な国の注意義務に立ち返り、第一次規則である外交関係条約に定めるあらゆる適当な措置をとる義務の内容を吟味し、それを本件の事実に適用して義務違反を認定した。認定されたのは大使館公館や館員などの保護義務の違反である。

他方、事件翌日以降の、特に米国大使館をスパイと共同謀議の中心でありイスラム運動に対する陰謀を行う者には国際外交上の尊厳はないとした一一月一七日のホメイニ師の布告を、政府の公式な承認とみなしたICJは、前述の行為帰属の基準とは別に次のように判示した。「ホメイニ師により表明された大使館の占拠と館員の人質としての拘束を米国政府に対して圧力をかけるために維持するという政策に他のイラン当局者は従い、さまざまの文脈で繰り返し行われた声明においてこれを支持した。この政策の結果は大使館占拠により生じた事態の法的性格を根本的に転換させせた。ホメイニ師及びイランの他の諸機関がこれらの事実に与えた承認(approval)並びにその事実を永続化させる決定は、大使館の占拠と人質の拘束の継続をイラン国の行為に転化させた。乱入の実行者で人質の看守たる武装集団は、今ではイラン国のagentsになっていた(had now become agents)のであり、彼らの行為に対しては国家自身が国際責任を負ったのである」(傍線筆者)[80]。この違法行為は、攻撃を防止する措置をとらなかったことから生じる外交関係条約の違反よりも重大なしかも継続的で多重的な違反(the repeated and multiple breaches)を生じさせたと性格づけられた[81]。もっとも、賠償の範囲と額は本判決の対象ではなく、イランが一九七九年一一月四日の事件及びこれらの事件に続く事態によってイランが米国に生じさせた侵害に対しイランは賠償の義務を負うとのみ判決は述べる[82]。

既にイランの国際義務違反は認定されているのであるが、大使館襲撃日の後のイラン当局者による占拠・人質行為に対する支持、承認の表明と占拠・人質状態の継続政策を重く見たＩＣＪは、国家機関による承認と永続化決定が占拠及び人質拘束の継続を国家の行為に転化させ、武装集団を国のagentsに転化させたとした。had now become agentsという表現が使われてはいるが、以上の判決を全体としてみれば武装集団の行為を遡及してイラン国に帰属させたというよりは、イランの国家当局者の承認と永続化決定後、占拠と人質拘束の継続的な行為がイランに帰属することになったと理解する方が自然であろう。行為を国に帰属させる根拠は占拠と人質拘束という事実に対するホメイニ師と国家当局者による「承認（approval）」及び「永続化の決定（decision to perpetuate them）」であり、その証拠は特にホメイニ師の布告の中のこれらの行為に特定した具体的内容に求められたといえる。占拠・人質拘束が直接国家行為となったことにより新たに認定された義務違反は、①外交関係条約第二二条にいう保護・防止義務の追加的違反、②同第二九条の継続的違反、③同条約第二四―二七条と領事関係条約の対応規定の継続的違反、④イラン・米国友好条約第二条の更新された違反とされた[83]。第一段階の防止義務違反から、第二段階の当局によるほぼ即時的な事態の支持を経て、遂には長期に及ぶ意識的な占拠の維持に至る義務違反の蓄積的効果が強調されたが、武装集団が国のagentsになったことによって彼らの行為によって引き起こされた右の違反事項以外に新たな項目が追加されたわけではない。その意味では行為を帰属させた意味は、本件では、上記違反行為に対するイラン国の直接的関与とその重大性を強調する機能のみを果たしたといえるかもしれない。ＩＣＪはこの点、人間の自由を奪い困難な状況の下に身体を置かせることは国連憲章及び世界人権宣言の基本原則に反するが外交・領事関係に関する国際法の違反の程度と重大性こそ特に強調すべきことだとしたのである[84]。第一段階と第二段階においてイラン国の義務違反の態様がどの程度異なるのか、この点は賠償に関する具体的判断がされていないので不明である。

### (2) イェガー対イラン事件判決(一九八七年)

本件で原告は、イランのイスラム革命直後の一九七九年二月一三日に、家主と共に二名の革命防衛隊員がＢＨＩ社社員のイェガーの家に来て夫妻に同日イランを退去するよう告げ、三〇分後にテヘランのヒルトンホテルに連行し、革命防衛隊が支配する同ホテルで拘束した後同月一七日に国際法に違反して国外追放させたことにより、イランはこのためイェガー夫妻が喪失した家財道具や預金等に賠償責任を負い、さらにイランはメラバッド空港で革命防衛隊が押収した金銭及びイラン航空職員が追加支払させた航空運賃につき責任を負う、と主張した[85]。イラン・米国請求権裁判所は一九八七年判決で、革命防衛隊構成員によるイェガー夫妻の国外追放は慣習国際法上の最低手続基準に違反し、空港での現金押収も国際違法行為にあたるとしてイランの責任を認めた[86]。本件では、イランが、夫妻を連行したのは正規の「革命防衛隊」隊員ではなく、仮にそうだったとしても身柄の安全を確保するためであり、革命直後の地方政府は十分確立しておらず極端な革命集団を統制する手段がなかった、あるいは「革命防衛隊」の行為はイランに帰属しないと主張し、行為帰属及び注意義務違反の双方に対する防御を行った[87]。裁判所は、外国人保護に関する相当の注意義務からのアプローチをとらず、革命防衛隊構成員の行為のイランへの帰属の問題に焦点をしぼったが、しかし後述のように相当の注意義務の実質的内容が帰属の問題の中に混在しているように思われる。裁判所は、証拠から夫妻は強制的にホテルに連行され連行の遂行者は革命防衛隊員であり、また空港で現金を押収したのも革命防衛隊員だったと事実認定したので[88]、革命防衛隊員の行為がいかなる根拠に基づきイランの行為に帰属するのかを問題にした。

ところで、裁判所の認定によれば、ホメイニ師の支持者の多くはKomitehsと呼ばれる地方革命委員会に組織され、同組織は革命直後、地方の治安部隊として機能し、逮捕、財産没収、刑務所への収監を行った。ホメイニ師はKomitehs

の規律の欠如に不満を述べつつも同組織を支持し同組織は一般的にホメイニ師と聖職者に忠実であり、革命直後国家構造内部で強固な地位を獲得し後に国家予算上永久的な地位を付与された。同組織は一九七九年五月の布告により革命防衛隊として公式に認められるが、早くも二月にはホメイニ師に忠実な集団が革命防衛隊を名乗っていたから、革命Komitehsも革命防衛隊も名称が変化しただけで新政府に忠実な同一の革命集団である[89]。

さて、判決はまず、本件連行時に革命防衛隊は公認されていなかったので、それをイラン政府の機関と考えうるか若干疑問があるが、行為の国への帰属は国内法上公式に認められた機関の行為に限られないとして、「人が事実上国のために行動していたことが証明されれば国はその者の行為にも責任を負うことは一般に認められた国際法である。人又は人の集団が公の当局が存在せずかつ統治権能の要素の行使を正当とする事情の下で事実上単にその権限の要素を行使しているだけの場合であっても行為は帰属しうる」とする[90]。一目瞭然であるが、裁判所はＩＬＣの暫定草案第八条の(a)及び(b)項を慣習国際法の規則だとみなしている。次いでこれを本件の事実にあてはめおよそ次の様な論理で革命防衛隊の隊員の行為をイランに帰属できるとした。

裁判記録を見れば「革命防衛隊又は革命Komitehsは一九七九年二月一一日以降事実上新政府のために行動していたし、又は少なくとも、公の当局の存在しない状況で統治権能の要素を行使しており、新政府は革命防衛隊の作戦(operation)を了知していたに違いなくかつそれに反対しなかった」ことを推定させる十分な証拠が認められるから、こうした事情があり、かつ本件で執られた措置に鑑みれば被告国には、革命防衛隊の構成員が事実上国のために行動していなかった、統治権能の要素を行使していなかった、又は、構成員を統制(control)できなかったことを挙証する責任がある[91]。裁判所は、二月一二日以降のＢＨＩ社被用者の追放が新政府に忠実な革命防衛隊の統制の下に行われたこと、並びに、新政府はこの規模と性質の作戦を了知していたことに納得するし、被告国は革命防衛隊が新政府のために行動していなかった又は統治権能の要素を行使しなかったことを証明できておらず、むしろ新政府は時々規律欠如に不満を述べつつも革命防衛隊を支持したことを証拠が示しているから、「本件に関与した革命Komitehs若しくは防衛隊はイランのために行動していた」と認定する[92]。さらに被告国は、革命防衛隊のこの作戦を統制できないことも証明しておらず、「新政府は革命防衛隊の活動を原則として受け入れ及び公の安全を維持する役割を受け入れていたのだから、特定的でない一般的な規律強化の呼びかけだけではこれらの集団が米国国民に対して違法行為を侵すのを効果的に防止するために必要な統制基準に適合していない」、したがって「国際法上イランは一方で革命Komitehs若しくは防衛隊による統治権能の行使を黙認しながら、同時にそれらにより行われた違法行為に対する責任を否定できない」[93]。

空港での行為については、革命防衛隊が税関、出入国管理及び保安職員の機能を遂行していたことから、「明らかに新政府の『機関』としての資格で行動していた又は新政府のために行動していた」のであり、こうした状況にあっては被告国は空港で業務する革命防衛隊を統制せずまたできなかったことを証明しなければならず、革命防衛隊の上記活動を禁止し又は現金押収を防止するために十分な統制を行使するよう試みた証拠がない場合には、これらの行為は新政府に帰属すると判示した[94]。

本件はイラン革命で新政府が樹立して二日後の事件であり、旧国王政府の国家機関が機能停止し新政府の国家機構が整備しきれていない段階で、本件の三か月後には新政府の公式な機関になる革命防衛隊の統治権能の要素をもつ行為がイラン国の行為とみなされるかが問題となった。既に一定の公権力機能を遂行することを黙認されており、実質的には国家機関に近い存在であったから、個々の革命防衛隊により状況は異なろうが国内法上の国家機関でなくても国の機関とみなすことは可能であろう。判決も空港の革命防衛隊は税関等その遂行行為の内容から新政府の機関とみなす考え方に傾いていた。他方ＢＨＩ社の被用者を国外追放した革命防衛隊の行為の方は権力行為ではあっても通常の国家機関の業務とは言えず新政府の機関の行為とみなすにはやや無理がある。旧国家機構が機能停止し新しい国家機構が形成途上にあるので群民兵やステファンズ事件とは様相が異なるが、ＩＬＣ「国家責任条文」第九条のコメンタリーがふれたように公の当局が存在しない場合に統治権能の要素を行使した例とみなすことは可能である。しかし判決自体は第八条(a)又は(b)のいずれに基づいて革命防衛隊の行為を国の行為とみなしたかを明らかにしていない。イェガー夫妻の連行は、事実上新政府のために行動していた場合又は少なくとも公的当局が存在しない状況で統治権能を行使していた場合にあたり、また空港の押収行為も新政府の機関の資格で行動したか又は新政府のために行動していたことが明瞭だと判示し、いずれも前者に比重を置きつつ、いずれであっても良いという立場を示した。裁判所としてはとにかくイランのために行動していたことの確認を最重視している。ところで、本件のようなケースを暫定草案第八条(a)がカバーしえたかといえば疑わしい。第八条(a)が当初予定していたのは補助部隊の活動、外国での誘拐又は破壊工作等であり、コメンタリーも特定任務遂行のための任命行為と国家機関による特定行為の教唆を同条項適用の要件として要求していた。したがって、本件は第八条(a)の「事実上その国のために行動していた」を広く解して同条項の適用の拡大をはかったものといえる。また本判決は、暫定草案第八条に関して例えば国のために行動していたと一応推定できる場合は請求国ではなく被告国に国のための行動ではなかったことの挙証責任を課すことによって行為の国への帰属を証明の面でも容易にしている。しかし本判決の最大の特徴は、革命防衛隊の国外追放行為や空港で現金押収を行っていることを新政府が了知した場合、新政府はこの活動を統制する能力を欠くか、又はこれを実効的に統制しようと試みたことを証明しない限り、革命防衛隊の行為は国に帰属するとしたことである。侵害行為を了知しながらそれを統制する手段がなかった又は実効的に防止する努力を怠ったため国に行為が帰属するという言い方は、行為の帰属規則から限りなく新政府の相当の注意義務の問題に近づいている。これが最も顕著に出ているのは、革命防衛隊を国家機関とみなしたにも拘わらず、その現金押収行為を直ちにイラン国の行為とせず、政府が現金徴収行為に実効的統制を行わない場合には帰属すると判示したことである。ここには行為の帰属と相当の注意義務の違反の問題に関する若干の混同があるように思われる。本件の革命防衛隊のような行為は暫定草案第八条(a)が本来予定していた私人行為ではなく本来の第八条(a)の趣旨からすれば解釈適用を誤ったものといえるかもしれない。しかし、本件のような事態に仮に直接適用できる条文が暫定草案になかったのだとすれば事実上国の行為とみなしうる行為の多様性に応じて柔軟な解釈を必要とするであろうし、本件もその一例といえるかもしれない。なお本件では革命防衛隊の上記二つの行為はそのまま国の行為とみなされたので、追放によってイランに残さざるを得なかった家財道具等の財産、並びに空港で押収された現金に相当する賠償が命じられた。

以上見たように、ILCの国家責任暫定草案は、まだそれが暫定草案であるにも拘わらず国際判決に影響を与えた。伝統的な注意義務違反という国の不作為を理由とする義務違反から、私人と国の何らかの結びつきに着目して私人行為を国の行為に帰属させて国家責任を認定するという積極的傾向を顕著に示した事例といえる。既にこの二件でさえ、暫定草案が想定していない「承認」と「永続化決定」とか挙証責任の転換という新たな帰属の手がかりを提供しており、その一部が後のILC「国家責任条文」に影響を与えたことを想起するなら、今後も事案の特殊性に応じたさまざまなリンクを根拠に私人行為の帰属アプローチが拡大することは想像に難くない。ただ、常にこのアプローチがとられるのかというと、必ずしもそうではない。一例のみを簡単に挙げれば、米州人権裁判所に提訴されたヴェラスケス・ロドリゲス事件では、ロドリゲスの強制失踪の実行者が私服こそ着用していたが白昼堂々と武器を携行して本人を連行した個別状況だけでなく国家安全保障を害すると目された者多数に対する一連の強制失踪が行われていたホンジュラスの一般的状況からも一般に軍部又は警察の仕業と考えられていた。それらならば、恣意的拘禁の禁止、身体の不可侵などの人権条約義務に対する違反もこれらの者と国の結びつきの糸口を見つけだして行為帰属規則に訴えるという手もなかったわけではない。しかし米州人権裁判所によれば、公の当局の行為により又は当局の地位を利用する者により実行された条約上の権利の侵害は国に帰属するが、これが米州人権条約第一条でいう確保義務のすべての場合を示すわけではなく、「人権を侵害する違法な行為であって最初は国に直接帰属しない行為（例えば、私人行為のため又は責任のある者が特定できないため）も、行為それ自体によってではなく、条約が求めるように違反を防止し又は違反に対処する相当の注意を欠くことによって国の国際責任を導くことができる」（傍線筆者）[95]。違反の認定は個々の実行者の特定ができない場合でも確定できるのであり、決定的なのは権利侵害が政府の支持若しくは黙認の下で行われたか、又は、違反を防止し若しくは責任者を処罰する措置をとることなくそうした侵害行為が生じるのを国が許したかであり、「国は、人権侵害を防止するために合理的な措置をとり、管轄権内で行われた侵害のまじめな調査を行うために利用できる手段を用い、責任者を特定し、適当な処罰を科し、並びに、被害者に十分な補償を確保する法的義務を負う」[96]。侵害があったというだけでは確保義務違反にはならないが、国家制度が人権侵害を不処罰のまま放置したり被害者に迅速な権利享受の回復をもたらさないように働く場合は国は確保義務に違反するし、調査も満足のいく結果を出さなかったというだけでは調査義務の違反にはならないが、調査はまじめに目的をもって国の義務として行われなければならず、「条約を侵害する私的当事者の行為がまじめに調査されない場合は、それら私的当事者はある意味で政府に援助されたのであり、国際的にはそれにより国は責任を負うことになる」[97]。つまり、強制失踪の実行者を特定することの困難さもさることながら、裁判所は、米州人権条約第一条一項の「この条約の締約国は、……管轄の下にあるすべての者に対し条約に定める権利及び自由の自由かつ十分な行使を確保する（to ensure）ことを約束する」という規定の「確保」の意味を広げることが条約履行確保上もつであろうより大きな意義、あるいは、締約国の恒常的な協力を得る意義を選択したものと思われる。人権条約は国家機関以外の第三者による人権侵害への対応に国の積極的義務を通じてどこまで対応できるかという独自の課題を抱えており、ブラウンリーの指摘したように、行為帰属の問題は裏を返せば第一次規則でいう国際義務の問題と深く関連をしているといえる。なお、本件判決も被害者の近親者に対する公正な補償を支払うホンジュラスの義務にふれたたけで補償の範囲の問題は、まずは当事者間の解決に委ねられた。

## 2　国家の管轄権又は支配の範囲と行為の帰属の連関

### (1)　ニカラグア事件判決（一九八六年）

周知の事件なので、関連部分のみをあげよう。ＩＣＪ判決は、まずＵＣＬＡ（米国の軍隊又は情報機関の要員により給与を支払われかつその直接の指示に基づいて行動する特定できないラテンアメリカのいずれかの国籍をもつ人物）の行為については、①「ニカラグアの内水若しくは領海又はその双方に、米国のagencyによる監督と兵站の支援を受けて、この要員により給与を支払われ、並びにその指示に基づいて行動する人物により機雷が敷設された」こと、②ニカラグアへの直接攻撃は「母船がＣＩＡにより供給された」、「高速艇、銃器及び弾薬が米国行政当局より供給された」等の事実に加え、「いずれかの米国軍人が作戦に直接参加したことは立証されないが、米国のagentsが作戦の立案、指揮、支援及び実行に参加した。米国国民は計画、指揮及び支援に参加したが、実行はむしろ『ＵＣＬＡ』の仕事だった」ことを認定し、「したがって、これらの攻撃の米国への帰属は証明されたと思われる」と判示した[98]。直接ニカラグアに対して軍事的、準軍事的攻撃を実行したのは正体不明の私人であるが、ＩＣＪは、明確には理由づけをしていないが、米国agentsの作戦の立案、指揮、支援、実行への参加とＵＣＬＡが米国の要員に給与を支払われかつその直接の指示の下で行動したことは一応証拠上確認できるとして、両者のこのリンクをもって、彼らの行為が米国に帰属することを認めたものといえよう。

ＵＣＬＡのように私人又は少数の私人集団とは異なり、国が外国の反乱活動団体に支援を行い強力な影響力を行使する場合、当該反乱活動団体の行為が支援を行う国の行為にとみなされる場合が生じるか。ニカラグア事件ではコントラの人道法違反の行為の米国への帰属問題が一つの争点となった。ＩＣＪは、ニカラグアの反乱活動団体であるコントラの行為については、「米国がコントラに与えた巨額の補助金及びその他の支援にも拘わらず、コントラが米国のために行動していると取り扱うことを正当化するほどの支配(control)をあらゆる分野で実際に行使していたという明白な証拠はない」と述べて[99]、「国のために行動する」場合につき新たに「支配」という概念を持ち込んでいる。しかも支配があらゆる分野で実際に行使される程度に至っておればコントラの行為は米国に帰属する可能性があることを示唆しているが、本件ではその証拠はないと認定された。次いでコントラの人道法違反の行為の米国への帰属可能性を検討したＩＣＪは、次のように述べる。

「裁判所は、コントラへの資金供与、その組織化、訓練、補給及び装備、軍事的又は準軍事的目標の選定、並びにその作戦のすべてにわたる立案に対する米国の参加が、たとえ圧倒的又は決定的であるとしても、裁判所が有する証拠に基づくならば、なおそれ自体ではコントラがニカラグアでの軍事的又は準軍事的作戦の過程で犯した行為を米国に帰属させるためには不十分であるという見解を採用した。上記のすべての形態の米国の参加、並びに被告国に高度に従属する軍隊に対する被告国の一般的支配(general control)でさえ、それだけでそれ以上の証拠がないならば、米国が原告国によって主張された人権及び人道法に反する行為の遂行を指揮し又は強制したということを意味しないであろう。こうした行為はコントラの構成員によっても十分なしえたであろう。この行為が米国の法的責任を生じさせるためには、原則として、軍事的又は準軍事的作戦の過程で主張される違反が行われその軍事的又は準軍事的作戦に対して実効的支配(effective control)を有していたことが証明されなければならない」(傍線筆者)[100]。

ＩＣＪは、資金供与や組織化、訓練、補給、装備、作戦立案といったレベルでの参加が圧倒的で決定的であったとしてもそれだけでは、それに従属する実体の行為を支援国に帰属させるには不十分だという。判決が要求したのは、特定の軍事的「作戦」というレベルでの「実効的支配」という基準であり、その実効的支配が認められる場合にはその過程で生じた国際人道法違反行為は実効的支配を行った国に帰属しうることを示唆している。本件では米国はそうした実効的支配をコントラの個々の作戦レベルでは及ぼしていなかったとみなされた。すなわち判決主文九は、「米国は一九八三年に『ゲリラ戦における心理作戦』と題する手引書を作成しコントラ軍に配布し、コントラ軍による人道法の一般原則に反する行為を行うよう奨励したが、犯されたかもしれないそのような行為を米国の行為として米国に帰属させると結論づけるための根拠を見いださない」と述べた[101]。判決は、特定の行為ではなく特定の作戦に対する支配という言い方をしているが、他方コントラの構成員は個々に人道法違反行為をなしえたことも示唆しており、特定の作戦に対して支配がある場合にコントラの個々の構成員が個別に行う人道法違反行為の帰属可能性がどのように扱われるのかについて判決からは何も示唆されない。

ところで本件でアゴーは右の結論には賛成するが、基本的にはなお暫定草案第七条及び第八条の考え方によっていた。アゴーはまず、ＵＣＬＡの構成員につき、厳密な意味で国のagents又は機関ではないがそれにも拘わらず国内法秩序において統治権能の一定の要素を行使する権限を与えられた公的な実体に所属する者と位置づけうると考えたようであるが、他方コントラについては、コントラの構成員が米国当局から特定の行為を実行するよう特定任務を課せられていた場合又は米国のために特定の仕事を遂行する場合にのみ、彼らを米国のために行動する集団とみなすことができると述べていた[102]。アゴーは、私人行為が国に帰属するのは例外であるという立場を維持した。ただ、本件では個々の私人とは異なり反乱活動団体への関与が問題となったのであり、そうした組織に対する関係概念として「実効的支配」概念が登場したものと思われる。

次のタジッチ事件に移る前に、一言ヨーロッパ人権裁判所のロイジドゥ対トルコ事件判決（一九九六年）にふれておかねばなるまい。本件は、トルコによる北キプロスの軍事占領とそれに続く北キプロストルコ人共和国（ＴＲＮＣ）の樹立により難民となって南部に逃れたギリシャ系の申立人が、キプロス北部に所在する財産権の享有を侵害されたと申し立てた事件であり、判決は、結局は先のロドリゲス事件と同じくヨーロッパ人権条約第一条の「その管轄内にあるすべての者に対し、……権利及び自由を保障する（shall secure everyone within their jurisdiction the rights and freedoms）」締約国の義務からアプローチしてトルコの違反を認めた。しかし、その過程で判決は、ＴＲＮＣの行為に対するトルコの責任を何に根拠づけるかという問題に直面した。判決は、まず「国家責任に関する諸原則に従えば、合法か違法かを問わず軍事行動の結果として国が自国領域外の地域に実効的な支配を行使するときには締約国の責任が発生する。その地域で条約に定める権利及び自由を確保する義務は、この支配から生じるのであって支配が自国の軍隊を通じて直接行使されるか又は従属的な地方行政体を通じて行使されるかは関係がない」と判示し[103]、続けて、トルコが実際にＴＲＮＣ当局の政策及び行動に対して詳細な支配を行使しているかどうかを決定する必要はなく、「北キプロスには大量の軍隊が実際の任務に従事していることからトルコ陸軍が島のこの部分に対して実効的な全般的支配（effective overall control）を行使していることは明瞭である。この支配は、関連する基準及び事件の事情において、ＴＲＮＣの政策と行動に対するトルコの責任を生じさせる。したがって、これらの政策又は行動によって影響を受けた者は、第一条の適用上トルコの『管轄権』内に入る。したがって、中立人に条約上の権利及び自由を確保するトルコの義務はキプロスの北部地域に及ぶ」と結論づけたのである[104]。つまり、トルコ軍の大規模な北キプロス展開をもって同地域に対するトルコの「実効的な全般的支配」概念に訴え、ＴＲＮＣの政策と行動に対するトルコの責任を包括的に認める判断を下したのである。ただしこの判決では、全般的支配概念を通じてＴＲＮＣの行為が直接トルコに帰属するという言い方は直接せず、全般的支配概念から、トルコの北キプロスに対する「管轄権」を導きだし、それを根拠にトルコの「確保」義務の違反を問うという構成をとったのである。にも拘わらず本件が、重要な意味をもつのは、「実効的な全般的支配」概念を提示して行為帰属に関する次の拡大理論への道筋をつけたということであろう。なお本件は、条約第五〇条に基づく公正な満足に関する判決が出ているが、トルコが自らの責任を拒否して賠償の範囲に関する議論を提出しなかったのでＴＲＮＣとトルコの責任の範囲という議論はなされていない。裁判所は財産権が引き続き中立人にあるという前提でアクセスの拒否により被っている損害と精神的苦痛に対する損害を算定して判決を下した[105]。

### (2) 検察官対タジッチ事件判決（一九九九年）

本件は個人の国際犯罪に関する旧ユーゴスラヴィア刑事裁判所の事件で直接国家責任が問題になった事件ではない。しかし、ボスニア・ヘルツェゴビナ（ＢＨ）で犯された犯罪をジュネーヴ諸条約の重大な違反として訴追する上で、ＢＨ内の政府軍とセルビア系軍事組織との武力紛争は内戦ではなく後者とユーゴスラヴィア連邦との結びつきを考慮すれば国際武力紛争に該当するということをいうために行為の帰属に関する規則を詳しく検討している。このアプローチには多分に疑問をもつが、本件は国家責任法上の行為帰属の原則についてニカラグア事件判決に修正を求める問題提起を行っており、ジェノサイド条約適用事件の本案にも一定の影響を与えうる議論を展開しているので以下簡単に議論を追ってみよう。

上訴裁判部判決は、ニカラグア事件判決がコントラの行為の米国への帰属に関連して提起した実効的支配の基準は、①国家責任法の制度全体の論理と整合しないし、②先例及び国家実行とも適合しないという。①について上訴裁判部は、私人行為の国への帰属問題は、個人としての私人及び組織されていない個人の集団の場合と、軍事指揮や武装反乱部隊のように「組織され階層的な構造をもつ集団」の場合とに分かたれなければならず、前者の場合は特定の指示又は事後の承認が国への行為帰属の要件となるが、後者の場合は組織構造、指揮系統、規則を有しており組織の長の権限に従っているから国に行為が帰属する要件としては集団全体が国の全般的支配の下にあることを要件とするだけでよい、そうした集団は一連の活動を行うから国の全般的支配の下にあれば個々の行為につき国の要請や指揮があろうとなかろうと必然的に一連の活動に国の責任を生じさせなければならない、という[106]。また②について、上訴裁判部は、これまでの先例は実効的支配という基準は個人や組織されていない集団については支持できるが軍事的又は準軍事的集団については異なる基準が用いられてきたとしてイェガー事件でもロイジドゥ事件でも特定の指示は求められていないとする[107]。これらをまとめて次のようにいう。

「国内法上国の官吏としての地位を有していない個人を事実上の国家機関とみなしうるかどうかを決定するために、国際法の規則は、武装集団又は私人に対して常に同じ程度の支配を要求するわけではない。必要とされる国の支配は変化する。特定の行為を遂行する時に単一の私人又は軍事的に組織されていない集団が事実上の国家機関として行動したかどうかということが問題となる場合、その特定の行為を実行することに関する特定の指示が国から当該個人又は集団に対して出されているかどうかを確認する必要があるし、あるいは、違法な行為を国が事後に公然と支持し又は承認したことを証明しなければならない。これと対照的に、従属的軍隊又は軍事的若しくは準軍事的部隊に対する国の支配は全般的な性格のものでよい(単なる財政支援、軍事的装備又は訓練の供与以上のもので構成されなければならない)。しかしこの要件は、国の特定の命令の発令又は各個別的作戦の国による指揮を含むところまでは求めていない。支配をする権力がそれに従属する部隊のすべての作戦を計画し、目標を選択し、又は、軍事作戦上の行為及び指摘されうる国際人道法違反についての個別的指示を与えることは国際法上決して必要とされてはいない。国際法が要求する支配は、国(武力紛争の場合には紛争当事国)が、軍事集団に対して財政支援、訓練及び装備又は作戦上の支援の供与に加えて、その軍事集団の軍事行動を組織し、調整し又は計画する役割を果たす場合には存在しているとみなすことができる。その集団又はその構成員が遂行した行為は各個別行為を遂行することに関する支配国の特定の指示がなくても事実上の国家機関の行為とみなすことができる」(傍線筆者)(108)。

上訴裁判部は、私人行為が国に帰属する第三の基準として私人が国の制度内で行った実際の行動様式から国の機関と同視される場合がある(捕虜収容所の捕虜が他の捕虜に対して収容所の管理者により当局的立場に引き上げられる等)が、ここでは詳しくふれる必要はないであろう。

本判決は、反乱活動団体や軍事的組織の場合にはニカラグア判決の実行的支配基準では敷居が高すぎるので、これに代えて全般(一般)的支配の基準で十分だと見る。すなわち、単なる財政支援や装備供与を超えて軍事行動の組織、調整及び計画といった段階まで国が介入すれば全般的支配の基準に達するのであり、その場合これらの組織の行った行為はすべて国に帰属するというのが実定国際法だと主張している。同判決は、この場合これら軍事集団の構成員の指揮違反の行為も国家機関の権限逸脱行為と同様に国に帰属することが併せて提起されている。この理解だとニカラグア判決の多数意見とアゴーの個別意見はコントラに関する限り、言い方の違いであって軍事的組織の行為の国への帰属を容易に認めないという点では実質的にはあまり変わらないということになる。しかし、これほど広く行為の帰属を認めることが国際法の一般慣行になっているとはとても考えられない。例えば「全般的支配」概念の先例であったロイジドゥ判決はトルコのキプロス占拠とＴＲＮＣ樹立によるトルコの責任の回避という中で人権条約の義務履行を確保するという視点に限って出された議論である。上訴裁判部が国への帰属を広く認める基準を打ち出したのは、国際人道法の適用を広く認めるという志向を離れては考えられないだろう。確かに人権条約や、国際人道法等の分野では条約義務との関連で非国家的実体の違反行為につき国の責任の範囲を広く確保することが今後も行われるかもしれない。さらに破綻国家といわれる現象や国際テロリズムへの対抗の必要性は、私人行為を国に帰属させる傾向を強めるかもしれない。ただし、それは私人行為が国に帰属する基準が緩和されるという形態をとるのか国の義務を強化しあるいは国の管轄権又は管轄義務をを強化していく形態がとられるかはそれぞれの分野ごとに相当多様とならざるを得ないのではないだろうか。

## 結びにかえて

以上、私人行為の国家への帰属に関するＩＬＣ「国家責任条文」の成立過程とその特質、並びにこれに関連した若干の判決例を概観してきた。この予備的検討から少なくとも以下の点が明らかとなったといえよう。

私人行為は国に帰属せず、国は私人行為に関連して国に課せられた国際法上の注意義務の違反に対してのみ責任を負うという伝統的な国家責任のアプローチは、その土台が動揺し始めているとは決して言えないが、これとは異なる私人行為の国への直接帰属というＩＬＣ「国家責任条文」の新規則によって、大きな転換点を迎えつつあるといえる。

第一に構造全体を見れば、アゴー案や暫定草案にはまだ私人行為に関する伝統的原則への明文での言及(帰属否定条項の存在)があり、この基本原則に対する執着から、国の補助部隊や国の意を得た工作員など古典的な事実上の国家機関ともいうべき私人行為についてごく厳格な条件の下に例外的取扱いとして私人行為の国への帰属を認めていた。しかし、クロフォードの形式上の理由による行為帰属否定条項の全面削除は、コメンタリーでの基本原則への言及にも拘わらず、明文上は、私人行為の国への帰属を基本原則に対する慎ましい例外の地位から解き放ち行為帰属規則として独自に展開する地位を与えたように思われる。疑わしきは原則に立ち返ってという明文の制約は外されたという意味を帰属否定条項の削除は好むと好まざるに拘わらずもたざるをえないだろう。「全般的支配」理論の登場は、私人行為を直ちに国際法で評価すれば良く国家の注意義務に立ち返る必要をなくする点で、まさしくそれを象徴していると思われる。

第二に、私人行為が国に直接帰属する事由それ自体については、ＩＬＣ暫定草案から「国家責任条文」に至る過程でＩＣＪのテヘラン事件判決やニカラグア事件判決を経て、クロフォード提案に基づく新たな事由の追加と帰属要件の思い切った拡大とがはかられた。ＩＬＣ「国家責任条文」の帰属規則は二〇〇一年採択時の実定法現象をある程度反映しているが、イエガー事件判決やタジッチ事件判決を見れば、私人行為を国に帰属させる事由の拡大と要件の緩和はこれまた「全般的支配」理論に象徴されるように限りなく拡大していく様相を帯びており、ＩＬＣ「国家責任条文」がこの歯止めとなりうるかは早くも疑問符がつく。特に目立つのは、国家の注意義務を導く手がかりとなる管轄権の確認のためにロイジドゥ事件で提示された「全般的支配」概念が行為帰属の手がかりとして読み替えられたり、イェガー判決で行われた本来相当の注意義務で使われていた了知＋不作為の概念が行為帰属の原則に読み替えられたりした例が示すように、行為帰属の規則は絶えず自己増殖していく可能性をはらんでいるということである。

もちろん、こうした二つの拡大現象は、その対象領域が他国の反乱活動団体を後押ししたり強固な結びつきのある他領域内の同一民族を支援するための介入や、体制移行期における国家機関交代期といった特殊な分野で生じてきている現象であって、まだその適用領域が水平的に拡大しているわけではない。しかも、ロドリゲス判決やロイジドゥ判決に見られるように、人権保障の分野では行為帰属規則の活用というよりはむしろ締約国が負う義務の範囲と内容の拡大やその基礎となる管轄権概念の拡大という形で独自のアプローチが展開している。したがって、ＩＬＣ「国家責任条文」の行為帰属に関する一般規則をもって、直ちに伝統的原則の根本的動揺に結びつける必要はないだろうが、既に見たように、ＩＬＣ暫定草案がその後の判決に多大な影響を与え、その判決がまたＩＬＣ「国家責任条文」に影響を及ぼすという相乗効果を見るならば、規則の一般化がもつ意味あいを無視ないし過小評価することもまたできまい。

かつて、山本草二は、暫定草案に関して「これまでの慣習国際法と比べて離脱ないし乖離が見られ、被害国（請求国）に有利な推定がはたらく結果となっているものも、少なくない」として、その一例が私人に政府権力の要素を行使した場合これを事実上国家行為とみなすという条項を挙げ、こうした規定が国際法と国内法との機能配分につき高度の緊張関係を生じさせる可能性があると指摘していた(109)。ＩＬＣ「国家責任条文」はこの傾向をさらに強めたわけで、一言でいえば国家責任追及の間口を広げるという機能が顕著である。そうした国の責任拡大がもたらす問題については国際法と国内法の緊張関係をはじめ、さまざまの側面があるように思われ、最近のいくつかの論文がその諸側面の検討を開始している(110)。しかし、これらの諸問題は今後の課題としてまずは予備作業を終えたい。

(1) See, A/RES/56/83, pp.3-4.
(2) 薬師寺公夫「国家責任法典化作業における私人行為と国家の注意義務—伝統的アプローチの軌跡」『立命館法学』第二八六号(二〇〇三年)所収を参照。
(3) 田畑茂二郎「私人行為に依る国家の国際責任(一)・(二・完)」『法学論叢』第三九巻(一九三八年)、七四五—七七六頁、九四〇—九七九頁、特に九七四頁。この論文で田畑は、米州の「特殊国際法」に対し、また欧米諸国の政治形態に対抗するソ連、ドイツの「党独裁制」に対置する意味でのいわゆる文明諸国の「一般国際法」を素材として、国家責任の根拠の特質を提示した。『国際法I』で田畑は、国家が私人行為に関して責任を負う根拠は、私人行為への国家の加担といった関係ではなく、領域内での排他的統治権に対応する義務として外国や外国人の権利・利益が私人によって侵害されないように相当な注意をもって防止しなければならない国際法上の義務を負っており、私人行為によって国家が国際責任を負うのは、この国家自身の国際法上の義務を履行しなかったことによると述べる。田畑茂二郎『国際法I〔新版〕』(一九七三年)、四一九頁参照。
(4) 田畑茂二郎、前掲論文、(二・完)、前掲注(3)、九七六—九七九頁。
(5) See, e.g. *Report of International Law Commission, Fifty-third session*, U.N.Coc. A/56/10, 2001., p.71, para.6 and p.81, para.4. See also, *ILCYB* 1971, Vol.2, Part One, pp.233-238, paras.106-121, *ILCYB*, 1973, Vol.2, p.181, para.6.
(6) Caetano Arangio-Ruiz, "State Fault and the Forms and Degrees of International Responsibility : Questions of Attribution and Relevance", in *Le droit international au service de la paix, de la justice et du développment, Mélanges Michel Virally*, 1991, pp.26-35. See also, C. Arangio-Ruiz, *Second Report on State Responsibility*, U.N. Doc.A/CN.4/425/Add.1, pp.2-18, paras.162-180.
(7) Ian Brownlie, *System of the Law of Nations: State Responsibility*, Part I, Cambridge Press, 1983, pp.36-37, *Principles of Public International Law*, Fifth edition, Oxford University Press, 1998, p.438.
(8) See, *ibid.*, pp.440-442.
(9) 過失責任主義の立場によれば、国家責任帰属の要件として重要なのは、国家機関の不作為そのものではなく過失に基づく不作為である。例えば山本草二は、過失とは国家の管轄する範囲内でその政府機構が個々の状況に応じて通常用いるはずの合理的な能力と配慮を怠る(相当の注意の欠如)ことを意味し、この注意をもってすれば予見が可能でありまたは自らの裁量で選択する措置・手段により回避可能であったにも拘わらずそれを欠いたことが根拠となって、国家機関の不作為に違法性（または責任）が帰属すると指摘する。山本はまた、相当の注意義務は一般的、抽象的な基準に過ぎず、個々の状況の下で相当性の程度およびその欠如の違法性の有無を決定しなければならないから、これを予め国際違法行為の内容として特定し、包摂しておくことはできないとする。山本草二『国際法のおける危険責任主義』（一九八二年）、八〇―八二、九二、九四―九九頁。過失責任主義の立場は、国家への責任の帰属要因として過失を重要視する。山本草二「国家責任成立の国際法上の基盤」『国際法外交雑誌』第九三巻第三・四合併号（一九九四年）、二五―二八頁。この点については、兼原敦子「国際違法行為責任における過失の機能」『国際法外交雑誌』第九六巻第六号（一九九八年）、一―四六頁参照。アランジオ・ルイスは、不可抗力および偶発的事態に関する条文には既に過失が黙示されているとみる。*ILCYB*, 1989, Vol.2, Part One, pp.47-48, para.164.

他方、客観責任主義の立場は、国家に責任を生じさせる上で決定的な要因を国家の国際義務違反があったかどうかに置く。例えば、ブラウンリーは、国際判決の多くは特定の文脈の下で法が要求する行為の基準を問題にしている、多くの学者はただ義務の違反をいうために故意や過失を用いている、作為の義務ならびに規制または防止の義務でいう注意の程度は過失原則とのみ両立できるという考えは誤りで責任は特定の義務の違反に基づくことができるし、客観責任は認識、注意または規制という諸要素と完全に両立するとして、一般的には国家の国際義務違反こそ国家の責任帰属にとって決定的だとする。ただし、ブラウンリーも、過失や意図、動機が一定の役割を果たすことまで否定していない。Ian Brownlie, *State Responsibility*, *supra* note (7), pp.38-47, *Principles of Public International Law*, *supra* note (7), pp.440-444. この点につき広瀬善男「国家責任帰属に関する国際法理論―因果関係と相当注意そして過失―」『明治学院論叢』六五三号、『法学研究』第七〇号（二〇〇〇年）、一八五―二四〇頁、安藤仁介「国際法上の国家責任にかかわる『過失』の実態」『京大法学部百周年記念論文集』第二巻（一九九九年）、三〇五―三三五頁参照。

ＩＬＣ第一読草案第一部およびそのコメンタリーには、過失に関する明示的言及はない。なお、ＩＬＣの事務局が不可抗力等に関連して過失責任および客観責任について検討した文書としては、A/CN.4/315, *ILCYB*, 1978, Vol.2, Part One, pp.188-201 がある。クロフォードは、国際犯罪を扱う場合は過失にふれざるをえないが、そうでなければ、国家の国際義務は極めて広い領域にわたり、異なる義務には非常に異なる注意の要素や基準が適用されるから、国家機関にすべての義務に適用されるような形で特定の認識または意思を要求するような先験的な要件はないとし、あわせて、過失は国家責任の構成要件というよりは国際法の特定の規則から生じるとするデンマークのコメントを援用している。 A/CN.4/490/Add.4, pp.8-9, para.115 and p.12, para.122.

(10) *ILCYB*, 1971, Vol.2, Part One, p.267, para.197, article 8.

(11) *Ibid*., p.262, para.187 and *ILCYB*, 1974, Vol.1, pp.32-33, paras.2-8.

(12) *ILCYB*, 1971, Vol.2, Part One, p.263, para.189.

(13) *Ibid*., p.263, para.190.

(14) *Ibid*., p.264, para.191.

(15) *Ibid*., pp.264-265, paras.192-193.

(16) *Ibid*., p.266, para.194.

(17) *Ibid*., p.266, para.195.

(18) *RIAA*, Vol.6, p.163. この事件については、石本泰雄「ザフィロ号事件」田畑茂二郎・太寿堂鼎編『ケースブック国際法』[新版](一九九七年)、二九五—二九六頁、松田幹夫「ザフィロ号事件」波多野里望・東壽太郎編『国際判例研究 国家責任』(一九九〇年)、一八二—一八六頁、安藤仁介「ザフィロ号事件」田畑茂二郎・竹本正幸・松井芳郎編『判例国際法』(二〇〇〇年)、三六六—三六八頁参照。

(19) *RIAA*, Vol.6, *supra* note (18), p. 164.

(20) *RIAA*., Vol.4, p.268, para.8. この事件については、広部和也「ステファンズ事件」『国際判例研究 国家責任』、前掲注(18)、四一〇—四一六頁参照。なお決定は、同時にこの兵士の身柄引渡しを受けた軍当局の大佐が同警備隊解散に伴い兵士を放免したこと及び同大佐を処罰しなかったことにつきメキシコの責任(米国の主張する間接責任)を認定した。

(21) *RIAA*., *supra* note (20), pp.266-267, para.4.

(22) *Ibid*., p.267, paras.6-7.

(23) See, *RIAA*., Vol.8, pp.84-127, pp.160-511. この事件については、尾崎重義「サボタージュ事件」『国際判例研究 国家責任』、前掲注(20)、二八八—二九八頁参照。

(24) *RIAA*., supra note (23), p.84.

(25)　*Ibid.*, pp.85-86.

(26)　*ILCYB*, 1974, Vol.1, p.152, para.8.「公的な機能」だと米国東部の大停電の際に私人が行った交通規制まで入るし (Tammes, *ibid.*, p.34, para.16.)、この用語を国家の高権とみなければ日本の私鉄やＮＴＴが行うような行為も含まれてしまう (Tsuruoka, *ibid.*, p.36, para.32.) といった意見が出されていた。

(27)　*Ibid.*, p.46, para.26 and p.153, paras.15-17.

(28)　*Ibid.*, p.37, para.8 and p.38, para.13. See also statement of Sette Câmara, *ibid.*, p.40, para.25. なおアゴー案一二条については、See, *ILCYB*, 1972, Vol.2, 126-144.

(29)　*ILCYB*, 1975, Vol.2, p.87 and p.99, para.30, and *ILCYB*, 1974, Vol.1, *supra* note (26), p.152, para.14 and p.153, para.16.

(30)　*Ibid.*, p.36, para.33, pp.36-37, paras.2 and 4, p.37, para.7 and 9, and p.46, para.27.

(31)　*Ibid.*, p.35, para.25, p.46, para.27 and p.153, para.16.

(32)　*ILCYB*, 1974, Vol.2, Part One, p.283.

(33)　*Ibid.*, p.285, para.8.

(34)　*Ibid.*, p.285, para.11.

(35)　*ILCYB*, 1975, Vol.2, *supra* note (29), p.70, para.27.

(36)　例えば、接受国は大使館を占拠した私人の行為それ自体には責任を負わない、しかし占拠から大使館を保護し又は大使館に対する支配を取り戻すために必要な措置を執らなかった場合には責任を負う。帰属の基礎と違反される特定の義務との間には密接な関連があるが、二つの要素は分析上別個のものである、とされる。*Report of the International Law Commission, Fifty-third session, supra* note (5), p.81, para.4.

(37)　See, *ILCYB*, 1993, Vol.2, Part Two, pp.68-70, paras.4-13.

(38)　*Report of the International Law Commission, Fifty-third session, supra* note (5), p.45.

(39)　*First Report on State Responsibility*, U.N. Doc. A/CN.4/490/Add.5, 1998, p.3, para.146.

(40)　See, *ibid.*, p.42, para.280, and U.N. Doc. A/CN.4/490/Add.6, p.6, article 15, *Report of the International Law Commission, Fifty-third session, supra* note (5), p.111.

(41) *First Report on State Responsibility*, *supra* note (39), pp.6-7, para.159.

(42) *Ibid.*, pp.4-5, paras.152, 153 and 154, and p.16, para.196.

(43) *Ibid.*, p.24, paras.219-220.

(44) *ILCYB*, 1998, Vol.2, Part Two, p.289, para.80. See also, *Report of the International Law Commission, Fifty-third session*, *supra* note (5), p.111, paras.5-6.

(45) *Ibid.*, p.118, paras.15-16.

(46) 例えば以下のような意見が表明された。反乱活動は多様であり反乱活動団体が政府の一部となったり、領域の一部の支配を認められたり、逆に政府の一部が参加する場合さえある（ハフナー、カバチ）、要するに行使される権力の実効性が問題なのであり国が領域に対して権力を行使しているなら国が、ある地域で反乱活動団体が政府機能を遂行しているのであればその団体が国のために国際責任を負う（ベヌーナ、エコノミデス）、暫定草案は反乱活動団体の行為は国に帰属しないという原則の例外として暫定草案第七条や第八条に基づき行為が国に帰属する場合を挙げていたが反乱活動団体を統治権能の要素を行使することを授権された実体や事実上国に代わって行為する実体とみなすことが果たしてできるのか（ミクルカ、ガリッキ）、公の当局が存在しない場合に統治権能の要素を私人や集団が行使しそれが国に帰属することはある（クロフォード）。See, *ILCYB*.1998, Vol.2, *supra* note (44), pp.86-87, paras. 430-441. See also, *ILCYB*, 1998, Vol.1, pp.246-269.

(47) *Report of the International Law Commission, Fifty-third session*, *supra* note (5), p.112, paras.2-4.

(48) *First Report on State Responsibility*, *supra* note (39), p.17, para.199.

(49) *ILCYB*, 1998, Vol.1, *supra* note (46), *ILCYB*, 1998, Vol.2, *supra* note (44), p.289, para.79.

(50) *First Report on State Responsibility*, *supra* note (39), p.17, para.200 and pp.22-23, paras.215-216 and Add.6 *supra* note 40, p.4, article 8, para.2.

(51) See, *First Report on State Responsibility*, *supra* note (39), pp.17-23 and in particular, pp.22-23, paras.215-216.

(52) *ILCYB*, 1998, Vol.1, *supra* note (46), p.231, paras.14-18.

(53) *Ibid.*, p.233, para.34, pp.236-237, para.25, p.242, para.3.

(54) *Ibid.*, p.246, para.36.

(55) *Ibid.*, p.289, para.79.

(56) *Report of the International Law Commission, Fifty-third session, supra* note (5), p.104, para.3.

(57) *Ibid.*, pp.108-109, para.6.

(58) *Ibid.*, pp.106-107, paras.4-5 and p.108, para.7.

(59) Military and Paramilitaly Activities in and against Nicaragua (Nicaragua v. United States of America), Merits, Judgment, *ICJ Reports, 1986*, pp. 62 and 64-65, paras.105 and 115.

(60) *ILCYB*, 1998, Vol.1, *supra* note (46), pp.238 and 239, paras.46 and 49.

(61) *Ibid.*, p.239, para.50 and p.243, para.12.

(62) *Ibid.*, p.243, para.11, p.245, para.28.

(63) *Ibid.*, p.289, paras.76-77. See also, *Report of the International Law Commission, Fifty-third session, supra* note (5), pp.88-91, paras.8-11.

(64) *ILCYB*, 1998, Vol.1, supra note (46), p.242, paras.5-6.

(65) *Report of the International Law Commission,Fifty-third session, supra* note (5), pp.92-94, paras.2-6.

(66) *ILCYB*, 1998, Vol.1, *supra* note (46), p.244, para.24.

(67) *First Report on State Responsibility, supra* note (39), p.42, para.281.

(68) United States Diplomatic and Consular Staff in Tehran, Judgment, *ICJ Reports*, 1980, p.35, para.74.

(69) *First Report on State Responsibility, supra* note (39), p.43, para.283.

(70) *ILCYB*, 1998, Vol.1, *supra* note 46, p.255, para.57 and p.256, para.66. なおコメンタリーは反乱活動団体が新政府や新国家を樹立した際に以前の行為が国に帰属することと同様の連続性の必要をあげる。*Report of the International Law Commission, Fifty-third session, supra* note (5), pp.120, para.4.

(71) *First Report on State Responsibility, supra* note (39), pp.43-44, para.284 and U.N. Doc A/CN.4/490/Add.6, p.7.

(72) *ILCYB*, 1998, Vol.1, *supra* note (46), p.291, para.90.55,

(73) *Report of the International Law Commission, Fifty-third session, supra* note (5), pp.121, para.5.
(74) *Ibid.*, pp.229-230, para.12.
(75) *ICJ Reports,* 1980, *supra* note (68), p.6, para.8 and p.8, para.9.
(76) *Ibid.*, p.29, para.58.
(77) *Ibid.*, p.30, para.59.
(78) *Ibid.*, pp.32-33, para.68.
(79) *Ibid.*, See, pp.30-32, paras.62-67.
(80) *Ibid.*, p.35, para.74.
(81) *Ibid.*, pp.35-36, para.76.
(82) *Ibid.*, p.45, para.95, (5).
(83) *Ibid.*, p.36, para.77.
(84) *Ibid.*, p.42, para.91.
(85) See, M. Macglashan and E. Lauterpacht ed., *Iran-U. S. C.T.R.*, Vol.17, p.93 et seq.
(86) *Ibid.*, pp.106-107, paras.49-50 and p.110, para.63.
(87) *Ibid.*, p.97, para.22 and p.101, para.37.
(88) *Ibid.*, p.103, para.41, pp.105-106, paras.46-48, p.110, para.61.
(89) *Ibid.*, pp.102-103, paras.39-40.
(90) *Ibid.*, p.103, para.42.
(91) *Ibid.*, pp.103-104, paras.42-43.
(92) *Ibid.*, p.104, para.44.
(93) *Ibid.*, pp.104-105, para.45.
(94) *Ibid.*, p.110, para.61.

(95) Velasquez Rodriguez Case, *Inter-American Yearbook on Human Rights,* 1988, p.984, para.172.

(96) *Ibid.*, p.986, para.173.

(97) *Ibid.*, pp.987-988, paras.176-177.

(98) *ICJ Reports*, 1986, *supra* note (59), p.48, para.80, pp.50-51, para.86.

(99) *Ibid.*, p.62, para.109.

(100) *Ibid.*, pp.64-65, para.115.

(101) *Ibid.*, p.148 (9).

(102) *Ibid.*, pp.188-189, paras.15-16.

(103) Eur. Court HR, Loizidou v. Turkey, judgment of 18 December, 1996 (merit), *Reports of Judgments and Decisons,* 1996-VI, pp.2234-2235, para.52.

(104) *Ibid.*, p.2235-2236, paras.56.

(105) Case of Loizidou v  Turkey, Article 50, Counsil of Europe Doc. 40/1993/435/514, pp.7-11, paras.27-40.

(106) See, Prosecutor v. Dusko Tadic, Judgment of 15 July 1999, *ILM.*, Vol.38, 1999, pp.1540-1542, paras.115-123.

(107) See, *ibid.*, pp.1542-1544, paras.124-135.

(108) *Ibid.*, pp.1544-1545, para.136.

(109) 山本草二、前掲論文、注(9)、二二―二三頁。

(110) See, e.g. Gordon Christenson, "Attributing acts of omission to the State", *Mich Int'l L.*, Vol.12, 1991, pp.312-370, Claus Kress, "L'organe de facto en droit international public: réflexions sur l'imputation a l'État de l'acte d'un particulier a la lumière des développements récents", *RGDIP*, Tome CV-2001, pp.93-141, Hazel Fox, "The International Court of Justice's treatment of acts of the State and in particular the attribution of acts of individuals to the State", N. Ando et al. eds, *Liber Amicorum Judge Shigeru Oda*, Kluwer  Law  International, 2002, pp.147-163.

# 近世ヨーロッパにおける外国人の地位と本国による保護
## ――近代外交的保護制度の史的研究への序論的覚書――

小畑　郁



## 一　はしがき

〈国家が外国にいる自国民の利益を保護するために必要な措置をとる権利〉と、さしあたり定義できる外交的保護の権利については、しばしば自明なものとして、その歴史的淵源を真剣に追求する必要があるとは考えられていない。『歴史的パースペクティヴにおける国際法』と題する浩瀚な書物においてすら、「その法的基礎についてほとんどなにも言う必要はない」[1]と片づけられており、この書物に特徴的な歴史的分析はほとんど加えられていない。

たしかに、自らと密接な関係を有する人の利益を外国においても保護することは、国家の存在理由の一つともいえるであろう。しかし、外交的保護のより厳密な概念規定に一歩踏み込めば、それは歴史的に生成した制度であるといわざるをえない。制度としての外交的保護においては、一方では、外国人の本国たる国家が請求の主体として立ち現れ、他方で、外国人が損害をこうむった領域を統治する国家（あるいは加害行為に対して管轄権を有する国家）がこの請求の客体として立ち現れる。すなわち、ここでは、国家と国家とが前面に立って私人の損害について処理しようとするのである。それは、私人の損害の救済を当該私人自ら追求するのではなく、当該私人が属する国家が主体となる点で、国家的性格をもつとされ、その国家が、損害発生の現場において加害者に対して救済を求める（直接的保護）のではなく、その場を管理する国家に対して救済を要求する点で、「外交的」と形容されるのである。

ところで、田畑茂二郎こそ、外交的保護の権利の「自明性」を鋭く問い直したその人であった[2]。一九四六年から翌年にかけて発表された論文において、田畑は、外交的保護の成立過程の歴史的状況を検討し、その国家的性格は、マーカンティリズムのイデオロギーのもとの国家の中央集権化の産物である、と結論づけた[3]。この論文は、その後の日本の国際法学界において一つの伝統となる国際法の社会経済史的基礎についての研究[4]に礎を築いた、古典的著作と評されるべきものである[5]。

筆者も、このそびえ立つ山々、あるいは実り豊かな森とでもいうべき伝統的遺産に圧倒されながらも、その域に一歩でも近づくことができればと念じて、外交的保護に関するいくつかの歴史研究を発表してきた[6]。他方で、外交的保護制度生成過程についての従来の理解については、少なからぬ違和感を抱いてきた。その違和感は、さしあたりは、外交的保護を私的復仇から移行した形態と捉える[7]点に即して説明することができる。第一に、私的復仇は、一七世紀末には既に廃れつつあったとされるが[8]、外交的保護の実行は、さらに下って、一九世紀以降にようやく確認されるのである[9]。この時間的間隔は、私的復仇が外交的保護に移行したというには、いささか不自然である。第二に、私的復仇が一面において外国において受けた私人の損害の救済に効果を挙げたとしても、近世の国家は、少なくとも平時においては、むしろこれをコントロールさらには制限することに努力を払ってきたのである。通商条約などで裁判拒否を条件とすることは、かなり一般的な実行であった[10]。その理由は、たしかに一つには私人がいわば裁判官として行動することに対する警戒があったといえるかもしれないが、より直接的には、私的復仇に伴う自国民への危険が大きかったからであろう[11]。つまり私的復仇は、近世において、私人を保護する制度というよりは、むしろ私人への損害をもたらすものであると既に認識されていたのである。

こうしてみると、近世において、私人の外国における利益がどのように保護されたのか、それに本国がどのように関わったのか、またその歴史的背景について、より具体的に明らかにする必要があることがわかるであろう。もちろん、そのために必要となる一次資料についていえば、基礎的なものについてですら断片的にしか入手できない。しかし、半世紀以上の年月を経て、われわれは今や、先人の時代とは比較にならないような資料的に恵まれた位置にある。この時点で、近世の関連状況について素描なりともまとめておくことに、筆者としては、はなはだ僭越ではあるが、世代的な責任のようなものを感じる。このようなスケッチは、外交的保護制度の成立の歴史的前提を、より具体的に把握するためのなにがしかの示唆をあたえるであろう。

なお、以下の分析においては、その範囲をヨーロッパ（およびアメリカ合衆国）のキリスト教諸国に限っている[12]。近代世界資本主義経済の成立の前提として、ヨーロッパ外の非キリスト教国との遠隔地貿易が果たした役割の大きさは、改めて強調するまでもないであろう。したがって、近代世界資本主義を媒介する法制度として、外国における私的利益保護の実態を捉える上では、この分析には、決定的限界があることは明らかである。しかし、他方において、われわれの時代にまで継承されてきた国際法は、イデオロギーおよび現実の秩序としては、なによりもヨーロッパのキリスト教諸国において行われてきたものが、地理的により広い範囲に妥当するようになったものである。その意味でこの限定は、近代国際法における外交的保護制度研究の前提的考察においては、赦されるものと考える。

## 二　近世における外国人の地位

### 1　諸国家・諸地域における外国人の取り扱い

近代より前の外国人の法的地位を問題にする場合、なによりも念頭におかなければならないのは、外国人と内国民の区別というものは、当時にあっては、領域内の人の間のさまざまな地位の区別のなかで、相対的な役割を果たすものにすぎなかったことである[13]。それを前提にしたうえで、近世における外国人の地位を、主として文献に拠りながらみていこう。

近代に至るまで外国人はさまざまな能力の制限にさらされた[14]。ただ、近世におけるその諸形態を仔細にみると、それらが単に中世封建制の残滓というだけでは説明できないこと、さらには、商業重視(mercantile)段階の資本主義世界体制[15]に固有の存在理由があったことが示唆される。

それは、近代より前の法制度における外国人の無能力のうちで最大のものとされる外国人遺産没収権(droit d'aubaine,本稿では単に遺産没収権ということがある)[16]についていうことができる。この制度によって、外国人は、死亡を原因としては、遺言によると否とにかかわらず、相続人に財産を移転すること、および、被相続人から財産を受け取ることができず、こうして相続を認められなかった遺産は国庫に帰属した[17]。

注目すべきは、中・近世のフランス各地の慣習法を網羅的に調査した研究で、次のように結論されていることである。つまり、正当な相続人がいない場合に遺産が領主または王に帰属するという相続人不在遺産没収権（droit de déshérence）とは区別されるところの、すなわち、外国人であることに固有の無能力としての、外国人遺産没収権の存在は、早くて一四世紀からであって、一五世紀中に急速に確立するのである。ここから、この無能力は、農奴は直系卑属以外の者に相続させることができず、遺産は領主に帰属するという〈死手権 main morte〉の制度から直接導き出されたものではないと解することができる、と[18]。

このように一方で中世との連続性には史料的にも疑問が呈せられる。他方で、外国人遺産没収権制度の論理自体からも、近世に至って明確になってくる重商主義政策との関連を指摘できる。この制度の一つの側面とされている、相続人としての外国人の欠格（受動的相続能力の欠如）については、内国民から外国人に財産が移転することを制限しようとするものであり、それはむしろ見やすい道理であろう[19]。外国人遺産没収権が存在しなかった他のヨーロッパ中核地域においても、外国人の内国民からの相続（および財産の取得一般）について税（droit d'issue）が課されたことは[20]、外国人遺産没収権のこの側面が、外国に対抗して自国の富を増やし確保するというこの時代の一般的政策と適合していたことを傍証する。外国人の被相続人としての欠格（能動的相続能力の欠如）については、外国人性を有する富が国内において永続的に維持または増殖することを阻もうとするものと性格づけることができるであろう。それは、フランスにおいて、フランス人の嫡出子が居る場合には例外としてこの制度が適用されなかったこと[21]に顕著に現れている[22]。

ところで、一般化の危険を敢えて冒せば、近世における外国人は、後述するような特権を有している場合は別として、劣悪な地位に置かれたといっていいであろう。それは、外国人遺産没収権とならんで、外国人の手続的な権利、いいかえれば広い意味で法執行過程における地位において最も深刻な形で現われている。

まず、外国人が所在地において原告として訴えを提起する場合には、一般に、判決債務履行担保(cautio judicatum solvi)とよばれるものを提供しなければならなかった[23]。この担保は、通常、訴訟費用に見合うものとされるが、必ずしもそれに限られず[24]、請求の対象に見合うものも求められることがあった[25]。近世に至っても外国人に証言能力が認められない地域もなかったわけではない[26]。

外国人が法執行の対象となる場合、事態はより深刻である。南ネーデルランドにおいては、外国人は裁判前にさえ債権者と主張する市民によって身体を拘束された。市民には一般に認められた非拘束特権が、外国人には原則として認められなかったのである[27]。フランスでは、敗訴した外国人は、判決執行のために身体を拘束された[28]。また、総財産引渡(cession des biens)という手段によって債務の対人的執行を免れることも、外国人には認められなかった[29]。イングランドでも、外国人に破産が認められたのは一六二三年のことである[30]から、それ以前には対人的執行を免れる手段はなかったということであろう。このような制度に、私的復仇制度において認められた集団責任観念[31]が加重された場合に、外国人がさらされた危険は計り知れないものがある[32]。たしかに集団責任観念は徐々に廃れたが、市民の不法行為の責任をその市民の属する都市全体に負わせるという観念は、長く諸国内法において法的基礎をもっていた、とされる[33]。

外国人の住居が頻繁に立ち入り捜査され、財物が押収されるということは、たびたびあったようである[34]。

このように、外国人の地位は一般的には劣悪といえるが、そのこととともに、ヨーロッパ中核地域に限定しても地域ごとにさまざまであり[35]、およそ一般化できる命題を提示できる状況にないことも重要である。外国人の本国が、現地の法に基づく待遇に対して対置して援用できるような、ある程度一般的な規範的基準は存在していなかったのである[36]。

また、これは内国民と外国人との間に同一の取り扱いが確保されている場合にも重要であるが、近世に至っても法執行過程は一般に集権化されているとはいえなかった。地域・都市の法執行権限はなお強力であった。また、私人の自力救済がなお形式上は認められていたことにも注意が必要であろう。前述したように、私的復仇は、一七世紀末にはすでに廃れつつあったが、他方で一九世紀初頭にまで復仇免状発給の事例は存在したのである[37]。

## 2　通商条約による特別の地位の確保

商業重視政策は、一方では自国内の外国人の地位を劣悪なままにとどめておくことと結びついていたが、他方で、自国商業の利益を他国領域内において確保することを要求した。この論理的矛盾を回避する手近な方法は、一般外国人の地位をそのままにしておきながら、自国民(あるいは自国商人)のために特別の地位を確保することである。

中世ヨーロッパにおいて、外国商人の特権は珍しい現象ではない。イングランドでは、国王によって、特定国の外国商人に対して、他の外国人はもとより内国民、内国商人より有利な待遇が与えられた[38]。ハンザ商人に与えられた特権は有名であり、自らの商館をもち、大部分の税を免除されたうえに裁判権を有していた[39]。このような外国商人の特権は、もちろん経済的に劣位に立っている場合に顕著にみられたようであるが、必ずしもそれに限られず、当時の世界経済の中心地であるフランドルやブラバントにおいても、伯や公は、イングランド、スコットランド、スペイン、ポルトガル、ドイツの商人に対して特権を与えた[40]。こうしてみると、中世においては、外国商人の特権は、特殊技能集団に対して君主により与えられた保護という観念の枠組み内で理解できる。また、一般に条約よりもむしろ領域国の君主による一方的な特許状の付与という形式をとっており、商人の本国が獲得したものというよりはむしろ商人たちが自治的に得たものであるといえる。

これに対して近世においては、外国人の特別の地位は通商条約において議論されるようになるのである(41)。

ではこの時代、通商条約(および通商関連規定をおく条約)における外国人の地位は、具体的にはどのように規定されたのであろうか。**表1・2**は、オランダ、イギリス、フランスの三国の(ヨーロッパ諸国およびアメリカ合衆国との)主要通商関連条約における、領域内の私人の地位に関する規定をまとめたものである(42)。これをもとに、概括的検討を加えてみよう。

まず、当然のことであるが、外国人にそれ自体として特別な地位を保障する条約は多くない。とくに実体的権利については極めて貧弱な内容となっている。

フランスが締結した通商条約においては、一八世紀以降は遺産没収権の免除(すなわち相続能力の承認)は通例となっている。この場合には、外国人の財産処分権も併せて保障されている。しかし、イギリスとの間では、一六五五年条約〈8〉より後は、この免除が規定されていないことが目を引く(43)。この条約は、おそらく遅くとも一六六〇年代中には効力をもたなくなっていたから(44)、フランスにおいてこの短い期間を除いて、イギリス人が世代を越えて富を維持・増殖することは認められなかったのである。このことは、商業重視時代においては、むしろ激しく覇権を争った中核諸国間において外国人の財産処分権に制約を加える必要があったことを示唆している。もっとも、フランスはイギリス人に対して、一七八七年に至って遺産没収権を免除する措置を特許状により一方的にとった(45)。財産処分権そのものも、フランス以外の国についてもとくに時代が下がると規定される例がみられるようになるが(〈38〉〈43〉)、一般には保護の対象とは決してなりえなかったのである。

そのほかの実体的権利としては、信教の自由が保障された事例もあるが、むしろ例外にとどまる〈15〉〈38〉〈47〉）。手続的権利の方がむしろ保障される例が多い。（被害に対する）迅速な裁判の保障〈5〉〈10〉〈12〉〈15〉〈21〉〈31〉〈36〉〈47〉）や公正な裁判の保障〈8〉が規定される例もある。しかし、未だ中央の統制が十分でなかったこの時代の状況を反映するのは、こうむるかもしれない不利益に対して現場で対処するために有用な、代理人を選任する権利を認める規定である。すでに、オランダ・スペイン間のミュンスター講和条約〈3〉は次のように規定していた（第三〇条）。

ネーデルランド連邦の臣民及び住民は、スペイン国王陛下に服する領土のどこでも、適当と考える弁護士（Advocats）、代訴人（Procureur）、公証人（Notaires）及び執行人（Executeurs）を利用することができ、彼らに対し、通常の裁判官は、必要がある場合当該住民又は臣民に関わる事項を委任し、処理を求めるものとする。相互的に、ネーデルラント連邦議会の国にやって来たスペイン国王陛下の臣民は、同一の援助を享有する（1 CTS 81）。

同様の規定は、とくにオランダやフランスが結んだ多くの通商条約で繰り返し規定された〈9〉〈13〉〈15〉〈18〉〈24〉～〈26〉〈29〉〈30〉〈32〉〈35〉〈36〉〈43〉〈45〉〈47〉）。

領域内の人の待遇について最恵国待遇が規定されている例は、ある程度みられる。ただし、一般的な最恵国待遇を規定する例は、普遍的であるとまではいえない〈5〉〈12〉〈15〉〈21〉〈32〉〈34〉〈39〉〈47〉）。なお、人身に関する最恵国条項がいくつかみられ〈18〉〈31〉〈37〉〈45〉）、また、裁判所内の待遇ないし司法の運営についての最恵国待遇の例〈29〉〈31〉〈45〉）は、時代と国が限定されているものの、注目に値する。このように身体的権利および手続について最恵国待遇が規定されるようになった

## 表1　近世中核諸国の主要通商関係条約(1／2:〈1〉～〈23〉)

| 年<br>出典 | 締約国<br>(通称名または備考) | 通商の自由／一般規定 | 居住権 | 人身の自由 | 財産権 | 手続的権利 | (準)領域外裁判権[すべて(片)] | 領事職と職務 | その他 |
|---|---|---|---|---|---|---|---|---|---|
| 〈1〉 1641<br>*1 | オランダ　ポルトガル | | | | | | | 設置[34] | |
| 〈2〉 1642<br>*2 | イングランド ポルトガル | | | | | | | (片)設置[8] | |
| 〈3〉 1648<br>1 *CTS* 1 | オランダ　スペイン<br>(ミュンスター条約) | | | | 相続能力[62] | 代理人選任権[30] | | 設置[16] | |
| 〈4〉 1650<br>2 *CTS* 259 | オランダ　スペイン | 一般的[1] | | | | | | | |
| 〈5〉 1654<br>3 *CTS* 257 | イングランド スウェーデン | Mfn[4] | [4] | | | 迅速な裁判[8] | | | |
| 〈6〉 1654<br>3 *CTS* 281 | イングランド ポルトガル | | | | 相続能力[8] | | 後見裁判官[7] | (片)設置[7]<br>遺産管理[8] | |
| 〈7〉 1655<br>3 *CTS* 417 | フランス　ハンザ諸都市 | | | | | | | | |
| 〈8〉 1655<br>4 *CTS* 1 | イングランド フランス<br>[翌年オランダ加入] | | | | 相続能力[12] | 公正な裁判[23] | | | |
| 〈9〉 1659<br>5 *CTS* 325 | フランス　スペイン<br>(ピレネー条約) | (イングランドの条約上の特権のフランスへの均霑) | | | | 代理人選任権[25] | | 設置[25] | 帳簿等への干渉禁止[25] |
| 〈10〉 1661<br>6 *CTS* 233 | イングランド デンマーク | | | | | 迅速な裁判[9] | | | |
| 〈11〉 1661<br>6 *CTS* 375 | オランダ　ポルトガル | | | (片)逮捕等の制限[14] | 相続能力[10]<br>課税MfnN[7] | | 後見裁判官[9] | 職務規定[9] | |
| 〈12〉 1661<br>6 *CTS* 469 | イングランド スウェーデン | Mfn[4] | [4] | | | 迅速な裁判[8] | | | |
| 〈13〉 1662<br>7 *CTS* 139 | オランダ　フランス | 一般的[26]<br>N[4] | [23] | 公的債務による拘禁禁止[18] | 相続能力[23] | 代理人選任権[46] | | 設置[47] | 帳簿等への干渉禁止[46] |
| 〈14〉 1662<br>7 *CTS* 293 | フランス　スウェーデン | | | | | | | | |
| 〈15〉 1663<br>7 *CTS* 317 | フランス　デンマーク | Mfn[15] | [2] | | | 迅速な裁判[36]<br>代理人選任権[39] | | | 信教の自由[3] |
| 〈16〉 1666<br>9 *CTS* 9 | イングランド スウェーデン | | | | | | | | |
| 〈17〉 1667<br>10 *CTS* 1 | フランス　ポルトガル | (オランダ・イングランドの特権のフランスへの均霑[10]) | | | | | | | |
| 〈18〉 1667<br>10 *CTS* 63 | イングランド スペイン | 一般的[21]<br>(ミュンスター条約でオランダが得た待遇のイングランドへの均霑) | | 人身Mfn[38] | 相続能力[33] | 代理人選任権[31] | | 設置[27]<br>遺産管理[34] | |
| 〈19〉 1668<br>10 *CTS* 441 | オランダ　イングランド | 一般的[1] | | | | | | | |
| 〈20〉 1669<br>11 *CTS* 217 | イングランド サヴォワ | (片)免税[7] | | (片)民事拘禁の制限[8] | | | [10] | | |
| 〈21〉 1670<br>11 *CTS* 347 | イングランド デンマーク | Mfn[40] | | | 相続能力[15] | 迅速な裁判[24] | | 遺産管理[15] | |
| 〈22〉 1674<br>13 *CTS* 255 | オランダ　イングランド | 一般的[1] | | | | | | | |
| 〈23〉 1675<br>14 *CTS* 41 | オランダ　スウェーデン | 一般的[1] | | | | | | | |

凡例(表1・2共通)
(片)片面的規定　[n]:第n条　Mfn:最恵国待遇　N:内国民待遇

註 *1 Du Mont, *Corps Universal diplomatique du droit des gens*, … , t.6,Pt.1(1728), p.215ff.

註 *2 *Hertlets's Commercial Treaties*, Vol.2,p.1f.

## 表２　近世中核諸国の主要通商関係条約（2／2:〈24〉～〈47〉）

| 年<br>出典 | 締約国<br>（通称名または備考） | 通商の自由一般規定 | 居住権 | 人身の自由 | 財産権 | 手続的権利 | (準)領域外裁判権[すべて(片)] | 領事職と職務 | その他 |
|---|---|---|---|---|---|---|---|---|---|
| 〈24〉 1678<br>14 *CTS* 399 | オランダ フランス<br>（ネイメーヘン通商条約） | 相互的[1]<br>N[10] | [10] | 公的債務による拘禁禁止[5] | 相続能力[10] | 代理人選任権[33] | | 設置[34] | 帳簿等への干渉禁止[33] |
| 〈25〉 1679<br>15 *CTS* 331 | オランダ スウェーデン | 相互的[1] | | 公的債務による拘禁禁止[5] | | 代理人選任権[33] | | 設置[36]<br>遺産管理[10] | |
| 〈26〉 1697<br>21 *CTS* 371 | オランダ フランス<br>（レイスヴェイク通商条約） | 相互的[1]<br>N[15] | [15] | 公的債務による拘禁禁止[5] | 相続能力[15] | 代理人選任権[38] | | 設置禁止[39] | 帳簿等への干渉禁止[38] |
| 〈27〉 1701<br>23 *CTS* 353 | オランダ デンマーク | | | | | | | | |
| 〈28〉 1705<br>25 *CTS* 299 | オランダ ポルトガル | | | | | | | | |
| 〈29〉 1713<br>28 *CTS* 1 | イギリス フランス<br>（ユトレヒト通商条約） | 相互的[1] | [5] | 人身Mfn | | 裁判所内Mfn[8]<br>代理人選任権[34] | | | |
| 〈30〉 1713<br>28 *CTS* 83 | オランダ フランス<br>（ユトレヒト通商条約） | 相互的[1]<br>N[14] | [14] | 公的債務による拘禁禁止[5] | 相続能力[14] | 代理人選任権[37] | | 設置禁止[38] | 帳簿等への干渉禁止[37] |
| 〈31〉 1713<br>28 *CTS* 429 | イギリス スペイン<br>（ユトレヒト条約） | | | 人身Mfn[2] | | 裁判所内Mfn[2]<br>(片)迅速な裁判[15] | 後見裁判官制度の均霑[15] | | |
| 〈32〉 1714<br>29 *CTS* 97 | オランダ スペイン<br>（ユトレヒト条約） | 国内[11]<br>Mfn[17] | | 公的債務による拘禁禁止[7] | 相続能力[25] | 代理人選任権[23] | 後見裁判官[29] | 遺産管理[26] | |
| 〈33〉 1716<br>30 *CTS* 19 | フランス ハンザ諸都市 | 国内[1] | | | 相続能力[2] | | | | |
| 〈34〉 1734<br>34 *CTS* 211 | イギリス ロシア | 国内[2]<br>Mfn[3] | [3] | | | | [19] | | |
| 〈35〉 1739<br>35 *CTS* 459 | オランダ フランス | 相互的[1]<br>N[37] | [37] | | 相続能力[37] | 代理人選任権[38] | | 設置禁止[40] | 帳簿等への干渉禁止[38] |
| 〈36〉 1742<br>36 *CTS* 425 | フランス デンマーク＝ノルウェー | | | | 相続能力[40] | 代理人選任権[39]<br>迅速な裁判[36] | | 設置[41]<br>遺産管理[40] | |
| 〈37〉 1753<br>40 *CTS* 49 | フランス プロイセン | 国内[1] | | 人身Mfn[4] | Mfn[4]<br>相続能力[5] | | | | |
| 〈38〉 1753<br>40 *CTS* 111 | オランダ 両シチリア | 相互的[1]<br>N[6] | [6] | | 処分能力[39] | 代理人選任権[4]<br>迅速な裁判[8] | 後見裁判官制度の均霑[8] | 設置[41] | 信教の自由[7]<br>住居等の尊重[9] |
| 〈39〉 1766<br>43 *CTS* 365 | イギリス ロシア | 国内[2]<br>Mfn[6] | [6] | | | | [17] | | |
| 〈40〉 1769<br>44 *CTS* 255 | フランス ハンブルク | フランス内[1] | | | 相続能力[2] | | | | |
| 〈41〉 1778<br>46 *CTS* 417 | フランス アメリカ合衆国 | | | | 相続能力[13] | | | 設置[31] | |
| 〈42〉 1779<br>47 *CTS* 213 | フランス メクレンブルク＝シュヴェーリン | フランス内[1] | | | 相続能力[2] | | | | |
| 〈43〉 1782<br>48 *CTS* 143 | オランダ アメリカ合衆国 | | | | 処分能力[6] | 代理人選任権[7] | | 設置[21] | |
| 〈44〉 1784<br>49 *CTS* 91 | フランス スウェーデン | | | | (片)一定地域での相続 | | | | |
| 〈45〉 1786<br>50 *CTS* 71 | イギリス フランス | 相互的[1] | [5] | 人身Mfn[44] | | 代理人選任権[38]<br>司法運営Mfn[44] | | 設置[43] | |
| 〈46〉 1786<br>50 *CTS* 93 | フランス スペイン | | | | | | | | |
| 〈47〉 1787<br>50 *CTS* 103 | フランス ロシア | 国内[2]<br>Mfn[4] | | | 相続能力[16] | 代理人選任権[36]<br>迅速な裁判[36]*3 | | 設置[5] | 信教の自由[3] |

註 *3 商人が当事者のものに限定されている。

のは、一面では、諸国内における関係の権利の整備を反映しているものではあろう。しかし、最恵国待遇は、他国の外国人に与えられた特別の待遇を均霑するものにほかならず、人身の自由や手続について一般的保護を及ぼすものにはほど遠い。

結局、この時期通商条約を通じてさまざまな自国民のための特別の地位の確保が図られたが、全体としてはなお、断片的な権利・特権の獲得にとどまった。こうしてみるとオランダ・フランスの間の内国民待遇の保障は、先例が皆無というわけではないにしても（課税について〈11〉）[46]、一七五三年のオランダ・両シチリア間の条約〈38〉という個別事例を除くと、この時代では完全に例外的な現象といえる。蘭仏関係については、後で若干詳しく検討する必要があろう。

## 三　在外国民の保護のための諸制度

### 1　領域外裁判権および後見裁判官制度

この時代に外国人が直面した困難が、領域国の中央権力に直接由来するものと言うよりはむしろ、地方や都市ごとになお割拠していた勢力の権力行使によるものであったとすれば、これに有効に対処する方法は、現地において直接保護を差し伸べることであろう。そして、領域外裁判権は、その典型的な方法であるといえる。たしかに、ヨーロッパ内においては、近世においては双務的領域外裁判権はごく稀なものになり、中核諸国が世界システム内の地位において劣る国に対してもつ形が多い[47]。しかし、かかる裁判権自体は、ヨーロッパ諸国の間でも、時代が下るとともにに一路廃れていったわけではないことに注意が必要である。

イギリスは、ロシア〈34〉〈39〉に対して、商業団(College de Commerce)による裁判という形で、条約上保障された領域外裁判権を有していた。なお、オランダもロシアに対して領域外裁判権を特許状の形で有していたようである[48]。また、イギリスは、条約上、サヴォワ〈20〉において、在住臣民から選ばれた代表(Delegate of the English nation)による裁判権を有していた。

近世において、イギリス、オランダ、フランスといった中核諸国は、とくにポルトガルおよびスペインにおいて、自国民の利益にとくに注意を払うことを期待される者を現地の裁判官のなかから選び、この裁判官を自国民のかかわる裁判に参加させるという、後見裁判官(Judge Conservateur)[49]制度を有していた[50]。この制度も領域外裁判権に準ずる制度と捉えることができる。イングランド商人がポルトガルにおいて有していた制度においては、当初は、後見裁判官の裁判権は貿易ないし商品にかかわるものに限定されていたようである。しかし、イングランドは、次第に他の訴訟についてもこの制度を援用するようになった[51]。一六四二年の両国間の条約〈2〉には、この制度への言及はないが[52]、一六五四年の条約は、「[イングランド]共和国の人民のかかわる訴訟」について、後見裁判官の、原則として上訴のない管轄を明文で規定した〈6〉。この制度は、ブラジルについては一八二七年の条約(77 *CTS* 375)で当分の間だけ存続することが規定され(第六条)、ポルトガル本国については一八四二年の条約(93 *CTS* 255)でようやくその運用が停止された(第一七条)[53]。オランダは、一六六一年の条約で同様に後見裁判官制度の特権を得た〈11〉[54]。フランスは、おそらくは一六六七年の条約に規定された英蘭の特権の均霑〈17〉によって、後見裁判官の制度的保障を獲得した[55]。このようにたしかにある程度の歴史的伝統を踏まえながらも、一七世紀に至って、より一般的な(準)領域外裁判権が通商条約の明文で保障されるようになったのである。

スペインについても、イングランド商人は後見裁判官制度を有していたようである。一七〇〇年に結ばれたイングランド商人とサンタンデール市当局との合意文書（23 *CTS* 119）は、同市への後見裁判官職の設置を認めるものであるが、その権限については、セビーリャその地の港湾都市におけるこの制度に言及している（第六条）。このサンタンデールの後見裁判官制度は、一七一五年の通商条約（29 *CTS* 369）で維持が確認された（第二条）。これに対して、一七一三年の英西ユトレヒト条約は、他国が得た後見裁判官制度の均霑を規定した〈31〉。オランダ商人もまた、一七世紀にこの制度の特権を獲得していたことは、一七一四年のユトレヒト条約で、カルロス二世（一六六五〜一七〇〇年）治世下の制度の維持が確認されていることから明らかである〈32〉。この両国の特権がいつから存在するのかは定かではないが、一六五〇年（オランダ）および一六六七年（イギリス）の通商条約に言及が見あたらないところをみれば、一七世紀の中葉以前から存在していたとしても、商人が自治的に獲得した制度であって、本国が主張できる法的特権というものではなかったと考えられる。フランス人もスペインにおいてこの制度を一七世紀後半に有していたことが資料から裏付けられる(56)。要するに、一八世紀のはじめに、右の諸条約により、この制度の維持と他国が獲得したものの均霑が保障され、それによってスペインにおける後見裁判官制度は国家の後ろ盾を得たのである。

後見裁判官の職は、いわゆるアシエント契約によって、一六九六年ポルトガル（21 *CTS* 151, 八条）、一七〇一年フランス（23 *CTS* 489, 一三条）、一七一三年イギリス（27 *CTS* 425, 一三条）の各会社のためにスペイン領アメリカにも設置された。

こうしてみると、少なくともイギリスは、一八世紀中に当時重要な通商関係を有していた多くの国（中核部を除く）において、領域外裁判権ないしそれに準ずる制度を有していたのである(57)。

要するに近世においては、とくに半周辺・周辺諸国において、中核諸国のために、領域外裁判権ないしそれに準ずる制度が存在し、また新たに国家の後ろ盾を得たのである。

## 2　国家機関としての領事制度

この時期、領事制度にも変容がみられる。領事は次第に国家機関として重要性をもつようになってきたのである。また、後述するように中核諸国間では事情が異なっていたが、領事職の商業拠点への設置が着実に展開した。一六世紀および一七世紀初頭において地中海域のイングランド領事は、多くが外国人、とくにイタリア人であり、また、現地の行政当局の側が商人と集団的に交渉するため指名することも稀ではなかった[58]。チャールズ二世の治世(一六六〇—一六八五年)において、国王の任命権と報酬額決定権が確立していったのである[59]。領事は政府に頻繁に報告書を送付するようになった[60]。設置される領事職の数も一六六四年以降急速に増え、同王の治世には約三四の港に領事館が存在したとされる[61]。

オランダの領事は、長くきわどい議論ののち、一六五七年より政府が任命することが確定し、翌年定められた規則は、報酬額も規定している[62]。ミュンスター講和後、オランダ領事のネットワークは、ナポリおよびメッシーナを含め急速に展開し、一六五八年には、スペイン支配下地域のオランダ領事および副領事は、二五を数えるまでに至った[63]。

フランスにおいて領事制度の整備に力を注いだのはコルベールであった。彼は、各地のフランス領事館の無秩序を問題にした[64]。彼が中心になって編纂した一六八一年の「海事王令」[65]は、「朕によって与えられた委任状を有するのでなければ、何人も外国におけるフランス人の領事と名乗ることができない」(第一編九節一条)と規定し、国家の領事任命権を確立した[66]。コルベールはまた、通信を頻繁にし、フランス人の通商にかかわる情報を提供するよう領事に命じ、こと細かい訓令を送っている[67]。

領事はまた、この時期には、通商条約上の地位を得るようになってきた。一六四二年のイングランド・ポルトガル間の条約〈2〉は、イングランドの領事任命権を認め、「ローマ・カトリックを信仰しなくとも[ポルトガル]王国において領事の権限を完全かつ自由に行使する」と定めている。この前年のオランダとポルトガルの条約も、オランダ人の保護のためオランダ領事職の設置を認めている〈1〉[68]。スペインについても、ミュンスター講和条約は、オランダ人およびハンザ諸都市のスペインにおける領事職設置権を認め〈3〉、一六六七年のイングランド・スペイン間の条約も「臣民の援助及び保護のために」、相互に領事職の設置を認め合った〈18〉。ここで認められたイングランド領事職設置権は、ナポリ、シチリアはもちろん、南ネーデルランドにも及んだことに注意が必要である[69]。そのほか、オランダはスウェーデンおよび両シチリアとの間で〈25〉〈38〉フランスはデンマーク＝ノルウェー、アメリカ合衆国およびロシアとの間で〈36〉〈41〉〈47〉、それぞれ領事職設置権を保障する条約を締結した[70]。

もっともこのような国家機関としての領事職の設置は、周辺・半周辺諸国との関係でもなんらの抵抗もなく進められたわけではない。一六六一年、スペインは、スペイン本土およびナポリにおいて、現地人の領事ないしその種の職務を有する者を用いるよう、イングランドに提案した[71]。近世の領事制度は、このような抵抗を打ち破って、新しい性格をもって確立していったのである。

このように国家機関としての性格を次第に明確にし、また、条約上の地位も有するようになってきた領事は、どのような活動を行っていたのであろうか。イングランド領事は、臣民間の紛争の解決のほか、在住イングランド商人の利益の代弁者として、また、本国商人の権利および財産を守るための代理人として活躍した。遺産管理も重要な任務であった[72]。領事の遺産管理への関与は、イギリスが結んだものにかぎらず、多くの条約で保障されている〈6〉〈11〉〈18〉

〈21〉〈25〉〈32〉〈36〉）。「一般に、イングランド人と現地のまやかしや抑圧との間に介在し、条約および、見込みのない幻想にすぎなかったが、国際法によって保障されている、彼らのすべての市民的・宗教上の権利を確保することを期待された」[73]というのが、チャールズ二世治世下の領事制度を分析したバーバー（V. Barbour）の簡潔な要約である。このような領事の現地での活動は、先に述べたように法執行過程の集権化が十分でなかったこの時代において、戦争と軍事活動を除くと[74]、国家による最も有効な在外臣民保護の手段であったと考えられる。ナポリのスペイン副王は、イングランド領事によって、海軍や駐在大使によるものよりも「より直接的でしたがってより効果的な圧力」を受けた、という[75]。一七五八年出版の『国際法』におけるヴァッテル（E. de Vattel）の次のような評価は、もっと注目されてよい。

通商にとって最も有益な現代的制度の一つは、領事制度である。領事は、外国の、通商にとって重要な場所とりわけ海港において、その国民の権利および特権の保持を監視する任務を有［する］[76]。

こうしてみると、近世において外国における自国民保護の方法として機能していたのは、外交代表を通じた外交的保護ではなく、むしろ現地における法執行過程への直接の介在であったといえよう。

# 四　オランダ・フランス間関係の特殊性

## 1　内国民待遇

このように、近世のヨーロッパ諸国間では、外国人に対して実体的・手続的権利は未だ断片的な保障しか及ばず、また、当時の法執行過程の非集権性を反映して、外国人の本国は直接的介在によって保護を求めたのが一般的であった。ところが、この時期、オランダとフランスの間においては、特殊な関係が存在していた。

まず、オランダとフランスは、一六六二年の条約〈13〉において、次のように相互に内国民待遇を保障しあっていた(第二三条)。

［前略］［ネーデルランド］連邦の臣民は、あらゆる点においてまたどこでも、一般に［フランス］国王陛下の固有のかつ生来の臣民と同様に有利な待遇を与えられ、とくに、外国人に対してなされることのある税を徴収されることはない。本条のあらゆる内容は、［ネーデルランド］連邦議会に服するすべての国において、国王陛下の臣民に対しても遵守される(7 *CTS* 149)。

この定式は、ネイメーヘン(一六七八年)、レイスヴェイク(一六九七年)、ユトレヒト(一七一三年)および一七三九年の両国間の通商条約にそのまま引き継がれている〈24〉〈26〉〈30〉〈35〉。

この待遇の起源は定かではない。ただ、オランダ人が遺産没収権を免除されたのは、これがはじめてではないようである。フランスは、一五世紀にブラバント、フランドル、ホラントおよびゼーラントの商人に対し、遺産没収権免除の待遇を特許状により与えていた。オランダは、独立戦争時においてすでにフランスと遺産没収権の免除を定めた条約を結んでいたといわれる[77]。一六四七年の枢密院(Conseil du Roi)の判決は、両国間の条約をも根拠にして課税に関するオランダ人の内国民待遇を認めている[78]。一六六二年条約は、とくに南ネーデルランドにおける覇権を目指してスペインに対抗するフランスが、オランダと結んだ同盟条約でもあった[79]。これらのことを考えあわせると、一六六二年条約における内国民待遇は、フランスにとっては、潜在的領土出身者に与えた特別の待遇とまではいえなくても、同盟関係に由来する特別の待遇[80]と、さしあたりは考えてもよいかもしれない。

一七世紀においてオランダ人は、フランスの主要港湾都市において主として仲買人として活躍していた。ブローデル(F. Braudel)によると、「彼らは、財産を作り上げ、資本をどっさりかき集め、そしてある日、自国へ帰っていった。何年もあいだ、かれらは日常の経済生活、港、近隣の市などの経済生活に食い込んできていた」[81]という。内国民待遇は、当時の状況に照らすと、これらのオランダ商人に有利な待遇を与えたということになる。

先に述べたように、オランダ人のフランスにおける内国民待遇は、コルベールがようやく主導的役割を果たすようになった[82]時点で締結された一六六二年条約の段階で、すでにある程度の伝統を有していた。これをその後否定することは、むしろフランス商品の輸出に支障をもたらしかねないことは、コルベールは意識していたように思われる。直接的にはイングランド人の対応を念頭においてのことであると思われるが、内国民待遇の意義に疑念を呈した知事(Intendent)に対して、「外国人がわれわれのワインなしにやっていくことをあまりに強いることのないよう注意しなければならない」と反論しているのである[83][84]。

しかし、他方において、内国民待遇がフランスの重商主義戦略上なんらの意義ももっていなかったと考えるわけにはいかない。この点でまず注意すべきは、一六六二年条約にもその後継諸条約にも、オランダ人の裁判権免除は定められていないことである。従来オランダ商人は、その紛争について、市当局および商事裁判所の裁判権から免除されるという特権をフランス王の特許状の形で有しており、この特権は、一六五六年の裁判所判決でも確認されていた[85]。このような特権は、一六六二年条約で直ちに否定されたわけではないであろうが、内国民待遇はむしろそれを制限していこうというフランスの政策に根拠を与えるものでもあったように思われる。

コルベールが事実上の宰相の地位についた後、イングランドとの通商条約交渉(一六七〇年前後)においてフランス側は、内国民待遇(相互主義とならんで平等の一形態と考えられている)を規定するよう執拗に主張したが[86]、その際次のように述べられていることが注目される。

両国王がその人民のために利益を獲得する唯一の目的は、両国王が有するわずかばかりの通商において一方が他方から利益を引き出すことではなく、横領者の手から少しずつ通商を取り戻しつつ、通商をかなりの程度増大させることにあるのであり、国王は、この偉大な計画の達成のために、その人民の諸力すなわち勤勉さと熱心さを通商に結びつけるなければならない。かかる結合は、二国の自由な交通によりそれらの諸力、勤勉さと熱心さをあらゆる点で倍増させるところの、この平等なしには達成できない[87]。

つまり、内国民待遇は、通商の増大を直接もたらすものとしてというよりは、直接には国内生産の拡大をもたらすものと期待されているのである。その論理的関係はなお不分明であるが、内国民待遇を与えることによって、フランスにおいて継続的に通商に携わっていた有力商人を、寄生的な存在から現地産業の担い手となるように誘導しようと考えたのではなかろうか。このように解してはじめて、オランダに対抗してフランスがとった重商主義諸政策[88]と、一六六二年条約およびその後継諸条約における内国民待遇は整合的に理解できるのである。だとすると、これらのオランダ人の利益について、オランダ国家による保護はむしろ極力抑止しなければならないということになる。

## 2　領事職設置の制限

実は、その後のこれら条約における領事職設置についての取扱は、フランスがオランダの直接的保護をできるだけ抑止しようとしたことを裏付ける。すなわち、一六六二年条約〈13〉は次のように規定した(第四七条)。

［フランス］国王陛下及び［オランダ］連邦議会は、互いの王国及び国家で取引を行う臣民の便宜のために、それら臣民の国の領事を置くことができる。臣民は、領事の活動及び利用によって、自らに属する権利、自由及び特権を享受する。領事の職は、合意によって必要と判断される場所に設置される(7 *CTS* 156)。

この定式は、一六七八年のネイメーヘン条約でも維持された〈24〉。すでにこの定式の「合意によって必要と判断される」場所への設置という部分を利用して、フランスは、新たな領事館の設置に抵抗した(89)。コルベールは一六七九年、マルセイユに領事を置きたいとのオランダ大使の要求に対し、先例があるかどうか確認するよう命じ、その職の設置に抵抗する姿勢を示している(90)。オランダとしては、この規定の積極的定式から、領事職の設置がむしろ促進されるものと期待していたであろうが。ところが、一六九七年のレイスヴェイク条約〈26〉では、領事職の設置については次のように規定されるのである(第三九条)。

今後は、いかなる領事もお互いに認められることはない。国の代表（Residens, Agens, Commissaires ou autres）を派遣することが適当と判断される場合にも、彼らは、宮廷の通常の所在地以外に住居を設けることはできない（21 *CTS* 387）。

ここにおいて、領事が原則として置かれないということにオランダも同意し、条約の規定の上で確認されるに至ったのである。この定式は、ユトレヒト条約および一七三九年条約に引き継がれる〈30〉〈35〉。

もっとも、このような領事職設置に対するフランスの反対は、オランダとの関係だけではなかった。イギリスとの間では領事職設置についてのなんらの合意も見あたらないが、イングランドは、マルセイユに領事を置いていた[91]。一六六〇年代以降、ボルドーに新たに領事を置こうとしたとき、ルイ一四世は一旦は同意を与えたようとしたが、結局承認しなかった[92]。一六六四年頃には、援助をうける必要がある場合には外国商人はすべてフランス人の仲介者を用いるよう強制しようと試みられた[93]。イングランドとの通商条約交渉の過程では、領事職設置につながりかねない規定について、「領事職の設置は、フランスにおいては決して実施されていない」として厳しく点検された[94]。そのような反対の結果、一七世紀末には、イングランド領事はフランスにおいて正式の地位を全くもたなくなったのである[95][96]。

さらにいえば、領事職の設置に消極的なのは、中核諸国間で共通の現象であった。一七世紀後半期に、イングランド・オランダ間では相互に領事を置いていない。イングランドの散発的な提案はオランダの反対で実現しなかった[97]。イングランド商人は代替的手段としてオランダ人法律家に委託していた[98]。このように、周辺・半周辺諸国への領事職の設置がみられる一方で、中核諸国間に領事が置かれなかったのである。

中核諸国が互いに自国への領事職の設置に反対したのは、法執行過程の現場で外国国家機関が介入することを認め難かったからであろう。それと対をなしていたのが、内国民待遇である。アムステルダムの商人たちは、外国人が内国民と同様に救済をうけることができるのであるから、現地の裁判所の裁判権の制限は、スティグマであると考えたのである(99)。

## 五　結びにかえて

近世において中核諸国は、自国内においては、領域外裁判権やそれに準ずる制度を認めず、領事職の設置も制限しようとした。このように、もし、国内裁判所の活動の現場で外国国家機関の介在が認められないとすれば、外国国家が自国民のために確保している利益を擁護する方法としては、国内審級が尽くされた後に公式の外交関係においてこれを主張することしか残されていない。これこそ外交的保護である。そしてそのように国内救済手続の運用を見守るべきであるという観念に基盤を与えるのは、国内救済手続の利用および国内実体法における原則としての内国民待遇であろう。もちろんこの内国民待遇が、実態としてある程度の水準を満たしていることが、特権的地位の否定の上になりたつこのような待遇が外国人に恩恵的に作用する前提であり、その意味でかかる待遇が近世においては中核諸地域においてしか現れる可能性がなかったのは当然である。

逆に、周辺・半周辺諸国においてはこのような基盤は全く存在せず、したがって代替的に直接的保護を行使する利益確保機構が展開していた。互いの力関係からこのような機構が発展しなかった中核諸国間においてさえ、イギリス人がフランスにおいて遺産没収権免除を享受し得なかったことにみられるように、激しい商業競争は内国民待遇の確立を妨げていた。したがって、これら両国の間には、外交的保護の行使の基盤も存在せず、内国民に委託して在外国民の利益を確保するほかはなかった。

近世においては直接的保護の制限の上に成り立つ外交的保護の基盤たる内国民待遇は、特定の中核諸国間、すなわち、オランダ・フランス間関係にしか存在しなかった。さらに、この特殊な待遇は、むしろ領域内の統治に対する他国の介入を制限していこうという考えに結びついていたのであって、その待遇を確保するために他国に介入しようという考えは依然、前面に現れていなかった。かくして、外交的保護制度は、オランダ・フランス関係においても十分にその姿を現すことができなかったのである。その背景としては、さしあたり次の点を指摘することができよう。すなわち、この時代における内国民待遇は、まず第一義的には、外国商人が優位に立っている状況のもとで、自国商品の円滑な貿易を確保しつつ彼らの現地化を促進することを目的にしていたということである。在外自国民の活動に対し、内国民にも適用される整備された実体法・手続法によって、予測可能性を与え、基礎的条件を整えるという目的は、この時代においては、中核国家にとっても重要性を与えられていなかった。そのような目的のための内国民待遇は、外国への投資活動が活発に展開し、自国経済に対する外国投資の意義が国家によって認められるようになる時代を待たなければならなかったのである[100]。

（1）　Verzijl, J. H. W., *International Law in Historical Perspective*, Pt. 5 (Verzijl, A.W.Sijthoff, 1972), p.444.

（2）　欧米の学界においては、次の文献が外交的保護の歴史について優れた批判的考察を加えている。Dunn, F. S., *The Protection of*

*Nationals: A Study in the Application of International Law* (Dunn, Baltimore, 1932), esp., pp.46-53参照。

(3) 田畑茂二郎「外交的保護の機能変化(一)・(二・完)」『法学論叢』五二巻(一九四六年)、一九三頁以下、同誌五三巻(一九四七年)三九三頁以下、とくに、同(二・完)、三九三—四〇三頁参照。

(4) たとえば、高林秀雄「通商の自由と漁業の独占」『法学』(近畿大学)四巻二号(一九五六年)一四五頁以下、太寿堂鼎「国際先占原則の成立と展開」(初出一九五五年)同『領土帰属の国際法』東信堂(一九九八年)一七頁以下、石本泰雄『中立制度の史的研究』有斐閣(一九五八年)、および竹本正幸「陸戦における私有財産尊重の原則」(初出一九五七年)同『国際人道法の再確認と発展』東信堂(一九九六年)七頁以下。

(5) 同旨、松井芳郎「伝統的国際法における国家責任の性格」『国際法外交雑誌』八九巻一号(一九九〇年)一五頁。

(6) 拙稿、後出注(9)・注(49)、「『個人行為による国家責任』についてのトリーペル理論」『神戸商船大学紀要 第一類・文科論集』三六号(一九八七年)一頁以下、「イギリスの外交的保護とメキシコ干渉一八六一—六二」同誌三九号(一九九〇年)一頁以下、「パーマストンと『領域国法による平等な保護』観念の凋落　一八四七—五〇」『金沢法学』三六巻一＝二号(一九九四年)二四一頁以下。

(7) De Visscher, Ch., "Le Déni de justice en droit international", *RdC*, t.52, 1925, pp.370-374; 田畑、前掲注(3)論文(二・完)三九四頁参照。

(8) Butler, G., & Maccoby, S., *The Development of International Law* (Butler & Maccoby, London, 1928), p.177参照。

(9) さしあたり、拙稿「一九世紀中葉における国債返済を求めるイギリス外交的保護権の確立」『神戸商船大学紀要 第一類・文科論集』三八号(一九八九年)三頁、注(3)参照。なお、ボーチャードが、外交的保護の明確な実行の歴史をフランス革命以降と位置づけていることも注目される。Borchard, E., *The Diplomatic Protection of Citizens Abroad* (Borchard, New York, 1927), p.6参照。

(10) さしあたり、木村實「『裁判拒否』概念の継承と機能転換」『法律時報』五五巻八号(一九八三年)一〇〇頁参照。なお、同論文においては、私的復仇→公的(国家的)復仇→外交的保護という図式に沿った説明がみられるが、この図式には、転化あるいは比較の基礎となる共通性をどこにおいているのか分からないという問題がある。外交的保護制度の淵源を求めるためには、なによりもまず、私的利益の救済というその制度の目的に着目する必要がある。もし、国家間で行われる国家的復仇がこのような目的を有していたというのなら、それは、外交的保護の実力を伴う形態にほかならず先駆的制度として独立して考察する意義はないし、逆にそうした目的をもたない国家的復仇であれば、外交的保護とは無関係である。なお、外交的保護が国籍国の国家利益を追求するものであるというのは、制度目的についての説明としては誤りである。この点については、拙稿「国際責任の法制度における規範主義と国家間処理モデル」『国際法外交雑誌』一〇一巻一号（二〇〇二年）二三頁および二九頁、註54参照。

(11) フェアツェイルは、近代では廃れた外国人の財産に対する制約として、後述する外国人遺産没収権などとならんで、復仇免状（私掠免状）や集団責任観念を挙げている。Verzijl, *supra* note (1), p. 407ff. 参照

(12) もっとも、領事制度の分析にあたっては、フランスと公式の関係を有したトルコ帝国との関係をも視野に入れている。

(13) 大沼保昭「国籍とその機能的把握」（初出一九八五年）別冊法学教室『国際法の基本問題』（一九八六年）一七三頁参照。

(14) フランスに限定された論稿であるが、以下を通じて、光信一宏「フランス旧体制下の外国人の法的地位に関する覚書」『愛媛法学会雑誌』二三巻二号（一九九六年）八八―九四頁参照。

(15) この用語法は、柴田三千雄『近代世界と民衆運動』岩波書店（一九八三年）に拠っている。すなわち、同書では、一六世紀後半からオランダのイニシアティヴで構成された新たな世界体制においては、「すべての国家が商業重視《マーカンタイル》国家となり、世界体制構成単位間の関係は、この観念によって律せられた。」ことが強調され、この世界体制が「重商主義」(mercantile)段階と規定された。とくに混同が戒められているように、この「重商主義(mercantile)」概念は、政策としての「重商主義(mercantilism)」のそれよりも広い。以上について、同書、五三―五七頁参照。直接の引用は、五六頁。ただ、本文中では混同の危険があまりに大きいので、マーカンタイル段階の訳語として商業重視段階という言葉を採用した。

(16) 光信、前掲注(14)論文、九二頁。遺産没収権および類似の概念の概括的内容、ならびにそれらが当時においてもかなり混乱して用いられていることについては、Verzijl, *supra* note (1), p.410f.参照。

(17) この制度はフランスについてはその存在が顕著に認められる。Villers, R., "La condition des étrangers en France dans les trois derniers siècles de la monarchie", *L'Etranger*, 2ème Partie (*Recueils de la Société Jean Bodin*, t.X) l'Etranger, Librairie Encyclopédique, (1958), p.143f. 参照。またドイツにおいても、一般に同様の制度が存在したようである。Thieme, H., "Die Rechtsstellung der Fremden in Deutschland vom 11. bis zum 18. Jahrhundert", *ibid.*, p.211f.参照。南ネーデルランド（現在のベルギー）およびオランダの状況については後掲注(20)参照。

(18) Boulet-Sautel, M., "L'aubain dans la France coutumière du Moyan age", *ibid.*, pp.78-88参照。相続人不在遺産没収権と外国人遺産没収権との区別については、さらに、Gilissen, J., "Le statut des étrangers à la lumière de l'histoire comparative", *L'Etranger*, 1ère Partie (*Recueils de la*

*Société Jean Bodin*, t.IX), p.51参照。

(19)　受動的相続能力の欠如という側面は、先に挙げたブーレ＝ソーテルの研究によると、一五世紀に現れるとされる。Boulet-Sautel, *supra* note (18), p.80参照。

(20)　南ネーデルランド(現在のベルギーに相当する)では、多くの地域で外国人遺産没収権そのものは存在しなかった。しかし、外国人の内国民(または市民)からの財産取得一般(相続も含む)について税が課された。一八世紀に至って、主権者(すなわちハプスブルグ家の王)は、この税を一般化し、都市から徴税権を奪った。Gilissen, J., "Le statut des étrangers en Belgique du XIIIe au XXe siècle", *L'Etranger*, 2ème Partie, p.284参照。オランダ(ネーデルランド連邦)でも、外国人遺産没収権は近世においてはほとんどみられないが、こうした税が近代に至っても残存した。Feenstra, R., et Klompmaker, H., "Le statut des étrangers aux Pays-Bas", *ibid.*, p.370参照。オランダがこの時期に採用した政策は、重商主義政策であるとは全体としては規定できないが——柴田、前掲注(15)書、五六—五七頁参照——、本文で述べているように、「外国に対抗して自国の富を増やし確保する」政策であったとはいえるであろう。なお、ドイツにおける同様の制度については、Thieme, *supra* note (17), p.213参照。

(21)　これについては一六世紀から判例の一致が認められるようである。Villar, *supra* note (17), p.144 参照。

(22)　J・アンベールは、この制度の基礎として、外国において同様の措置にさらされていることに対する復仇の観念とともに、「王国における富の保持の観念」を挙げている。Imbert, J., "La capacité de l'étranger à succeder en France: Concession humanitaire ou interessée (1789-1804)", in: *Humanité et droit international: Mélanges René-Jean Dupuy* (l'Humanite et droit international, A Pedone, 1991), p.179.

(23)　Viller, *supra* note (17), p.145(フランス); Gilisson, *supra* note (20), p.294f.(南ネーデルランド); Feenstra & Klompmaker, *supra* note (20), p.372(オランダ)参照。

(24)　意味がいまひとつはっきりしないが、フランスについて、Demangeat, Ch., *Histoire de la condition civile des étrangers en France* (Demangeat, Paris, 1844), p.137参照。

(25)　南ネーデルランドの一部の地域について、Gilisson, *supra* note (20), p.295参照。

(26)　南ネーデルランドについて、*ibid.*, p.307 参照。オランダでは、早くに廃止されたといわれる。Feenstra & Klompmaker, *supra* note (20), p.372 参照。

(27)　Gilisson, *supra* note (20), p.296-299 参照。

(28)　これもまた、以前は一般的に認められていたことが、内国民には免除されたために外国人固有の制限となったものである。Viller, *supra* note (17), p.145; Demangeat, *supra* note (24), pp.143-145 参照。

(29)　*Ibid*., p.145f. 参照。

(30)　Holdsworth, W. S., *A History of English Law*, Vol.VIII (Holdworth, London, 1925), p.237参照。

(31)　一六五五年の英仏条約(1〈8〉)は、復仇免状は加害者のみに対して復仇を許すものとすべきことを定めている(第三条)。このような制限は、管見の限りでは例外的である。

(32)　Cf.: Thieme, *supra* note (17), p.211.

(33)　Verzijl, *supra* note (1), p.417 参照。

(34)　コルベール(J. B. Colbert)は、スペインにおいてフランス人がたびたび立ち入り捜査されることを問題にし、スペイン駐在大使に対し、イギリス人とオランダ人が慣習法上享受していたかかる立ち入り捜査からの免除をフランス人に対しても獲得するよう求めた。Colbert au Marquis de Villars, 26 féb. 1672, in: Clément, P. (éd.), *Lettres, Instructions et Mémoires de Colbert*, t.II (Clement, Paris, 1863), p.648 参照。フランスは、イングランドにおける自国民に対する立ち入り捜査・押収について、内国民待遇によってセーフガードを獲得できると考えていた。Memoire du Roy, jan. 1670, in: *ibid*., Appendix VII: Pièces relative aux négociation d'un traité de commerce avec l'Angleterre, p. 816 参照。

(35)　ここで、本文中にあまり触れなかったイングランドの状況について一言しておく。イングランドでは元来外国人に裁判に訴える権利が認められていなかったが、はじめは国王による安導券(letter of safe conduct)の個別的発給により裁判に訴える権利が認められるようになり、ついで一六世紀頃には、かかる安導券を要することなく、敵性外国人(alien enemies)以外の外国人(つまりalien friends)に対し、裁判による保護が、コモンロー裁判所によるものも含め、与えられるようになったとされる。Baker, J. H., *An Introduction to English Legal History*, 3rd ed. (Baker, Butterworths, 1990), p.530f. 参照。ただし、この裁判による保護の付与は、外国人商人に対して認められた、市裁判所(courts of fairs)など商事諸裁判所に訴える権利がコモンロー裁判所に波及したものとされており、商人以外の外国人についてどの程度まで当てはまったのかは疑問が残る。この点で、ホールドワースは、商人以外の外国人への一般化は、商慣習法(law merchant)

がコモンローに吸収されていくにつれて生じたとする。Holdworth, *supra* note (30), Vol.IX(1926), p.96参照。この吸収は、彼によれば、一七世紀末葉に生じた。*Ibid.*, Vol.VI(1924), pp.634-636 参照。また、イングランドにおいては、外国人は不動産所有能力を認められず、この無能力は一八七〇年まで維持された。Baker, *supra* note (35), p.531 参照。

(36) 以上の検討は、外国人の私法・手続法上の能力制限に限定された考察である。ここでは、課税の面での外国人に対する差別については、立ち入って述べる準備がない。しかし、それが、多くの国・地域でさまざまな形で存在したことは明白である。たとえば、フランスは、イングランドにおいて外国人に対して課されていた慣習的倍額税を問題にした。Mémoire du Roy, *supra* note (34), p.816 参照。

(37) Timbal, P.-C., "Les lettres de marqué dans le droit de la France médiévale", *L'Etranger*, 2ème Partie, p.138f. 参照。

(38) イングランド王が与えたさまざまな特権の集成として、Walford, C., "A Review of the Early Laws regulating the Privileges of Foreign Merchants Trading to England", Association for the Reform and Codification of the Law of Nations, *Report of the 9th Annual Conference* (Cologne, August 16th-19th, 1881), p.198ff.参照。これらの性格については、佐分晴夫「最恵国条項の史的研究」『名古屋大学法政論集』六三号(一九七五年)六一―六二頁に論及がある。

(39) Braudel, F., *Civilisation matérielle, economie et captitalism, XVe-XVIIIe siècle*, t.3: Le temps du monde (Braudel, Librairie Armand Colin, 1979), p.116[村上光彦訳『世界時間1』みすず書房(一九九五年)一二七頁]参照。ハンザ商人の特権は、次第に縮小し、彼らは一五九八年に追放された。Kirkpatrick, R., "La statut des étrangers en droit anglais au cours des derniers siècles", *L'Etranger*, 2ème Partie, p.457参照。

(40) Gilissen, *supra* note (20), pp.239-243参照。

(41) 近世通商条約の意義についての、佐分晴夫の次のような指摘は重要である。つまり、国家の通商政策決定権を認めることにより、通商権は否定ないし修正されざるを得なくなり、国家間関係の問題として通商問題は処理されるようになる。このような状況の下で、通商条約の必要性が強調された、と。これは、直接的にはプーフェンドルフおよびヴァッテルの理論についての指摘である。佐分、前掲注(38)論文、一一四頁。**表1・2**からわかるように、オランダの初期の通商関連諸条約に目立っていた一般的な通商の自由の規定は、一六七八年のネイメーヘン条約以降は見られなくなったのである。オランダの初期の実行との関連では、グロチウスが、自然的権利として通商権を擁護したとの指摘も参照。同、一一二頁。

(42) 条約の検索は、第一次的には、*Consolidated Treaty Series*［本稿では*CTS*と略記した］, General Chronological List 1648-1809, Vol.Iにより、また、文献等で関連性に気づいた条約を加えた。条約規定については、正文がラテン語・オランダ語で、フランス語訳や英語訳が利用可能な場合、後者によった。

(43) 英仏間においては、領域内の人の地位について最恵国待遇を保障する場合も、一般的に規定することは避けられ、「財産」については除かれている〈29〉〈45〉。

(44) 一六六九年に始まった英仏通商条約交渉において、この条約が効力を維持しているふしはみうけられない。たとえば、Mémoire du Roy, *supra* note (34), p.816f.をみよ。

(45) Demangeat, *supra* note (24), p.222f.

(46) オランダとスウェーデンとの間には、一六四〇年代に課税について内国民待遇を保障する条約が存在したが、実際の適用をめぐって紛争が生じ、結局一般的内国民待遇は貫徹できなかったようである。Verzijl, *supra* note (1), p.434参照。なお、フェアツェイルが課税に関する内国民待遇を保障している規定として挙げている(*ibid.*, p.433)一六八八年のオランダ・デンマーク間の条約第五条は、実際には船の内国民待遇を定めているものである(18 *CTS* 260)。

(47) 近世においても、キリスト教国間にさえ領域外裁判権の例がみられることを日本において先駆的に指摘したのは、伊藤不二男である。伊藤不二男「近世における領事の裁判権」『法政研究』三八巻二―四合併号(一九七二年)一三〇―一三七頁参照。ただし、ここでは、ウェストファリア条約で確立した領域主権との関係で、領域外裁判権は例外的な残存の例と捉えられている。近世における領域外裁判権については、また、Shih Shun Liu, *Extraterritoriality: Its Rise and Its Decline* (Shih Shun Liu, New York, 1925), pp.37-47も参照。

(48) Lubimenko, I., *Les relations commerciales et politiques de l'Angleterre et la Russie avant Pierre le Grand* (Libimenko, Paris, 1933), p.194参照。

(49) この制度は、フランスにおいては、国王により与えられた特権を保護するための裁判官を意味しており、必ずしも外国人掛裁判官制度を意味するわけではなかったようである。Limon, M.-F., "Grade gardienne", in: Bély, L. (dir), *Dictionnaire de l'Ancien Régime* (Bely, PUF, 1996), p.593 参照。しかし、スペインやポルトガルで見いだされる後見裁判官は、外国人の特権を保護するためのものである。なお、この語の従来の訳例は発見できなかった。「後見裁判官」というのは、筆者訳である。以前筆者は「後見判事」と訳したことがある。拙稿「初期パーマストン外交と外交的保護制約原理としての『領域国法による平等な保護』」『神戸商船大学紀要 第一類・文科論集』

四一号（一九九二年）、七頁参照。

(50) なお、イングランドにおいては、外国人がかかわる刑事裁判で、構成員の半数が外国人の陪審による裁判がなされた。Kirkpatrick, *supra* note (39), p.457f. 参照。しかし、ここで問題にしたいのは、領域外裁判権およびそれに準ずる制度そのものというよりは、それが本国によって保護されたか、とくに条約上の地位を有していたか、である。

(51) Shillington, V. M., & Chapman, A. B. W., *The Commercial Relations of England and Portugal* (Shillington & Chapman, London, 1907), p.182参照。なお、ここでは、この制度は一五世紀に遡るとされているのであるが、共著者のシリングトンによると、一三六七年のポルトガル王の特許状においてすでに税関裁判官(the judge of the custom house)だけが、イングランド商人とポルトガル商人の間の紛争にかかわるとされており、イングランド商人の一四五四年の請願にもこの制度が援用されている。*Ibid.*, p.49 & p.56参照。

(52) 遺産の処理に関連して「イングランド人の後見人the Conservateur of the English」に言及があるだけである（第九条）。

(53) 文面上は、正確には、一定の保障がなされている限りにおいて、後見裁判官制度を援用する権利を行使しないことに同意したにすぎない。

(54) Wertheim, J., *Manual à l'usage des consuls des Pays-Bas*, t. 1 (Wertheim, Amsterdam, 1861), p.90f. も参照。

(55) 具体的な条約への言及はないが、Twiss, T., *The Law of Nations Considered as Indepedent Political Communities* (Twiss, Oxford, 1842), p. 268f. 参照。

(56) Colbert à M. de Bonzi, 1 déc. 1670, in: Clément, *supra* note (34), p.587参照。

(57) なお、一六六八年イングランド人は、領事の要求により、ナポリおよびシチリアにおいて、大臣のうちの一人により裁判されるという特権を獲得した。Koenigsberger, H., "English Merchants in Naples and Sicily in the Seventeenth Century", *English Historical Review*, Vol.62 (1947), p.315参照。

(58) Barbour, V., "Consular Service in the Reign of Charles II", *American Historical Review*, Vol.33 (1928), p.556参照。一七世紀初頭以降、イングランドは、ナポリおよびシチリアにおいて、スペイン副王による領事の指名を黙認しなくなったといわれる。Koenigsberger, *supra* note (57), p.310参照。

(59) Barbour, *supra* note (58), esp., p.560f., p.565参照。

(60) ガリポーリ(Gallipoli, 南東イタリアの港湾都市)駐在領事の一六七四年から七九年までの、ほぼ完全な週報が残っている Koenigsberger, *supra* note (57), p.314参照。

(61) Barbour, *supra* note (58), p.578参照。

(62) Wertheim, *supra* note (54), p.15-17参照。

(63) Israel, J. I., *The Dutch Republic and the Hispanic World* (Israel, Clarendon Press, 1982), p.421f., p.421, note 62 参照。

(64) とくに、Colbert à M. Arnoul, 2 fév. 1666, in: Clément, *supra* note (34), p.434f.参照。

(65) テキストは、Pardessus, J. M., *Collection de lois maritimes antérieures au XVIII siècle*, t. 4 (Parsessus, Paris, 1832), p.325ff.

(66) とくにフランスの、国家機関としての領事制度の確立についての先駆的研究として、伊藤不二男「近世における領事の地位」『法政研究』二三巻一号(一九五五年)一―九頁参照。

(67) Colbert au Consuls de France à l'étranger, 15 mars 1669, in: Clément, *supra* note (34), p.453; Instruction pour les Consuls de France à l'étranger, 16 mars 1669, in: *ibid.*, p.453ff. 参照。

(68) Wertheim, *supra* note (54), p.90も参照。

(69) ブリュッヘ(Brugge, ブリュージュ)駐在イングランド領事は、曲折を経ながらも一六七〇年代には認可されたようである。Barbour, *supra* note (58), p.573f.参照。

(70) ただし、オランダやフランスが結んだ条約における領事職設置権は、後に述べるこれら両国の態度からして、文言上相互的なものであったとしても、多くの場合実際には片面的に作用していた可能性が高い。

(71) *Ibid*, p.572, note (73) 参照。

(72) 以上について、*ibid.*, p.567, p.576f. 参照。

(73) *Ibid.*, p.567.

(74) なお、この時期の領事職からの外国人の排除および国家機関化は、中核諸国にとっては、新たに整備されはじめた海軍の展開と関係を有しているということもいえそうである。一七世紀後半において、イングランドの地中海艦隊は、領事の提供する情報および物質的援助に依拠するようになった。Koenigsberger, *supra* note (57), p.305 参照。より一般的指摘として、Barbour, *supra* note (58), p.556

参照。領事ネットワークと艦隊の展開は、この時期において、自国民保護のための車の両輪であったといえよう。イスラエルは、オランダがスペイン支配下の地域において通商を保護・発展させるために、国家の継続的監視が必要であった、として、具体的に海軍による支援と領事制度を挙げている。Israel, *supra* note (63), p.421. コルベールが、艦隊司令官に対して領事と協力して自国民の通商上の利益を保護するよう命じた例として、Colbert au Comte d'Estres, 6 déc. 1669, in: Clément, *supra* note (34), p.502ff. 参照。

(75) Koenigsberger, *supra* note (57), p.317. これは直接的には、羊毛製品の輸入が制限されようとした際の、イングランド領事による反対工作についての指摘である。*Ibid.*, p.317f. 参照。

(76) Vattel, E. de, *Le Droit des gens*, t.1, Livre 2, Ch.2, §34 (The Classics of International Law Edition, Vattel, Londre, Vol.I, p.282).

(77) Demangeat, *supra* note (24), p.162f., p.214参照。アンリ四世がオランダと親密な関係にあり、オランダ人にさまざまな好意的な配慮をしたことについては、Mathorez, J., *Les Etrangers en France sous l'Ancien régime*, t. 2 (Mathorez, Paris, 1921), pp.206-209 参照。

(78) Arrêt du Conseil du Roi pour la déchange des Taxes faites sur les Hollandois comme Etrangers, in: Le Cleq, *Négociations sécrétes touchant la Paix de Munster et d'Osnabruck*, t.IV (Le Cleq, La Haye, 1726), p.326f.参照。

(79) Israel, J., *The Dutch Republic; Its Rise, Greatness, and Fall 1477-1806* (Israel, Oxford University Press, 1995), p.777 参照。

(80) フランスが同盟関係を結んだ条約で遺産没収権を免除する例があることについては、Villar, *supra* note (17), p.148 参照。

(81) Braudel, *supra* note (39), p.303 [訳・三三三頁]. このような状況およびフランス人の反応については、また次の文献に活写されている。Sée, H., "Le Commerce des Hollandais à Nantes pendent la minorité de Louis XIV", *Tijdschrift voor Geschiedenis*, 41ste Jaargang (1926), p.246ff.

(82) コルベールは、一六六一年財政通商監督官(Intendent des finances et du commerce)となったが、財政総監(Contrôleur générale des finances)に就いて事実上の宰相の地位を不動のものとしたのは、一六六五年のことである。中木康夫『フランス絶対王制の構造』未来社(一九六三年)三一六頁参照。

(83) Colbert à Colbert de Terron, 30 auot 1669, in: Clément, *supra* note (34), p.486.

(84) オランダ人がフランス商品なしに十分やっていくことができ、それがオランダの強みであったことについては、Braudel, *supra* note (39), p.304f. [訳・三三三頁] 参照。

(85) Sée, *supra* note (81), p.248f. 参照。

(86) Colbert à Colbert de Croissy, 26 sépt. 1669, in: Clément, *supra* note (34), p.492 & note 2; Projet de traité de commerce entre France et l'Angleterre, avec les remarques de l'ambassadeur de France à Londres et quelques notes de Colbert, in: *ibid.*, p.805; Replique signé par Colbert, in: *ibid.*, p.824; Mémoire du Roy, *supra* note (34), p.817f. 参照。

(87) *Ibid.*, p.817.

(88) コルベールは、とりわけ、イングランドとオランダの上質毛織物に対して禁止的高率関税を導入した。さしあたり、柴田三千雄ほか編『世界歴史大系　フランス史2』山川出版社(一九九六年)四二―四三頁(服部春彦執筆)参照。

(89) Barbour, *supra* note (58), p.572, note (72) 参照。

(90) Colbert à M. Rouille, 26 oct. 1679, in: Clément, *supra* note (34), p.710 参照。

(91) Barbour, *supra* note (58), p.556 参照。

(92) *Ibid.*, p.557f. 参照

(93) *Ibid.*, p.572 参照

(94) Projet, *supra* note (86), p.810.

(95) Barbour, *supra* note (58), p.573参照。

(96) そうしてみると、フランスが一七八六年のイギリスとの条約で領事職の設置を認め合ったこと〈45〉は、大きな政策転換であったといえるが、この点については、立ち入って述べる用意がない。

(97) Barbour, *supra* note (58), p.574f.

(98) 一七世紀にはそれに専門化した法律家がいたようである。*Ibid.*, p.574, note (81) 参照。こうしてみると、さきにみた通商条約における代理人選任権の保障は、このような最低限の制度に条約上の保護を与えようとするものであったと考えられる。

(99) *Ibid.*, p.575 参照。

(100) 佐分晴夫が、近代通商条約において共通に規定されるようになる内国民待遇について、「外国における私人の経済活動、とりわけ資本輸出が活発になるにつれ重要な意味を持つようになると考えられる。」と指摘していることが注目される。佐分、前掲注(38)論文、一一〇頁、註22。

# 現代国際法における個人の地位

金　東勲



## 一　はじめに――国際社会の生成・発展と法――

「社会あるところに法あり」という法諺が教えるように、われわれが「国際法（international law）」と認識し理解する法の生成も、国家をその構成員とする国際社会（international society）の生成によってはじめて可能であり、この国際社会の生成は、多元的国内政治権力構造の集中・統一の過程をへて完成する主権・独立国家が並存する西ヨーロッパの国際関係、いわゆる近代国家体系（modern state system）の成立に伴って始まるというのが一般的理解である。もっとも、国内権力の構造と形態は多元かつ多様であるとはいえ、古代から中世にいたるまでさまざまな国家が存在し、それら国家間の関係を規律する何らかの法規範が存在したことは確認されてきている。しかし、国際社会の構成員として法の生成に参加できる国家であるためには、国内的には多元的な権力構造を政治形態とする封建社会を脱皮して集中・統一された権力が確立され、対外的には、国家の意思を一元的に代表し表明する政府の存在が基本的な必要要件とされた。そしてこうした必要要件を備えた国家の成立は、まず西ヨーロッパにはじまり北アメリカそしてトルコ、中国さらに日本という非ヨーロッパ地域の一部に止まった。

そして、これらの国家とりわけ欧米諸国が、アフリカ、アジア、太平洋そして中南米地域に対して、統一された権力＝政府の不在を理由にした無主地に対する先占の法理を用いて植民地主義の支配を確立する。つまり、ヨーロッパ国際法＝伝統的国際法の生成・発展を支える「国家」の概念は、種族もしくは部族の共同体あるいは封建的な地方共同体が並存し共生する社会と人びとに対して強行した武力による実効的支配による「先占」を正当化する役割を果たすことになる。そのため、国際社会と国際法の生成・発展の主体としての役割を果たす「国家」は、自ら「国家」と考える共同体をまだ完成していない地域と人びとを武力による支配と虐殺の対象とする植民地の取得と分割の争いを主要な機能とした。

また、国際法の成立過程に表明されこれに参加する国家の意思は、絶対主権を誇る専制君主によって恣意的に決定・表明され、国家主権の発現として尊重された。いいかえると、専制君主国の人民もしくは臣民を君主の私有物と見なす家産国家観が支配し、国家意思の国内的形成・決定に人民の意思が反映することはなかった。つまり、国際社会と国際法の生成期における国家の主権は、国の内外において国王もしくは専制君主だけがその担い手であった。その結果、この時期における国際法では、個人および個人集団は法主体もしくは権利主体はいうに及ばず保護の客体とさえ見なされない場合が多かった。

もっとも、国内主権の担い手をめぐる争い、つまり専制君主の恣意的権力に抗議し市民もしくは人民に主権を帰属させる政治的民主主義を実現した市民革命を経験した一部の国家においては、国家意思の形成にすべての人びとではないが特定個人の参加が国内法によって保障される。しかし、一国内の主権の担い手あるいは国家意思の決定手続は、国家主権の属性である国内事項と見なされ、国際法の基本原則である内政不干渉原則の適用事項とされた。その結果、国家の承認と政府の承認さらには植民地と領土の取得に関する国際法の法理は、「実効的支配（effective rule）」をその基本的な内容とした。つまり、国内権力の帰属と政治的支配がどのような手続と形式によるかは不問にし、新しく成立した国家または政府そして植民地と領土の取得を規律する国際法規範は、実効的支配の度合により法的効果を判断した。このことの論理的帰結として、アメリカの独立とフランス革命など市民革命をへて確認され表明される国内社会の政治的民主主義および人権と自由の尊重という理念も国内法秩序に止まり、国際法秩序にあっては内政不干渉原則が適用される国内事項と認められ議論の対象にさえならなかった(1)。こうした国際法の法理は、国際社会の法秩序と国内法秩序をまったく別個の法秩序と考える二元論だけではなく、ケルゼン（H. Kelsen）に代表される一元論、つまり国際法秩序と国内法秩序を統一された一つの法秩序と考える学説によっても同じように保持される(2)。

その結果、自らを「文明国」と標榜する国家とりわけ欧米諸国の国内社会では、人権と民主主義を尊重されるべき普遍的価値とする二〇世紀のなかば、すなわち第二次大戦の終焉と国連の発足までは、個人の処遇もしくは権利の問題は、国家に埋没されて、家産国家の論理が適用されてきた。もっとも、一国内の宗教的マイノリティに信仰の自由を保障させることを目的とする干渉および奴隷制度の禁止さらに戦闘手段の規制を国際法上の規範とするために「人道(humanity)」という概念が援用され、特定の個人を国際的に保護することが意図されたことも周知のとおりである[3]。そして、国際連盟も、「人道的ナル労働条件」および「婦人及児童ノ売買」など、個人の人権に関わる問題の解決をその任務としたが、その設立過程において「人種差別の禁止」を規約の中で謳うべきとする日本の提案が、国内問題であり時期尚早ということで一蹴され、連盟規約の中に人権という二文字さえ見出せなかった[4]。

このように、第一次大戦後の国際法においても、個人の権利に関する問題は主権国家の排他的国内管轄事項であるとし、国際法もしくは国際社会の関与を否定することが一般的な考えであり、個人を国際法の客体とさえ認めることは困難であった。もっとも、第一次大戦の戦後処理と連盟の設立過程において、中央ヨーロッパと東ヨーロッパの諸国が、国内に所在するマイノリティの権利保護を義務づけられるが、本来の目的を達成することなく失敗に終わっている[5]。以上のように、第二次大戦までの国際法の下では、個人の権利とりわけ人権に関わる問題は、個人が所在する国家の自由な決定に委ねられた国内管轄事項と見なされ、外国人の地位と権利に関わる問題を定める二国間条約および国家責任に関する国際慣習法のいずれにおいても、個人の権利が保障されるものではなく、それは国家間の合意によって享受する反射的利益に止まるものであった[6]。

ところが、「言語に絶する悲哀を人類に与えた戦争」(国連憲章前文)を二度にわたって経験することになる第二次大戦後の国際社会とその法は、武力行使の一般的な禁止、植民地主義の違法化と自決権の確立および国際条約による人権の保障、さらには集団的殺害とアパルトヘイトなどの人種主義を国際法上の犯罪と規定するようになった。その結果、人民もしくは民族という個人の集団が、自己の政治的地位を自由に決定し、経済的文化的発展を自由に追求できる自決権を国際法上の権利として享有し、すべての個人の人権と基本的自由の平等な享有を国際条約が直接保障するようになり、加えて、人道に対する犯罪などの国際法によって処罰されるべき犯罪が定立され、個人に刑事責任を課する国際刑事裁判所規程の採択・発効に伴って、現代国際法における個人の地位は大きく変化しつつある。本稿では、こうした変化もしくは発展の過程と現状の確認を意図する。そのために、ヨーロッパ国際法すなわち近代国際法が個人をどのように処遇したかを先に検証しておくことにする。

## 二　近代国際法における個人

### 1　ヨーロッパ国際法の生成・発展過程にみる個人の存在

「国家の行為と国家間の関係を規律する法」と定義されてきた国際法は、当然のことながら、国家だけをその構成員とする国際社会とその生成・発展をともにしてきた。つまり、国際社会の生成は、対内的には権力の集中・統一を完成して実効的支配を確立し、対外的には国家の意思を一元的に代表し表明する実体としての国家が成立し並存することによってはじめて可能であった。いいかえると、多元的な権力の存在を基本構造とする封建社会を脱皮した中央集権の国家、いわゆる近代国家(modern state)であることが求められ、他の地域に先がけてこれを完成した西ヨーロッパの国家集団からなる「近代国家体系」の成立によって、「ヨーロッパ国際社会」と「ヨーロッパ国際法」が誕生することになる。このような「近代国家」の成立要件といえるある社会の統一的かつ実効的支配を確立した政府の存在は、その後の国際法の発展とりわけアフリカとアジア・太平洋そしてアメリカ大陸におけるヨーロッパ国際法の差別的適用と植民地主義的支配を支える役割を果たすことになる。つまり、「統一もしくは一元化された権力による実効的支配の確立」という要件は、国際法の法主体として、主権・独立を享有し他の国家との関係において平等な地位が認められる国家の基本的成立要件となる(7)。そしてこの要件は、独立・主権を享有する国家が並存する国際社会の発展に重要な役割を果たしてきたことは否定できない。

しかし他方では、とくに本稿が課題とする個人の地位もしくは立場から考えるときに、右の要件は、新しい国家もしくは政府の承認および植民地の取得と支配に関連する法的基準として援用されてきたが、当該国もしくは地域に存在する個人または個人集団は法的関心の対象とさえならなかった。むしろ、一国内の主権の担い手もしくは政治体制に抗議し争う人びとを尊重するのではなく、人びとの意思と行動をたとえ武力で抑圧・支配する権力であっても、その存在が国家もしくは政府の承認要件と見なされた。さらに、部族社会または封建的社会など自己の伝統と習慣に根差した共同体を保持しているアフリカ、アジア太平洋地域さらにはアメリカ大陸の先住民の共同体を無視し、右の国家成立の要件を適用していずれの国家にも帰属しない「無主地(terra nullius)」と見なし、武力侵略と集団殺害を伴う実効的支配と先占の法理を駆使しては植民地支配を確立させた。

こうしてみると、西ヨーロッパの近代国家体系の成立過程で、国際社会の構成員、そして国際法の法主体と認められる国家の成立要件は、一方では、たとえ国内社会所在の個人の意思と権利を抑圧する実効的支配を、そして他方では非ヨーロッパ地域の社会とその人びとの存在さえ否定して武力侵略と集団的殺害という不法かつ非人道的手段による実効的支配を合法化し、国際社会と国際法の歴史に大きな汚点を残したといわざるをえない。しかも、こうした「実効的支配」の法理は、アメリカ合衆国の独立とフランス革命の過程で確認される人権と基本的自由、法の前の平等そして政治的民主主義という普遍的価値によっても変わることはなく、国際法の非人間化(de-humanization)は維持されつづける[8]。

## 2 近代国際法における「文明(civilization)」の差別性

ヨーロッパ国際法といわれる近代国際法の生成・発展の過程とりわけ非ヨーロッパ地域への適用は、右に見た「無主地に対する先占」および「実効的支配」の法理を悪用した武力侵略と集団的殺害を合法化したことの他に、いわゆる「文明(civilization)」という概念によるさまざまな差別的適用が維持された。つまり、ヨーロッパ諸国が自らを「文明国(civilized nations)」と標榜し、アジア・太平洋地域およびアフリカの人びとを野蛮人(barbarian)もしくは非文明人(uncivilized people)などと称し、文明の名において差別的処遇を正当化した。たとえば、第一次大戦後に設立された国際連盟が敗戦国の統治から離れる植民地に関与した委任統治制度は、その適用対象となる植民地が「未タ自立シ得サル人民ノ居住スルモノ(which are inhabited by peoples not yet able to stand by themselves)」であるとし、当該人民の福祉と発達を計ることが「文明ノ神聖ナル使命(a sacred trust of civilization)」であることをその法的基礎と定めた。つまり、自立できない人民が居住する地域を統治することは「文明国」すなわち植民地主義諸国の「神聖な使命」であるというのである[9]。植民地支配をこのような欺まん的でごう慢ともいえる表現で正当化する植民地主義国の姿勢は、第二次大戦後に設立された国際連合の基本文書である憲章規定の中でも継承され維持される。国際連合が国際連盟の委任統治制度を継承した国際信託統治制度の適用地域から除外することを意図した「非自治地域(non-self-governing territory)」宣言の中で、「人民がまだ完全には自治を行うには至っていない地域」を統治することは「神聖な信託(sacred trust)」であるとしている[10]。

このように、無主地に対する先占の法理によって取得した植民地の再分割のために委任統治地域そして非自治地域という国際制度が適用される過程では、「自立」および「自治」の基準を一方的に設定しては、文明が求める神聖な信託によるとして、植民地支配を正当化しようとした植民地主義国の意図が明確に読みとれる。つまり、「文明」という概念は、非ヨーロッパ地域とそこに居住する人々に対する差別と蔑視に基づくヨーロッパ優越主義を合理化し、ヨーロッパの支配を「神聖な信託」とまでいわせたのである。

つぎに、右にかいつまんで見たように、ヨーロッパ近代国家から成る近代国際社会の法は、「文明国」、すなわちヨーロッパ諸国間において成立し適用される法であるとの認識から、非ヨーロッパ諸国はすなわち非文明諸国と見なし、ヨーロッパ諸国間において適用される国家間の平等原則の適用を認めず、領事裁判権などを含む不平等関係を強要したり保護条約によって外交権など国家主権を侵害してきた(11)。また、その国内に所在する外国人の国家による処遇もしくは保護の基準をめぐる国際法の歴史的議論においては、非ヨーロッパ諸国なかでも中南米諸国が主張する国内標準主義に対して欧米諸国は文明国標準主義もしくは国際標準主義を、外交関係だけでなく国際連盟が一九三〇年にパリで開催した法典化会議においても、執拗に主張する姿勢が見られた(12)。

このように、欧米諸国が非ヨーロッパ地域とその人びととの関係において主張し適用した「文明」という概念は、不平等もしくは従属関係の強制を正当化させただけでなく、所在する国家の国民よりも自国民の優遇を求める差別をも正当化する役割を果たすことになる。いいかえると、法概念とはいえない「文明」までも援用して、国家間の平等原則を破るに止まることなく、ヨーロッパ中心主義(euro-centralism)もしくは人種優越主義(racism)に基づいた非ヨーロッパ地域諸国の国民または住民に対する差別を国際法的に正当化したのである。そして、こうした近代ヨーロッパ国際関係において形成された人種主義の思想は、第二次大戦中のナチズムおよび南アフリカのアパルトヘイト、さらには欧米諸国における有色人に対する差別を支えつづけることになることは周知のとおりである。そして、こうした人種主義が、第二次大戦後の国際社会が人権と基本的自由の尊重および保障をその課題とする背景と契機になるという歴史的役割を果たしたことは、時のいたずらとさえ思えてならない。

## 3　近代国際法における人道の確保と個人の権利

冷戦体制崩壊後に展開される国連の平和維持活動が、必要とする関係国の同意とりわけ平和維持活動を受け入れる国の同意が得られない場合でも、集団的殺害の防止または抑止などの目的達成のために、いわゆる人道的干渉(humanitarian intervention)[13]もしくは人道的救援(humanitarian assistance)[14]、つまり人道を確保するために必要な干渉または介入を行う事例が見られる。また、国際法上処罰されるべき犯罪の類型化と、旧ユーゴスラビアおよびルワンダ紛争との関連で設立されたアド・ホックな国際刑事裁判所、さらには常設的国際刑事裁判所に管轄権を認める犯罪として「人道に対する犯罪(crime against humanity)が設立条約によって明定されていることは周知のとおりである[15]。ところが、国際社会もしくは国際法が確保すべき普遍的価値である「人道」は、実は、近代国際法の生成・発展過程においても主張されたこともよく知られている。そして、この人道という概念は、右に触れた国家主権と実効的支配によって覆い隠された主権の国内的担い手あるいは支配の形態に関連して惹起する、個人もしくは集団の迫害・虐殺を抑止するために行われる国外または国際社会からの干与を、法的に支える役割を果たしうるとも期待できるものであった。

つまり、近代国際法の生成・発展の早い時期に、内政不干渉原則の適用除外と免責事由として人道を理由にする干渉が主張され実行された。いわゆる人道的干渉が合法的干渉として認められる条件として、たとえば、ロータ－パクト(H. Lauterpacht)は「国家はその国民を自由に処遇することができるが……しかし、もし自国民に対し残虐かつ迫害の罪を犯すような基本的人権の侵害により人類の良心に衝撃を招来する場合は、人道の利益のために(in the interest of humanity)行う干渉は法的に許容される」(16)と述べており、このことは他の学者たちによっても認められてきた。しかし、歴史的に主張され行われた人道的干渉は、たとえば一八六〇年から六一年にかけてオーストリア、フランス、英国、プロシアそしてロシアがシリアに対して行った干渉が迫害を受けるキリスト教徒のために行われたように、一九世紀から二〇世紀の初頭にかけて行われた人道的干渉の多くは、トルコなどイスラム国内のキリスト教徒の救済を口実として政治的支配の確立を目的とした干渉であった。しかも、人道の理由で行われる干渉のほとんどはヨーロッパ列強の弱小国に対するものであり、ローターパクトが掲げる右のような条件が備わっているかについては客観的かつ有権的に判断する権威は存在せず、人道は干渉の隠れミノもしくは口実となっているとの批判が絶えなかった。つまり、近代国際法の下で干渉を免責する事由として援用された「人道」も、西欧キリスト教国がその宗教的政治的な意図と目的で援用したとの非難を免れることは難しく、すべての人びと、とりわけ非ヨーロッパ地域の先住民または植民地住民の人間の尊厳と人権を保護する法概念として主張されることはなかった。

つぎに、近代国際法の定立過程でも、人道が戦争法規を支える概念として、さらには第一次大戦後の国際社会が実現すべき理念として多数国間条約の中に導入されることになる。一九〇七年のハーグ会議で採択された「陸戦ノ法規慣例ニ関スル条約」は、その前文の中で、一層完備した戦争法規が制定されるまでは当条約の規定に含まれない場合でも、人民および交戦者が「文明国ノ間ニ存立スル慣習、人道ノ法則及公共良心ノ要求ヨリ生スル国際法ノ原則ノ保護及支配ノ下ニ立ツコトヲ確認スル」と謳い、人道の法則より生ずる国際法の原則によって戦闘員だけでなく一般市民も保護されることを確認している。当条約に付属する「陸戦ノ法規慣例ニ関スル規則」が、敵国領土における個人の生命と私有財産を含む私的権利の尊重(第四六条)および略奪の禁止(第四七条)を規定しているのも、右の人道に導かれたものと理解できる[17]。戦争と戦闘行為が人道によって規制されるべきとする思想は、右のハーグ陸戦条約の採択より四〇年も先立つ「サンクト・ペテルブルグ宣言」の中にも見られる。つまり、戦時に使用される兵器の制限を意図した右の宣言は、「戦争の必要が人道の要求に譲歩すべき技術上の限界」について合意したと謳い「戦闘外におかれた者の苦痛を無益に増大し又はその死を不可避ならしめるような兵器の使用は……人道の法則に反すること」を確認している。右のように、近代国際法の戦争法規の基本的理念として位置づけることができる人道は、第二次大戦後の現代国際法の下で発展する国際人道法へと継承され発展するようになり、とりわけ内乱など国際的性質を有しない武力紛争に対する人道的規制を可能にした意義は大きいと評価できる[18]。

最後に、先述の国際連盟は、その設立過程においては人種差別の禁止を規約の中に謳うことをめぐる議論が見られたが、人権または基本的自由は規約の中に見出せないのは右に見たとおりである。しかし、人道的、社会的および経済的国際的協力を定める連盟規約第二三条は、連盟加盟国は「自国内ニ於テ及其ノ通商産業関係ノ及フ一切ノ国ニ於テ、男女及児童ノ為ニ、公平ニシテ人道的ナル労働条件ヲ確保スルニ力メ、且之カ為必要ナル国際機関ヲ設立維持スヘシ」(同条イ項)と定めて、人道的労働条件の確保を加盟国に義務づけ、国際労働機関の設立を予定している。この規定は労働者の権利保護に直接的には触れていないが、人道的労働条件の確保を一般的に義務づけその具体的実現のために必要な国際機関つまり後の国際労働機関(ＩＬＯ)の設立へと導くことになる。ＩＬＯは資本主義国間の労働力の効率的調整を意図したもので労働者個人の権利保護を直接目的とするものではなかったことは否定できないが、その反射的もしくは間接的効果とはいえ、労働者とりわけ女性と子どもの処遇を人道の確保と両立させるための国際的努力の契機となったと評価できる。

以上、近代国際法における「人道」の概念を個人の権利保護との関連で概観したが、この概念は一国内の個人集団であるマイノリティ保護を口実とする干渉を正当化し、戦闘手段の規制による戦争の「人道化」の努力に契機を与えたといえる。しかし、「人道」が個人の権利保護に関し、国家に義務を課したとはいえず、人道という概念の曖昧さも手伝って不当な干渉に免責の事由を賦与する役割さえ果たすことになる。もっとも、労働者と女性および子どもの問題を人道問題と捉え、国際的保護の努力に向けてＩＬＯが設立されたことはその後の発展の基礎になったと評価できる。とはいえ、第二次大戦までの国際関係において援用された人道という概念が、個人の国際法上の地位に影響を与えることはなかったことを確認できる。

## 三　国際人権法の発展と個人の地位

第二次大戦後において国際連合の設立・活動とともに発展する国際法は、個人の法的地位に画期的ともいえる変動をもたらすことになる。つまり、人権の普遍的尊重の達成をその目的として掲げ、すべての国家と人民が達成すべき共通基準として世界人権宣言を採択した国際連合は、加盟国の国内憲法よりも詳細かつ広範囲の人権と基本的自由の享有を個人および個人集団の権利として保障し、これらの権利を尊重し実施する義務を課した国際人権規約Ａ・Ｂ規約を採択し成立させることにより、個人の国際法主体性を確定的な法的事実にした。そしてさらに、人種、民族もしくは種族的集団に属する人および女性と子どもなど特定の個人と集団の権利を保障し差別を禁止する数多くの条約が採択され成立しており、主要な条約は国連加盟国の三分の二の数に匹敵するかこれを超える国家がそれらの締約国となって普遍性を達成しつつあることは注目すべき発展である。

また、個人に直接権利享有を保障し国際法上の権利主体の地位を確実にする人権条約は国連レベルだけではなく、ヨーロッパ人権条約、米州人権条約そしてアフリカ人権憲章など地域レベルでも数多く存在しており、個人の国際法主体性を議論すること自体、意味をなくしてしまっているとさえ思われる。個人の国際法主体性に関する議論においては、個人が国際条約上の権利を享有するだけでなく当該権利を国際法上争うことが認められるかどうかが、法主体性を認めるための重要な要件と考えられたことは周知のとおりであるが、国際人権諸条約が保障する権利の実施を要求し侵害された権利の救済を求める点では、国内法上の手続だけでなく、個々の人権条約が定め備えている手続に従って主張し争うことが可能であることも周知のとおりである。以下、これらの人権条約の法的性質と個人と個人集団が享有する権利および権利救済手続を検証し、国際人権法の発展にともなって確実にされた個人の国際法上の主体性を確認してみることにする。

## 1　国際人権条約の法的性質と個人の権利主体性

国家間の合意を内容とする条約は、二国間、多数国間あるいは一般的多数国間条約、さらにはさまざまな内容と目的を内包するなど、形式と内容において多種多様であるが、国家が国際法上の権利を享有し義務を負うという基本的な法的性質には変わりがない。ところが右に触れた国際人権条約は、このような条約一般とは法的性質を異にするとの理解が必要である。つまり、個人および個人集団に条約上の権利享有を保障する国際人権条約は、国家に個人および個人集団の人権を尊重し保障する義務を課すが、この義務に相当する権利の享有は認めない。いいかえると、国際人権条約は、そのもとで国家は義務は負うが権利は享有できない、いわゆる片務条約である[19]。そしてこれらの条約は、条約の当事者でない個人もしくは個人集団に直接さまざまな権利享有を承認する。その結果、たとえば友好通商航海条約などの二国間条約によって享有する内国民待遇とか最恵国民待遇といった個人の権利と異なり、人権条約が個人と個人集団に保障する権利については、締約国の管轄の下にあるすべての個人が当該国家に対して直接にその保障を請求し、国内法手続はもちろん国際的手続に従っても国家行為の違法性を争うことが可能である[20]。

このような個人の権利に対応して締約国は、人権条約が保障する権利の実現に必要な当該国内の立法、行政上の措置を取り、権利を平等に保護し救済するために裁判を含む必要措置を取る義務を負うことになる。

もっとも、後にみるように、国際人権条約が個人に保障する権利の内容と性質、さらには権利を請求し争う国内法上の手続だけでなく国際法上の手続も多様であって、そこにおいて認められる個人の法主体性は、一般国際法上国家が享有する法主体性とは大きな差異があることも認めなければならない。しかし、国際人権法という限られた分野ではあるが、個人の国際法主体性を争う余地はないといえる。このことは、現代国際法の中で人権条約が占める比重は、条約の数と適用範囲において、たとえば海洋法など他の国際法分野に劣ることはないことからも明らかである。このように、少なくとも国際人権法上国家と個人は権利・義務関係にあることは間違いなく、とりわけ人権条約が保障する権利を侵害されたと主張する個人に国際裁判で争う当事者資格を認めるヨーロッパ人権条約における、締約国とその管轄内に所在する個人との関係は刮目すべき発展として注目される[21]。

次に、数多くの人権条約が個人もしくは個人集団に保障する権利の内容と性質、そして侵害された権利救済の手続を概観し、個人の国際法上の地位をめぐる状況と問題の確認と併せて今後の発展を展望してみることにする。

## 2　個人・個人集団が享有する権利と国家の義務

### (1)　自由権的基本権

欧米諸国の市民革命と民主主義的発展の過程において主張され国内憲法によって承認されて、第一世代の人権といわれる自由権的基本権は、国連の「市民的及び政治的権利に関する国際規約」(以下、自由権規約という)だけでなく、人種差別撤廃条約、女性差別撤廃条約および子どもの権利条約などの条約によっても、すべての個人が平等に享有する権利として保障されている。これらの権利と自由については具体的に触れるまでもなく周知のことであるが、生命と身体の安全、法の適正手続と公正な裁判、言論・表現と思想そして信条・結社の自由、さらには私生活と婚姻および家族の権利など主要な自由権が保障される。これらの権利は、独裁政権が君臨するいくつかの国を除けばほとんどの国内憲法によっても保障されているため、国際法が重複的に保障する意義は小さいようにも思われる。しかし、国の安全(national security)、法と秩序(law and order)さらには緊急事態などを理由にする権利と自由の制限と侵害が頻発しており、こうした国家の論理に基づく「合法的」権利侵害は国内的救済手続、とりわけ司法的救済が不可能とさえ理解される。もっとも、緊急事態とか国の安全を理由にする権利の制限は、自由権規約によっても例外的に認められるが、その正当性もしくは必要性は、実施報告の審査と個人通報の受理・審査の過程で検証され、国際法上の義務としてその尊重と履行が求められる意義はすでに実証ずみである[22]。

また、犯罪その他の違法行為の容疑で自由を奪われた者の人権にとって不可欠かつ重要な法の適正手続と公正な裁判に対する権利は、公権力の行使または法の適用と執行という国家権力に直接関わる問題であるため、国内法制度に基づく検証と是正には限界があり、たとえば日本の代用監獄制度が教えるように、国際人権法に基づく検証と是正の要求は国際法の義務違反として履行義務が問われる点で、その意味は測り知れない。とくに、個人通報選択議定書の締約国の管轄内に所在する個人は、国家に対して直接条約義務違反と責任を争うことが可能になり、国家の管轄権を超えて国際的争訟事項としての性質を有するようになった。さらに、ヨーロッパ人権条約の場合は、被害者個人が条約締約国を相手に、ヨーロッパ人権裁判所において、条約義務違反と責任を争うことが認められており、ヨーロッパという地域には限定されるものの、条約締約国が旧ソ連邦の構成国にまで拡大していることを考えるならば、国際法上の意味はきわめて重要である。

(2) 社会権的基本権

先に触れた自由権的基本権と違って社会権的基本権は、資本主義社会の発展過程で生起し主張され、第二世代の人権といわれるように、第一次大戦後のヨーロッパ社会とくにヴァイマル共和国憲法によって法的権利として承認されたことも衆知のことである。そして、それらの具体的保障も、立法・行政とりわけ財政的な介入など国家の積極的措置もしくは作為をまってはじめて実現可能という特質の人権である。いいかえると、社会権的基本権の保障を可能にするためには、国家の経済的社会的そして文化的発展がある程度までに進むことが必要である。そのために、国際人権条約によって保障される個人の社会権的基本権とこれに対応する国家の義務は、その具体的性質を正確に判断することが困難である。このことは、生存権を保障する日本国憲法第二四条の法的性質をめぐる議論が教えてくれている[23]。

こうした社会権的基本権をすべての個人に平等に保障するために国連で採択され成立した「経済的、社会的及び文化的権利に関する国際規約」(以下、社会権規約と略称)は、労働の権利と職業選択の自由、ストライキを含む労働基本権と労働条件、社会保障を含む生存権的基本権、さらには教育と文化に対する権利を保障している。しかし、これらの人権を実現するために求められる締約国の履行義務については、先の自由権的基本権と異なる規定になっている。つまり、この規約締約国は、国内的には利用可能な手段を最大限に用いて、そして国際的には援助と協力を通じて、権利の完全な実現を漸進的に実現するために行動することを約束している。社会権規約がその締約国の条約義務の履行を即時的ではなく漸進的な方法と行動に託しているのは、右にみた社会権的基本権の性質に起因する。いいかえれば、国内の経済的社会的発展、なかでも経済的発展がまだ低い段階にあったり、政治的に不安定な状況にある発展途上国は、規約上の義務履行すなわち権利を完全に実現する条件もしくは能力は備わっていないために、即時的実現を求めること自体非現実的であるといわざるをえないのが実状である[24]。

そのため、このような権利を享有する個人の国家に対する請求も、締約国の経済的社会的実情だけでなく政治的状況によってその具体的内容も異なることは避けられない。たとえば右の社会的規約第二条の規定の中で約束している「立法措置その他の適当な方法」、「国内的に利用可能な手段の最大限の利用」そして「国際的援助と協力」が、権利の完全な実現に向けて活用されているかどうかが問われることになり、その努力が不十分であることが実証されたときに、はじめて締約国の義務不履行が問われることになる。加えてさらに、義務の不履行が実証されたとしても、たとえば義務の不履行が経済的社会的政策の失敗あるいは政治の腐敗などにその原因があると判断されても、国内的に政治責任を問うことができても、社会権規約の実施報告の審査により規約義務の違反と責任を実効的に問うことは困難である[25]。ましてや、権利享有の主体である個人が締約国の規約違反とその責任を具体的かつ法的に問うことは不可能であるとさえいわねばならない。ただ、立法措置その他の方法と利用可能な手段を用いて実現できる権利に関する限り、国籍・民族または性などの違いを理由にした権利享有の差別は、規約第二条三項が明文規定で認める外国人の経済的権利を除いて、社会権規約の第二条二項が定める非差別平等原則の違反として、あるいは自由権規約第二六条が保障する法的保護の平等に違反する行為として、その是正と責任が問われることは規約の実施過程において明らかになっている。したがって、雇用・労働条件そして社会保障と教育に対する権利享有において、女性、外国人その他の個人に対する差別の不合理性・違法性が、国内裁判と国際条約の監視機関によって検証され是正される法的基礎を社会権規約が与えていることの意義は大きい。とはいえ、締約国の不合理もしくは不十分な努力の犠牲になっている貧困者とくにベーシック・ニーズ（basic needs）さえ保障されない個人が直接国家の履行義務違反と責任を社会権委員会で争うためには、やはり個人通報を認める選択議定書の採択・成立が望まれることはいうまでもない。そして、個人通報制度の導入に向けた議論は見られたがまだ実現には至っていない(26)。

以上、国際人権条約が個人に保障する社会権的基本権と締約国の実施・保障の義務を吟味したが、社会保障・教育などの社会権的基本権が国家の立法その他の方法だけでなく、経済的社会的発展と財政もしくは資源を必要とするために、当該人権の享有者である個人がその具体的保障を国家に直接請求することは困難であることが否定しようがない。しかし、社会権規約が保障する権利に関する限り、個人と国家は国際人権法上の権利・義務関係にあり、従来は国家の自由な決定もしくは国内管轄権に属する事項と見なされた事項から、個人が国際法上享有する権利となったことの意義はやはり大きい。とくに、国連憲章の制定過程において、国連憲章第五五条が国際協力によって促進すべき事項として定める「一層高い生活水準、完全雇用並びに経済的及び社会的の進歩及び発展の条件」が加盟国の自由裁量に委ねられた国内事項であるとする主張にいかなる疑問も提起されなかったことを思うと、右のような発展は、まさに今昔の感がしてならない(27)。

## 四　個人集団（individual groups）の権利

過去五〇年を超える歳月の間に、国際社会が採択し成立させた国際人権文書は、個人の人権と基本的自由だけでなく、人民(peoples)、民族または種族集団(national or ethnic group)および先住民(indigenous people)などの個人集団が国際法上享有すべき権利をも保障している。なかでも、国連が進めた非植民地化(de-colonization)の過程で採択された、「植民地独立賦与宣言」[28]によって確認され、国際人権規約のA・B両規約の共通第一条によって条約上すなわち実定国際法上の権利と確立した自決権をまずあげることができる。そして次に、自由権規約第二七条によって保障され、一九九二年に国連が採択した「マイノリティ権利宣言」[29]によって確認されて、やはり国際法上の権利となったマイノリティの権利である。そして最後に、一国の国内社会に所在する外国人も特定の個人集団として捉えて、ある種の権利が保障されている。具体的には、自由権規約の第一三条(追放の禁止)および第二七条(マイノリティの権利)、そして国連総会が採択した「外国人権利宣言」[30]および「移住労働者及びその家族の権利条約」[31]さらには「難民条約」が指摘できる。本稿では、自決権とマイノリティの権利にしぼってふれることにする。

## 1　自決権の享有主体

国際社会もしくは国際法の分野において、自決(self-determination)という概念は、第一次大戦の戦後処理および国際連盟の設立過程において米国大統領のW・ウィルソンが提唱し、またソビエト革命によって成立したソ連政府の指導者であるレーニンによって宣布された後に、国際社会の政治と法の議論の対象になることは周知のとおりである[32]。そして自決は、この両者がともに、民族とりわけ被抑圧または被支配の状況におかれている少数民族もしくは弱小民族の政治的地位と絡めて提唱したことから、「民族自決」という政治原則として理解され、植民地支配の下に立った民族の抵抗・独立運動を触発する役割を果たすことにもなる。なお、第一次大戦後の国際社会における「自決」の概念をめぐる議論の状況は既存の研究に譲り、第二次大戦後に原則から法的権利へと発展した自決権の享有主体も併せて吟味することにしたい[33]。

まず、第二次大戦後の国際文書に自決の概念が登場するのは国際連合の目的を掲げた憲章にはじめて見られる。つまり、国連憲章は、その第一条において、国際社会の平和と安全の維持、人権の普遍的尊重とならんで、「人民の同権及び自決の原則の尊重に基礎をおく諸国間の友好関係を発展させること」を国連の目的もしくは存在理由として明定している[34]。この「自決の原則の尊重」という表現は、憲章制定過程でソビエトの提案により導入されたものであるが、自決という概念の法的意味はもちろん政治的意味に関する議論もなく、国連の機能・権限との関わりについてもほとんど議論は見られなかった。そして、この自決の概念が国際社会の具体的問題との関連で主張され議論されるのは、植民地支配からの解放・独立を求める運動が、その正当性・合法性を自決権に求めることにはじまる[35]。とくに、国連総会の議題として取り上げられ議論される植民地問題に関する決議の中で、植民地支配下にある人民が自決権を有しこの権利に基づいて独立する権利を有することが謳われ、こうした決議が、植民地支配から独立したアジア・アフリカ諸国の国連加入に伴う反植民地主義勢力の急増により、一九六〇年一二月一四日には、非植民地化の歴史に転機を記す「植民地独立付与宣言」の採択へと発展する。

この宣言は、外国支配すなわち植民地支配は人権の否認であり国連憲章の違反であることを明らかにするとともに「すべての人民は自決の権利を有し、この権利によって、その政治的地位を自由に決定し、その経済的、社会的および文化的発展を自由に追求する」と謳って、植民地住民を含む全ての人民が自決の権利を有することを宣布した。この宣言は、植民地の独立に法的道義的正当性を付与し、宣言を履行するための特別委員会(通称「非植民地化委員会」)による植民地の独立に向けた活動に拍車をかけることになる[36]。したがって、この宣言が自決の原則を法的権利へと発展させる法的効果を直接的に生ぜしめたというには時期尚早であり、国際条約つまり実定国際法上の権利への発展を確実にするのは、先に触れたように、一九六六年一二月一六日に採択され、一九七六年に効力を発生した国際人権規約のＡ・Ｂ両規約である。

　この両規約はともに、その第一条において、先の「植民地独立付与宣言」と全く同じ文言で自決権に関する規定を定めている[37]。個人の人権と基本的自由を保障する国際規約が、人民という集団の権利である自決権を保障する意義に詳しく触れる余裕はないが、自決権がすべての人民に対して、政治的地位の自由な決定という伝統的な内容に加えて、経済的、社会的および文化的発展を自由に追求することを国際法上の権利として保障することは、個人が享有する人権の享有にとって欠かせない法的基礎になるという重要な意義を有することは間違いない。つまり、すべての個人が自己の帰属する集団の構成員とともに他者とくに外国の干渉を排して、その政治的地位と経済的、社会的および文化的発展を自由に決定し追求することが、自決権という国際法上の権利として保障されることによってはじめて、他の人権享有が可能となることは火を見るより明らかである[38]。

　ただ、右の宣言と国際人権規約はいずれも、自決権の帰属主体を「人民(people)」と定めているが、それがどのような個人集団であるかは明らかにしていない。しかし、国際人権規約とくに自由権規約の実施過程において、その内容がほぼ明らかになったように思われる。まず、植民地の独立を支える法理として機能した時期における自決権の帰属主体は、人種、民族そして種族など特定個人集団というよりは、植民地支配もしくは外国支配の対象になっている地域に所在する人民すべてを包含する集団であると理解されたといえる。そして、こうした理解は、植民地主義崩壊後(post-colonialism)においても、旧ソビエト連邦の構成国、バングラデシュ、コソボさらには東チモールなど差別的・抑圧的支配を強いられている地域の人民などの場合も、人民を構成する多様な人種的民族的集団を包含する全人民の自決権に基づいてその政治的地位を決定したと理解できる。そして、こうした意味での権利主体である人民は、今後も自決権の行使により政治的地位を決定することは間違いない。

## 2　内的自決権とマイノリティおよび先住民族の権利

つぎに、植民地主義崩壊後に展開されてきた自決権の定義をめぐる議論の過程では、外国もしくは国外からの支配・干渉を排除する権利を保障する「外的自決(external self-determination)」と、一国内の特定地域もしくは特定個人集団が、その政治的地位、経済的・社会的および文化的発展を自由に決定し追求する権利である「内的自決(internal self-determination)」とを分類して、自決権の内容と適用とを理解してきた[39]。そしてこの内的自決権は、一国内に所在する人びとが政治体制を含む政治的地位を自由に決定し、経済的社会的および文化的発展を自由に追求することを保障する権利と理解するならば、国内社会の民主主義と人民の参加を国際法的に保障する権利であり、その帰属主体はやはり当該国内の「人民」であるといえる。しかし同時に内的自決権は、この「人民」を構成する人びとの多数とは異なる民族的種族的および言語的さらには宗教的な人びとの集団、すなわちマイノリティを構成する人びとが自己の政治的地位を自由に決定し、その民族的または種族的アイデンティティ(national or ethnic identities)を継承し保持するために経済的社会的および文化的発展を自由に追求する権利を保障するものと理解され、この場合の権利享有主体は民族・種族そして文化と宗教を共通にするマイノリティである[40]。加えて、こうした内的自決権を享有する主体には、植民地主義国の支配により人間の尊厳と人権を否定されただけでなく、その土地と文化をも奪われた先住民族も含まれることはいうまでもない[41]。

このように、一国内のマイノリティおよび先住民族が享有する自決権の具体的な保障もしくは行使は、国際人権規約を含む他の人権条約が保障する権利の尊重に依拠することになる。なかでも、自由権規約第二七条およびマイノリティ権利宣言が保障する権利、すなわち「自己の文化を享有し、自己の宗教を信仰しかつ実践し又は自己の言語を使用する権利」が、マイノリティ権利宣言の法的効力の強化とも併せて、その実効ある享有と行使を可能にすることへの期待は、第二七条の実施過程そしてマイノリティの権利に関するワーキング・グループの議論に具体的な実像として見えている[42]。

## 3　マイノリティの権利

一国の国内社会に所在する人びとが、民族的、種族的、宗教的さらには言語的に異なる多様な集団から構成されている場合、多数と少数の立場におかれることは避けられない社会現象である。そして、歴史的に、また今日においても、ほとんどの場合に、民族的言語的そして宗教的に少数の立場にある人びとが、差別的に処遇されたり、迫害の対象になることが頻繁であった。そのため、この少数の立場にある人びと、すなわちマイノリティの処遇を巡る問題は、すでに触れたように、近世初頭のヨーロッパ国際社会では、「人道的干渉」の起因となり、第一次大戦後の国際連盟の下では、やはり東欧と中欧の諸国に所在するマイノリティが国際的保護の対象となり、国際人権法の歴史はマイノリティ問題にはじまったともいえる[43]。

こうして、マイノリティの保護もしくは処遇については、国際人権法発展の歴史過程において、その初期から重要な問題の一つとして議論が展開された。そして、先にも見た自由権規約の第二七条が、「種族的、宗教的又は言語的マイノリティが存在する国において、当該マイノリティに属する者は、その集団の他の構成員とともに、自己の文化を享有し、自己の宗教を信仰しかつ実践し又は自己の言語を使用する権利を否定されない」と定め、種族的・宗教的および言語的マイノリティ(ethic, religeous and linguistic minorities)に自己の文化、宗教および言語に対する権利を保障している。しかし、自由権規約がマイノリティに保障する権利の享有主体は、明文で列挙するマイノリティだけではなく、先住民と外国人も含まれることが、規約の実施過程で明らかになっている。その結果、マイノリティの権利を享有する集団には、種族、民族そして宗教と言語の集団の他に、先住民および外国人などが含まれることが確実になり、享有する権利とくに文化享有の権利は、文化という概念が広く理解され、締約国は特別措置を含む積極的な履行義務を負うとする規約委員会の一般的意見は、マイノリティという集団の権利享有にとってきわめて重要な意義を有する。

そして、すでに触れたように、自由権規約第二七条を補い強化する文書と理解される「マイノリティ権利宣言」は、マイノリティが享有する権利と国家の義務を拡大し詳細に規定しており、同宣言の条約化に向けたワーキング・グループの議論に期待する者は多い(44)。

## 五　国際法上の公序・強行規範および犯罪と個人

### 1　国際法における公序と強行規範

主権と独立を主張する国家の平等な関係に基礎をおく国際法秩序は、主権・独立国家が並存する多元的権力の構造を基本とし、国家権力を超える普遍的権力は存在していないために、国内法秩序の私法の法理が支配してきている。そのため、国家利益(national interest)を超える国際社会の公益(public interest)あるいは国家の法秩序を超える国際社会の公序(public order)は法概念としては存在しなかった。そして、国際法の主要な法源である国家間の合意すなわち条約の内容と効力を制約する法規範、あるいは国家間の合意をもってしても破ることのできない法規範、すなわち公序とか強行規範（*jus cogens*）の存在は認められなかった。

しかし、一九六九年五月二三日にウィーンで採択され、一九八〇年一月には法的効力を発生する「条約法に関するウィーン条約」の制定過程において、とくに条約の無効原因を議論する際に、国家間の合意である条約によっても破ることのできない規範すなわち強行規範が国際法にも存在することが確認され、当条約の中でも規定されることになった。つまり、条約の無効原因を規定する第三節（第四六～五三条）の第五三条は「締結の時に一般国際法の強行規範に抵触する条約は無効である」ことを明らかにするとともに、「一般国際法の強行規範とは、いかなる逸脱も許されない規範として、また、後に成立する同一の性質を有する一般国際法の規範によってのみ変更することのできる規範として、……国際社会全体が受け入れ、かつ、認める規範」であると定義している。しかし、その具体的内容は、国際法の発展とともに変化する流動的な規範であることから、条約規定による定義はなされなかった[45]。ただ、右の規定をめぐる議論の過程では、人権の保護、民族自決、不平等条約と植民地主義の禁止などを含む一一項にわたる法原則が強行規範に含まれると主張されたが[46]、その具体的判断は、国際裁判所など有権的判断の権限を有する機関に委ねられていることはいうまでもない。しかし本稿の主要な関心事項である個人または個人集団の権利である人権と自決権の侵害、あるいは人種主義に基づく差別と暴力を内容とする条約が無効であることは争う余地はなく、これらの権利が現代国際法の強行規範に含まれることに異論をはさむ者はいない。

現代国際法上国家には、依然として、主権の属性である国内管轄権が認められることは否定しようがない事実であり、この国内管轄権には国内社会に所在する個人の処遇もしくは取り扱いに関する事項が含まれることも事実である。しかし同時に以上のことから、個人の処遇に関する国内管轄権は、国際人権諸条約が個人と個人集団に保障する権利の侵害を伴う行使は認められないだけではなく、他国との合意すなわち条約であっても、現代国際法の強行規範である人権ならびに自決権の尊重と保護に抵触し違反する場合はその法的効力は認められなくなったことは間違いない。いいかえると、国際法の形成・発展の主要な法源として機能する国家間の合意＝条約によっても破ることのできない「公序」が存在し、公序には人権と自決権の尊重が含まれるようになり、個人が国際法上の権利主体であることをより確かにしている(47)。

## 2　国際法上の犯罪と個人

右にも触れたように、主権・独立と平等な地位を享有する国家が並存する権力構造を本質とする国際社会の法すなわち国際法の法理は、国内社会の私法に類似するために、国家の法秩序若しくは国家利益を超える「公序」とか「公益」、いわば「公(public)」という概念が法概念もしくは法規範を形成するまでには発展していなかった。そのため、国際法上の責任を問われる国家の違法行為は、国内私法上の不法行為に止まり、社会的制裁つまり刑罰の対象となる犯罪は概念としても存在しなかった。しかし、第二次世界大戦終了に伴って、戦勝国である連合国が敗戦国である日本とドイツの戦争指導者を戦争犯罪人として処罰するために設立したニュールンベルグ軍事裁判所と極東軍事裁判所の管轄権と処罰すべき犯罪類型を定める、裁判所条例が各々制定された。たとえば、東京軍事裁判所条例は、処罰されるべき犯罪として、①平和に対する罪、②通常の戦争犯罪、そして、③人道に対する犯罪を定めている(第五条)。なかでも注目されることは、殺りく、奴隷的酷使とならんで「人種的理由に基づく迫害行為」を人道に対する犯罪と規定し、処罰の対象にしたことである。ニュールンベルグと東京の軍事裁判については、事後法の適用が罪刑法定主義原則に反し、とくに戦勝国による敗戦国の指導者を裁いたことからその公平性もしくは衡平性が問われたりもしたことは周知のとおりである(48)。

それにもかかわらず、右の軍事裁判条例が、人種的迫害など個人の尊厳を否定し侵害する行為を「人道に対する犯罪」と定めることによってはじめて、国際法上の犯罪の存在を確認し、犯罪行為に対しては国家の責任ではなく行為者個人の責任を直接に問いこれを処罰した。このことによって、国際法にも個々の国家の利益もしくは秩序を超える国際社会の利益と公序が存在することを認め、この利益と公序を侵害する行為は個人によるものであっても国際法による処罰の対象となる可能性に道を開いた意義は大きいといわねばならない。そして、すでにふれた国際人権法の発展過程で、集団殺害罪とアパルトヘイトを国際法上の犯罪と定め、個人に直接刑事責任を問い処罰するために、早い時期に一般的多数国間条約によって犯罪の類型を規定するとともに管轄権を有する国際刑事裁判所の設立が必要であることを確認したことは、右の軍事裁判所条例の経験に帰するものといえる(49)。ただ、この国際刑事裁判所の設立と普遍的な国際刑事管轄権が実現するためには、冷戦構造が崩壊する一九九〇年代の後半まで待たねばならなかった。

つまり、まず冷戦体制の終焉と共に分裂崩壊したユーゴスラヴィア連邦の構成国内で発生した武力紛争の過程で行われた「国際人道法に対する重大な違反について責任を有する者の訴追のため」に、一九九三年五月二五日に採択された安全保障理事会決議で成立した国際裁判所に、ジュネーヴ諸条約および戦争法規違反とならんで、集団殺害および人道に対する犯罪を行った者を訴追し処罰する権限が付与された(50)。同裁判所は自然人に対して管轄権を有し(旧ユーゴ国際刑事裁判所規程第六条)、訴追された者がたとえ元首・政府の長その他責任を有する公務員であっても、その地位と身分に関係なく個人としてその犯罪について責任を負うことを明らかにしている(同第七条)。そして、一九九八年七月一七日にローマで開催された国連外交会議において採択された設立規程により、常設の国際刑事裁判所が二〇〇二年七月一日に同規程の発効に伴って正式に発足することになり、国際法秩序に大きな転機をもたらした。同裁判所の構成と管轄についてはは詳細にふれることは割愛するが、本稿の課題に直接関連する問題に限って言及することにしたい(51)。

まず、裁判所の管轄する犯罪として、(a)集団殺害罪、(b)人道に対する罪、(c)戦争犯罪、(d)侵略の罪、を定め(同規程第五条)、さらに、それぞれの犯罪類型について詳細な定義をして幅広い犯罪行為を処罰の対象としている。とりわけ、「人道に対する罪」を規定する規程第七条は、殺人行為などに加えて、奴隷状態に置くこと、国際法規則に違反する拘禁その他の身体的自由の剥奪、性的奴隷と性的暴力など、個人の尊厳と基本的人権の侵害を処罰される犯罪と定めている。さらに、同裁判所規程は、「政治的、人種的、国民的、民族的、文化的、宗教的、……集団又は団体に対する迫害……」(同n項)および「個人の強制失踪」(同i項)など、一国内のマイノリティ集団と政治的集団に対する迫害をも裁判所の管轄に含めている。

また、同規程が定める犯罪に対する個人の責任について、「裁判所は……自然人に対して管轄権を有する」(第二五条一項)ことを確認し、「裁判所の管轄に属する犯罪を行った者は、……個人的に責任を負い、かつ処罰される」(同二項)ことも明らかにしている。さらに、同じ規定の三項は裁判所の管轄に属する犯罪について個人が刑事責任を負い処罰される場合を詳細に規定し、また、第二七条は国家元首と政府の長を含むすべての公務員の地位にある者も、刑事責任の免除とか減刑の事由とはしないことも確認している。

以上かいつまんでみたように、旧ユーゴスラヴィア国際刑事裁判所規程および常設の国際刑事裁判所規程は、国際刑事裁判所の管轄に属する犯罪に、国際人権法が保障し保護する個人と個人集団の権利の侵害行為の多くを包含することによって、個人および個人集団を国際的司法手続によって救済・保護する一方、処罰されるべき国際犯罪行為に対して、国家機関すなわち公務員の地位にある者を含むすべての個人が刑事責任を負うことを条約の規定により明確にしている。つまり、現代国際法を特徴づける国際人権法そして国際刑事法により、個人および人民・民族などの個人集団は、国際法上の権利を直接に享有するとともに国際法上の責任もしくは義務を負うことが確定し、個人と個人集団は国際法上の権利を享有し義務を負う法主体であることが一層明らかになったことを確認できる。

（1）もっとも、立憲主義を否定する政府の不承認を主張するトバール主義、あるいは侵略の結果成立した国家の不承認論が主張されたことも事実である。田畑茂二郎『国際法新講 上』東信堂（一九九七年）、八一—八六頁、参照。

（2）Hans Kelsen, *Law and Peace in International Relations*, Harvard University Press, 1948, pp.56-57.

（3）See, R. J. Vincent, *Nonintervenrion and Internarional Order*, Princeton University Press, 1974, pp. 281-293, 藤田久一『国際人道法』世界思想社（一九八〇年）、七—三四頁。

（4）金東勲『人権・自決権と現代国際法』新有堂（一九七五年）、一〇四—一〇五頁、参照。

（5）金東勲「国際人権法とマイノリティの権利」国際法学会編『日本と国際法の百年』第四巻〔人権〕、三省堂（二〇〇一年）、一〇三—一一〇頁、参照。

（6）たとえば、自国民保護のために国家が享有する外交的保護権はその典型的な問題と指摘できる。See, R. L. Lillich., *The Human Rights of Aliens, Manchester University Press*, 1984, pp. 8-17.

（7）田畑『前掲書』注(1)、七—一六頁。See, John Westlake., *Internarional Law*, Pt. I (Peace), Cambridge University, 1910, pp.86-105.

（8）たとえば、昭和四八年に全訂発行された『国際法』の中でも、田岡良一は、「新地に対する領有争いに無主物先占の法理を適用することは少しも不合理でなく、……慣習法の一部をなして今日に伝わっている」とし、さらに、国際法上で無主物というのは、原住未開人が住んでいても、どの国の領土でもなければ先占の目的となりうるとしている(同書一三〇頁)。H. Lauterpacht, *Recognition in International Law.*, Cambridge University Press, 1947, pp. 9-10.

（9）なお、この委任統治制度の成立と法的性質については、田岡良一『委任統治制度の本質』有斐閣（一九四一年）、が詳しいが、田岡はこの研究の随所で、当該制度が適用される地域の人びとを「土人」、「未開人」といっている。

(10) 国連の信託統治制度と非自治地域については、金東勲『前掲書』注(4)、一九三―二六四頁、参照。

(11) 「文明」という概念が国際法の歴史過程で果たしてきた役割については、筒井若水「現代国際法における文明の地位」『国際法外交雑誌』第六六巻五号(一九六八年)、三七―七〇頁参照。また、日本の開国と条約改正の過程における「文明国」という概念の位相については、松井芳郎「近代的法体制の整備」福島正夫編著『日本近代法体制の形成(下巻)』日本評論社(一九八二年)、一九三―二六一頁参照。

(12) See, B. Lillich., *op. cit.*, supra note(6), pp. 29-31.

(13) 松田竹男「いわゆる『人道的干渉』について」『国際法外交雑誌』第七三巻六号(一九七五年)、一―五三頁参照。

(14) 西海眞樹「人道的救援権論」『法学新報』第一〇二巻三・四号(一九九五年)、一八七―二二一頁参照。

(15) 本稿の五以下参照。

(16) H. Lauterpacht, *Oppenhem's International Law*, Vol.I, 8th ed., Longmans, 1955, p.312.

(17) See, *Status of Individual and Contemporary International Law: Promotion, Protection and Restoration of Human Rights at National, Regional and International Levels*, Study by Erica-Irene A. Daes., UN Pub., 1992, pp.15-20.

(18) 竹本正幸『国際人道法の再確認と発展』東信堂(一九九六年)、一八五―二六三頁、参照。

(19) 申惠手『人権条約上の国家の義務』日本評論社(一九九九年)、九―三四頁、参照。

(20) 同上書、三七―六二頁。金東勲「国際人権条約と実施機関の役割・その変容と課題」『国連人権システムの変動』(『アジア太平洋人権レビュー』一九九七年)三八―五一頁。

(21) ヨーロッパ人権条約第三四条。

(22) こうした意義については、自由権規約の実施報告と個人通報に関する研究の一端を納めた、世界人権問題研究センター『研究紀要』第七号(二〇〇二年)、参照。また、H. Steiner and P. Alston, *Internarional Human Rights in Context*., Oxford University Press, 2000, pp.137-235.

(23) See, *ibid.* pp.237-329.

(24) たとえば、アジア諸国の社会権について『アジアの社会発展と人権』(『アジア太平洋人権レビュー』一九九八年)、一二一―一九九頁。

(25) 申惠手『前掲書』注(19)、三六八―三八八頁。

(26) See, Steiner and Alston ed., *op. cit*, supra note (22), pp.305-322.
(27) 金東勲『前掲書』注(4)、一二一―一二五頁。
(28) 正式の名称は「植民地諸国、諸人民に対する独立付与に関する宣言」である。この宣言の具体的適用については、金東勲『前掲書』注(4)、二四九―二五四頁。
(29) この宣言については、金東勲、前掲論文、注(5)、一二一―一二四頁参照。
(30) See, R. B. Lillich, *op. cit.*, supra note (12), pp.51-61.
(31) 金東勲編著『国連移住労働者と日本』解放出版社(一九九二年)、二―三四頁、参照。
(32) 金東勲、同上書、二一八―二二〇頁、松井芳郎『現代の国際関係と自決権』新日本出版社(一九八一年)、二―五六頁。
(33) *The Right to Self-determination*, study prepared by Aureliu Cristescu, United Nations, 1981.
(34) 金東勲『前掲書』注(4)、三一七―三一九頁。
(35) 同上書、二八―三二三頁。
(36) 同上書、二四九―二六四頁。
(37) もっとも、「植民地独立付与宣言」の文言に加えて、天然の富と資源を自由に処分する権利も加えている。
(38) See, Study prepared by Aureliu Cristescu, *op. cit.*, supra note (33), pp.30-35.
(39) 松井『前掲書』注(32)、五七―一五二頁、参照。
(40) 金東勲、前掲論文、注(5)、一二三―一二五頁。
(41) 苑原俊明「先住民族の自決権」八千代国際大学紀要『国際研究論集』第六巻一号、二―四一頁。
(42) なお、先住民族の権利全般については、苑原俊明「先住民族の権利」国際法学界編『前掲書』注(5)、一三〇―一五三頁。
(43) 金東勲、前掲論文、注(5)、一〇一―一一三頁。
(44) 金東勲「自由権規約の実施過程にみるマイノリティの権利」世界人権問題研究センター『研究紀要』第七号(二〇〇二年)、六五―八四頁。
(45) 小川芳彦『条約法の理論』東信堂(一九八九年)、一八一―二一八頁、参照。

(46) 同上書、一九四頁、参照。

(47) マクドゥガルなどは、人権保障の問題を「公序」ととらえる研究をしている。See, M. McDougal, H. Laswall & L.Chen, *Human Rights and World Public Order*, Yale University Press, 1980. また、被差別・平等原則をユース・コーゲンスの視点から吟味している研究として、Warwick Mckean, *Equality and Discriminarion*, Clarendon Press, 1983, pp.277-284.

(48) 高柳賢三『極東裁判と国際法』有斐閣(一九四八年)、横田喜三郎『戦争犯罪論』有斐閣(一九四七年)、参照。

(49) ジェノサイド条約第六条およびアパルトヘイト条約第三条、第五条。

(50) 大西央子「旧ユーゴスラヴィア国際刑事裁判所の事項的管轄権」『国際協力論集(神戸大学大学院)』第六巻二号(一九九八年)、一三七—一六一頁、参照。

(51) 真山全「国際刑事裁判所規程と戦争犯罪」『国際法外交雑誌』第九八巻五号(一九九九年)、一〇〇—一三一頁。

## 執筆者紹介（執筆順）


松井　芳郎（まつい　よしろう）　編集幹事紹介参照

藤田　久一（ふじた　ひさかず）

1937年京都府生まれ、1961年京都大学法学部卒業
現在関西大学教授

杉原　高嶺（すぎはら　たかね）

1941年静岡県生まれ、1964年学習院大学政治経済学部法律学科卒業
現在京都大学教授

山形　英郎（やまがた　ひでお）

1959年京都府生まれ、1982年静岡大学人文学部法学科卒業
現在立命館大学教授

坂元　茂樹（さかもと　しげき）

1950年長崎県生まれ、1974年関西大学法学部卒業
現在関西大学教授。2003年4月より、神戸大学教授

中村　道（なかむら　すすむ）

1941年東京都生まれ、1964年京都大学法学部卒業
現在神戸大学教授

安藤　仁介（あんどう　にすけ）

1935年京都府生まれ、1959年京都大学法学部卒業
現在同志社大学教授

薬師寺　公夫（やくしじ　きみお）

1950年岡山県生まれ、1974年京都大学法学部卒業
現在立命館大学教授

小畑　郁（おばた　かおる）

1959年大阪府生まれ、1982年京都大学法学部卒業
現在名古屋大学教授

金　東勲（きむ　どんふん）

1934年韓国生まれ、1959年近畿大学法学部卒業
現在龍谷大学教授

**編集代表紹介**

山手　治之（やまて　はるゆき）

1928年広島県生まれ

1952年京都大学法学部（旧制）卒業

1966年立命館大学法学部教授（国際法担当）

2002年3月京都学園大学定年退職；立命館大学名誉教授

【編著書】

『ＥＣ法入門』（監訳）1982（有斐閣）、『国際法概説〔第3版〕』（共著）1988（有斐閣）、『国際経済条約・法令集』（共編著）2002（東信堂）、『ベーシック条約集〔第4版〕』（編集代表）2003（東信堂）、他多数。

香西　茂（こうざい　しげる）

1929年東京都生まれ

1953年京都大学法学部卒業

現在大阪学院大学教授；京都大学名誉教授

【編著書】

『国連の平和維持活動』1991（有斐閣）、『共生の国際関係—国際学の試み』（共編）1997（世界思想社）、『国際機構条約・資料集〔第２版〕』（共編）2002（東信堂）、『ベーシック条約集〔第４版〕』（編集代表）2003（東信堂）、他多数。

**編集幹事紹介**

松井　芳郎（まつい　よしろう）

1941年京都府生まれ。

1963年京都大学法学部卒業。

現在名古屋大学教授。

【編著書】

『国際法』（共著）1988年（有斐閣）、『湾岸戦争と国際連合』1993（日本評論社）、『国際法から世界を見る』2001（東信堂）、『ベーシック条約集〔第4版〕』（共編）2003年（東信堂）、他多数。

21世紀における人権と平和：国際法の新しい発展をめざして〈上〉

**国際社会の法構造：その歴史と現状**　〔検印省略〕

2003年 3月20日　初　版第 1刷発行　＊定価はカバーに表示してあります

／発行者 下田勝司　印刷・製本　中央精版印刷

東京都文京区向丘 1-20-6　郵便振替 00110-6-37828

〒113-0023　TEL (03) 3818-5521㈹　FAX (03) 3818-5514

発行所 株式会社 東信堂

Published by **TOSHINDO PUBLISHING CO., LTD.**

1-20-6, Mukougaoka, Bunkyo-ku, Tokyo, 113-0023, Japan

ISBN4-88713-486-X C3032